民国中國文化史要籍汇刊

（影印本）

近代稀见旧版文献再造丛书

侯杰 主编

第四卷

杨东莼

本国文化史大纲

南開大學出版社

图书在版编目(CIP)数据

民国中国文化史要籍汇刊. 第四卷 / 侯杰主编. —
影印本. —天津 ：南开大学出版社，2019.1
(近代稀见旧版文献再造丛书)
ISBN 978-7-310-05705-4

Ⅰ. ①民… Ⅱ. ①侯… Ⅲ. ①文化史—文献—汇编—
中国 Ⅳ. ①K203

中国版本图书馆 CIP 数据核字(2018)第 278037 号

南开大学出版社出版发行
出版人:刘运峰
地址:天津市南开区卫津路 94 号 邮政编码:300071
营销部电话:(022)23508339 23500755
营销部传真:(022)23508542 邮购部电话:(022)23502200
*
北京隆晖伟业彩色印刷有限公司
全国各地新华书店经销
*
2019 年 1 月第 1 版 2019 年 1 月第 1 次印刷
148×210 毫米 32 开本 18.25 印张 4 插页 526 千字
定价:220.00 元

如遇图书印装质量问题,请与本社营销部联系调换,电话:(022)23507125

出版说明

一、本书收录民国时期出版的中国文化史著述，包括通史性文化著述、断代史性文化著述和专题性文化史著述三大类；民国时期出版的非史书体裁的文化类著述，如文化学范畴类著述等，不予收录；同一著述如有几个版本，原则上选用初始版本。

二、个别民国时期编就但未正式出版过的书稿如吕思勉的《中国文化史六讲》和民国时期曾以文章形式公开发表但未刊印过单行本的著述如梁启超的《中国文化史·社会组织篇》，考虑到它们在文化史上的重要学术影响和文化史研究中的重要文献参考价值，特突破标准予以收录。

三、本书按体裁及内容类别分卷，全书共分二十卷二十四册；每卷卷首附有所收录著述的内容提要。

四、由于历史局限性等因，有些著述中难免会有一些具有时代烙印、现在看来明显不合时宜的内容，如『回回』『满清』『喇嘛』等称谓及其他一些提法，但因本书是影印出版，所以对此类内容基本未做处理，特此说明。

南开大学出版社
二〇一八年十一月

总序

侯杰

中国文化，是世代中国人的集体创造，凝聚了难以计数的华夏子孙的心血和汗水，不论是和平时期的锲而不舍、孜孜以求，还是危难之际的攻坚克难、砥砺前行，都留下了历史的印痕，闪耀着时代的光芒。其中，既有精英们的思索与创造，也有普通人的聪明智慧与发奋努力；既有中华各民族儿女的发明创造，也有对异域他邦物质、精神文明的吸收、改造。中国文化，是人类文明的一座巨大宝库，发源于东方，却早已光被四表，传播到世界的很多国家和地区。

如何认识中国文化，是横亘在人们面前的一道永恒的难题。虽然，我们每一个人都不可避免地受到文化的熏陶，但是对中国文化的态度却迥然有别。大多离不开对现实挑战所做出的应对，或恪守传统，维护和捍卫自身的文化权利、社会地位，或从中国文化中汲取养料，取其精华，并结合不同历史时期的文化冲击与碰撞，进行综合创造，或将中国文化笼而统之地视为糟粕，当作阻碍中国迈向现代社会的羁绊，欲除之而后快。这样的思索和抉择，必然反映在人们对中国文化的观念和行为上。

中国文化史研究的崛起和发展是二十世纪中国史学的重要一脉，是传统史学革命的一部分——传统史学在西方文化的冲击下，偏离了故道，即从以帝王为中心的旧史学转向以民族文化为中心的新史学，又和中国的现代化进程有着天然的联系。二十世纪初，中国在经受了一系列内乱外患后，千疮百孔，国力衰微；与此同时，西方的思想文化如潮水般涌入国内，于是有些人开始对中国传统文化产生怀疑，甚至持否定态度，全盘西化论思潮的出笼，更是把这种思想推向极致。民族自信力的丧失既是严峻的社会现实，又是亟待解决的问题。而第一次世界大战的惨剧充分暴露出西方社会的弊端，其文化取向亦遭到人们的怀疑。人们认识到要解决中国文化的出路问题就必须了解中国文化的历史和现状。很多学者也正是抱着这一目的去从事文化史研究的。

在中国文化史书写与研究的初始阶段，梁启超是一位开拓性的人物。早在一九〇二年，他就深刻地指出：『中国数千年，唯有政治史，而其他一无所闻。』为改变这种状况，他进而提出：『历史者，叙述人群进化之现象也。』而所谓『人群进化之现象』，其实质是文化演进以及在这一过程中所进发出来的缤纷事象。以黄宗羲『创为学史之格』为楷模，梁启超呼吁：『中国文学史可作也，中国种族史可作也，中国财富史可作也，中国宗教史可作也。诸如此类，其数何限？』从而把人们的目光引向中国文化史的写作与研究。一九二一年他受聘于南开大学，讲授『中国文化史』，印有讲义《中国文化史稿》，后经过修改，于一九二二年在商务印书馆以《中国文化史稿第一编——中国历史研究法》之名出版。截至目前，中国学术界将该书视为最早的具有史学概论性质的著作，却忽略了这是梁启超对中国文化历史书写与研究的整体思考和潜心探索之举，充满对新史学的拥抱与呼唤。

与此同时，梁启超还有一个更为详细的关于中国文化史研究与写作的计划，并拟定了具体的撰写目录。梁启超的这一构想，部分体现于一九二五年讲演的《中国文化史·社会组织篇》中。在这个关于中国文化史的构想中，梁启超探索了中国原始文化以及传统社会的婚姻、姓氏、乡俗、都市、家族和宗法、阶级和阶层等诸多议题。虽然梁启超终未撰成多卷本的《中国文化史》（其生前，只有《中国文化史·社会组织篇》等少数篇目问世），但其气魄、眼光及其所设计的中国文化史的书写与研究的构架令人钦佩。因此，鉴于其对文化史的写作影响深远，亦将此篇章编入本丛书。

此后一段时期，伴随中西文化论战的展开，大量的西方和中国文化史著作相继被翻译、介绍给中国读者。桑戴克的《世界文化史》和高桑驹吉的《中国文化史》广被译介，影响颇大。国内一些学者亦仿效其体例，参酌其史观，开始自行编撰中国文化史著作。一九二一年梁漱溟出版了《东西文化及其哲学》，这是近代国人第一部研究文化史的专著。尔后，中国文化史研究进入了一个短暂而兴旺的时期，一大批中国文化史研究论著相继出版。在二十世纪二三十年代，有关中国文化史的宏观研究的著作不可谓少，如杨东莼的《本国文化史大纲》、陈国强的《物观中国文化史》、柳诒徵的《中国文化史》、陈登原的《中国文化史》、王德华的《中国文化史略》等。在这些著作中，柳诒徵所著《中国文化史》被称为『中国文化史的开山之作』，而杨东莼所撰写的《本国文化史大纲》则是第一本试图用唯物主义研究中国文化史的著作。与此同时，对某一历史时期的文化研究也取得很大进展。如孟世杰的《先秦文化史》、陈安仁的《中国上古中古文化史》和《中国近世文化史》等。在宏观研究的同时，微观研究也逐渐引起学人们的注意。其中，中西文化交流史研究成绩斐然，如郑寿麟的《中西文化之关系》、张星烺的《欧化东渐史》等。一九三六至一九三七年，商务印书馆出版了由王云五等主编的《中国文化史丛书》，共有五十余种，体例相当庞大，内容几乎囊括了中国文化史的大部分内容。

此外，国民政府在三十年代初期出于政治需要，成立了『中国文化建设会』，大搞『文化建设运动』，致力于『中国的本位文化建设』。一九三五年十月，陶希盛等十位教授发表了《中国本位文化建设宣言》，提出『国家政治经济建设既已开始，文化建设亦当着手，而且更重要』。因而主张从中国的固有文化即传统伦理道德出发建设中国文化。这也勾起了一些学者研究中国文化史的兴趣。

同时，这一时期又恰逢二十世纪中国新式教育发生、发展并取得重要成果之时，也促进了『中国文化史』课程的开设和教材的编写。清末新政时期，废除科举，大兴学校。许多文明史、文化史的著作因非常适合作为西洋史和中国史的教科书，遂对历史著作的编纂产生很大的影响。在教科书撰写方面，多部中国史的教材，无论是否以『中国文化史』命名，实际上都采用了文化史的体例。而这部分著作也占了民国时期中国文化史著作的一大部分。如吕思勉的《中国文化史二十讲》（现仅存六讲）、王德华的《中国文化史略》、丁留余的《中国文化史问答》、李建文的《中国文化史讲话》、范子田的《中国文化小史》等。

二十世纪的二三十年代实可谓中国学术发展的黄金时期，这一时期的文化史研究成就是有目共睹的，不少成果迄今仍有一定的参考价值。此后，从抗日战争到解放战争十余年间，中国文化史的书写和研究遇到了困难，陷入了停顿，有些作者还付出了生命的代价。但尽管如此，仍有一些文化史论著问世。此时，综合性的文化史研究著作主要有缪凤林的《中国民族之文化》、陈安仁的《中国文化史》、王治心的《中国文化史类编》、陈竺同的《中国文化史略》和钱穆的《中国文化史导论》等。其中，钱穆撰写的《中国文化史导论》和陈竺同撰写的《中国文化史略》两部著作影响较为深远。钱穆的《中国文化史导论》，完成于抗日战争时期。该书是继《国史大纲》后，他撰写的第一部系统讨论中国文化史的著作，专就中国通史中有关文化史一端作的导论。因此，钱穆建议读者『此书当与《国史大纲》合读，庶易获得写作之大意所在』。不仅如此，钱穆还提醒读者该书虽然主要是在专论中国，实则亦兼论及中西文化异同问题。数十年来，『余对中西文化问题之商榷讨论屡有著作，而大体论点并无越出本书所提主要纲宗之外』。故而，『读此书，实有与著者此下所著有关商讨中西文化问题各书比较合读之必要，幸读者勿加忽略』。陈竺同的《中国文化史略》一书则是用生产工具的变迁来说明文化的进程。他在该书中明确指出：『文化过程是实际生活的各部门的过程』，『社会生产，包含着生产力与生产关系。这本小册子是着重于文化的过程。至于生产关系，就政教说，乃是权力生活，属于精神文化，而为生产力所决定』。除了上述综合性著作外，这一时期还有罗香林的《唐代文化史研究》、朱谦之的《中国思想对于欧洲文化之影响》等专门性著作影响较为深远。

不论是通史类论述中国文化的著作，还是以断代史、专题史的形态阐释中国文化，都包含着撰写者对中国文化的情怀，也与其人生经历密不可分。柳诒徵撰写的《中国文化史》也是先在学校教习之用，后在出版社刊行。鉴于民国时期刊行的同类著作，有的较为简略，有的只可供学者参考，不便于学年学程之讲习，所以他发挥后发优势，出版了这部比较丰约适当之学校用书。更令人难忘的是，柳诒徵不仅研究中国文化史，更有倡行中国文化的意见和主张。他在《弁言》中提出：『吾尝妄谓今之大学宜独立史学院，使学者了然于史之封域非文学、非科学，且创为斯院者，宜莫吾国若。三二纪前，吾史之丰且函有亚洲各国史实，固俨有世界史之性。丽、鲜、越、倭所有国史，皆师吾法。夫以数千年丰备之史为之干，益以近世各国新兴之学拓其封，则独立史学院之自吾倡，不患其异于他国也。』如今，他的这一文化设想，在南开大学等国内高校已经变成现实。正是由于有这样的文化观念，所以他才自我赋权，主动承担起治中国文化史者之责任：『继往开来……择精语详，以诏来学，以贡世界。』

杨东莼基于『文化就是生活。文化史乃是叙述人类生活各方面的活动之记录』的认知，打破朝代观念，将各时代和作者认为有关而又影响现代生活的重要事实加以叙述，并且力求阐明这些事实前后相因的关键，希望读者对中国文化史有一个明确的印象，而不会模糊。不仅如此，他在叙述中尽力坚持客观的立场，用经济的解释，以阐明一事实之前因后果与利弊得失，以及诸事实间之前后相因的关联。这也是作者对『秉笔直书』『夹叙夹议』等历史叙事方法反思之后的选择。

至于其他人的著述，虽然关注的核心议题基本相同，但在再现中国文化的时候却各有侧重，对中国文化的评价也褒贬不一，存在差异。这与撰写者对中国文化的认知，及其史德、史识、史才有关，更与其学术乃至政治立场、占有的史料、预设读者有关。其中，既有学者之间的对话，也有学者与读者的倾心交流，还有对大学生、中学生、小学生的知识普及与启蒙，对中外读者的文化传播，及其跨文化的思考。他山之石，可以攻玉。二十世纪二十年代日本学者高桑驹吉的著述以世界的眼光，叙述中国文化的历史，让译者感到：数千年中，我过去的祖先曾无一息与世界相隔离，处处血脉流转，气息贯通。如此叙述历史，足以养成国民的一种世界的气度。三十年代，中国学者陈登原不仅将中国文化与世界联系起来，而且还注意到海洋所带来的变化，以及妇女地位的变化等今天看来都亟待解决的重要议题。实际上，早在二十世纪二十年代，就有一些关怀中国文化命运的学者对十九世纪末到二十世纪初通行课本大都脱胎于日本人撰写的《东洋史要》一书等情形提出批评：以外人目光编述中国史事，精神已非，有何价值？而陈旧固陋，雷同抄袭之出品，竟占势力于中等教育界，垂二十年，亦可怜矣。乃者，学制更新，旧有教本更不适用。为改变这种状况，顾康伯广泛搜集文化史料，因宜分配，撰成《中国文化史》，脉络分明，宗旨显豁，不徒国史常识可由此习得，即史学门径，亦由此窥见。较之旧课本，不可以道里计，故而受到学子们的欢迎。此外，中国文化的海外传播、中国对世界文化的吸收以及中西文化关系等问题，也是民国时期中国文化史撰写者关注的焦点议题。

围绕中国文化史编纂而引发的有关中国文化的来源、内涵、特点、价值和贡献等方面的深入思考，耐人寻味，发人深思。孙德孚更将翻译美国人盖乐撰写的《中国文化辑要》的收入全部捐献给因日本侵华而处于流亡之中的安徽的难胞，令人感佩。

实际上，民国时期撰写出版的中国文化史著作远不止这些，出于各种各样的原因，没有收入本丛书，也是非常遗憾的事情。至于已经收入本丛书的各位作者对中国文化的定义、解析及其编写体例、使用的史料、提出的观点、得出的结论，我们并不完全认同。但是作为一种文化产品值得批判地吸收，作为一种历史的文本需要珍藏，并供广大专家学者，特别是珍视中国文化的读者共享。

感谢南开大学出版社的刘运峰、莫建来、李力夫诸君的盛情邀请，让我们徜徉于卷帙浩繁的民国时期中国文化史的各种论著，重新思考中国文化的历史命运；在回望百余年前民国建立之后越演越烈的文化批判之时，重新审视四十年前改革开放之后掀起的文化反思，坚定新时代屹立于世界民族之林的文化自信。

感谢与我共同工作、挑选图书、撰写和修改提要，并从中国文化中得到生命成长的区志坚、李净昉、马晓驰、王杰升等香港、天津的中青年学者和志愿者。李力夫全程参与了很多具体工作，表现出一位年轻编辑的敬业精神、专业能力和业务水平，从不分分内分外，让我们十分感动。

总目

第八卷　王德华　中国文化史略
　　　　陈竺同　中国文化史略
第九卷　李继煌译　中国文化史
第十卷　姚名达　朱鸿禧　中国文化小史
　　　　范子田　中国文化小史
　　　　常乃悳　中国文化小史
第十一卷　李建文　中国文化史讲话
　　　　靳仲鱼　中国文化史要
　　　　孙德孚译　中国文化辑要
第十二卷　王云五　编纂中国文化史之研究
　　　　陈安仁　中国文化建设问题
　　　　陈安仁　中国文化演进史观

第二十卷

张星烺　欧化东渐史

郑寿麟　中西文化之关系

梁启超　中国文化史·社会组织篇

吕思勉　中国文化史六讲

杨东莼《本国文化史大纲》

杨东莼（1900—1979），湖南醴陵人。马克思主义教授、学者，青年时代参加『五四』运动，一九二〇年参与组织北京大学马克思学说研究会，一九二三年加入中国共产党，从事早期工人运动和抗日救亡活动。著有《中国历史讲话》《中国学术史讲话》《国际新闻读法》等，译作有《费尔巴哈论》《古代社会》等。

《本国文化史大纲》一书，著于东京，由北新书局于一九三一年出版，其后又多次再版，是我国较早出现的通史性文化史著作。作者运用摩尔根的进化论和马克思主义思想，对中国文化的发生、发展及其动力问题进行了探讨。全书分为『经济生活之部』『社会政治生活之部』『智慧生活之部』，每章末附问题提要。作者认为文化发展应与社会形态的发展相一致，即文化史在原始公产、奴隶制、封建制、资本制等不同社会形态下呈现相应的特征。用社会形态的观念对文化史进行分期，是作者将马克思主义理论运用于文化史研究的一次有益尝试。

中國文化史大綱

楊東蓴編

楊東蓴編

本國文化史大綱

北新書局發行

序言

『文化就是生活。文化史乃是敍述人類生活各方面的活動之記錄。』但是，中國歷史，『汗牛充棟』，『浩如煙海』，到底我們祖先的那些活動，是和我們有關呢？是影響到現在的生活呢？這兩個問題，便是編本國文化史的人首先應該注意的。我在編這部書的時候，不拘是那一章，不拘是那一節，我都要追究到這兩個問題上面去；結果，如果我們祖先的活動，和我們無關，並且不曾影響到現在的生活，那末，縱令這種活動在當時的瞬間，異常重大，我也就不顧一切地把這種活動擯除在本書之外；反轉來說，如果我們祖先的活動，和我們有關，而又影響到現在的生活，那末，縱令這種活動在當時的瞬間，不曾發生重大的作用，我也要源源本本地把這種活動敍述在本書之內。——這一點，就是本書取材的標準。

其次，談到編著上的方法問題。通常的史家，每每離不了朝代觀念，好像離開朝代，便不好從何處說起，說到何處爲止。其實，按着朝代的更替，去敍述每一朝代的活動，很易於變成一本『流水帳簿』，呆板而無生趣，例如，在敍述土地制度與賦稅制度的時候，並不顧慮到每一朝代的這些制度是否和我們有關，是否影響到現在的生活，却只是因爲每一朝代有這樣的制度，總在每一朝代之下排列一個項目來敍述這樣的制度，結果，爲項目——或者說，爲格式——所牽制，於是堆聚種種既無關係又不重大的史實，徒使學者印象糢糊，而於這種『流水帳簿』之中，找不出一個『總結』，理不出一個頭緒。並且，把時間割裂，强以朝代爲準，則『斷代爲史，無復相因之義』，——鄭樵的話，——這種弊病，前人早已道破了。我有鑒於上面所述這些壞處，所以我編本書的時候，就打破朝代觀念，而以一個一個的事實做單元。但是，如果以一個一個的事實做單元，而又以每一朝代之同樣的事實，一律排列在這個單元之下，那末，這種敍述的結果，雖然不是『流水帳簿』，却是一種『總簿』，這於學者，又有什麼益處呢？因此，我在一個一個的事實做單元去寫本書的時候，我就只將各時代之和我們有關而又影響於現代生活的重要事實加以敍述，並且，力求闡明這些事實前後相因的關鍵。要如此，學者總能對於本國文化史獲得一種明確的印象，而不會糢糊。

再其次，就是敍述上的方法問題。通常史家，或者認爲對於史實要忠實，所以只是『秉筆直書』，一切都要還牠一個本來面目，——其實，要做到這一步，已是很困難的工作，——而不加以批判，或者利用夾敍夾議的方法，一邊敍述，一邊批判。這兩種方法，都有毛病：前者『秉筆直書』，倘然遇着所『直書』的史料之來源不眞確，豈不是以訛傳訛？後者『夾敍夾議』，倘然其所『議』的出所，出自主觀的立場或先入爲主的見解，豈不是困蔽讀者的思索？因爲這些緣故，所以我在敍述的方法上，儘力地固守着客觀的立場，用經濟的解釋，以闡明一事實之前因後果與利病得失，以及諸事實間之前後相因的關聯。

以上我把本書取材的標準，編著上並敍述上的方法說明了，進而就要談到本書的內容上的劃分。這種劃分，是根據編著上的方法而來的，全書共分三部：一、經濟生活之部，二、社會、政治生活之部，三、智慧生活之部。凡屬農業、商業、工業、交通、財政、土地制度以及賦稅制度等，都歸經濟生活之部。凡屬政制、刑制、教育、宗教、選舉、家族、婚姻、喪葬等，都歸社會、政治生活之部。凡屬哲學、文學、藝術等，都歸智慧生活之部。這種劃分，既是根據編著上的方法而來的，則其間自無明確而不可踰越的界限，所以如教育一項，歸之於智慧生活之部，亦無不可；不過在劃分的時候，却也曾考慮到其應歸於那一部的性質上的輕重，卽如教育一項，就帶着很濃厚的社會生活的性質，因此，就把牠歸到社會、政治生活之部去了。

此外，還有兩點要說明的：

第一，本書各章篇幅的長短，並無一定，多者在一萬字以上，少者三四千字，都是隨一個題目所包含的材料之多少而決定的，因此，如採作教本用來教授的時候，決不是每一章爲一個教授單元，其所需要的時間之長短，從而亦不一致，倘希採用本書的教師，善於活用。

第二，本書是供高級中學及大學預科的學生讀的，同時，具有和高中及大預相同的學識的人，也可以拿本書作參考，但是，這些讀者，都於本國史具有相當的素養，所以本書對於政治史方面，除少數與本書有關可作時代的背景者以外，都一概不說。

最後，著者自知淺薄，如有疏忽或錯誤之處，尙希海內先進指正。至於引用他人的著作，都在每節之後註明。

一九三一年六月十一日著者識於東京。

本國文化史大綱目次

第二編　社會政治生活之部

第三編　智慧生活之部

本國文化史大綱

緒論

什麼是文化？

普通學者每每有一種偏見，以為文化就是指學術思想而言，並且認為文化是崇高而特殊的東西。果真如此，則文化的領域未免過於狹隘，而所謂野蠻民族似乎不應有文化。但是，事實所告訴我們的，却與此正相反對。第一，學術思想，固然是屬於文化領域以內的東西，而經濟生活、政治生活、社會生活以及社會風尚等等，又何嘗不是屬於文化領域以內的東西呢？文化這個名詞，不過是代表人類各方面的生活之總稱。所以，文化就是生活。

文化即生活

第二，文化既然就是生活，則不拘文明民族與野蠻民族，都應當各有其自身的文化，不過文化的程度各有不同罷了。例如美洲印地安人，固然是野蠻民族；但是，印地安人却有其固有的文化，而為所謂『古文化』的代表之一（註一）。由此看來，文化便是極普遍而通常的東西，並不是崇高而特殊的東西。總括一句話：表現人類生活的東西，都可

文化之普遍性

文化隨生活方式而變動

以叫做文化，而人類生活是多方面的，所以其文化也是多方面的；同時，卽令各民族的生活方式，各有文野高低之不同，但是，因爲只要是一種民族，都自有其生活方式，故此就自有其自身的文化。

由上所述，則一般認爲文化就是指學術思想而言的這種見解，就顯然是一種偏見，是一種錯誤。並且，認爲文化是崇高而特殊的東西，也足以阻碍自己的文化之進展，同時，對異民族的文化抱着一種蔑視的心理。例如我國人每喜自誇，說中國是文化的古國，而鄙視日本的文化爲各種文化的混合物。其實，只要生活方式一有變動，則文化隨着變動。力倡保存中國固有文化的國粹派，難道能够不隨着生活方式的轉變，而抱殘守闕地固持着過時代的中國文化麽？人家能够隨着生活方式的轉變而轉變其文化，且英勇地向前發展着，難道我們能够固步自封，不隨着生活的轉變，而高唱着讚美中國古文化之歌，以求自娛麽？果眞如此，則這些都是衰頹的現象，沒落的先兆，我們不但不能自誇爲古文化國家的國民，而且人家行將驅逐我們於世界文化舞台之外；所以文化這個名詞，如果不能得到正確的解釋，則由此錯誤的見地而產生的心理，很足以引導我們入於迷途而不知自覺。

生活方式
由社會的
生產關係
而決定

生產方法
決定社會
的生產關
係
生產工具
決定生產
方法
物質文化
精神文化

適纔說過：「文化就是生活」，「只要生活方式一有變動，則文化隨着變動」。但是，生活方式又是由什麼而決定的呢？不用說，生活方式是由社會的生產關係而決定的。人類的文化，即人類的生活，是人類的社會所創造的。換句話說，即人類的生活，不是孤立的個人所能辦到的。人類要生活，就必得在社會內謀相互的分工合作，這種社會內相互的分工合作，就叫做社會的生產關係。人不是神，不是超人，所以人人都不能離開這種社會的生產關係，而且，必得加入於這種社會的生產關係。但是，社會的生產關係，又是由什麼而決定的呢？不用說，社會的生產關係，是由生產方法而決定的，而後者，又是由生產工具而決定的，所以生產工具是經濟基礎之基礎。由社會的生產關係所產生出來的物質的生活方式，如衣、食、住、行，便叫做物質文化。由社會的生產關係所產生出來的精神的生活方式，即由社會的生產關係所反映出來的意識形態，如法律、政治、藝術、哲學，便叫做精神文化。要這樣去解釋文化這個名詞，纔能獲得這名詞的眞義。

（註一）莫爾甘的古代社會，對於印地安人的文化，有詳細的敍述。

什麼是文化史？

文化史的定義

由上所述，文化既然就是生活，則文化史的內容，就不能離開生活上的敘述。而且，因爲生活是多方面的，所以文化史的內容，也必得是多方面的。如果把文化史的內容，規定爲學術思想，則這就是學術思想史，而不是文化史。總括一句話，文化史乃是敘述人類生活各方面的活動之記錄。

中國文化之特徵

文化與經濟基礎

世界各民族都各有其不同的文化，例如條頓民族的文化，決不和斯拉夫民族的文化一樣，印度人的文化，決不和中國人的文化一樣。這些不同的處所，便是民族文化之特徵，換句話說，即各民族的文化都各有其特徵。但是，爲什麼各民族的文化會各自不同呢？我們的答案就是：因爲各民族的生活方式之不同，所以各民族的文化就不同。可是，生活方式又是依從那樣的動力而發生轉變呢？我們的答案就是：因爲經濟的基礎發生轉變，所以生活方式也隨着轉變(註一)。如果經濟的基礎是資本主義的，則其文化也必然是資本主義的；如果經濟的基礎是封建的，則其文化也必然是封建的(註二)。

山林文化

中國的經濟的基礎，從來就是手工業的農業的經濟，帶着很濃厚的封建的色彩；故此，中國文化之特徵，就是農業經濟之下的山林文化。

東西文化之不同

中國文化之特徵

只是說中國文化之特徵是山林文化，似乎過於抽象而不切實。最好，我們拏東西文化的特徵之比較，以顯示中國文化的特徵之所在。陳仲甫說：『西洋民族以戰爭爲本位，東洋民族以安息爲本位。西洋民族以個人爲本位，東洋民族以家族爲本位。西洋民族以法治爲本位，以實利爲本位，東洋民族以感情爲本位，以虛文爲本位。』（註三）李守常說：『東西文明有根本不同之點，卽東洋文明主靜西洋文明主動是也。……一爲自然的，一爲人爲的；一爲安息的，一爲戰爭的；一爲消極的，一爲積極的；一爲依賴的，一爲獨立的；一爲苟安的，一爲突進的；一爲因襲的，一爲創造的；一爲保守的，一爲進步的；一爲直覺的，一爲理智的；一爲空想的，一爲體驗的；一爲藝術的，一爲科學的；一爲精神的，一爲物質的；一爲靈的，一爲肉的；一爲向天的，一爲立地的；一爲自然支配人間的，一爲人間征服自然的。』（註四）陳李二氏對於東西文化的比較，雖不能謂爲完全正確，然東西文化相異的概觀，卻可以在此中窺見出來。總括一句話，中國文化是以家族爲本位，着重於保守與因襲，而爲農業經濟之反映；所以上面說，中國的文化是山林文化。

（註一）誠然，地理的形勢，也決定一民族文化的特徵，（如英國史家巴克爾

(Buckle)於其所著的英國文明史(History of Civilization in England)上就說『歐洲地理的形勢，是適宜於人的控制天然，這是歐洲文明發展的主因』，如李守常於其所著東西文明根本之異點上就說『溯諸人類生活史而求其原因，殆可謂為基於自然之影響。蓋人類生活之演奏，實以歐羅細亞為舞台。歐羅細亞者歐、亞兩大陸之總稱也。歐羅細亞大陸之中央有一凸地曰「桌地」(Table Land)，此與東西文明之分派至有關係。因其地之山脈不延於南北，而亙乎東西，足以障礙南北之交通。人類祖先之分佈移動乃以成二大系統，一為南道文明，一為北道文明。……南道文明者東洋文明也，北道文明者西洋文明也。南道得太陽之恩惠多，受自然之賜予厚，故其文明為與自然和解與同類和解之文明。北道得太陽之恩惠少，受自然之賜予嗇，故其文明為與自然奮鬥與同類奮鬥之文明』。）但是，決定一民族文化特徵的主要原因，卻依然是經濟的基礎，更直率地說，就是生產關係。

(註二)純粹的社會形態是不會有的，所以在資本主義的社會中，多少殘留着封建社會的痕跡。尤其是中國社會，更爲複雜，因爲自受國際帝國主義的壓迫以後，固有的經濟基礎固然日趨於崩壞，然代之而起的經濟基礎却不曾確立起來，故此，相應而生的文化，也就五花八門光怪陸離；但是，中國文化的主要特徵，依然未曾脫却山林文化的色彩。

（註三）參看新青年第一卷第四號東西民族根本思想之差異。

（註四）參看民國七年言治季刊東西文明根本之異點。李氏在同篇更說：「南道之民族因自然之富，物產之豐，故其生計以農業爲主。其民族爲定住的。北道之民族因自然之賜予甚乏，不能不轉徙移動，故其生計以工商爲主。其民族爲移住的。惟其定住於一所也，故其家族繁衍；惟其移住各處也，故其家族簡單。家族繁衍故行家族主義；家族簡單故行個人主義。」李氏立說，蓋全以自然支配文化一點爲根據。其實，如果生產關係一經變動，則經濟組織也隨着變動，同時，建立在經濟基礎之上的文化也隨着變動。

中國文化起源的根據地

黃河流域爲中國文化的根據地

埃及文化起源於尼羅河，印度文化起源於恆河，美索不達米亞文化起源於底格里斯河與幼發拉底斯河，中國文化則起源於黃河。

黃河爲中國文化根據地之原因

古代文化的起源，與河流有這樣深切的關係，完全是由於地勢與地質使然的。單拿黃河流域來講，其所以能夠成爲中國文化根據地的原因，不外以下數點：第一，黃河兩岸的地帶，都是屬於黃土層，便於耕種。第二，黃河流域地勢甚高，不像長江流域之爲沼澤一樣，所以適於居住。第三，黃河兩岸都是平原，不像長江兩岸之多崇山峻嶺一樣，所以便於交通。既適於居住便於耕種，則人民易於團集；既便於交通，則彼此多接觸的機會。團集既久，接觸日多，則文化必然相應而生。

傳說上的證明

其次，拿上古諸王建都的傳說來看，也足以證明黃河流域爲中國文化起源的根據地。如庖犧都陳（河南、陳州），神農亦都陳，後遷曲阜（山東、曲阜縣），黃帝都涿鹿（河北、涿鹿縣），顓頊都帝丘（河北、濮陽縣），帝嚳都亳（河南、偃師），帝堯都平陽（山西、臨汾），帝舜都蒲坂（山西、永濟），大禹都安邑（山西、安邑縣），都無不在黃河流域。不過庖犧、神農既已奠居黃河下游的沃壤，爲什麼以後的堯、舜、禹三帝，反居山西寒瘠之地呢？關於這個問題，很爲重要；可以引用梁啓超的話，來作答案。他說：「吾雖信高等文化之發育，必須在溫腴而交通便利之地；黃河下游爲我文化最初根核，殆無可疑；堯、舜、禹之移居高原，其惟一理由，恐

山東河南為中國古代文化起源的樞核

是洪水氾濫之結果。孟子稱舜為「東夷之人」，其所留史蹟之地如歷山，如負夏，學者多考定在今山東。夏代諸侯國之見於史者，如有窮，有仍，斟灌，斟尋等，其地亦在河南、山東間。吾儕因此種暗示，可推想虞、夏之交，我族一切活動，實以此域為中心。中間遭值水禍，去濕就燥，不過一時現象；水土既平之後，旋復其故也。』(註一)由此看來，黃河流域固為中國文化起源的根據地，而今山東、河南一帶，則更為中國古代文化起源的樞核。(註二)

(註一)見梁任公近著第一輯下卷中國歷史上民族之研究。

(註二)一八九八年與九年之交，在河南省安陽縣西北五里的小屯，於黃土層下掘發了無數龜甲獸骨的破片。骨片上多刻有極原始的文字。文字的內容是三四千年前殷代的王室占卜的記錄。又最近在山東地方，也有古代遺物的發掘。由這些的發掘，不特明證黃河流域為中國文化起源的根據地，而且明證今山東、河南一帶實為中國古代文化起源的樞核。

其他文化樞核

上古時代，除漢族(註一)佔有黃河流域且形成自具體系的文化以外，其他各地，則為異民族所據，而成為諸種文化的樞核。因當時山河阻隔，交通不便，各民族彼此間沒有往來接近的機會，隨而其生活方式確保其固有的特性，所以各各遂其獨自的發展，而形成種種不同的文化。

長江流域為苗族文化的樞核

如長江流域今湖北、湖南、江西一帶，便是苗族(註二)文化的樞核。苗族在當時卽已發明刑法、兵器以及宗教，且後來漢族所用的五刑、兵器及所信奉的鬼神教，也大概是為苗族所首創而為漢族所因襲的東西；由此看來，苗族在當時卽具有相當程度的文化，便是無疑之事。

山東半島與淮河流域為東夷族文化的樞核

其次，如山東瀕海半島及安徽、江蘇之淮河流域，便是東夷族的文化樞核。史書上所謂嵎夷、萊夷、島夷、淮夷以及徐戎等，都是東夷族的別支。史記上說：『太公至國，修政，因其俗，簡其禮；通商工之業，便魚鹽之利；而人民多歸齊，齊為大國。』太公望是在武王定天下之後封於營邱(山東、昌樂縣)的齊國祖先，太公既因其俗簡其禮，則山東地方在很久以前，便已具有其特有的文化，乃係自明之事。

四川為巴蜀族的文化樞核

再其次，如四川便是巴蜀族的文化樞核。巴蜀本是屬於氐族的，三國志魏略上說：『氐，……其種非一；或號青氐，或號白氐，或號蚺氐，此蓋蟲之種類，中國人卽其服飾而名之也。』足見巴蜀族在最早為圖騰社會(totem society)，而以蟲做他們的氏族的標幟。尚書大傳說：『惟丙午，王逮師前，師乃鼓付鼓，師乃慆，前歌後舞，』足見巴蜀族從來就善於歌舞，所以在周武王伐紂的時候，就有巴蜀的人替武王的軍隊歌舞（註三）。並且，依地勢來講，四川地居溫帶，雨量豐富，適於農耕；又四周有大山，中央有平原，而岷江、涪江流貫於其間，所以不易受到外界的侵略，而宜於初民的繁殖。由此看來，四川地方在當時爲巴蜀族文化的樞核，便是顯而易見的事實。

此外，如浙江、福建、廣東爲百越族的文化樞核；山西、河北的大部分爲狄族的文化樞核；遼東及河北的大部分爲山戎、北戎的文化樞核；都是在史書上可以找到明證的。

（註一）古代沒有漢族的名稱，自漢代擴張領土播揚國威以後，四隣諸國總稱我國人爲漢人；這和稱我國人爲唐人是一樣的。後來因爲史家都沿用這漢族二字以代表我國人，所以漢族二字總成爲種族的名稱。

（註二）據呂思勉的考證，苗是國名而不是種族名。他說：『三苗是古代的一個國名，不是種族之名；他的民族，卻喚做「黎」；黎族的君主，起初是蚩尤，後來才是三苗。』（見呂氏所著白話本國史第一冊十三頁。）夏曾佑也說：『蚩尤爲九黎之君。……其時，黎民踞踏江湖之外，爲我所鄙賤。』（見夏氏所著中國歷史教科書第一冊十七頁。）

（註三）華陽國志說：『周武王伐紂，實得巴蜀之師，巴師勇銳，歌舞以淩之。殷人倒戈，故世稱武王伐紂前歌後舞也。』

漢族是中國文化的主幹

構成中國文化的諸民族

中國文化的主幹，自然要推漢族。但是，漢族是中國的土著呢？還是從他處遷徙而來的呢？一般學者對於這問題的討究，多半說漢族不是土著，卻是從他處遷徙而來的，就中尤以漢族西來說爲最有力量。大抵太古時代，葱嶺、帕米爾高原一帶，爲人類棲息之所，後來分向東西遷徙，向西者成爲今日的白種，向東者成爲今日的黃種，而漢族即係黃種之一族（註一）。漢族入中國的途徑，是由今新疆經甘肅，而屆據於黃河流域，以蔚成自具體系的中國文化。

但是，今日之所謂漢族，決不是單純的漢族，實在是經過多數民族的混合與同化而形成的一種共名；因此，中國文化雖以漢族爲主幹，然中國文化的構成分子，卻早已包含了多數非漢民族的種種文化；今就史書上有確證的諸民族，分述如下。

東夷

第一爲東夷。東夷在春秋前後最著的有萊夷、徐戎二者。萊夷在今山東環海半島登、萊、青一帶地方，自齊太公封於營邱以後，數百年間，已次第同化漢族，到戰國時候，就業已沒有萊夷的痕跡了。徐戎在今淮水中流卽江蘇西北部。至周穆王時，徐偃王極强，爲周宣王所敗。『秦幷六國，其淮泗夷皆散居爲民戶；』（註二）所以自漢以後，這一帶地方就沒有夷之名了。

荆吳

第二爲荆吳。荆吳之最顯著的，爲楚與吳二者。春秋時楚、吳兩國本與諸夏爲異族（註三），這是用不着說明的。楚以勢力發展的結果，觀兵諸夏（註四）；但是諸夏文化，原要較楚爲高；所以楚欲統治其所滅的國家，就不得不自進而與之同化。春秋中葉以降，楚與晉『狎主夏盟』，此後就成爲中華民族的一主要成分。吳的先世，據史記上說：『吳太伯、太伯弟仲雍，皆周太王之子，而王季歷之兄也。……太王欲立季歷以及昌，於是太伯仲雍二人，乃奔荆蠻，文身斷髮，示不可用。……太伯之奔荆蠻，自號句吳。荆蠻義之，從而歸之千餘家，立爲吳太伯。』由此可見吳地人民，都是斷髮文身的未開化民族，自太伯奔吳至春秋中葉五百餘年，吳地實在漢族文化圈外爲獨立的發展，直到『楚之亡大夫申公、巫臣怨楚將子反而奔晉，自晉使吳，敎吳用兵乘車，令其子爲吳行人，吳於是始通於中國。』（註五）到戰國時候，吳因爭霸中原，以其文化低弱，也就完全同化於漢族了。

苗蠻

第三爲苗蠻。此族與漢族交涉最早，而運命也最長。在太古時代，苗爲漢族勁敵，其部長蚩尤，和黃帝戰於涿鹿之野（註六），爲黃帝所擒。以後經歷代的放逐，苗族就愈竄而愈南，最後竟竄至雲、貴、廣西、湖南邊界的深山窮谷中（註七）。至其大部分，則已同化於漢族。

百越

第四爲百越。百越之最顯著的，有越、甌越、閩越、南越、山越五者。越的先祖，據史記上說：『越之先世，其先禹之苗裔，而夏后帝少康之庶子也。封於會稽（今浙江省、紹興縣），以奉守禹之祀。文身斷髮，披草萊而邑焉。』由此足見當時的越，也是未開化的民族。到戰國時候，越因爭霸中原，以其文化低下，卒爲漢族所同化。到戰國以後，就再沒有越這個異族的痕跡了。甌越與閩越，在漢初爲兩國，武帝時『東甌請舉國徙中國，乃悉舉衆來處江、淮之間，』（註八）從此，這兩族就同化於漢族。南越又作南粵，即今廣東。自秦始皇殖民南越以後（註九），南越人種，即已混雜。漢武帝平南越以後，又數次徙南越人民於江、淮間。由此看來，南越一族，也早就和漢族同化了。山越在今江蘇、安徽一帶地方，漢以前不見於史書，直到三國時候，總為吳孫權所討平；自此以後，此族就不復見了。

藏族

第五為藏族即氐羌。此族與漢族交涉也很早。商頌上說：「昔有成湯，自彼氐、羌，莫敢不來享，莫敢不來王。」由此看來，氐羌族在商時就已經在羈縻之列。此族在春秋時代，有秦(註十)、巴、庸、蜀諸系；秦、漢以後，即已與漢族同化。此後如兩晉時代的前秦、後秦、後涼、仇池，唐代的吐蕃、黨項，宋代的西夏，以及清代的大小金川，都屬於氐羌族。中經五胡之亂、黨項的歸化(註十一)，其大部分就同化於漢族；只有大小金川，因地僻處徼外，所以不曾完全同化。

滿族

第六為滿族。滿族的根據地為東三省。唐虞三代的肅愼，漢代的扶餘，東漢、三國、兩晉、南北朝以及隋、唐時代的高麗百濟，唐代的渤海，宋代的女眞，明代的滿洲，都是屬於此族。此族當與漢族交通，女眞(即金)自遷汴以後，即已完全同化於中國。滿洲入主中國，更加沾染了漢族的文化，而喪失其固有的文化。

蒙古族

第七為蒙古族。蒙古族的根據地在外蒙古。三代的獯鬻、玁狁、鬼方、昆夷、犬戎，秦、漢時代的匈奴，兩晉時代的前趙、後趙、夏、北涼，宋代的蒙古、元代帝室，明代的韃靼、瓦剌，現今的內外蒙古與青海諸部，都屬於此族。獯鬻、獫狁自商、周以來累爲邊患；到戰國之末，秦、趙武功極盛，各築長城以爲塞，於是今長城所界，西自寧夏，東至大同，其南殆無匈奴。此族與漢族交通也很久，其中必有一部分已同化於漢族(註十二)。中經五胡之亂，與漢族往來益密；惟此族民性很强悍，所以元亡以後，此族還能保持其固有的文化，而不甚受同化。

回族

第八爲回族。回族的根據地在阿爾泰山附近。秦、漢時代的丁零、月氏、烏孫，南北朝時代的高車、鐵勒，隋、唐時代的突厥、回紇、薛延陀、沙陀，都屬於此族。此族累爲中國邊患，故接觸之時，此族與漢族兩者的文化，多少有混合的機會；但此族除沙陀、突厥爲短時間的割據華夏而外，始終未曾一度爲中國的主權者，所以此族受漢族的同化亦較少，惟唐代將帥頗有此族人。

滿蒙混血

第九爲滿蒙混血族。此族的根據地在熱河。秦時的東胡，漢代的烏桓、鮮卑，三國、晉初的遼東、遼西，兩晉、南北朝時代的前燕、後燕、西燕、南燕、西秦、南涼、後魏、北周、北齊、吐谷渾、柔然，隋、唐時代的奚、契丹，宋代的遼與西遼，都屬於此族。東漢末葉，烏桓屢爲寇暴，爲曹操所破，首虜二十餘萬人，餘衆都徙居中國爲編民，由是燕、代一帶的中華民族，就吸收很多的烏桓分子。後魏與南朝中分中國，將近三百年，頗用華俗，就中改鮮卑姓爲漢姓，更加是促進民族混合的大政策。至於契丹，則原有部落本甚微弱，部民都以漢人爲多數，所以自遼室亡後，契丹族就不復存在了。

由上所述看來，今日之所謂中國文化，固屬是以漢族爲主幹；但是，經過幾千年來民族間不斷的混合，中國文化的本質，就已經是極度的複雜的了。

人種上的混合

第一，在人種上來說，今日的漢族，已經不是太古的漢族，換句話說，即漢族之中，已經參加了異種族的成分；反過來說，許多異種族之中，也參加了漢族的成分。

生活上的混合

第二，從生活上來說，不論是飲食、衣服、起居，經過這幾千年融合的結果，都無不帶着幾分『混合物』的性質。其他，如風俗、習慣、藝術等，同樣，也起了重大的變化，而決不是漢族當日的本來面目。

中國文化之變質與雜質

根據以上所說，所以我們現在研究本國文化史，腦袋中就不可存有一種偏見，以爲我們是漢族，以爲我們是黃帝的苗裔，而具有超出其他民族的崇高而特殊的文化，其實，中國的文化，久已是一種「變質」的東西，最少也是一種「雜質」的東西。我們現在研究中國文化史，就在於打破這種偏見，而要還牠一個本來面目。因此，如果這一步不能做到，則我們愈研究而愈入於迷途。

(註一)王桐齡著中國民族史說：『黃色人種下了帕米爾高原以後，便分道往東南東北兩方面進行；往東南方面進行的有三族，歷史家稱之爲南三系，往東北方面進行的亦有三族，歷史家稱之爲北三系。南三系中第一族，……稱之爲交趾支那民族。第二族，……爲漢族。第三族，……稱之爲藏族。北三系中第一系，……稱之爲滿族。第二系，……稱之爲蒙族。第三系，……稱之爲回族。』

(註二)參看後漢書、東夷傳。

(註三)史記、楚世家裏面，有兩處記載楚人之言曰：『我蠻夷也；』即此便足以證明楚人在春秋初期還沒有加入中華民族。

(註四)左傳上說：『漢陽諸姬，楚實盡之。』

(註五)見史記、吳太伯世家第一。

(註六)史記、五帝本紀上說：『黃帝者，少典之子，姓公孫，名曰軒轅。……蚩尤作亂，不用帝命；於是黃帝乃徵師諸侯，與蚩尤戰於涿鹿之野，遂禽殺盡光。』

（註七）歷代用兵征苗，強迫同化。自漢以來，代有是舉；前清兩次「改土歸流」，更屬雷厲風行。苗族的變爲漢族，大部分都是循着這條途徑。

（註八）見後漢書、東夷傳。

（註九）史記、秦始皇本紀正義：『三十三年，發諸嘗逋亡人贅壻賈人，略取陸梁地，——（正義）嶺南之人，多處山陸，其性強梁，故曰陸梁。——爲桂林、象郡、南海，以適遣戍。』

（註十）梁啟超說：『秦人雖自稱出顓頊，而史記已稱「其子孫或在中國或在夷狄」；秦之先卽所謂夷狄者也；其最少必有一部分氐、羌混血，蓋無可疑。』（見梁任公近著第一輯下卷中國歷史上民族之研究。）

（註十一）黨項最晚出而最強，後建立西夏國，歷二百五十年。西夏末葉完全與漢族同化；宋史稱：『其設官之制，多與宋同，朝賀之儀，雜用唐、宋，而樂之器與曲則唐也；』又記其『建國學設弟子員三千，尊孔子爲帝。』

（註十二）梁啟超說：『此族人與諸夏錯居垂千年，其間必有一部分同化於我，此事理之至易推見者。據可信之史料，則此族有姓曰「隗」，而與我族廣通婚姻。周襄王有狄后，亦稱隗后，晉文公出亡居狄，狄人贈以二女叔隗、季隗，文公娶季隗，以叔隗妻趙衰，生盾，然則後此之趙氏，蓋已混狄血之一半。……要之春秋二百餘年中，羣狄之次第同化者必不少，而晉實筦其樞；今山西、直隸之中華民族，其與匈奴混血，蓋在二千五六百年以前矣。』（見梁任公近著第一輯下卷中國歷史上民族之研究。）

問題提要：

一、爲什麼文化就是生活？

二、文化依着什麼而轉變？何以各種民族的文化各各不同？

三、中國文化的特徵是什麼？何以中國文化具有此種特徵？

四、什麼叫做物質文化與精神文化。

五、何以生產工具是經濟的基礎之基礎？

六、中國文化起源的根據地，何以在黃河流域？

七、試用經濟的解釋，去說明東西洋文化之不同。

八、構成中國文化的，有那幾種民族？
九、爲什麽中國文化是一種雜質的文化？
十、試從本書序言的第一段，去說明我們研究本國文化史之重要。

第一編經濟生活之部

第一章　初民的生活狀況

初民生活狀況之一般

莫爾甘的古代社會

研究古代社會的最有權威的著作，要算是莫爾甘（Morgan）的古代社會（Ancient Society）。莫爾甘身居亞美利加土人印地安民族裏面，前後經過數十年的考察，總把社會的演進與初民的生活狀況有系統地闡明出來。印地安民族是保存着『古文化』最完全的一種民族，所以拿牠來做人類古代社會演進的代表，是很恰當的。

蒙昧時代與野蠻時代

莫爾甘把初民生活的進化階段，分爲兩大時代：蒙昧時代與野蠻時代。而此兩大時代之中，各隨其生活方法之進步，又各分爲：初期、中期與高期。

蒙昧時代的初期

蒙昧時代的初期——這是人類最幼穉的時期。人類在這時期，只是以自然界的菓物、樹根與胡桃爲食品，惟其如此，所以熱帶森林，在太古最適宜於人類的住居。現在存在着的一切民族，牠們的遠祖，都無不經過此種最幼稚的時期，這就是人類跳出動物時代所必得經過的一個過渡。

蒙昧時代的中期

蒙昧時代的中期——這個時期開始發明用火（註一），火的發明，是人類生活進

漁獵生活

化的一大階段。同時，人類在這個時期，又知道拏魚類作食品。魚類和自然界的植物不同，是要煮熟纔能吃食的，因此魚與火是同時發明使用的。人類自從經過這兩大發明以後，就漸次地沿着江河去找生活，而廣布到大地的上面。但是，生活狀況是隨着生產方法而改進的，而生產方法又是隨着生產工具而改變的，所以生活狀況和生產工具有極密切的關係。人類在這個時期，有件極重要的生產工具，就是粗糙的石器。製造這種石器的方法，大概是用石頭去打碎石頭；那尖銳的石片，便是刀斧，用以去打禽鳥或小獸，這就是原始的武器。隨着原始的武器的發明，人類又漸次地知道狩獵；所謂漁獵生活，就是在這個時期中形成出來的。

蒙昧時代的高期

蒙昧時代的高期——在蒙昧時代的中期，由狩獵所獲的食物，不一定很多，這就是因為生產工具的笨拙的原故。後來經過長期間的經驗，纔發明弓箭。弓箭的發明，便是蒙昧時代的高期之特徵。生產工具既有了這樣的改進，於是禽獸就成為日常的食品，狩獵就成為日常的勞動。並且，在這個時期，木工亦漸次地發明，而能製造獨木舟以及木器用具；同時，又漸次知道用樹枝樹幹以建造簡單的房屋，而脫離從前穴居野處的生活；最後，在這個時期，極幼稚的紡織工也漸次地發明，如用手紡樹皮纖維以及用樹皮等編織籃簍。

野蠻時代的初期

野蠻時代的初期——人類自從習於狩獵生活以後，積聚着長期間的經驗，又漸次地知道飼養家畜；因爲由狩獵所獲得的食品，依然是沒有定規的，而家畜的飼養，却可以得到定規的食品。所以家畜飼養的發明，便是野蠻時代的初期之特徵。既然要飼養家畜，則飼養家畜上所必需的幾種植物之種植，也就必然隨着產生。

野蠻時代的中期

游牧生活

野蠻時代的中期——家畜繁殖成爲大羣以後，因爲當時對於飼養家畜上所必需的幾種植物之種植，還不足以應付成爲大羣的家畜之需要，所以人類就離開其祖先所居住的森林地帶，逐水草而居，以轉入到游牧生活。由漁獵生活進展到游牧生活，便是在這個時期中完成的。這個時期的生產工具，依然是石器，不過銅器業已發明了。

野蠻時代的高期

農業生活

野蠻時代的高期——鑄鐵的發明，是這個時期的特徵，並且是人類進到文明時代的渡橋。由鑄鐵的發明，人類才知道使用鐵器；自從人類使用鐵器以後，人類的生活狀況就別有一種新生面。第一，因爲鐵器的使用，耕種的地面，才會漸次增大，荒野僻地，都逐次開墾爲耕地與牧場，而使人類向着農業生活進展。第二，因為鐵器的使用，就增加了人類的生活方法與活動能力。

以上所述，便是初民——先史的民族——的生活進化狀況之一般，全世界無論那一種民族，其祖先都無不經過此種進展的歷程；故此，以下就中國古史的傳說，以證明此種進展的歷程（註二）。

（註一）由石頭打石頭，便是火的發明之起因。

（註二）關於此種進展歷程，其詳細可以參看莫爾甘所著的古代社會，倘若沒有時間去看莫爾甘的大著，就可以參看蔡和森著的社會進化史（上海民智書局發行），因為蔡氏這部書，就是莫爾甘的古社會代之縮寫。

白虎通上面的傳說

傳說中中國初民的生活狀況

白虎通上說：『古之時，未有三綱六紀；民人但知其母，不知其父；能蔽前而不能蔽後；臥之詓詓，行之吁吁，飢即求食，飽即棄餘；茹毛飲血，而衣皮葦；於是伏羲仰觀象於天，俯察法於地；因夫婦，正五行；始定人道，畫八卦以治下；下伏而化之，故謂之伏羲也。謂之神農何？古之人民，皆食禽獸肉；至於神農，人民衆多，禽獸不足；於是神農因天之時，分地之利；制耒耜，教民農作；神而化之，使民宜之，故謂之神農也。謂之燧人何？鑽木燧取火，敎民熟食；養人利性，避臭去毒，謂之燧人也。』

易繫辭上面的傳說

易繫辭上說：『古者庖犧氏之王天下也，仰則觀象於天，俯則觀法於地；觀鳥獸之文，與地之宜；近取諸身，遠取諸物；於是始作八卦，以通神明之德，以類萬物之情。作結繩而爲網罟，以佃以漁。……庖犧氏沒，神農氏作。斲木爲耜，揉木爲耒；耒耨之利，以敎天下。』

三皇本紀上面的傳說

司馬貞三皇本紀上說：『太皞庖犧氏，風姓，代燧人氏繼天而王。……結網罟以敎佃漁，故曰宓犧氏。養犧牲以充庖廚，故曰庖犧。……女媧氏，……代宓犧，立號曰女希氏。……女媧氏沒，神農氏作。……斲木爲耜，揉木爲耒，耒耨之用，以敎萬人。』

以上三種記載，當然是傳說，不是眞正的史實；司馬遷說：『學者多稱五帝，尙矣；然尙書獨載堯以來，而百家言黃帝，其文不雅馴，薦紳先生難言之。』當時對於黃帝，尙且是『難言之』，則黃帝以前的三皇，就益加用不着說了。但是，以上所說的三皇，——普通都以燧人氏、伏犧氏、神農氏爲三皇，而三皇的次序，當以尙書大傳爲準，即燧人在前，伏犧居中，神農在後，——確實代表初民生活狀究的三個時代。

燧人氏代表漁獵生活的時代

第一，燧人氏代表漁獵生活的時代。『太古之初，人吮露精，食草木實。穴居野處，山居則食鳥獸，衣其羽皮，飲血茹毛；近水則食魚鼈螺蛤，未有火化。』所謂『人吮露精，食草木實』，便明明是蒙昧時代的初期，還只知道吃食自然界的植物。到了『山居則食鳥獸，近水則食魚鼈螺蛤』，則已進化到蒙昧時代的中期；在這個時期中，粗糙的石器，必已發明了。有了石器，然後發明火，故謂『於是有聖人以火德王，造作鑽燧出火。』這時期的鑽燧，決不是金屬，而是石頭；所謂『鑽燧出火』，便是鑽與木因摩擦而生高熱，至發火點則燃燒。既有石器，又已發明了火，於是漁獵就隨着發達，並且，由漁獵而獲得的食品，從此成爲日常的食品，而且熟食。

伏羲氏代表游牧生活的時代

第二，伏羲氏代表游牧生活的時代。所謂『結網罟以教佃漁』，還未脫掉漁獵的生活；直到『養犧牲以充庖廚』——庖犧氏就是伏羲氏，——纔正是進到游牧的生活，而知道家畜的飼養。既能養犧牲，則必有用以去養犧牲之物，所以在這個時代，某幾種植物的種植，也必定隨着發明了。拿社會進化史的眼光來看，則伏羲

神農氏代表農業生活的時代

生產工具爲推動人類社會的原動力

所代表的這個時代，大約是蒙昧時代的高期與野蠻時代的初期並中期。

第三，神農氏代表農業生活的時代。有了家畜，自然就要種植飼養家畜的某幾種植物，惟其如此，所以初步的農業也就發生出來了；不過我們要認清楚：這時代仍舊是以游牧爲主，農業不外是一種副業而已。因爲農業的發達，是要依靠鐵器的，而在神農這個時代，並不曾發明鑄鐵，則又那能產生發達的農業呢？所以『斲木爲耜，揉木爲耒』，始終不曾脫掉木器的工具之使用，從而卽令當時已有農業，也就不過是極初步的農業而已。拿社會進化史的眼光來看，則神農氏這個時代，還不曾脫離野蠻時代的中期，換句話說，卽不曾進化到野蠻時代的高期。

打破歷史上的一種偏見

上面說過：生活狀況是隨着生產方法而改進的，而生產方法又是隨着生產工具而改變的，根據這一點，所以由蒙昧時代進到野蠻時代，由漁獵時代進到游牧時代，更由游牧時代進到農業時代，其間推進的原動力，都是生產工具。倘使沒有石器的發明，則漁獵的生活，便無從發生。倘使沒有鑄鐵的發明，則農業的生活，便無從發達。故此，這種生產工具，實在是經濟基礎的基礎。舊派史學家或唯心派史學家，不懂得這種道理，從而每每在歷史上發生一種偏見：他們以爲生活的演進，是由一種超人的人，或半神體的人來主宰的，好像沒有這種人來主宰，則人類生活就無從演進；因此，他們便肯定眞有『鑽木燧取火，敎民熟食』的燧人氏，『作結繩而爲網罟，以佃以漁』的伏犧氏，以及『制耒耜，敎民農作』的神農氏。其實，拿社會進化史的眼光來看，歷史上決沒有這樣超人的人或半神體的人。所謂燧人氏，不過是火的發明之象徵，所謂伏犧氏或庖犧氏，不過是牧畜的發明之象徵，所謂神農氏，不過是農業的發明之象徵。一樣事物的發明，決不是一個人的能力與才智所能辦得到的，而是經過若干年積聚的經驗所產生出來的，所以火的發明，網罟的發明以及耒耜的發明，都是由長期的經驗之積聚的結果，決不是古代聖哲所創造出來的。要明白這一點，纔能夠去研究文化史，纔能夠理解到人類文化演進之所由來；故此，上面所說的這種偏見，是不得不打破的。

問題提要：

(一)初民的生活狀況之一般是怎樣的？

(二)生活狀況與生產方法，有怎樣的關係呢？生產方法與生產工具，又有怎樣的關係呢？

(三)什麼是推動人類社會的原動力？

(四)傳說中中國初民的生活狀況是怎樣的？

(五)歷史上，何以無超人的人或半神體的人？

因飼養家畜而發生植物的種植

因食品的需要之增加而農業生產隨之擴大

耒耜

第二章　農業

農業的發明

白虎通上說：『古之人民，皆食禽獸肉；至於神農，人民衆多，禽獸不足；於是神農因天之時，分地之宜，制耒耜，教民農作；』由這段話看來，似乎農業發明的原因，就在於『人民衆多，禽獸不足』。不錯，生齒日繁，素來用禽獸肉作食品的這種辦法，無從應付；而迫着不得不去另尋生活的途徑，——農業的發明，或者就是由這樣來的。但是，因家畜的飼養對於種植的啓示，却要較『人民衆多，禽獸不足』這種原因，還要來得確切些；因爲飼養家畜需要植物的種植，是積聚着長期間的經驗而發生的。所以莫爾甘在敍述野蠻時代的初期，就說到因爲家畜的飼養，而某幾種植物的種植也隨之開始。不過到了以後因爲人類與牲畜所需要的食品漸漸增加，農業的生產的要求，纔隨着逐漸擴大。這種說法，却是近於情理的。

以上所述，便是農業的發明之原因，現在進而要談到農業的發達。

農業的發達

假定神農時代，就業已發明了農業；可是當時的農業，不外是一種最初步的，這是可以斷言的。因爲當時所使用的工具，就只有木製的耒耜，耜以起土，耒爲其柄；由耜的形式看來，不但沒有使用鐵器，而且不能利用獸力。拿我們現在的情形來看，如果要開墾一塊土地——姑無論其是否爲荒土，——以適於耕種，又豈是這種木製的耒耜所能辦得到的麼？卽令辦得到，然而用人力去推挽耒耜，人類鑿天地從事於勞動，其所得也是有限。根據這個說法，所以敢於斷定神農時代的農業是最初步的而沒有呈現出發達的情形；甚至神農以後，到所謂『三代』，也是如此。

農業的發達始於周代

農業的發達，實在是始於周代（註一），因爲在周代纔發明鑄鐵，纔知道以鐵製成工具。江淹銅劍讚的序文上說：『古者以銅爲兵。春秋迄於戰國，戰國迄於秦時，攻爭紛亂，兵革互興，銅旣不克給，故以鐵足之，鑄銅旣難，求鐵甚易，故銅兵轉少，鐵兵轉多。』國語上說：『美金以鑄劍戟，試諸狗馬，惡金以鑄鉏夷欘斤，試諸土壤。』（註二）從這兩段文獻看來，便知道在周代以前，並無所謂鐵製的工具。有了鐵製的工具，所以纔能『鉏夷欘斤，試諸土壤』。故此，我們說到了周代農業纔發達。

草人

稻人

司稼

耕種方法

上面說過，農業到了周代纔發達，惟其如此，所以周代纔設草人、稻人、司稼等官，以監察農事。草人『掌土化之法，以物地（占其形色）相其宜而爲之種，凡糞種：騂剛（赤色之土）用牛（以牛骨殖漬其種也），赤緹（縓色之土，淺絳曰縓）。用羊，墳壤（無塊曰壤，特起曰墳）用麋（似鹿而大），渴澤（故水處也）用鹿，鹹潟（水已瀉去，其地爲鹹鹵）用貆（俗名豬貛，穴地食蟲蟻），勃壤（土之粉解者）用狐，埴壚（土之黏疏者）用豕，彊㯺（音賊，土之堅強者）用蕡（燒麻取灰而用之），輕爂（音猋，土之輕脆者）用犬。』稻人『掌稼下地（以水澤之地種穀也）。凡稼澤，夏以水殄草而芟夷之，澤草所生，種之芒種（澤有水及鹹鹵，皆不生草，卽不宜稼，故擇生草之澤，以種之芒種。芒種，稻麥也。）』司稼『掌巡野之稼，而辨種稑之種（先種後熟曰種，後種先熟曰稑），周知其名（百穀之名），與其所宜地以爲灋，而縣於邑閭；巡野觀稼，以年之上下出斂灋，掌均萬民之食，而賙其急，而平其興（與所徵賦也）。』（註三）由上所述，便知道肥料學與土壤學，在周代卽已昌明，倘使農業不發達，這些學術又焉得昌明呢？又公羊傳何注說：『種穀不得種一穀，以備災害。田中不得有樹，以妨五穀。』——這便是當時的耕種方法。孟子

蠶桑與家畜

上說：『五畝之宅，樹之以桑，五十者可以衣帛矣。雞豚狗彘之畜，毋失其時，七十者可以食肉矣。』——這便是當時除農耕之外，還講究蠶桑與家畜的情形。

(註一)周代姬姓這個部落，原來就是發明農業最早的民族，所以史記上所謂『周后稷名棄，……及爲成人，遂好耕農』，便是牠以農神『后稷』做自己的祖先。後來農業逐漸發達，由古公而王季而文王，三代之間竟一天一天地隆盛起來，鬧到『三分天下有其二』的地步，終於代殷而有天下。

(註二)美金就是銅，惡金就是鐵。

(註三)均見周禮。本節所引用者，係根據趙玉森著本國史參考書的引用文。

代田法與牛耕法

趙過的代田法與牛耕法

隨着農業的發達，又產生出農業的改良。漢武時搜粟都尉趙過所設的代田法與牛耕法，便是農業改良上最重要的事實。代田，就是把一畝作爲三甽——古畝字，卽廣一尺深一尺的溝，——每年易其甽而耕種的意思。他又作田器，敎民耕種與養苗之法。結果：用力少而收穫多，他的代田法就爲當時的農民所採用了(註一)。其次，是牛耕法。以前的耕種方法，叫做耦耕，卽兩人相並從事耕種之意。這種方法，專憑人的勞力，自然，其收穫是有限的。趙過

耦耕

改用牛耕，便是利用獸力以代替人力。但是，要用牛耕，則以前的耒耜這種工具就不適用，而必然要拏犂來代替耒耜。所以犂的使用，是農業上的一大改進（註二）。牛耕法，就是『三犂共一牛，以一人將之，下種挽耬。』（註三）像這種耕種法，其於勞動的効力與收穫的結果，自然要特別增進，所以此法沿用至今，無大改變。

（註一）當時行代田法的結果，便是：『平時有田八百二十七萬五千三十六頃（百畝爲頃），以當時戶數一千一百二十三萬三千分配之，每戶可得六十七畝四十六步餘。』（見高桑駒吉著中國文化史。）

（註二）犂上面起土的耜，依現在的犂的形式看來，都是鐵做的，所以有人疑惑在周代就已有犂這種工具。

（註三）參看趙玉森著本國史參考書卷上之一，一七八頁的引用文。

水利

與農業的發達最有關係的，又有水利。南北朝時，對於農田水利，即很講求。到了宋代，益加進步。宋太宗時，於河北諸州，開水利田，起堤堰，設斗門，以便灌溉。神宗時，更遣使四出，考察農田水利，並於州縣可與水利的地方，建造塘堰，自熙寧三年至九年（一〇七〇——一〇七六年）六年之間，計修水利一萬七百九十三處，田數凡三十六萬一千一百七十八頃。自此以後，歷代對於水利，都極留意。明末，西洋農法傳入中土，徐光啓因參酌西法著農政全書六十卷，就中水利一項，特採熊三拔所著泰西水法，更與我國農業的改良，有密切的關係。

徐光啓的農政全書

農業的破產

帝國主義的侵略

我國數千年來，以農立國，所以從來對於農政，都異常講究。但目受國際資本帝國主義的侵略以來，情形就劇變了。一方面，因資本帝國主義的侵略，使農業經濟，日趨破產，從而發生農業手工業的失業者。他方面，因資本帝國主義從恿中國的內亂，致使連年戰爭，『閭閻為虛』。更加以河道汙塞，旱蝗相繼；於是弄到田地荒蕪，土匪成羣，結果，就是農業的破產。據民國三年北京農商部統計，我國耕地面積，除外蒙古、青海、西藏不計外，共有一、五七〇、五二五、二七〇畝，而荒地面積，據民國十一年統計，則為八一八、九八三、〇三四畝。由這統計看來，便足以明證農業的破產。所以從來以農立國的我國，到現在農產品反要仰給於外國(註一)。

帝國主義慫恿中國的內亂

(註一)據最近調查，米麥與麵粉的進口，便如次表所示：

	十三年	十四年	十五年
米担數	一三·一九四·一〇三	一三·六三九·四四〇	一八·五三六·五三四
米兩數	六三·二六二·一五六	六七·〇七七·一四四	八九·五二二·九四二
麥担數	五·一六七·二三四	七〇〇·二〇五	四·一五六·三七八
麥兩數	一七·七六五·六六九	二·六五五·三八五	一七·九六五·一九四
麵担數	六·六二二·七三六	二·七八二·七一八	四·二六八·〇九三
麵兩數	三〇·一一九·三八五	一四·六二八·三三四	三三·五二二·九九三
雜粉担數	七四·〇五四	一三三·〇九〇	一·三六二·八二三
雜粉兩數	三四三·〇〇五	五九九·九〇六	六·五四九·八二八
共計担數	二五·〇五八·一二七	一六·二五五·四五三	二八·三二三·八一七
共計兩數	一一一·四九〇·二二五	八四·九六〇·七六九	一三四·五五〇·九六七

由上表看來，便證明最近我國仰給於外國農產物的趨勢。

問題提要：

(一)農業是因什麼而發明的？

(二)農業的發達，爲什麼與鑄鐵有關係？

(三)犂在農業上，有什麼變化？

(四)什麼叫做代田法？

(五)什麼叫做牛耕法？

(六)中國農業爲什麼會破產？

所謂井田制度的內容

第三章　土地制度與賦稅制度

傳疑的井田制度

井田制度的有無，是歷史上的一個大疑問。孟子上說：『夏后氏五十而貢，殷人七十而助，周人百畝而徹，其實皆什一也。……夫世祿，滕固行之矣。詩云：「雨我公田，遂及我私，」』又說：『夫滕壤地褊小，將為君子焉，將為野人焉；無君子莫治野人，無野人莫養君子。請野，九一而助；國中，什一使自賦。卿以下，必有圭田；圭田五十畝，餘夫二十五畝。死徙無出鄉；鄉田同井；出入相友，守望相助，疾病相扶持，則百姓親睦。方里而井，井九百畝；其中為公田；八家皆私百畝，同養公田；公事畢，然後敢治私事；所以別野人也。』通考上說：『昔黃帝始經土設井，以塞爭端；立步制畝，以防不足。使八家為井，井開四道而分八宅，鑿井於中。一則不洩地氣，二則無費一家，三則同風俗，四則齊巧拙，五則通財貨，六則存亡更守，七則出入相司，八則嫁娶相媒，九則有無相貸，十則疾病相救。是以情性可得而親，生產可得而均。均則欺凌之路塞，親則鬭訟之心弭。既牧之於邑，故井一為鄰，鄰三為朋，朋三為里，里五為邑，邑十爲都，都十爲師，師七爲州。夫始分於井，則地著；計之於州，則數詳。迄乎夏殷，不易其制。』

所謂井田制度的性質

以上所述，係井田制度的內容。現在，進而要研究井田制度的性質。在原始氏族公產社會中，其土地必爲全社會成員所公有，卽人人有土地的使用權而無所有權。等到由氏族社會進到奴隸制國家，土地私有權卽已確立。這時候貴族是土地的所有者，奴隸却是替貴族種田的農夫。所謂『卿以下必有圭田』；圭田便是貴族的世祿；所謂『無野人莫養君子』，便是奴隸替貴族耕田以奉養貴族。國語晉語上也說：『公食貢，大夫食邑，士食田，庶人食力。』這裏所謂公、大夫、士，便是貴族；所謂庶人，就是奴隸。由此看來，井田制度似乎是奴隸制國家下的一種土地制度。如果認定井田制度是氏族社會中的公產制，則貢助徹的什一之稅，又有什麼意義呢？並且，孟子上還說：『經界不正，井地不均，穀祿不平；』『經界旣正，分田制祿，可坐而定也；』便明明是說均井地的目的，在於平穀祿，而非均其利於民。這與公產制，又有什麼關係呢？要之，井田制度的性質，大約就是這樣：(一)土地爲貴族全體——卽所謂君子——所有；(二)貴族爲欲榨取農民的勞力，乃將田

所謂井田制度究竟行於什麼時候

授於民，夏時一夫五十畝，殷時一夫七十畝，周時一夫百畝；(三)農民耕種的收穫，分一部分給貴族，——即所謂小人養君子——所分出的部分，便是十分之一，即所謂貢助徹。

其次，要研究井田制度究竟行於什麼時候？據最近考古學研究的結果，堯舜以前，似乎都是氏族社會，——關於此點，留到第二編再說，——似此，則黃帝時代決不會施行井田制度，而通考上所引述的這一段話，或者是出自後儒的嚮壁虛造。夏殷二代，已由氏族社會進到奴隸制的國家，因此，井田制度或許始於夏代。詩經上說：『信彼南山，維禹甸之。』鄭康成毛詩箋說：『六十四井爲甸，甸方八里。』周禮上說：『九夫爲井，四井爲邑，四邑爲丘，四丘爲甸。』都足以證明井田制度始於夏代這一說法。不過，這種制度，至多也只推行到少數地方，決非推行遍天下，因爲溝洫的劃分與測量，在當時是不容易辦到這樣整備與普遍的。殷代也是奴隸制的國家，周代的前半期依然存有奴隸制國家的殘渣，準此，井田制度或許也行於殷代與西周。同時，因爲夏殷周三代所領的土地與人民的多少各異，所以授田的畝數，也不一致，惟井田制度的根本精神，卻是一貫的。——以上所述，都是先假

井田制度的崩壞

定有井田制度，然後纔有這樣的推論。但是，這種制度的有無，古今聚訟，莫衷一是，故此，本節的叙述，都只是一些推定，並未釐成定說；他日考古學進步，從古物上得到實在的明證，然後這個懸而未決的大問題，纔可以得到究極的解答。

最後還有一點要說明的，就是井田制度的崩壞。吳貫因在其所著中國經濟史眼上說明井田制度崩壞的原因是這樣的：『第一，井田之制，不能盡地利，蓋全國土地，其位置不同，肥磽各異，於是甲地之田，宜於小農制者，乙地之田，又或宜於大農制，緣此之故，國家授民以田，萬不能取均一之制；而井田之法，則一夫授田若干畝，劃一而不能變通，坐是土地之利，多因以不舉。不特此也，人類之智愚勤惰，萬有不齊，其智而勤者，耕稼之能力，實超越此數，而爲井田之制所限，其接壤之地，雖有曠土，不能取而經營之。其愚而惰者，耕稼之能力，實不及此數，而爲井田之制所限，其領耕之地，雖半荒蕪，他人亦不能起而代耕之。既妨害人類自由競爭，使不得盡地利，社會一進步，覺人力與地力，必使之各如其分量，以爲調和，則此阻碍調和之物，自必歸於淘汰，此乃經濟之進化使然，初無待商鞅之開阡陌，其制始至破壞也。……第二，井田之制，嚴格行之，則全國經濟界，每歲必

商鞅開阡陌

生一大變動，不特民不堪其擾也，而國亦將受其敝。蓋在井田制度之下，全國土地，亦既方里而井，一夫各授田百畝矣。然人口之滋生，逐歲增加，假令一旦新添若干人焉，其將依據定制，各授以百畝之田耶？則土地之面積有定，非能隨時增加，何從得田而與之？既爲此天然之面積所限，欲求土地分配之公平，勢不得不取諸衆人，以予此新添之人，於是井田之經界，必須變更；……年年如是，不獨擾費之多也，卽農業亦必因而不舉，勞民傷財之事，寧有過此？』從經濟進化言，井田制度既有此二病，所以不得不歸於崩壞；而商鞅開阡陌，也就不過應時勢之需要罷了。

富豪的兼併與王莽的改革

史記、秦本紀上說：『衛鞅說孝公，……爲田開阡陌。』王莽說：『古者設井田，則國給人富而頌聲作。秦爲無道，壞聖制，廢井田。』從這些話看來，似乎井田制度是壞自秦國。但是，據孟子所說：『夫仁政，必自經界始。經界不正，井地不均，穀祿不平；是故暴君汚吏，必慢其經界；』與朱熹所說：『漢志言秦廢井田，開阡陌。說者之意，皆以開爲開置之開，言秦廢井田而始阡陌也。……按阡陌者，舊說以爲田間之道；蓋因田之疆畔，制其

土地私有

廣狹，辨其縱橫，以通人物之往來。……當衰世法壞之時，則其歸授之際，必不免有煩擾欺隱之姦；而阡陌之地，切近民田，又必有陰據以自私，而稅不入於公上者。是以一旦奮然不顧，……悉除禁限，……聽民兼幷賣買，……使民有田即爲永業，而不復歸授，以絕煩擾欺隱之姦；使地皆爲田，田皆出稅，以覈陰據自私之幸；……故秦紀、鞅傳皆云：「爲田開阡陌封疆而賦稅平」。蔡澤亦曰：決裂阡陌，以靜生民之業而壹其俗；』以及文獻通考所說：『然所襲既久，反古實難。欲復封建，是自削裂其土宇，以啓紛爭；欲復井田，是强奪民之田畝，以召怨讟。書生之論，所以不可行也。隨田之在民者稅之，而不復問其多寡，始於商鞅；』則井田制度之壞，並不始自秦，而貴族的侵占私有致使井田經界陷於混亂，却是自孟子以前就是如此的。並且，根據這一點，足見商鞅的『爲田開阡陌』，乃是原於要『使地皆爲田，田皆出稅，以覈陰據自私之幸。』

地主與佃戶

由上看來，在秦的當時，土地久已集於富豪；從『富者田連阡陌，貧者亡立錐之地』這兩句話看來，便知道當時已形成有地主與佃戶兩個階級。佃戶耕作地主之田，而納其收穫十分之五於地主，是所出之稅較井田制約爲五倍之多。惟其如此，纔有貧無立錐的數百萬力役，替秦始皇修長城，纔有貧無立錐的七十萬力役，替秦始皇經營驪山皇陵與阿房宮。

到了漢代，或許察知人民的痛苦，乃減其稅率，只徵十五分之一，其後又減到只徵三十分之一，並且文帝十二年減其田租之半，翌年又全免之，然是時佃田而耕者多，所以這種減輕的利益，只是給了地主。地主得着這種利益，他們的實力，

農民所受兼並之苦

就更加擴大起來，而佃戶的苦痛，就愈加深重，所以董仲舒說：『富者田連阡陌，貧者亡立錐之地。又顓川澤之利，管山林之饒，荒淫越制，踰侈以相高。邑有人君之尊，里有公侯之富。小民安得不困？又加月爲更卒，已復爲正；一歲屯戍，一歲力役，三十倍於古。田租口賦鹽鐵之利，二十倍於古。或耕豪民之田，見稅什五。故貧民常衣牛馬之衣，而食犬彘之食，重以貪暴之吏刑戮妄加；民愁亡聊，亡逃山林，轉爲盜賊。……漢興，循而未改。』當時地主與佃戶兩個階級既如此懸殊，因

董仲舒的辦法

之，董仲舒的辦法就是：『古井田法雖難卒行，宜少近古，限民名田，以贍不足。塞并兼之路，鹽鐵皆歸於民。去奴婢，除專殺之威。薄賦斂，省繇役，以寬民力，然後可善治也。』像董仲舒這種辦法，便是對於大地主的一種限制，而不是根本辦

王莽的改革

法。到了王莽即位，便取斷然處置，他下詔道：『今更名天下田曰王田，奴婢曰私屬，皆不得賣買。其男口不過八，而田滿一井者，分餘田與九族鄉黨。』王莽這種處置，就是國家社會主義的政策，即『土地國有』、『均產』，其目的就在於『均衆庶，抑並兼。』但是，大地主的勢力已經根深蒂固，王莽這種快刀斬亂麻的處置，是難得通行的，當時中郎區博就諫王莽曰：『井田雖聖王法，其廢久矣。周道既衰，而民不從。秦知順民之心可以獲大利也，故滅廬井而置阡陌，遂王諸夏。迄及海內未厭其敝，今欲違民心，退復千載絕迹，雖堯、舜復起而無百年之漸，弗能行也。天下初定，萬民新附，誠未可施行。』所以王莽縱有這種改革的決心，但是因他敵不過大地主的勢力，結果不久又下詔道：『諸民食王田，皆得賣，勿拘以法。』於是轟轟烈烈的土地革命，就聲銷迹匿了。

改革的失敗

王莽死後，代表地主政治的光武帝又上了舞台，所以東漢的土地制度，與西漢原無二致，光武時的賦稅，也是三十取一，其所受利益的，依舊是大地主。到靈帝時，始加天下田稅，每畝錢十文，叫做『修宮錢』。不過終兩漢之時，田稅之外，有幾種賦稅是人民都不能免的，尤其是佃農不能免。第一是口賦，分爲二種，一爲

口賦與更賦

算賦，人民從十五歲起，至五十六歲止，每人每年出錢百二十文，謂之一算；以治庫兵，車馬。一爲口錢，人民從七歲起，至十四歲止，每人二十錢，以食天子，謂之口錢。第二是更賦，昭帝紀注引如淳說：『更有三品：有卒更，有踐更，有過更。古者正卒無常，人皆當迭爲之，一月一更，是爲卒更也。貧者欲得顧更錢者，次直者出錢顧之，月二千，是謂踐更也。天下人皆直戍邊三日，亦名爲更，律所謂繇戍也。雖丞相子，亦在戍邊之調。不可人人自行三日戍，又行者當自戍三日，不可往便還。因便住，一歲一更：諸不行者，出錢三百入官，官以給戍者，是爲過更也。』這種更賦，就是古代力役之征，富豪固然可以出錢了事，但是，貧農與佃農，却不得不身親繇役。

授田制度與楊炎的兩稅法

占田制度

晉、魏、唐的土地制度，都具有同一的傾向，因爲都是從兩漢『兼併之風』所產生出來的反響。晉代所行的制度，叫做『占田制度』。晉武帝平吳以後，定男子一人佔地七十畝，女子三十畝，——這是指一戶而言，——其外丁男課田五十畝，丁女二十畝，次丁男半之，女則不課。男女年十六以上至六十爲正丁；十五以上至十三，六十一以上至六十五爲次丁，十二以下六十六以上爲老小，不事。像這樣，便是按人民的男女與老幼而課以一定額的土地。他方面，對於王公田宅及品官占田，則加以限制。至於人民的義務，則『丁男之戶，歲輸絹三疋，綿三斤；女及次丁男爲戶者半輸。』

均田制度

後魏所行的制度，叫做『均田制度』。卽丁男課露田四十畝，丁女課露田二十畝，又別課桑田二十畝，奴婢準良丁之例。男女俱以十八受田，六十還田，而每年一月則爲還受之期，但桑田爲世業，所以沒有還受的限制。至於徵稅，則公田每畝徵五升，私田每畝徵一斗。北齊仿後魏的制度，丁男課田八十畝，丁女課露田四十畝，又別課世業田二十畝；至於徵稅，則每年徵粟二石五斗，絹一匹，綿二兩；奴婢受田納租，俱爲良丁之半。

班田制度

唐代所行的制度，叫做『班田制度』，是參酌後魏的均田制度而成功的。凡男子年十八以上的，給田百畝，以二十畝爲永業，傳之子孫；其餘八十畝爲口分，止限於一代。狹鄉——田少的地方——授田，例得減於寬鄉——田多的地方——之半。將田妄行賣買、典質，都在犯禁之列；但因移住他鄉或因貧困不能舉葬者，得賣去其永業田；又從狹鄉移住寬鄉者，得賣其口分田；惟旣賣之後，則不復再授以田。至於租稅，則定立租庸調制。受田者，每年輸粟二石，叫做租。從其鄉之所產，或納絹、綾、絹各二丈，綿二兩，或納布二丈四尺、麻三斤，叫做調。力役每年二十日，逢閏年加二日，不役者，每日折輸絹三尺，叫做庸。由上看來，所以租就是田租，調就是戶稅，庸就是口稅。

以上所述晉、魏、唐的三種制度，在性質上講，都是想辦到地權平均這一步。晉代承漢末戰亂相尋之後，後魏承五胡十六國大亂之後，唐代承隋末羣雄割據之後，當時人民流亡，土地榛蕪，無主之田很多，所以推行這些制度，並不感到困難。但是，晉、魏、唐在大亂以後，要整頓一切，便非謀賦稅的收入不可；因此，這種制度的實施，或者就是由於一種租稅政策。晉代定立占田制度之後，不多時天下又是大亂，故此種制度是否曾經推行，還是疑問。後魏的均田制度，雖推行於北方一帶，但到北周的時候，卻除掉年徵粟五斛、絹一匹、綿八兩不計外，還有所謂入門稅入市稅以及鹽池鹽井之禁，租稅繁多，所以雖有意限制『豪強兼幷』，可是農民實際上的負担，反倒加重了。至於唐代的班田制度，到唐代中葉，就完全絕跡了。因爲唐代中葉，所謂節度使，便是封疆天子，手握土地、兵馬、財賦、行政的大權，儼然一個獨立的國家；在這樣的封建社會之下，土地的兼並，已成必然的事實，而要想推行班田制度，豈不是空話？並且，唐代的班田制度及租庸調制之推行，是和戶口的數目有密切關係的，如果戶口不準確，則不但無法授田，並且無法徵稅。在班田制度開始推行的時候，每三年必造鄉帳——戶籍，每一年必造計帳——賦課的帳簿；然至安、史亂後，版籍蕩然，而因戰爭所生的煩苛的賦役，又使人民相率逃徙，於是賦斂無定則，而租庸調制也就行不通了（註一）。

兩稅法之發生

在這樣的情形之下，纔發生楊炎的兩稅法。其法：夏輸無過六月，秋輸無過十一月，『戶無主客，以見居爲簿，人無丁中，以貧富爲差。』這種以人的貧富，定稅額的多少，確實是救濟當時的良法；但是，人的貧富，不易測定，所以推行的時候，也要發生許多弊病。陸贄所說『兩稅以資產爲宗，少者稅輕，多者稅重，然而有藏於襟懷囊篋，物貴而人莫能窺，有場圃囷倉，物輕而衆以爲富，有流通蓄息之貨，數少而日收其贏，有廬舍器用，價高而終歲寡利，計估算緡，失平長僞，』便是指這一點而言。

宋元明清沿用兩稅法

不過楊炎的兩稅法，很爲簡易，所以宋、元、明、清都沿用此法，沒有重大的改變。

（註一）文獻通考上說：『中葉以後，法制隳弛，田畝之在人者，不能禁其賣易；官授田之法盡廢；則向之所謂輸庸調者，多無田之人矣；乃欲按籍而徵之，令其與富豪兼並者，一律出賦，可乎？』這便是說班田制度已壞，結果，人民不僅不會得到人人有田之益，反要担負無田而須納稅之苦。

土地問題的緊迫與孫中山的平均地權說

自唐中葉班田制度破壞以後，中經宋、元、明、清以至民國，千餘年間，除對於農民痛苦略有解除，對於田賦制度略有改進(註一)外，至對於土地問題，則均取放任政策，談不到調劑均平這步。然而，因生齒日繁，謀活不易，而釀成的千餘年間屢次的農民騷動，却正是由於土地問題不會得到究極的解決之結果；而百餘年來，緣於資本帝國主義之侵略而暴發的農村經濟的破產，又更使土地問題益加緊迫起來。據日本人一九一七年的統計，則中國尚為小農制度，如下表所示：

所有面積	戶數
十畝未滿	一七、八〇五、一二五
十畝以上	一三、二四八、四七三
二十畝以上	一〇、一二二、二一四

五十畝以上	五、三四八、三一四
百畝以上	二、八三五、四六四
合計	四九、三九九、五九一

但是，因爲兵禍天災的影響與生活的不易，便有大多數的小農出賣田地變爲佃農或工錢勞動者的趨勢，結果就是土地集中，如下表所示：

	一九一七年	一九一八年	一九一九年
十畝以下戶數	一七·八〇五·二一五	一七·九一四·二三一	二一·八二九·一三三
十畝以上戶數	一三·二四八·四七三	一一·三〇三·五七〇	八·二六一·一八七
二十畝以上戶數	一〇·一三三·二二四	六·七二三·三五六	四·九五九·八九九
五十畝以上戶數	五·三四八·三一四	四·一二七·一二六	三·〇三三·一〇一
百畝以上戶數	二·八三五·四六四	二·二七三·三五五	一一·四五六·三二九
共計	四九·三九九·五九一	四二·二四五·六五八	三九·五四八·五二九

更據最近調查，中國約有農民三億三千六百餘萬人，然此三億三千六百餘萬人

平均地權耕者有其田

中，其有土地的農民，却只占全農民人數的百分之四十五，如下表所示：

	畝數	人數	占有土地
小農	一畝至十畝	四四%	六%
中農	十畝至三十畝	二四%	一三%
富農	三十畝至五十畝	一六%	一七%
小地主	五十畝至百畝	九%	一九%
大地主	百畝以上	五%	四三%

但是，簡直沒有土地的，却占全農民人數的百分之五十五；再加上小農，則現在需要土地的農民，就占全農民人數的百分之七十五了。

由上所述看來，可知土地問題，已到嚴重的地步，而必得與以最後的解決。孫中山看到這一點，所以力倡『平均地權』『耕者有其田』之說(註二)。

(註一)從來都有力役之徵，自宋、王安石行免役法，人民纔解除爲國家服力役的義務。又，明、神宗時行一條鞭法，總括一州縣的賦役，量地計丁，凡地丁之賦及其他雜項支納，總括爲一，叫做一條鞭，都是計畝徵銀，由官代辦，不必分繳粟米絹布等物，——這可以叫做田賦制度的一種改進。清、乾隆時，將丁稅合地稅爲一，稱爲地丁，所以今日的田賦，就只計田收租，而丁稅、戶稅，則已免除。

（註二）參看熊得山著中國社會史研究。

問題提要：

（一）井田制度爲什麼發源於奴隸制的國家？

（二）土地私有制，到什麼時候纔確立起來？並且，因什麼而確立起來？

（三）井田制度爲什麼會破壞？

（四）富豪兼並是因什麼而發生的？並且，兼並的影響，又是怎樣？

（五）拏經濟的解釋，去說明王莽的改革之失敗。

（六）什麼叫做授田制度？並且，授田制度是因什麼而發生的？

（七）什麼叫做兩稅法？並且，兩稅法是因什麼而發生的？

（八）土地問題爲什麼會緊迫？究應如何去解決土地問題？

第四章　農業經濟下的民生

氏族社會與公產制

氏族公產制崩壞後的結果

貴族與奴隸

奴隸制國家下的民生

在氏族社會中，其根本精神，就是氏族聯帶的公產制。當時的一個社會，和現在的一個家庭一樣，都是『各盡所能各取所需』，決不容許財產私有。禮運上說：『大道之行也，天下爲公，選賢任能，講信修睦，故人不獨親其親，不獨子其子，使老有所終，壯有所用，幼有所長，矜寡孤獨廢疾者皆有所養。男有分，女有歸。貨惡其棄於地也不必藏於己，力惡其不出於身也不必爲己。是故謀閉而不興，盜竊亂賊而不作，故外戶而不閉，是謂大同。』（註一）——這雖是孔子緬懷所謂『大同』生活的說法，其實，氏族社會下的生活，從大體上說，却是這個樣子。

但是，自從產業發達，氏族公產制——財產公有——就不得不崩壞，其結果：就是私有財產之確立與奴隸制國家之形成。大約，中國在夏、商時代，這種奴隸制的國家，即已完成（註二）。等到奴隸制的國家形成以後，於是氏族的族長就成爲君主，氏族社會的社會成員就成爲奴隸，而全社會因之分成貴族與奴隸的兩大階級。

這時的奴隸，便是貴族的搾取對象，試看禹貢一書（註三），近於王畿的地方則貢農產物，其他遠於王畿的地方則貢方物，這不明明是貴族搾取奴隸的辦法麼？由此看來，後儒贊美夏、商爲治化之極的盛世，便似乎是欺人之談。

（註一）禮運中這幾句話，是否爲孔子所說，尚是疑問；但是，就大體上說，這幾句話却道破了氏族社會的秘密。其詳，可參看郭沫若著中國古代社會研究二七八——二七九頁。

（註二）據郭沫若中國古代社會研究，則西周以前，都屬於氏族社會，西周時代屬於奴隸制的國家；但郭氏此說，尚在研究的途中，並未成爲定論，所以本書依舊採用一般人的見解，即認爲夏、商時代屬於奴隸制的國家，周代屬於封建制的國家。

（註三）禹貢的本身之眞假，很成問題；但是，在奴隸制的國家中，奴隸確是貴族的搾取對象。

封建制度確立以後的民生

身分的階級

自周代封建制度確立以後，身分的階級，就愈加顯明：在政治方面，便有官僚與人民；在農業方面，便有地主與農民；在商

封建制之存在

富人之抬頭

農民的痛苦

業方面，便有師傅與徒弟。在這樣階級對立的時候，站在被壓迫一面的，當然是苦不堪言，試看詩經、魏風、伐檀所謂『坎坎伐檀兮，置之河之干兮。河水清且漣猗。不稼不穡，胡取禾三百廛兮！不狩不獵，胡瞻爾庭有縣貆兮！彼君子兮！不素餐兮！』便是當時被壓迫者爲壓迫者所搾取的一種活躍的寫照。

秦廢封建爲郡縣，論理，封建制的社會結構，應當在秦代告終；但是，事實上，我國的社會結構，却依然不曾脫離封建制（註一）。不僅如此，並且，從春秋時代以來，富人階級即已抬頭（註二），而土地亦漸趨集中，秦始皇統一六國以後，便和富人及大地主勾結，用以剝削農民，去鞏固自己的地位。然而，農民受不起這種剝削與壓迫（註三），所以就暴發了爲陳勝、翟所領導的農民反秦運動。

到了漢代，大地主與富人的地位，益加重大，同時，農民的生活，就日加困迫。漢書食貨志晁錯所說『今農夫五口之家，其服役者，不下二人，其能耕者，不過百畝，百畝之收，不過百石，春耕，夏耘，秋穫，冬藏，代薪樵，治官府，給繇役；春不得避風塵，夏不得避暑熱，秋不得避陰雨，冬不得避寒凍，四時之間，亡日休息；又私自送往迎來，弔死問疾，養孤長幼在其中，勤苦如此，尚復被水旱之災，急政暴虐，賦斂不時，朝令而暮改；當其有者，半賈而賣；亡者取倍稱之息；於是有賣田宅，鬻子孫，以償責者矣；而商賈：大者積貯倍息，小者坐列販賣；操其奇贏，日游都市；乘上之急，所賣必倍；故其男不耕耘，女不蠶織；衣必文采，食必粱肉；亡農夫之苦，有阡陌之得；因其富厚，交通王侯，力過吏勢；以利相傾，千里游敖，冠蓋相望；乘堅策肥，履絲曳縞；此商人所以兼併農人，農人所以流亡也。』——這不明明是大地主富人勾結王侯來剝削農民的情形麽？生計的困迫既如此，但是，生活的出路，又是什麽呢？據史記、貨殖傳上所說，便是這樣的：

『故壯士在軍，攻城先登，陷陣卻敵，斬將搴旗，前蒙矢石，不避湯火之難者，爲重賞使也。其在閭巷少年，攻剽椎埋，劫人作姦，掘冢鑄幣，任俠并兼，借交報仇，篡逐幽隱，不避法禁，走死地如騖，其實皆爲財用耳。今夫趙女鄭姬，設形容，揳鳴琴，揄長袂，躡利屣，目挑心招，不遠千里，不擇老少者，奔富貴也。游閑公子，飾冠劍，連車騎，亦爲富貴容也。弋射漁獵，犯晨夜，冒霜雪，馳阬谷，不避猛獸之害，爲得味也。博戲馳逐，鬭鷄走狗，作色相矜，必爭勝者，重失敗也。醫方諸食技術之人，焦神極能，爲重糈也。吏士舞文弄法，刻章僞書，不避刀

農民騷動的起因及其導火線

鋸之誅者，沒於賂遺也。農工商賈，畜長固，求益富貴也。此有智盡能索耳，終不餘力而讓財矣。』讀了司馬遷這段話，便知道因爲當日兼併的熾烈，就產生出無田可耕無業可執的失業者，這些失業者爲着要穿衣吃飯，纔不得不去替統治階級冒矢石，到了沒有兵當的時候，便顧不到法禁，而不得不去做土匪，婦女們沒有飯吃，就不得不去賣淫，又那能顧及到貞節與廉恥，替公家服務的人，眼見得人家『累鉅萬』，『衣必文采，食必粱肉』，又那能顧及科禁，而不去貪贓枉法呢？民生的困迫，到了這種地步，所以只要機會一到，就羣起騷動：或者利用統治階級綱紀解紐的時候，例如赤眉綠林的起兵；或者利用饑荒爲導火線，例如黃巾的起兵（註四）。不過農民每一次的騷動，都爲狡黠者所利用，立刻變成一種新的支配階級，（註五）因此，朝代只管改變，而封建制度的經濟組織與政治組織，却依然無恙，結果，被壓迫的被剝削的，仍舊是農民。總括一句：從秦、漢起直到清亡前約八十年止，中國的民亂——農民的騷動，——都無不是由這樣而起的，也無不是由這樣而終的（註六）。因此，封建制度的經濟組織與政治組織，如果不根本推翻，則民生問題，永無解決之可能。

(註一)秦廢封建為郡縣，一般史家就認定這是封建制度的終結，其實，這完全是一種錯誤的見解。漢代的諸王，唐代的藩鎮，明末的三藩，清代的督撫，民國的督軍，都總民政財政軍政於一身，難道說這就不是封建制的表現嗎？

(註二)如倚頓之以盬鹽，郭縱之以冶鐵，都起自民庶與王者埒富。又如弦高，竟以商人而干預軍國大事。

(註三)如烏氏倮，以畜牧起家，『秦始皇帝令倮比封君，以時與列臣朝請。』又如巴寡婦淸，擅丹穴之利，『秦皇帝以為貞婦而客之，為築女懷淸臺。』——均見史記貨殖列傳。他如徙天下富豪十二萬戶於咸陽——當時的京師——，這些，都是始皇勾結地主與富豪以剝削農民的把戲。（不錯，始皇之所以對待他們如此優渥，從他方面說，也為的是怕他們據地稱雄，不服正朔。）史記、秦始皇本紀上說：『三十二年，……始皇乃遣將軍蒙恬，發兵三十萬人，北擊胡，略取河南地。……三十三年，發諸嘗逋亡人贅壻賈人，略取陸梁地。……三十五年，……隱宮徒刑者七十萬餘人，乃分作阿房宮，或作驪山。……二世皇帝元年，……復作阿房宮，……盡徵其材士五萬人爲屯衛咸陽，令敎射，狗馬禽獸，當食者多，度不足，下調郡縣，轉輸菽粟芻藁，皆令自齎糧食，咸陽三百里內，不得食其穀，用法益深刻。七月，戍卒陳勝等反，……山東郡縣少年，苦秦吏，皆殺其守尉令丞反，以應陳涉，……不可勝數也。』由這段看來，便知道當時失業者之從軍與充戍卒的人數之多，所以等到壓迫到極點而秦政解紐時，就揭竿而起以反秦了。

（註四）後漢書五行志載：建甯四年（公元一七一年）三月，大疫。熹平元年（一七二年）六月，大水。熹平二年春正月，大疫。熹平四年夏四月，大水；六月，螟。熹平六年夏四月，大旱，蝗。光和二年（一七九年）春，大疫。光和五年春二月，大疫。光和六年夏，大旱。中和元年（一八四年）春二月，黃巾賊張角等起。又桓帝紀載：元嘉元年（一五一年）夏四月，京師旱；任城梁國饑民相食。永興元年（一五三年）秋七月，郡國三十二蝗，河水溢；百姓饑窮，流亡道路，至有數十萬戶，冀州尤甚。永壽元年（一五五年）春二月，司隸冀州饑，人相食。又靈帝紀載：建甯三年（一七〇年）春三月，河內人婦相食，河南人夫相食。這些都是黃巾賊造反的導火線。

（註五）因爲經濟組織是封建制的，而市民階級不會建立起來，所以變來變去，自秦以來，依舊是代表大地主的利益的，做了支配階級。

（註六）唐末的黃巢作亂，便是由於『賦斂愈急，百姓困窮』而來；元末的韓林兒等作亂，便是由於『橫征暴斂』……而來；明末張獻忠、李自成作亂，便是由於饑饉而來，而『驟增田賦』，却益加使流寇得勢。總之，民生困迫，就要挺而走險，以上所舉，不過是其犖犖大者而已。又民生困迫，勢必失業者多，失業者多，就會『借交報仇，篡逐幽隱，不避法禁』，就會插血爲盟結拜兄弟，就會假託神教惑衆倡亂，清代政府看到這一點，所以保甲門牌上，就列有『立會燒香，立有教會名目，妄言禍福，聚衆斂錢者治罪，』『結拜兄弟插血爲盟者治罪』兩條禁章。

國際資本主義侵略以來的民生

近百年來，因國際資本主義的侵略，震撼了中國全部的社會組織，牠首先以粗製工業與纖維工業，侵蝕農村的紡織業與

家庭手工業之被侵蝕

中國之殖民地化

農民生活操於國際資本主義手中

農民處於兩重壓迫之下

家庭手工業，其次，以精製工業與重工業，使中國急速地殖民地化。農村的經濟，受着這樣的侵蝕，於是紡織業與家庭手工業就迅速地崩壞起來，同時，被迫而爲佃農與雇農的人就日益加多，土地問題隨而嚴重。其次，因中國的殖民地化，更使失業的農民；成爲國際資本主義的勞動者，由是，中國全農民的生活，直接間接都操諸國際資本主義的掌握中。但是，因爲封建制所加於農民的剝削，不特較以前沒有減輕，而且更要加重，所以農民就處於兩重壓迫之下：卽外受國際帝國主義的侵略，內受封建制的代表土劣貪污的搾取。農民的生活，旣處在夾攻之中，於是在北方就暴發爲原始的反帝國主義之義和團運動，在南方就暴發爲洪秀全所領導的太平天國革命運動(註一)。直到現在，要謀民生問題的解決，依舊是：對外要打倒國際資本帝國主義，對內要剷除封建勢力。

(註一)洪秀全定都金陵以後，就規定：土地田畝，不許私有，金錢不許私藏，藏銀十兩金一兩者，爲私藏犯法。所以，他在當時，對於土地問題與民生問題之關係，有深切的了解。

問題提要：

(一)奴隸制國家下的民生是怎樣的呢？
(二)封建制度確立以後的民生是怎樣的呢？
(三)試依據本章第二節所用的方法，從唐書去敍述黃巢作亂的起因，從明史去敍述張獻忠、李自成作亂的起因。
(四)爲什麼每一次的農民騷動，都會爲狡黠者所利用，而歸於失敗？
(五)近百年來的民生是怎樣的呢？
(六)試述太平天國革命之意義。
(七)應怎樣纔能解決中國最近的民生問題？

第五章　商業貨幣雜稅

商業的發生

商業發生於由漁獵推移到游牧的時候

易繫辭傳上說：『包犧氏沒，神農氏作，……日中爲市，致天下之民，聚天下之貨，交易而退，各得其所。』這幾句話，似乎是指中國商業之始而言。拏社會進化史的眼光來看，則商業的發生，大約在由漁獵生活推移到游牧生活的時候。因爲在這個過渡時候，由於生產方法的各異，就發生物品有無的區別，——漁獵部落，有的是魚類及野物，無的是牛羊，游牧部落，有的是牛羊，無的是魚類及野物，——由於物品有有無的區別，纔各各發生『以其所有易其所無』的需要。在這種『以物易物』的當兒，商業就發生了。

原始的貨幣

進而，從文字學上的研究，也足以證明這個說法。古代原始的貨幣，是貝類，故凡財、貨、買、賣、貴、賄、賂、貸、貰、賈、賦諸字，都從貝，鐘鼎文中記『王錫貝』者很多。貝是產於水濱之物，因此，可以推想：原始的貨幣之發明，是由於漁獵部落。漁獵部落所富有的是貝類、魚類以及野物，但所缺少的，卻是游牧部落所富有的牛、牛皮、牛奶以及牛身上的一切有用物品。故此，牛就成爲一切物品代表，所以物字從牛。由這種文字學上的研究，我們可以推想：大約漁獵部落，以其所富有的貝類，去掉換游牧部落所富有的牛，便是交易——商業——之始。（註一）

但有一點要注意，即是在這個過渡時候，並無所謂商人階級來從事『懋遷有無』的買賣。商人階級的發生，是要在社會的分業已經專門化的時候。

（註一）參看郭沫若著中國古代社會研究。

商業發達的前提條件

商業的發達

商業的發達，是以農業與手工業的發達爲前提條件的。因爲由於農業與手工業的發達，纔會促成社會分業的專門化；分業到達專門化的地步，彼此交易的事件，纔會紛繁；交易愈紛繁，則素來的『以其所有易其所無』的直接交易，就應付不來；在這個當兒，便需要一種人，站在生產者與消費者的中間，來担負交易的工作，——這種人，就叫做商人。有了商人這個居間的階級，商業纔會發達起來。

第三章說過：農業的發達，是在周代；同時，又可以推定：手工業的發達，也是在周代，關於這個推定的證明，且待第六章來說。周代的農業與手工業既已發

周代的分業

司市
肆長
賈師

達，則社會的分業就必然到達了專門化的地步。文王在程，作程典以告周民，他說：『士大夫不雜於工商。商不厚，工不巧，農不力，不可以成治；士之子不知義，不可以長幼；工不族居，不可以給官；族不鄉別，不可以入惠；族居鄉別，業分而專：然後可以成治。經國大猷，無過於此矣。』後文王在酆，作文傳，以訓武王，也說：『山林以遂其材，工匠以爲其器，百物以平其利，商賈以通其貨，工不失其務，農不失其時，是爲和德。』管子小匡篇上也說：『士農工商四者，國之石民也；不可使雜處；雜處則其言厖，其事亂；是故聖王之處士必於閒燕，處農必就田壄，處工必就官府，處商必就市井。』由這些話看來，就很可以證明：社會的分業，在周代已到達專門化的地步。根據這一點，所以斷定：商業的發達，是在周代。

周代商業既已發達，於是基於事實上的需要，就發生主持商政的官吏，周官中有司市之官，掌市的治敎、政刑，以禁止華靡的物品，杜絕詐僞的風氣；又有肆長之官，以監督陳列的貨物，不許有美惡混淆之弊；又有賈師之官，以釐定貨物的價值，使無貴賤不淸之弊。對於買賣的物品，更有種種的限制，王制上說：『有圭璧金璋，不粥於市。命服命車，不粥於市。宗廟之器，不粥於市。犧牲不粥於市。布

大市朝市夕市

旅商

帛精粗不中數，幅廣狹不中量，不粥於市。姦色亂正色，不粥於市。錦文珠玉成器，不粥於市。衣服飲食，不粥於市。五穀不時，果實未熟，不粥於市。木不中伐，不粥於市。禽獸魚鼈不中殺，不粥於市。』以上這些限制，都是有用意的：或者為的是維繫社會的階級身分，或者為的是維繫社會上的秩序與風俗，或者為的是保證人民的健康。至於市，則有大市朝市夕市之別：大市以百族為主，行於日昃；朝市以商賈為主，行於早晨；夕市以販夫販婦為主，行於晚間。此外更有旅商，周游各處，以從事買賣。規劃精詳到這個地步，自然是要在商業發達的時候纔會有的。

巨富的社會地位

商業既已發達，則由商業而獲巨富的人，在社會上自必取得重要的地位。詩經小雅十月之交說：『擇有三事，亶侯多藏，』——這便是說，有錢的人，也能夠做官。但是，當時做官的人，無不出身世家貴族，現在既緣於金錢的力量，素不見重於社會的人，也可以做官，自然，在這種情勢之下，一方面要惹起貴族懷恨富人，(註一)他方面貴族目睹着錢能通神，也就顧不到元來的世家身分，而要起來經營商業了；所以詩經、大雅、瞻卬上說：『如賈三倍，君子是識。』以上還是春秋時代以前的事。春秋中葉以後，鄭國商人弦高，卻能拏他的貨品以紓國難，在政治舞台上，表現他的力量；並且鄭的國君，還要和商人訂盟誓（註二）；像這樣的事實，不明明確證了商人在社會所取得的重要地位麼？

（註一）詩經、小雅、正月所謂『仳仳彼有屋，蔌蔌方有穀，民今之無祿，天夭是椓。哿矣富人，哀此惸獨！』便是當時對富人訴不平的表現。

（註二）左傳昭十六年載子產對韓宣子說：『昔我先君桓公與商人皆出自周，庸次比耦，以艾殺此地，斬之蓬蒿藜藋而共處；世有盟誓，以相信也，曰：爾無我叛，我無強賈，毋或匄奪；爾有利市寶賄，我勿與知。』

大都會為商業的中心

到了戰國時代，商業更加發達，各國的大都會，都成為商業的中心（註一）。在這個時候，商業資本益形重要，如猗頓以販鹽起家，郭縱以冶鐵為業，都無不與王侯埒富，至於魏國的白圭，却更以商人而兼政治家。史記蘇秦傳上說：『周人之俗，治產業，力工商，逐什二以為務。』史記、游俠傳上說：『周人以商賈為資。』史記、貨殖傳上說：『魯俗好儒，及其衰，好賈趨利，甚於周人。』漢書、地理志上說：『周人之失，巧偽趨利，貴財賤義，貴富下貧，喜為商賈，不好仕宦。』由這幾段話看來，足見

商業資本何以不會代替土地資本？——重農抑商的政策

經商的風氣

當時經商的風氣是很厲害的。但是，商業資本既生出這樣重大的效力，却爲什麼不能代替土地資本，而走入到另一個階段——卽中國的產業革命——上面去呢。關於這個問題的解答，且待講完重農抑商的政策之後再說。

商鞅

重農抑商政策的首倡者，大約就是秦國的商鞅。通典、食貨、田制上說：『秦孝公用商鞅，制轅田，開阡陌。鞅以三晉地狹人貧，秦地廣人寡，故草不盡墾，地利不盡出；於是誘三晉之人，利其田宅，復三代，無知兵事，而務本於內，……任其所耕，不限多小，數年之間，國富兵强。』由這段話看來，便可以知道商鞅重農抑商政策之所自來。所以史記、商君列傳說：『大小僇力本業耕織，致粟帛多者，復其身；事末利及怠而貧者，舉以爲收孥。』(註二)到了漢代，商人階級的氣燄，

漢高祖　漢惠帝　漢武帝　王莽

更有不可一世之槪(註三)。所以漢高祖既定天下之後，就令『賈人不得衣絲乘車，又重租稅以困辱之』；惠帝則令『市井子孫，不得仕宦爲吏』；至於武帝，却更用鹽鐵榷酤之法，王莽則設六筦之令(註四)以實現國家專賣政策，而防止商人的壟斷。自此以後，抑商政策，幾乎代代皆有，如晉代政府『欲使力農，故重征商稅』，隋高祖禁工商不得仕進，唐高祖定工商雜類與於仕伍，明代更頒布賤商之令，(註

五）清代則以重稅病商，——凡此，都是一脈相承的重農抑商政策。

重農抑商之精神

重農抑商政策，就是代表土地資本的統治階級，用以維持封建勢力的惟一方法。中國歷史，自秦漢以至民國成立，其間每當更迭朝代的時候，便有所謂『羣雄並起』，這種『羣雄』，就是封建的割據之代表人物，他們都是些狡黠者，利用朝代更迭人民騷動的時機，來攫取統治階級的地位，以保持地主階級宰割天下的局勢。所以朝代只管更迭，却依舊不會脫離封建社會，而走入到另一個階段上面去。

不能脫離封建社會的原因

但是，為什麽不能脫離封建社會呢？最簡單的答案，就是：因為中國的產業沒有發達（註六）。產業沒有發達，所以即令有勢力雄厚的商業資本，其力量也止足以搖動封建社會的秩序（註七），却不能代替土地資本，而使中國的經濟結構與社會結構走到另一個階段上面去。一部二十四史的政權推移，翻來覆去，都不能跳出封建社會的圈子外面，其根本原因，卽在於此。

（註一）秦的咸陽、齊的臨淄、趙的邯鄲、魏的大梁，都是當時的大都會。戰國策、蘇秦說：『臨淄七萬戶，車轂擊，人肩摩，連袂成帷，舉袂成幕，揮汗成雨，』雖很鋪張，但亦足以見到當時都會繁昌的大概。

(註二)但自呂不韋以陽翟大賈相秦以後，又力主重商主義。

(註三)參看第四章第二節晁錯所說的話。

(註四)鹽鐵之法——漢初，人民可以自鬻鹽鐵。武帝時，用孔僅做大農丞，使領鹽鐵事，收鹽鐵入官。禁止人民私鑄鐵器鬻鹽。榷酤之法——即酒由官酤釀，人民不復得酤。六筦之令——一爲鹽，二爲酒，三爲鐵，四爲名山大川，五爲均賒貸，六爲銅冶，每一筦，申明科禁，犯者罪至死。

(註五)農政全書上說：『太祖加意重本折末，令農民之家，許穿紬紗絹布，商賈之家，只許穿布，農民之家，但有一人爲商賈者，亦不許穿紬紗。』

(註六)中國產業不發達的原因：第一由於地域廣闊，東西橫亙山脈過多，交通不便；第二由於北方民族長期間的侵入與入主中國，阻礙中國的進化；第三由於地主階級的掌握政權，力倡重農尊孔。

(註七)春秋時代，因商人階級的興起，貴族的地位，即已發生動搖，到了以後，貴族階級就趨於傾壞，所以詩經說：『式微！式微！胡不歸？微君之躬，胡爲乎泥中？』『瑣兮尾兮，流離之子！叔兮伯兮，褎如充耳！』便是亡國的諸侯卿大夫，有時連奴隸都比不上了。——這就是商業資本動搖封建社會的秩序之明證。

中西通商之始及其發達

中西通商之始

漢武帝武功極盛，自通西域以後，遂有與外國通商之事，然當時尚局限於亞洲方面。桓帝時，大秦（卽羅馬）王安敦（Marcus Aulerius Antoninus）遣使經印度洋及日南（卽安南），獻象牙犀角瑇瑁於漢，以求絹布，是爲中西通商之始，時公元一六六年。漢代以後，中西交通不振，但與西域諸國的通商，則經南北朝至隋，還沒有中斷；隋時，武威、張掖這些地方，便是中西互市的集合點。

唐代中西通商之盛

唐代，因武威的結果，中西的通商，就盛極一時了，茲分述如下：

陸路的通商

一、陸路的通商——唐置安西都護府於焉耆，中亞細亞及天山以南的商途就因此開闢了。西域諸國來中國營商者日多，而華商到波斯、印度者也日益增加。當時精於商務的猶太人，就乘機勃起，西至歐、非，東至印度、中國，商權都歸他們掌握；他們或從紅海經印度洋來中國、南海，或從地中海東岸經天山南路而至中國、長安。及大食國興，亞拉伯人纔代猶太人而掌握商權。

海路的通商

二、海路的通商——唐置安南都護府於交州，由是我國商途對西方作積極的進行：或經錫蘭沿西印度海岸而入波斯灣，或沿亞拉伯海岸而至紅海灣口的亞丁。當時錫蘭島，為世界通商的中心地，中國人印度人馬來人波斯人猶太人都集聚此島，以經營商務。及大食國隆盛，西亞與北非諸沿海港灣及印度河口相繼為牠所有，更進而東向，經南洋諸國，以與中國通商；中國舊日在亞洲全境的航海權，遂為亞拉伯人所奪。到武后時，亞拉伯人之到廣州、泉州、杭州諸港通商者，均以數萬計。

提舉市舶司

唐因設提舉市舶司，徵收海關諸稅。

中國文化輸入日本

又當時與日本交通也很頻繁，自隋至唐，日本累遣子弟來中土入學，中國文化，由是大被東島。

提舉市舶使

宋代海外貿易的中心地為杭州、慶元（即寧波）、泉州，都置有提舉市舶使，徵收海關諸稅。當時海關稅率為十分之一，香料及寶貨兩種，則由官收買，更由官賣出。凡往海外經商者，必赴兩浙市舶司領官劵，如有違誤，則沒收其貨。至於極東海上貿易地的樞核，便是三佛齊（即今蘇門答臘島的拔蓮般），其時三佛齊與泉州之間，每年有兩次定期航海，商務之盛，由此可以推想。又今菲律賓羣島之一部分，因當時中國商人的從事海上貿易，就業已爲中國人所知，據此，則麥哲侖之發見是島，當後於中國人五百年。

發見菲律賓

元代中西通商之盛

蒙古勃興以後，於歐亞兩洲建立空前的大帝國，許多割據的小國，都爲牠所倂吞，交通往來，乃得自由；加以基於政治與軍事上的目的，又新開官道，設驛站，商旅來往，因之無所阻碍；——故元代東西交通，很爲頻繁。當時陸路都啓程於西亞細亞及歐洲，一經中央亞細亞天山南路，一經西伯利亞南部與天山北路，以達到喀喇和林與燕京。海路則啓程於波斯、印度的海岸，經印度洋、中國海而到達泉州杭州諸港。而泉州一地，在是時實爲世界第一的貿易港，亞拉伯人波斯人來此地者很多。其時東西交通既很頻繁，西洋學術遂漸次流布中土，而中國的羅盤針與活版術，或許亦於此時傳入歐洲，是爲中西文化的交流。又當時，意大利人馬可波羅(Marco Polo) 仕於元室，逗留中國共十七年，歸著馬可波羅遊記，歐人讀之，遂啓東漸的野心。

泉州

中西文化的交流

提擧市舶司

鄭和

明代和唐、宋一樣，也於寧波、泉州、廣州設提擧市舶司。但是，南洋諸島，却因鄭和的下西洋，——出使前後計七次，共二十五年，——來歸復中國的，便有三十餘國；南海貿易，由是特盛。在這樣交通頻繁的時候，中國人到南洋去經商做工的，一定很多；時日既久，就漸次養成一種勢力，如明史所載：呂宋的潘和五、婆羅的王、爪哇新村的村主、三佛齊的梁道明、陳祖義，竟藉着這種勢力，做了海外的「蠻夷大長」，而爲今日閩粵人經營南洋者種下深固的基礎。不幸，這種殖民，內無政府的保護，外受列强的高壓，所以沒有飛躍的進展。

中國之殖民

以上所述，可以劃爲一個時期，因爲自明代中葉以後，緣於新航路的發現，全世界就別開了一個新局面。

東西新航路的發見

另闢新航路的動機

馬可波羅遊記廣播於歐州以後，歐人東來者益衆，然而自土耳其人陷君士坦丁堡以後，地中海航路，因而不通（註一），故歐人欲謀到達東方，就不能不另闢新航路。茲分述其重要事實如次：

印度新航路的發見

一、印度新航路的發見——一四八六年，葡萄牙政府命的雅慈（Bartholomev Diaz）航行非洲，至其南端，名曰好望角。一四九七年，華斯哥加馬（Vasco Da Gama）奉命探印度，由好望角，經莫三鼻給、墨林達，駛至印度西南岸的加利庫特（Colicut），——印度新航路由是被發見。

麥哲侖環游地球一週

二、麥哲侖的環游地球一週——一五一九年，葡萄牙人麥哲侖(Magellon)，奉西班牙王命，西航大西洋，過南美麥哲侖海峽，入太平洋，一五二一年發見菲律賓羣島，旋爲土人所殺，一五二二年，其從者西航歸本國。地爲球狀，至是總得證明。

中國爲國際貿易的角逐場

東西新航路被發見以後，葡萄牙人遂由印度新航路以到達東方，西班牙人則循麥哲侖所走之路以到達東方，荷蘭人及英國人繼之而起，由是世界局面爲之一新，而中國遂漸次成爲國際貿易的角逐場。

(註一)以前歐人東來，都是由地中海，至君士坦丁堡上岸，再取陸程。

國際資本主義侵入以後的商業

葡租澳門

自明季歐人東漸以來，葡萄牙人就首先租借澳門，以作東方海上貿易的根據地。以後西班牙人荷蘭人英國人相繼東來。

淸初，專持閉關主義，到康熙二十四年(公元一六八五年)，纔開放海禁，於澳門、漳洲、定海、雲台山四處，設立稅關。以後，又只留澳門一處，爲外人通商之所，其他三處則一概停罷，同時，對於外商，又加以種種限制(註二)。但歐人因資本主義的發達，急欲尋找市場，而惟一的良好市場，又只有中國，所以當時雖受種種限

鴉片戰爭

關稅不自主

列強在中國設工場

商業的破產

制，却始終不能忘懷於這塊良好的市場。

果然，中國自鴉片戰爭（一八四〇——一八四二年）失敗以後，於是不平等條約就束縛着中國，而國際資本主義，却挾其傾山倒海的力量，來侵略中國。第一、中國因條約的制限，關稅不能自主，於是外貨充溢各地，以排斥國貨。第二、列強根據條約，有在中國租借土地之權，於是列強就在中國建立工場，以中國的原料，用中國的勞力，製成商品，轉售於中國人，結果，中國的手工業破產，而所謂商業，就無異乎是替列強做仲介人。中國的商業，到了這個地步，就等於破產。今以清季十年內的海關貿易冊比較如下，就可以看到這種破產的趨勢。

年分	洋貨進口（銀兩為單位）	土貨出口（銀兩為單位）
光緒二十八年	三一五·三六三·九〇五	二一四·一八一·五八四
光緒二十九年	三二六·七三九·一三三	二一四·三五二·四六七
光緒三十年	三四一·〇六〇·六〇八	二三九·四八六·六八三

光緒三十一年	四七一·一〇〇·七九一	二二七·八八八·一九七
光緒三十二年	四一〇·二七〇·〇八二	二三六·四五六·七三九
光緒三十三年	四一六·四〇一·三六九	二六四·三八〇·六九七
光緒三十四年	三九四·五〇五·四七八	二七六·六六〇·四〇三
宣統元年	四一八·一五八·〇六七	三三八·九九二·八一四
宣統二年	四六二·九六四·八九四	三八〇·八三三·三二八
宣統三年	四七一·五〇三·九四三	三七七·三三八·一六六

以上所列，係清季十年中的情形，至於民國時代，則入超之數，更為可驚，茲表列如下：

年份	洋貨進口淨數（單位銀元）	土貨出口淨數（單位銀元）	入超數額
民元	四七三·〇九七·〇三一	三七〇·五二〇·四〇三	一〇二·五七六·六二八
民二	五七〇·一六二·五五七	四〇三·三〇五·五四六	一六六·八五七·〇一一

民三	五六九・二四一・二八一	三五六・三六六・六二九	二二三・〇二四・七五二
民四	四五四・四七五・七一九	四一八・八六一・一六四	三五五・六二四・五五五
民五	五一六・四〇六・九九五	四八一・七九七・三六六	三四四・六〇九・六二九
民六	五四九・五一八・七七四	四六二・九三一・六三〇	八六六・五八七・一四四
民七	五五四・八九三・〇八二	四八五・八八三・〇三二	六九九・〇一〇・〇五一
民八	六四六・九九七・六八一	六三〇・八〇九・四一一	一六六・一八八・二五〇
民九	七六三・三五〇・二二〇	五四一・六三一・三〇〇	三三〇・六一八・九三〇
民十	八〇六・一三三・四三九	六〇一・二五五・五三七	三四四・八六六・九〇二
民十一	九四五・〇四九・六五〇	六五四・八九一・九三三	一九〇・一五七・七一七
民十二	九三三・四〇三・八〇七	七五二・九一七・四一六	一七〇・四八五・四七一
民十三	一〇一八・二二〇・六七七	七七一・七八四・四六八	一四六・四二六・二〇九
民十四	九四七・八六四・九四四	七七六・三五三・九三七	一二一・五一三・〇〇七
民十五	一〇二四・三三二・三五三	八六四・二四九・二七一	三五九・九二六・四八二

民十六	一·〇二三·九三一·六二四	九一八·六一九·六六二	九四·三一一·九六二

由上表看來，我國在國際貿易上，無年不是入超，而且入超之數，年年加大。自同治三年(一八六四年)起，六十餘年間，海關表中，僅當年及同治末年以及光緒初年間爲出超，其他五十餘年，無一不是入超，計在過去六十年中，平均每年入超，約爲一萬萬元，六十年合計，約五十餘萬萬兩。而且輸出之貨，多爲原料品，輸入之貨，多爲精製品，其損失之大，更無待說。中國商業到了這個地步，不明明是破產麼？所以欲謀中國商業的振興，以抵制外貨，自非取消不平等條約不可。

(註一)當時外人通商，最不自由，不僅不許他們直接和人民通商，而且不許和普通商人通商。一切貨物，都要賣給『公行』，再由公行賣給普通商人。此外更訂有管束外商章程，規定：外國商人，除做買賣的時候，不許到廣東；做買賣的期限，一年只有四十天，又定要住在公行所代備的商館裏面；住在商館裏面的外商，不得攜帶家眷；出外不得乘轎；要上稟帖，只能託公行代遞，不准和官廳直接交涉。他如官吏征稅的橫暴，又益加使外商懷恨。其詳，參看呂思勉著白話本國史。

相傳黃帝範金爲幣，爲中國貨幣之始，其實不然。周禮太宰鄭司農注：『貨，珠貝自然之物也。』大行人注：『貨，龜貝也。』

貨幣的發生及其沿革

貝爲貨幣之始

本章第一節中，也說到漁獵部落的原始貨幣就是貝。所以我們斷定貝爲貨幣之始，是極有根據的；至於範金爲幣，却是以後的事，後儒認定黃帝爲中國開國之祖，故一切制作，都集中於黃帝一人，而所謂『黃帝範金爲幣』，也就是由這種心理推想出來的。

漁貝珧貝骨貝銅貝

布

最初的貨幣是貝類，這已經是用不着疑的事情，後來或者由眞貝而珧貝而骨貝而銅貝(即蟻鼻錢)，或者又用布，所以史記，平準書上說：『虞、夏之幣，金爲三品：或黃，或白，或赤；或錢，或布，或龜貝。』但是，年代久遠，當時制度的內容，已不可考，因此，漢書、食貨志就說：『凡貨，金錢布帛之用，夏、殷以前，其詳靡記云。』

關於貨幣眞具有一定的制度的，還要算周代，因爲商業的發達，始於周代。食貨志說：『太公爲周立九府圜法。黃金方寸而重一斤；錢圜函方，輕重以銖；布帛廣二寸爲幅，長四丈爲匹。』但是，我們徵之殷墟上所發掘的東西以及周代的銅器文字，就知道貝貨尙通行於殷代以至西周，根據這一點，西周時代是否通行鑄造的貨幣，便依然是一個疑問(註一)。

莢錢 四銖錢 五銖錢 皮幣 寶貨

漢初鑄莢錢。文帝時，莢錢多而輕，因又鑄四銖錢，錢上面有『半兩』二字，並許民間私鑄，——幣制由是紊亂。武帝時，乃鑄五銖錢，爲漢代通行的貨幣。當時武帝因縣官空虛，又以白鹿皮爲皮幣，值四十萬，爲後世商界行用紙幣的先聲；更造銀錫白金，有龍文、馬文、龜文白金三品，爲後世商界行用銀幣的先聲。王莽改制，作金、銀、龜貝、錢布之品，叫做寶貨，共五物(金、銀、銅、龜、貝)六名(錢貨、金貨、銀貨、龜貨、貝貨、布貨)二十八品(錢六品、金一品、銀二品，龜四品，貝五品，布十品)。後因民間不通行，於是只以小錢值一，和大錢五十並行。

鐵錢 兩柱錢 鵝眼錢

晉代用錢。但至南朝梁初，錢所通行的地方，僅限於三吳荊江湘梁益，其他各處，則以穀帛爲交易媒介，武帝因之作五銖錢，彼又罷銅錢改鑄鐵錢，時私鑄者多，價格無定。陳時用兩柱錢鵝眼錢，而嶺南諸州，尙以鹽米布帛，代用貨幣。北

五行大布錢 開元錢 飛錢 鈔法 交子 錢引 會子和關子 中統交鈔

朝，則後魏有永安五銖錢，北齊，有常平五銖錢，但當時冀州之北，尚在以絹布代貨幣；北周所通用的錢幣，則爲後魏的五銖錢與五行大布錢等。

唐代最通行的，是高祖時所鑄的開元錢。後來又有飛錢。玄宗時，令莊市交易，先用絹布綾羅絲綿等，但市價至一千以上的，可以錢物交用。以後，因錢的缺少，禁止持錢出關，並限制私人儲錢的數目。結果：商人大困，而飛錢以起。（註二）飛錢之法，即後世鈔幣的權輿。

宋、元、明三代，便是鈔法盛行時代。宋代銅錢鐵錢並用，蜀人因鐵錢太重，就私行發出一種紙幣，叫做『交子』。每一交計錢一緡，每三年，將舊的收回，另發新的一次，叫做一界。後來主持其事的富戶因爲窮困下來，不能兌現，就弄到爭訟屢起。於是轉運使薛田，就請設『交子務』，來管理這種紙幣，並改民間私發爲官發。後來又改名『錢引』，其義和茶鹽鈔引相同，暫以代錢，實爲兌現紙幣。但是，因爲濫發而無兌現準備的原故，就弄到一緡只值錢十餘文。南渡以後，也用交子，又有『會子』和『關子』，同樣由於不兌現的原故，以致價格低落。

元代鈔法，不拏銅錢做標準，郤拏絲與銀做標準。世祖時，發行中統交鈔九種，——十文、二十文、三十文、五十文、一百文、二百文、三百文、一貫（一千文）、二貫(二千文)，——以絲爲本位，卽用絲鈔一千兩代銀五十兩。其價是：

$$中統交鈔一貫 = 銀\frac{1}{2}兩 = 金\frac{1}{20}兩$$

至元鈔 至大銀鈔

以後因物重鈔輕，又有至元鈔(至元鈔一貫等於中統鈔五貫)與至大銀鈔（至大銀鈔一兩等於至元鈔五貫），但是因爲濫發的緣故，結果也是鈔價大落。

洪武通寶

明太祖鑒於前代鈔法的弊病，因停止交鈔而鑄洪武通寶；但是，一因需費太多，國家負担陡然加重，二因令民間輸銅，民間深以爲苦，三因商人嫌銅錢太重，不便攜帶，四因私鑄銅錢者多，所以又用鈔法，發行一百文、二百文、三百文、四百文、五百文、一貫六種，其價是：

$$鈔一貫 = 錢1000 = 銀一兩 = 金\frac{1}{4}兩$$

銀兩代鈔法

並令一百以下用錢。後鈔價跌落，至於只有千分之一二，結果：停止鈔法，代之而起的，就是銀兩(註三)。

銀銅並用

清代自開國以來，歷代都鑄有銅錢，又許以銀塊當貨幣使用，故此，清代的貨幣，可以說是銀銅並用。銀塊重量不一，成色不均，所以行使之時，每多不便。光

自鑄銀幣之始　緒時，因設廠鑄銀幣，分一元、半元、二角、一角四種。後各省多開廠自鑄，惟所鑄銀幣，成色頗不一致，以致價格不等，行使不便，至於紙幣，則多由商家私發，

大清銀行　至光緒末年，因外國紙幣充斥各地，始設立大清銀行，發行紙幣。

民國以來，關於幣制，多仍清舊。但自軍閥割據以來，幣制愈不統一。軍閥霸

軍閥私發紙幣　佔一省，即擅自發行紙幣，此種紙幣，至多僅能通行於本省，而軍閥一倒，紙幣也就成為廢紙了。同時，各省又私鑄銅幣，因所含銅質的多少，以致銅幣價格亦不一致，有以銀幣一元可折銅元二千六百文者，有以銀幣一元可折銅元五千文者，更有

外幣充斥　十千文以上者。至於外國紙幣，則充斥各地，雖有本國銀行與之競爭，然以外國銀行資本雄厚，深得一般人民的信用，也就無法和牠抗衡了。

總觀以上所述，可知：(一)中國貨幣始終未跳出銅幣時代，(二)最近三百年來，始進於銅銀並用時代；故當今日全世界通行金本位之時，我國所受國際貿易的

幣制問題　損失，極為重大。因此，今後的幣制問題，就在於：(一)如何使全國幣制歸於劃一，(二)如何由銀本位制以進於金本位制。

(註一)梁啓超先秦政治思想史上說：『近頃在彰德附近之古殷墟發見骨製之

貝，人造貨幣現存者，當以此爲最古。其後漸以銅仿製，俗所謂蟻鼻錢，即銅貝也。是爲金屬貨幣之始。再進則以銅仿製爲刀形爲農器形。爲刀形者，今錢譜家所謂刀幣也；爲農器形者，彼輩所稱「方足布」「尖足布」等皆是。……「錢」爲小農器，如今之鋤或鏟，方尖足布即仿其式。……當人類發明用銅之後，社會最貴重者，即爲銅製之刀及農具；常以他種貨物如牲畜穀米布帛之類與之交換，其後漸用之爲價値公準；於是仿其形而縮小之以爲代表。則一定量金屬貨幣之所由起也。刀及錢皆仿縮原物，而加上一環，穿孔以便貫串。用之既久，其公準爲社會所公認，則並其刀與錢(農器)之原形而去之，僅留一圓環；其後更將環之內孔易圓爲方，……則後世制錢之所由成立也。』梁氏這一段話，可以說是貨幣演進史。

(註二)『商賈至京師，委錢諸道院及諸軍諸使富豪家，以輕裝趨四方，合劵乃取之，名曰飛錢。』

(註三)以銀爲本位鑄造貨幣，是淸末之事，而在明、淸兩代，銀不外是用作爲秤量貨幣之物而已。至於外國銀幣——墨西哥銀幣——之輸入，則始於明末，由西班牙人營商而攜來的。

雜稅制度的沿革

我國稅收以田賦爲主

我國稅收，在唐以前，原以田賦爲主，唐代以後，始認雜稅爲國家大宗收入。所謂雜稅，就是指田賦以外的一切收入而言。依其性質，可分物稅（鹽稅、酒稅等）與商稅（釐金、關稅等）二種。上古時代，無所謂雜稅；春秋以後，工商業發達，於是雜稅始佔重要地位。如管仲治齊，卽着重鹽鐵政策，而以鹽鐵的收入，爲國家收入的大宗（註一）。到了漢武帝的時候，因東西征伐國用不給的原故，於是有商賈之算酒酤之榷諸種雜稅，更置鹽鐵官以專賣鹽鐵。（註二）

物稅與商稅

鹽稅

到了唐代，藩鎭割據，地方賦收都不解送中央，所以雜稅就成爲國家收入的正宗。唐代雜稅很多，玆將重要者分述如下：（一）鹽稅——漢代官鹽之法，爲隋初所廢，至唐肅宗時，始徵鹽稅。時第五琦做鹽鐵使，變鹽法：於產鹽各地，設立鹽院，令民自煑鹽，叫做鹽戶。鹽戶煑成以後，賣與大商人，再由大商人轉賣各地，叫做『通商法』。政府則自大商人，抽取鹽稅，唐代宗末年（公元七七九年），鹽稅爲六百餘萬緡，佔天下賦稅的半數。五代以後，多仍唐制。元初更定引地的制度，

酒稅　茶稅　礦稅

於是食鹽更有地域的制限，明、清以來，都沿用此法。(二)酒稅——酒稅自漢時即已有之，但不佔國家收入的重要地位。唐代宗以後，課稅於酒戶，叫做『榷酤』，後此沿用，就成爲定例了。宋代用官釀之法，設『務』以釀酒，但民間亦得私釀。官賣者，叫做榷酒；民賣者，叫做稅酒。明代以後，則榷酒之制全廢。(三)茶稅——唐以前沒有茶稅，茶稅實始於唐德宗時。唐文宗時，宰相王涯始變茶法：禁民栽茶製茶，將民間所植的茶樹移到官場，官自焙製，賣與商人。宋代則採民製官賣政策，植茶的地方，叫做山場，採茶的人，叫做園戶，都是由政府所特許的。所出的茶，除供租稅外，都由官收買，再在各處立『榷貨務』，轉賣人民。商人要領茶售賣，則於京師榷貨務納錢，取得引卷，到政府所指定的地方領茶。元代，商人售茶，依舊要得到官廳許可，領取交引，但當時商人已直接向種茶者採買，却不定規要由榷貨務轉買了。明、清以後，茶禁漸廢，政府不外照値抽稅而已。(四)礦稅——唐、宋二代，凡取得採取礦產的特許者，叫做阬戶，而受官廳監督。宋徽宗時，又做照稅鹽之法，令官置爐冶，收鐵給引，召人通商。元代以後，礦產的採取，都是官民並管，至於鑄器物以及售賣，則皆任民自由，不受官廳限制。

唐代以後，除以上四種稅收外，還有其他各種物稅，如香料、礬、硝礦、木材等，均徵收稅課，並且宋代對於香料與礬兩物，則收歸官賣。然官賣之法，流弊很多，未能久行，所以至今只有鹽依舊用通商之法，官督商賣，人民不得私售，其他則都已解禁。

烟酒官賣

民國以來，煙酒二物，又行官賣之法，然實效甚少，而流弊反多。

元、明以後，官賣之法已不能維持，因此，商稅代物稅而起，成爲國家收入的大宗，茲就其要者分述如下：

營業稅

(一)營業稅——漢武帝時所行的商賈之算，即營業稅的權輿。東晉時，凡貨物田宅有文卷，率錢一萬輸值四百入官，賣者三百，買者一百。北魏時，凡入市者，人出一錢，叫做『市稅』。凡此，都是屬於營業稅的稅收。但自唐宋以來，則徵收特重，商人交易大約每千錢徵收三十。民國以來，又有印花稅，也是屬於營業稅的一種。

通行稅

(二)通行稅——通行稅大概始自唐末(註三)。宋初，『過稅』每千錢抽二十。南宋以後，國用日絀，對於過稅，益加苛刻。明宣宗時，始置鈔關與收鈔官，在沿河交通便利的地方以及城門，置官監守，凡經過商人，均須照章納稅。通行稅就從此加重了(註四)。到了清代洪楊革命時，又有釐金，本說亂平之後，即行裁撤；其後藉口地方善後，就此相沿不廢。凡各省內地，均設關卡，商人經過，層層征稅，商人由是大困。最近國民政府，始有裁釐之令。

海關稅

(三)海關稅——唐、宋、明三代的市舶司所征收的稅，就是今日的海關稅，即專指對外貿易徵收之稅而言，淸代自鴉片戰爭以後，外人根據辛丑和約，規定稅務司由外人充任；稅額，則洋貨入口與土貨出口，均值百抽五，叫做進出口正稅；土貨轉運別口者，值百抽二•五，叫做復進口半稅；洋貨轉運別口者，在三十六個月之內免稅，過期依正稅之額完納，叫做復進口正稅；外商運貨入內地，以及洋商入內地

協定稅則

購買土貨，均值百抽二•五，叫做內地半稅。像這樣的稅則，叫做協定稅則，換句話說，就是我國無關稅自主權。其有損於我國利益，自不待言。但國民政府，正努力於關稅自主，如最近中、日關稅協定，即已取得關稅自主云。

(註一)齊地臨海，宜於工商，而不宜於農業，故其工商業很發達。

(註二)商賈之算，即『令諸賈人末作，各以其物自占，率緡錢二千爲一算。』

(註三)五代後周太祖，曾令諸道州府，不得徵收牛畜經過稅，據此，則通行稅至少是始於唐末。

(註四)宣宗時，因鈔法不通，於各水陸衝衢，設關收鈔，叫做鈔關，其初本說

鈔法流通以後，卽行停止，但後此却沿襲不廢。

問題提要：

(一)商業發生於什麼時候？
(二)商業的發達，以什麼爲前提條件？又其故安在？
(三)富人階級起於什麼時候？又其地位怎樣？
(四)重農抑商政策是因什麼而發生的？又此政策，何以維持至二千餘年之久？
(五)爲什麼土地資本不曾代替商業資本？
(六)中西通商始於什麼時候？又其發達情形怎樣？
(七)東西新航路的發見與中國的商業有什麼關係？
(八)中國的商業爲什麼會破產？
(九)貨幣發生於什麼時候？並略述其演進的歷史。
(十)鹽金起於什麼時候？爲什麼鹽金會病商？

第六章　工業

工業是生活的基礎

工業的發生

工業是生活的基礎，因爲生活的演進，全靠工業來做原動力。沒有網罟，便無從漁獵；沒有石頭做的刀斧，就無法砍伐樹木；沒有耒耜，就無由耕種。這樣看來，最粗笨的手工業——或者說是最粗笨的工藝——，在漁獵部落中，早就發生了。易繫辭上說：『庖犧氏……作結繩而爲網罟，以佃以漁。……神農氏作，斲木爲耜，揉木爲耒，……黃帝、堯、舜、氏作，……刳木爲舟，剡木爲楫，……斷木爲杵，掘地爲臼，……弦木爲弧，剡木爲矢。』

我國最古的工業

這裏所謂網罟、耒耜、舟楫、杵臼、弧矢，便是我國最古而最粗笨的工業；但是，年代久遠，已經不可詳考了(註一)。

商代工業的發展

古殷墟中所掘出的龜甲獸骨，總算是最可信的古代史料，由這種史料所得的研究的結果，是決無錯誤的。據郭沫若卜辭中之古代社會的研究，證明了商代的工業，已經發展到了相當的程度；郭氏從便宜上把當時的工業分作四項：(一)食器——鼎尊敦卣盤甗壺爵；(二)土木——宮室宅家牢圃舟車；(三)紡織——絲帛衣裘巾幕斿旒；(四)武器——弓矢彈弩戈鉞函簸。郭氏接着說道：『就這些文字上面已很可看出當時手工技術的盛况。特別是食器一項，那已經超過了粗製的土器和石器的時代，而進展到青銅器的時代了。……一方面青銅器雖已發達，而另一方面則石器骨器尙盛見使用，殷虛古器物圖錄中之各種石骨器卽其鐵證。而且尤可注意者則殷虛中無鉄器的出現。……由此種種證據，可斷然作一結論，便是殷虛時代還是考古學上所說的「金石併用時代」』。由上所述，便明證殷代的手工技術，頗爲發達；但是，因爲在這個時代，社會的分業還沒有專門化，換句話說，卽是尙在自給自足的時代，惟其如此，所以工藝是人人所當爲，並不曾成爲獨立的生活手段；最低限度，我們可以說：在這種奴隸制國家中，工藝便是奴隸童僕所專攻的，却沒有成爲一定的分業；工藝沒有成爲一定的分業，自然就够不上說工業的發達。

自給自足時代工藝是人人所當爲

家庭手工業之重要

上面說過，社會的分業，到了周代，才進到專門化；在這樣的時代，自足自給是辦不到的。不錯，在農業社會中，家庭手工業，佔着重要地位，如漢書、食貨志所謂『女修蠶織，則五十可以衣帛』，便明證紡績在家庭手工業中的地位；但是，其他的工業，却不能由一個家庭負担起來，所以考工記上就有『凡攻木之工七，攻

蠶織成為專業

金之工六，攻皮之工五，設色之工五，刮摩之工五，摶埴之工二』。甚至蠶織，大約也逐漸地成為專業，試看詩經小雅大東所謂『小東大東，杼柚其空。糾糾葛屨，可以履霜。佻佻公子，行彼周行。既往既來，使我心疚。』魏風、葛屨所謂『糾糾葛屨，可以履霜。摻摻女手，可以縫裳。要之襋之，好人服之。好人提提，宛然左辟，佩其象揥。維是褊心，是以為刺。』以及豳風七月所謂『七月流火，八月萑葦。蠶月條桑，取彼斧斨，以伐遠揚，猗彼女桑。七月鳴鵙，八月載績，載玄載黃，我朱孔陽，為公子裳』，多少就可以證明出來。到了春秋時代，鐵的用途，業已由耕器推廣到手工業上面去了（註二），於是工業就益加發達，而分業也益加專門化（註三）。

（註一）關於古代的工業，可參看郭沫若的中國古代社會研究三九——四〇頁。

（註二）管子、海王篇上說：『今鐵官之數曰：一女必有一鍼一刀，……耕者必有一耒一耜一銚，……行服連軺輦者必有一斤一鋸一錐一鑿。』便足以明證鐵已使用到手工業方面。——管子一書，固然不一定是管仲所作，但是，這部書總不失為齊國的國史。

（註三）管子上所謂『士之子恆為士，農之子恆為農，工之子恆為工，商之子恆為商』，便暗示着當時工商業的發達情形，因為如果工商業不發達，則社會的分業之專門化便不如是之嚴整。

手工業

中國未跳出手工業時代

中國的工業，幾千年來，並未跳出手工業時代，在中國歷史上，找不出工業革命——產業革命——的事實來。這種現象的原因，在上面已經說過了（註一），現在只就二三項重要工業來說說。

瓷業

瓷業——古代有陶器，只看『陶之得姓由於職業』可知。至於瓷，則始於唐代。瓶花譜云：『古無磁，瓶皆以銅為之，至唐始尚窰器。』到了宋代，瓷產漸廣。宋有柴窰、定窰、汝窰、官窰、哥窰、龍泉窰、吉州窰等，產品都很精良；而尤以景德鎮所產為最。到了明代，更有永樂、宣德二窰，製品亦精。

蠶絲

蠶絲——相傳黃帝元妃嫘祖始教民育蠶，治絲以供衣服。漢書、食貨志也說『女修蠶織』，是見蠶絲發明最早。自此以後，歷代對於蠶絲，均很重視。今日的江、浙，即絲織物產額最多產品最良的地方。

此外如銅器、鐵器、漆器、玉器，則皆發明最早，而製品亦良。在海禁未開以前，這些工業，都占極重要的位置。但是，我們所最應注意的，就是這些工業，雖然相傳數千年，經過無數的改良，可是，都不曾脫離手工業時代，還是使用少數人力的小規模手工業，因爲這個原故，所以自受國際資本主義侵略以來，這些手工業就受不起狂浪的打擊，而逐漸地破產了。

（註一）參看第五章第三節註六。

國際資本主義侵略之下的中國工業

中國工業，自受國際資本主義侵略以後，就發生兩種現象：一爲固有的手工業之破產，一爲外鑠的工業革命之發生。

固有的手工業之破產

中國固有的手工業，在生產方法上，在生產手段上，以及在生產額上，自然敵不住國際資本主義的機器工業，因此，中國手工業的破產，乃是必然的結果。第四章裏面，曾經說到自受國際資本主義侵略以後的中國商業，其中關於洋貨入口超出土貨出口一項的統計，即足以明示中國手工業破產的趨勢。即如從來視爲大宗輸出商品的蠶絲，近年以來，因爲外國人造絲的發達，也就宣告破產了。

近代中國的工業革命是外鑠的，就性質上講，是屬於前資本主義的。自鴉片戰役（一八四〇——一八四二年）英法聯軍之役（一八五八——一八六〇年）以後，國人目擊西人的船堅礮利，曾國藩遂設軍械所於安慶，李鴻章設製礮局於上海，是爲近代機械輸入中國之始。以後更有製呢局織布局之設立。但是，自機械輸入中國以後，約三十餘年之久，於中國工業，並無顯著的進展。至歐戰時期（一九一四——一九一八年），歐人不暇東顧，日人亦轉入戰爭漩渦，於是中國工業始有飛躍的長進。第一，由機械入口的數量之增加，可以明證中國工業的長進：

年份	購入機械值（以銀兩爲單位）
民國二年（戰前）	四、六五〇、〇〇一
民國八年（戰後）	一四、一〇〇、四三九
九年	一二、二六六、二五六
十年	五五、六四七、七八〇
十一年	四九、四一三、四二三
十二年	二六、六七七、七九六

十三年	二三、〇六九、三一五
十四年	一五、五七八、〇八七

第二，由工業公司的資本之增加，可以明證中國工業的長進：

年份	公司數	資本總額（以銀元爲單位）
一九一二	五三一	五四、八〇八、二〇二
一九一三	五六五	四九、八七五、一六〇
一九一四	六四一	六二、一〇八、二一八
一九一五	六四四	一〇六、九〇一、二一四
一九一六	六八五	一三二、七七九、八〇八
一九一七	五五七	一二八、二四三、七二七
一九一八	五三三	一〇八、九〇二、八一一
一九一九	四二五	一九二、二二一、二四七

中國產業站在兩難的境地

然最近數年來，却呈現相反的現象，如紡織業在大戰中及大戰後，都有飛躍的進展，但最近則不特無進展，而且趨於倒閉；這第一是因爲國內的戰爭阻碍產業的發達，第二是因爲列强自身的工業，於最近數年間，已超過戰前的水準，故進而重整旗鼓，以侵略中國。由此看來，中國的產業革命，尙站在兩難的境地。

中國工業無發展

由於國際資本主義的侵略，而促成中國固有手工業的破產，其結果，則發生大羣的手工業的失業者（註一）；由於國際資本主義的刺戟，而促成中國的產業革命，其結果，又發生大羣的產業工人（註二）。同時，工業的發展，又不能相應於手工業的失業者人數之增加率，其結果，便是失業者流於盜匪。盜匪愈多，而內亂又不息，於是整個的經濟陷於破產，其影響所及，便是工業的沒落。而工業的沒落，同時又影響於產業工人的生活。總括一句：在這樣兩難的情況之下，——國內的戰爭與國際資本主義的壓迫，——中國工業，決無發展之可言。

（註一）手工業的失業者，固然可以變爲工錢勞動者，但是，中國的產業，却沒有容受這許多失業者的力量，所以他們挺而走險，流爲盜匪，便是必然的結果。

（註二）據新生命調查，中國現有產業工人二、七五〇、〇〇〇人。

問題提要：

（一）為什麽工業是生活的基礎？

（二）為什麽中國的手工業會破產？

（三）中國手工業的破產，會生出什麽現象來？

（四）為什麽中國的工業不能發展？

（五）歐戰期間，中國的產業，為什麽有飛躍的進展？

第二編　社會政治生活之部

第一章　中國社會之演進及其結構

社會演進之一般的法則

社會形態的演進，是由原始公產制而奴隷制，由奴隷制而封建制，最後，由封建制而資本制。原始公產制的組織體，就是氏族社會。照近代科學來講，不拘過去或現在，都不曾有過離社會而獨立生活的人。即在原始時代，也已有人類間的紐帶。當時的人，如果無他人的幫助，則不能行生存競爭。不過當時社會的結合，極其微弱。其能爲着協同舉行生存競爭而團結的，就只限於具有血緣關係的人。其無血緣關係的人，便不能爲着生產活動而行自由結合。原始人因爲生存競爭的激烈，使他們對於那些不與自己同生同居結合一起的人，一概以敵人看待。因此，原始時代的社會組織，就是血緣結合，或氏族的形態。氏族的根本生產關係，爲單純協業。其後，氏族內部，發生了某種程度的分業。最初，這分業是建立在有性或年齡之差別上的，即男子担任狩獵，婦女兒童担任採取菓實。分配各人的勞動，不能讓各人自由選擇；因爲對於自然的激烈鬥爭，不許這樣辦。爲了避免勞力的浪費，那勞動者的活動，必然要保持嚴密的調和。勞動的組

氏族社會

血緣關係

血緣結合

單純協業

氏族的分業

氏族的分配

氏族社會之公產主義的性質

織，必定要依照氏族的共同利益，遵從氏族的一般意志。原始氏族的分配形態，完全適應其生產關係。因為生產中的勞動分配，不依據個人而依據集團的意志；所以那勞動生產物的分配，亦必須是集團全體的責任。集團依照各人必要而給與各人（各取所需）。因此，原始的分配，帶了有組織的公產主義的性質。那時沒有什麼個人私有財產的形跡。共同生產，共同分配。分配的東西，馬上消費掉，沒有所謂蓄積（註一）。以上所述，便是以石器銅器為生產手段，以漁獵牧畜為生產本位的氏族社會；而氏族的血緣結合，又是以母系為主體，因此，氏族社會莫不以母系為中心。

母系中心

父系中心

但是，這種社會可以說因為鐵器的發明便完全破壞了。蓋鐵器的發明促進了農業的進化，母系中心的社會便不能不轉變為父系中心的社會。牧畜與農業的發明，都是男子的事體。男子由漁獵中發明牧畜的事業，由牧畜的芻秣中又發現禾黍菽麥的種植。照原始的習慣，各人隨身的工具歸各人所私有：男子有漁獵用的弓矢，女子便有家庭。到牧畜種植一發明以後，男子也相沿領有六畜和五穀。這樣生產的力量愈見增加，女子的家庭生產便不能不降為附庸，而女子也就由中心的地位一降而爲奴隸的地位，這在社會的表現上，便是男權的抬頭，私有財產制的成立，奴隸的使用，階級的劃分，帝王和國家的出現。

奴隸制的國家

在國家開始成立的時候，是純粹的一種奴隸制。奴隸的來源是什麼？便是被征服的異民族和同族中落伍的弱者。這時候的階級，可以說只有貴族和奴隸兩種。

貴族與奴隸

貴族是奴隸的所有主，奴隸是貴族的所有物。貴族是支配階級，奴隸是被支配階級。這時候的氏族的成分，可以說還嚴密地保存着，即貴族階級至少是一氏一族。但到鐵的冶金術愈見發達，農業愈見進展，而異民族的被同化者愈見加多，同族中的落伍者也愈見激增，血族的成分就漸次稀薄下來。以前的貴族久於養尊處優的習慣，日見與生產相離；而產業的生產權却操縱在多量的奴隸階級的手裏。這時候，便不能不來一個社會變革，即貴族的倒潰，奴隸階級中的狡黠者之抬頭，這自然會成爲一種分析的地方割據的局勢。

莊園制

行幫制

封建諸侯

封建制的社會

在農業上便有莊園制的產生，在工商業上便有行幫制的出現，在政治的反映上便成爲封建諸侯，於是奴隸制的社會又一變而爲封建制的社會。封建制的社會和奴隸制的社會並無多大的懸殊；不過奴隸制是氏族社會的孑遺，多量的含有血族的成分，而封建制則是多量的含有地域成分的奴隸制。農業上與地主對立的農夫，行幫制下與師傅對立的徒弟，行政上與封建諸侯對立的臣庶，事實上只是變相的奴隸。但是，自從蒸汽機關發明了以來，產業更進展到一種更新的階段；大規模的生產，大資本的集中，海外大殖民地的發現等等，——在封建社會的胎內生出牠怎麼也容納不下的一個胎兒，於是社會上又來了一次變革。即封建制度逐漸崩潰了，在那封建社會的廢墟上高聳出近代資本制的組織。(註二)

資本制的社會

以上所述，便是社會演進之一般的法則；而社會演進的原動力，却在於生產關係的進展。

生產關係為社會演進的原動力

(註一)參看施存統譯藩格達諾夫著經濟科學大綱第一篇第一章第二節。

(註二)參看郭沫若著中國古代社會研究第五頁至第七頁。

中國社會之演進

上面所述的社會演進之一般的法則，也符合中國社會演進的程序。不過中國古代社會，差不多是個不可究詰的謎，使我們的研究很難於著手。第一，古史的本身，已經不確實，例如三皇五帝之說，就聚訟紛紜，莫衷一是。有以天皇、地皇、泰皇為三皇，黃帝、顓頊、帝嚳、帝堯、帝舜為五帝者，如史記；有以伏羲，神農、黃帝為三皇，少昊、顓頊、高辛、陶唐、有虞、為

古史本身之不確實

三皇五帝之說

古史爲後儒所渲染

考古學之重要

五帝者，如尙書序；他如白虎通則謂伏羲、神農、燧人、爲三皇，皇王大紀又謂天皇、地皇、人皇、爲三皇，月令篇則謂大昊、神農、黃帝、少昊、顓頊爲五帝，皇王大紀又謂庖犧、神農、黃帝、堯、舜爲五帝。這些說法，都含有不少的傳說和神話的成分，其可信賴的程度，也因時代的愈古而愈減。綜括一句，所謂三皇五帝，實未必確有其人，不過漢民族國民思想之反映之架空的理想人物而已。因此，要拿不可信賴的古史，去解釋中國古代社會的演進，便不免陷於臆斷的境地了。第二，中國古史的本身，既不確實，又加以後儒的渲染，就益加不足信賴的了。孔子刪書，斷自唐、虞，故儒家言政治者，必法堯、舜；堯、舜經過儒家的渲染，便成爲儒家理想中的堯、舜，而絕對不是本來的堯、舜了。所以韓非子顯學篇就說：『孔子、墨子，俱道堯、舜、而取捨不同；皆自謂眞堯、舜，堯、舜不復生，將誰使定儒墨之誠乎？』

中國古史的本身，既這樣的不可信賴，因此，拿古史去說明中國古代社會的演進，便是一種不可靠的方法。惟一可靠的方法，就只有從事於考古學而努力於地下發掘之一條大道。至於斷斷於文字記載的爭辯，却不是研究古史的良法了。

河南安陽的掘發

一八九八與九年之交，在河南安陽西北五里的小屯，於黃土層下掘發了無數龜甲獸骨的破片。骨片上多刻有極原始的文字。經羅振玉與王國維的考證，斷定這些文字是三四千年前殷代王室占卜的記錄。最近十年來，關於這樣的掘發，也時有所聞。

陝甘一帶的掘發

如一九二三年，德國古生物學專家德日進（P. Teilbard de Chardin）與教士桑志華（E. Licent）在陝西榆林縣南油坊頭、甘肅寧夏縣南水東溝及鄂爾多斯東南角薩拉烏蘇溝發見舊石器時代的大宗石器，都以石英、石矽質灰石及其他堅緻岩石做成；

外蒙古的掘發

一九二五年夏，美國紐約博物院外蒙古調查團，在納爾遜(N.C.Nelson)博士指導之下，發見舊石器時代與新石器時代的過渡期的石器；

遼寧與河南的掘發

一九二一年，農商部礦政顧問安特生(J.G. Anderson)先後在遼寧錦西縣沙鍋屯與河南澠池縣仰韶村採掘，得石器、骨器、單色陶器及彩色陶器等，斷為新石器時代的遺物（註一）；

甘肅的掘發

一九二三至二四年，安特生又先後在甘肅洮沙縣新店附近，狄道縣寺窪山，西寧縣下窪及鎮番縣沙漠等地發見石器、陶器及少數銅器，斷為新石器時代末期與銅器時代初期的遺物。不過這十年來的掘發，因為考證困難，還無明確的論斷，可與古代的記載互證；至於安陽縣所出現的龜甲獸骨的破片，則經學者的考訂，可以得到以下幾個

商代文字尚在形成的過程中

商代以牧畜爲主要生產

商代的奴隸

商代的私有財產制

論斷：

（一）商代已有文字，但其時文字百分之八十以上爲極端的象形圖畫，而且書法不一，一字有多至四十五種書法者，於字的構成上或倒書或橫書，或左或右，或正或反，或數字合書，或一字析書。而文的構成上亦或横行或直行，横行亦或左讀或右讀，並無一定。由此可知其時文字的產生還不甚久，文字尙在形成的過程中。

（二）商代以牧畜爲主要生產，卜辭中用牲之數多至三四百以上，卽其明證。農業雖已發明，然當時的耕器還是蜃器或石器，所以當時的農業很幼稚。

（三）商代族與族間的攘奪行爲，異常劇烈，卜辭中爲征伐貞卜的事項甚多。既有征伐，則戰敗者自然降爲奴僕，卜辭中有奚奴臣僕等字，卽其證據。奴隸的用途，在於牧畜耕作。並且，奴隸的私有，在當時卽已萌牙。因此，階級制度，在當時或已成立。

（四）私有財產制度，在商代業已成立，卜辭中有錫朋的記載，（註二）古金中每多錫貝朋之事，卽其明證。當時王侯既能以少數的貨貝寶物賜予其臣下，則族的公有物便成爲王的私有物了，而臣庶也能有私有物的公然的權利。

商代爲奴隸制的國家

由上所述，便知商代最多也不過是奴隸制的國家，而正是由氏族轉變到國家的一個重要變革時期。其次，根據王國維的殷周制度論，則夏、商、周三朝實爲三個不同的種族或部落，其發展的途徑是平行的；但舊史每視爲同種族之三個朝代的更迭，而誤爲一直線的繼承(註三)。王氏此說，雖未可斷爲定論，但夏代與商代爲平行的兩個部落，則或許實有其事。根據此點，故夏代亦或許是奴隸制的國家。夏商既是奴隸制的國家，則不可究詰的由黃帝至堯、舜這個時代，其爲氏族的公產社會，便可斷言。

夏商以前爲氏族社會

問題之解決在於考古學之進步

但是，關於此項問題，尚在研究的途中，並未蔚成定說；他日考古學的進步，對於此項問題，必然有個究極的解答；現在不過就前人的考訂與論斷，作一個這樣的假定罷了。其次，更有一點，應當注意，即「無純粹的社會現象」。因社會的演進，前一社會形態的殘渣，或多或少必留存在後一社會形態中。所以奴隸制的國家裏面，必存有氏族社會的孑遺，而封建制的國家裏面，也必存有奴隸制的國家的殘餘。

無純粹的社會現象

周代爲封建制的國家

眞正封建制的國家，實始於周代。相傳禹會諸侯於塗山，執玉帛至者萬國；商、

封建制之內容

湯受命，只餘三千；周武王觀兵孟津，只餘八百；春秋之時，見於紀載的，僅百六十三國：這些國家，實係各自獨立的部落，所謂諸侯，亦不過是部落的酋長，決非如周代所封的諸侯一樣。周代的封建制度，便是這樣的：『王制王者之制爵祿：公、侯、伯、子、男，凡五等。諸侯之上大夫、卿、下大夫、上士、中士、下士，凡五等。天子之田方千里；公、侯田方百里；伯七十里；子、男五十里；不能五十里者，不合於天子，附於諸侯，曰附庸。』此外，軍隊的編制，方伯二師，諸侯一師，天子自統六師(註四)。周代的封建，原來有兩個步驟：最初為廣封先王之後，(註五)後來纔『衆建親賢以屏藩周』(註六)。前者是承認舊部落，後者纔是新封的諸侯。

西周存有奴隸制的殘渣

上面說過：封建制的國家裏面，存有奴隸制的國家的殘餘。西周本來是封建制的國家，但其中正存有不少的奴隸制的殘餘。書經詩經中，便記載着周代使用奴隸來大興土木，開墾土地以及供徭役征戰的事情。今文尚書中，又記載着周公罵殷人『蠢殷』『戎殷』『庶殷』以及『殷之頑民』這一類的話語，並且周公還徵發那些『庶殷』來作洛邑。這些，便明證當時尚存有奴隸制的國家的殘餘。

封建制之動搖

周代的封建制度，在周平王東遷洛邑以後，便發生動搖。經過春秋時代二百多年的長期紛爭以後，所謂諸侯之國，合併的合併，滅亡的滅亡，到戰國時代，只剩下齊、楚、燕、秦、韓、趙、魏七個大國。秦滅六國，封建制度在形式上歸於消滅，統於一尊的政治組織乃繼而開始。封建制度在形式上雖歸於消滅，但是，因爲中國的經濟組織沒有經過產業革命這個時期，所以實質的封建制度——或者說封建勢力——却依然存在：農業方面地主和農夫對立的莊園制以及工商業方面師傅和徒弟對立的行幫制，固然是眞正的封建制度之產物，卽政治方面漢代的諸王、唐代的藩鎭、明末的三藩、淸代的總督以及民國的督軍，又何嘗不是眞正的封建制度之產物呢？這樣看來，中國的封建制度，實在是在近百年來纔發生根本的動搖，換句話說，卽在資本帝國主義侵入以後纔發生根本的動搖。

實質的封建制依然存在

近百年來封建制始根本動搖

中國自受資本帝國主義的侵略以後，手工業的農村經濟日趨於沒落，農村中的失業者纔跑到城市做工場的工錢勞動者，因此，纔產生資本家與工人的對立的關係，——雖然其關係不十分明顯而資本家與工人的數目又屬有限。但是，中國近百年來的產業革命是外鑠的而不是內發的，在歐戰期間，中國自身的輕工業，雖有長足的進展，然而歐戰以後，畢竟受不住資本帝國主義的狂風暴雨一般的摧殘，也就

工錢勞動者

外鑠的產業革命

沒落下來了；因此，中國的經濟狀況，始終不會脫離殖民地的地位。

其次，就上面所述的『無純粹的社會現象』一點來說，則今日的中國社會形態，便不純粹是資本制的，而封建制的地主與農夫對立關係以及師傅與徒弟對立關係，却依然佔着重要的地位，不過從大體上來說，中國的社會形態已經進到資本制的了。

(註一)這時期的遺物，又屢屢在別處發現，現總稱為『仰韶時代』或『仰韶期』。

(註二)朋為古人之頸飾。

(註三)參看王國維著觀堂集林卷十殷周制度論。

(註四)祿的區別，據經古文說便是：公方五百里，侯方四百里，伯方三百里，子方二百里，男方百里；至於公、侯方百里，伯方七十里，子男方五十里，却是經今文說。軍隊的編制，據經古文說便是：天子六軍，大國三軍，中國二軍，小國一軍；此處所引，却是經今文說。

(註五)廣封先王之後，如封黃帝之後於薊，帝堯之後於祝，帝舜之後於陳，是爲三恪；如封禹後於杞，紂子武庚於殷，並爲二王之後。

(註六)語見左傳僖公二四年。計封兄弟之國十五人，以周公旦爲之首，封於魯；同姓之國四十人，以召公奭爲之首，封於燕；異姓之國二十人，以師尙父爲之首，封於齊。

中國社會之結構

奴隸制社會的結構關係

在氏族社會中，其結合的紐帶爲血緣，各氏族成員都立於平等的地位，故其社會結構，無階級的差別。等到由氏族社會進到奴隸制國家的時候，階級的劃分就顯明出來了。蓋族與族鬥爭，戰勝者自然居於統治階級的地位，而戰敗者却居於被統治階級的地位，降爲奴隸，替統治階級開墾土地以及從事征戰等。就是同族中的人，如果成爲落伍的弱者，其結果也必然和異民族的被征服者一樣，而降爲奴隸的地位。這樣的階級的對立，——貴族和奴隸——便是奴隸制社會的結構關係。

百姓與民之辨

夏曾佑說過：『……若論其宏綱鉅旨，則莫如百姓與民之辨。蓋凡優種人，戰勝劣種人，而占其地，奴其人，欲其彼此相安，視爲定命，則必創一宗教，謂吾與若，所生不同，本非同類，原無平等之義，如是則一切人權，所享大殊，不曾皆天之所命，而無可質矣。故亞利安種，據印度，必造婆羅門人，從大梵頂生；刹帝利人，從大梵臂生；吠奢人，從大梵股生；戍陀人，從大梵足生之說。百姓與民之義，亦正如此。……帝王皆上帝之子，故明堂大祭，祭其祖之所自出，而以其祖配之也。百姓者，王公之子孫，亦即天子之子孫矣。百姓之義如此。至於民者冥也，言未見人道，因彼族三生凶惡，故著其事，而謂之民。故民字專為九黎有苗而設。如推其種所從出，則羌羊種也；蠻蛇種也；閩亦蛇種也；貉豸種也，貉之言貉，貉惡也；狄犬種也，狄之為言淫辟也：其言異族之從出如此。百姓與民，既有天神與蟲豸之別，故所享利權，因之大異，其綱要為禮不下庶人，刑不上大夫。案禮經所傳者，莫完整於儀禮十七篇，皆為士禮，禮皆行於廟，庶人無廟（庶人即民），故無禮也。而書呂刑，述民與刑之源流，最為詳盡。其對民之處，皆稱皇帝，與對本族稱帝有別。蓋所謂墨、劓、剕、宮、大辟諸刑，本黎民苗民之法，即以其人之法，還治其人之身；今歐人之馭殖民地之土人，莫不然也。』（註一）

又書堯典上說：『克明峻德，以親九族。九族既睦，平章百姓。百姓昭明，協和萬邦。黎民於變時雍。』

夏商的社會結構

以上兩段，固未可盡信，(註二)但百姓與民的劃分，正暗示着奴隸制國家裏面階級對立的關係。殷人在快要被征服的時候說道：『商今其淪喪，我罔為臣僕。』(註三)這正是說怕的在被征服時，一一都要遭殺戮，要想做奴隸都辦不到；並且，這兩句話，又表明出商代貴族與奴隸對立關係之顯明。由上所述，我們便可以推定夏、商時代的社會結構，或許就建立在貴族與奴隸這個階級對立的關係上面。

農夫之奴隸化

農工兵三位一體

這個社會結構，也明白地表現於西周時代，——雖然封建制度始自西周。被征服的殷人，固然降為奴隸，即當時從事耕種的農夫，又何曾不是奴隸？『倬彼甫田，歲取十千；我取其陳，食我農人』；(註四)這不明明是把農夫做榨取的對象而貴族坐享其成以其剩餘陳腐的穀米給農夫吃麼？『經始靈臺，經之營之；庶民攻之，不日成之；經始勿亟，庶民子來』；(註五)『天子命我，城彼朔方』；(註六)這不明明是要農夫去做工事供徭役麼？『擊鼓其鏜，踴躍用兵，土國城漕，我獨南行』；(註七)這不明明是農夫被徵發去從軍麼？這就叫做農工兵三位一體，在平時從事耕種，便是農夫，在大興土木時去供徭役，便是工人，在戰時去從軍，便是軍人。這樣一來，農夫便成為奴隸了。

貴族之崩壞與奴隸之抬頭

君臣民三個階級

勞心與勞力

二千年來不曾變動的中國社會結構

周室東遷以後，貴族統治逐漸崩壞，而所謂奴隸中的狡黠者也得乘機抬頭；但自從這個時候起，封建制度就愈見確立起來了。在政治方面，如韓愈所說，便是：『君者出令者也；臣者行君之令，而致諸民者也；民者出粟米、麻絲、製器皿，通貨財以事其上者也。君不出令，則失其所以爲君；臣不行君之令，則失其所以爲臣；民不出粟米、麻絲、製器皿，通貨財以事其上，則誅』；（註八）如孟子上所說，便是：『或勞心，或勞力。勞心者治人，勞力者治於人。治於人者食人，治人者食於人』。所謂君，所謂治人者，便代表統治階級的全體；所謂民，所謂治於人者，便代表被統治階級的全體；所謂臣，則調和於二者之間，爲統治階級與被統治階級的中間物，卽仕而優則學，學而優則仕的智識分子全體。統治階級憑藉其政治權力剝削被統治階級，以維持自己的生存，被統治階級運用其經濟手段直接或間接從事於生產，養活自己，兼供養活統治階級全體；智識分子則不事生產，專依附統治階級的權力，直接或間接以攫取被統治階級的生產物。至於在農業方面，則有地主榨取農夫，而又有所謂鄉紳依附地主以欺壓農民。在工商業方面，則有師傅榨取徒弟。中國社會的結構，從周室東遷以後直到最近百年前，便完全是這樣的。

工人與資本家之對立買辦之發生

新式的智識分子

最近百年來，因資本帝國主義的侵入，中國社會的結構，起了劇變。在政治方面，固然和以前一樣，統治階級、被統治階級以及智識分子，爲構成社會的三大柱石；但在工業方面，卻因外國資本主義之侵入與本國資本主義之逐漸發展，而呈現出資本家與工人的對立關係；同時，買辦階級(註九)之發生，更是在資本帝國主義侵入中國以後的現象，這就是因爲買辦階級完全是外國資本家剝削中國人的工具的緣故。在農村方面，則因資本主義的壓迫，整千整萬的農民，又流爲無產者，而跑到都市去做工錢勞動者。在都市方面，除資本家與工人商人與店員之外，更加上新式的智識分子，如大學教授、新聞記者以及律師等。

(註一)見夏曾佑著中國歷史教科書第一篇第一章第十四節黃帝之政教。

(註二)黃帝本身帶有傳說的性質，故未可盡信。又上面說過，商代文字尚在形成的途中，故堯典這段文字，亦未可盡信。

(註三)見商書微子。

(註四)見詩經甫田。

(註五)見詩經靈臺。

（註六）見詩經出車。

（註七）見詩經邶風擊鼓。

（註八）見韓愈原道篇。

（註九）沙爲楷編中國之買辦制上說：『買辦云者，乃華人與外商根據互訂之契約，在一定報酬之下，充外商之使用人；居於外商與華商之間，以外國商人之名義，與華商交易。一方面納保證金，或具保證人；關於一切交易，須負無限保證之責任，於交易成就之後，而得其規定之佣金者也。是以買辦一方立於外人之使用人地位，他方根據互訂之特約，於所定職務權限之範圍內，以完成其營業爲目的。舉凡一切交易，對於外商皆立於保證地位也。例如一般商店之買辦，由店中給與一定之月薪，使之周旋各種交易，保證華人顧客之信用，並負顧主納款之責任。或則處理貨物之購入賣出等手續，而得相當之佣金。輪船公司買辦，則在一定薪俸之下，使之招徠貨物及乘客，並作繳納水脚之保證。銀行買辦，則受銀行一定薪俸，以一己之責任及利害，掌管一切出納事物。凡經由買辦之手，所有對於華人之匯兌買賣貸款承受等，均負完全保證，同時由銀行給以相當之佣金是也。』

要之買辦階級之發生，是由以下三種原因而來的：(一)中外語言之不同；(二)中外習慣之不同；(三)營業上的特別需要。

問題提要：

(一)試略述社會演進之一般的法則。
(二)何以考古學在古史研究上佔重要的地位？
(三)中國古史的研究之困難點在什麼地方？
(四)夏、商二代，究竟屬於那樣的社會形態？又黃帝至堯、舜這個時代，究竟屬於那樣的社會形態？
(五)封建制度何以在中國有這樣悠久的歷史？又封建制的社會結構是如何的？
(六)何以無純粹的社會現象？
(七)最初的社會的階級對立是因何而產生的？
(八)試述百姓與民之區別。
(九)資本帝國主義侵入以後，中國社會的結構，發生怎樣的變化？

第二章　政治制度之變遷

辛尼加氏族社會的政治制度之特徵

氏族社會的政治制度

根據莫爾甘古代社會的研究，辛尼加（Seneca）氏族社會的政治制度之特徵便如次所示：

（一）各氏族有酋長及臨時性的軍侯，由氏族成員中選出，惟軍侯可選異姓。酋長之子不能繼任爲酋長，因係母系社會，男子應歸於他族。

（二）一姓人得自由罷免酋長與軍侯。

（三）同姓人有評議會，爲一切成員之民主的集會，各人均有同等的表決權。由此評議會選舉並罷免酋長與軍侯。

黃帝以前不可考，我們率性不去理牠；但自黃帝至堯、舜這個時代的政治制度，却頗與氏族社會的政治制度相似。

堯舜之不傳子

第一，相傳堯以子丹朱不肖，而禪位於舜；舜以子商均不肖，而禪位於禹。普通史家，認爲此係不傳子而傳賢，稱曰揖讓之世。其實，堯、舜、禹，或許都是由氏族成員公選出來的。我們在帝典中看那些四岳十二牧在皇帝面前推舉，便明明是

帝摯之廢

各姓的酋長軍侯在開氏族評議會去選舉新的酋長或諸侯。並且，在氏族社會中，父權並沒有成立，所以父子還不能相承。(註一)

第二，相傳帝摯既立，纔到九年光景，就被廢了，改立帝堯。這在後世史家看來，便成爲大逆不道；其實，在氏族社會中，這樣的廢立，却是通常的事體。

由上所述，則這個時代的政治制度，和氏族社會的政治制度頗有類似之處；不過這種解釋，是從社會進化史的觀點而來的，並且，因其尙在研究的途中，所以未可斷爲定論。

(註一)又如少昊不能傳位於其子，而昌意之子顓頊却能出而代之；顓頊不能傳位於其子，而玄囂之孫帝嚳却能出而代之：亦足與此說相印證。夏曾佑說：『大約天子必選擇於一族之中，而選舉之權，則操之岳牧。』——見夏氏所著中國歷史教科書第一篇第一章第十八節。

神權政治

神權思想是初民社會必然的產物。初民思想簡單，對於自然界各種現象都不知其所以然，認爲一切現象都可驚異，都含有神祕性，由此一切都神化了。不用說，初民社會之所謂神，必然是多神。但到奴隸制成立以

神權政治思想之發生

後，人間權力統於一尊，（註一）於是天上的神權也就必得歸於一統。神權政治（Theocracy）的思想，便是這樣產生出來的。（註二）

洪範中所表現的神權政治思想

表現神權政治思想最顯明的書，要算洪範。洪範這一篇是箕子作的，而洪範九疇相傳是大禹治水時所得的洛書。現在我們就來考究洪範中所表現的神權政治思想。

惟一的人格神

第一，洪範的立足點，就是首先承認有一個惟一的人格神，即『天』或『帝』。所以洪範上說：『惟天，陰騭下民，相協厥居。……我聞在昔，鯀堙洪水，汨陳其五行。帝乃震怒，不畀洪範九疇，彝倫攸斁。鯀則殛死，禹乃嗣興。天乃錫禹洪範九疇，彝倫攸敘。』這個人格神，便是左右一切的主宰者，地上的天子之父，所以洪範上又說：『天子，作民父母以為天下王』，這就無異乎說：所謂天

天子

子，一面為天之子，一面又為民之父母。這個天子，就是替天行道的地上惟一主宰者，惟其如此，所以庶民只有擁戴天子服從天子，而無反抗天子之理。至於『天乃錫禹洪範九疇』，這洪範九疇，便是天給予天子的治國平天下的九條大法，這就是一個整齊劃一的神權政治的體系。

五行

天人相感

第二，洪範五行——水、火、木、金、土——，原來是初民解釋自然的五大原素，初民思想單簡，以爲萬事萬物都是由這五大原素演化出來的。由五行演化出來，就有五事（貌、言、視、聽、思）；所以『在天爲五行，在地爲五事』，天人相感，便形成休咎的五徵（雨、暘、燠、寒、風）。這樣由天上的五行去支配地上的人事，便是神權政治的中心結構。

八政

第三，有了人事，自然就有刑政來處理人事，根據這個次序，纔產生八政（食、貨、祀、司空、司徒、司寇、賓、師），這就是國家組織之起源。

占卜爲欺騙庶民的手段

政敎合一

天子既要替天行道，作威作福，固然有刑政來範圍庶民，但要貫澈他的神權政治，就不得不用占卜來欺騙庶民。洪範上說：『汝則有大疑，謀及乃心，謀及卿士，謀及庶人，謀及卜筮』；便可見龜筮與天子、卿士並舉，而獲得一票表決權了。洪範上又說：『汝則從，龜從，卿士逆，庶民逆，吉』；便可見凡事只要龜筮贊成，縱令卿士、庶民持異議，而天子也可以獨行。（註三）天子既是替天行道，又有這種方法來欺騙庶民，自然他就可以爲所欲爲，而把政權與敎權合於一尊了。

（註一）夏代天子的權威，皆較前代爲重，蓋此時似已由氏族社會推移到奴隸制的國家。又從歷史上，亦可考見夏代天子權威之重，如會稽之會，防風氏後至，竟爲大禹所戮；如啓繼禹爲天子，有扈氏不服，竟爲啓所滅，而天下諸侯爲所懾服；都無不是天子權威加重之表示。

（註二）國語楚語觀射父之言曰：『古者民神不雜。民之精爽不攜貳者，而又能齊肅衷正，其知能上下比義，其聖能光遠宣朗，其明能光照之，其聰能聽徹之，如是則明神降之。在男曰覡，在女曰巫。是使制神之處位次主，而爲之牲器時服。而後使先聖之後之有光烈，而能知山川之號，高祖之主，宗廟之事，昭穆之世，……而敬恭明神者以爲之祝。使名姓之後能知四時之生，犧牲之物，……壇場之所，上下之神氏姓之出而心率舊典者爲之宗。於是乎有天地神民類物之官，謂之五官。各司其序，不相亂也。民是以能有忠信，神是以能有明德。……』像這樣的政治，便是巫覡政治，卽神權政治。

（註三）河南安陽殷墟所發見的龜甲獸骨的破片，其中多數是殷代卜占的繇辭，足見神權政治，在殷代是很盛行的。

貴族政治與封建政治

夏商的貴族政治

由氏族社會推移到奴隸制的國家的時候，便產生出貴族與奴隸兩個劃然不可相踰的階級。這時的貴族，實際上就是政治上強有力的主動人。夏、商二代，固然是神權政治很盛行的時候，但當時的貴族，却居重要地位；所以關於出師用衆遷國授官諸大事，都沒有不先詢之於父老託之於宗室的。

西周的貴族政治

西周雖行封建政治，然牠以親親立國，所以貴族在政治上也表現很可觀的力量。常乃德著中國政治制度小史上說：『王朝之內，則周、召二公，世爲輔政，皆周之同姓，其餘世卿若單、劉、虢諸氏，皆貴族之最著者，故厲王出奔，則周、召二公共和爲政，平王東遷，則晉、鄭二國是輔是依，皆貴族政治之證也。其餘諸侯亦多效周制，或以同姓宗室爲輔政，如魯之三桓，鄭之七穆，或以異姓世卿爲輔政，如齊之高國，晉之六卿是也。蓋其時貴族皆父子遞傳，世守其官，有一定之采地，有相當之屬民，與君主地位相差不遠。』（註一）又梁啓超也說：『若夫貴族平民兩階級，在春秋初期以前，蓋劃然不相踰。百姓與民對舉，大夫、士與庶人對舉，君子與小人對舉，經傳中更僕難數。乃至有「禮不下庶人刑不上大夫」等語。似並法律上身分亦不平等。關於此方面眞相如何雖未敢確答，要之政權恆在少數貴族之手，

貴族政治之動搖與崩壞

則徵之左傳中所記諸國情事，甚爲明白。蓋封建與宗法兩制度之結果，必至如是也。』(註二)由上所述，便知西周貴族政治之盛。

其次，關於貴族政治之動搖與崩壞，梁啓超也說過。他說：『……雖然，此局(指貴族政治)至孔子出生前後，已次第動搖。「陪臣執國命」，各國所在多有。如齊之陳氏，本羈旅之臣，卒專齊政而有齊國。即以孔子論，彼明言「吾少也賤」，嘗爲委吏乘田，蓋「庶人在官者」之流亞耳，然其後固又爲魯司寇參大政。然則政權並非由某種固定階級永遠壟斷，在春秋中葉已然。貴族政治之完全消滅，在春秋以後。……

貴族政治淪滅之原因

然而環境之孕育此變化，實匪伊朝夕。其主要原因，則在智識之散布下逮。封建初期，政治教育與政治經驗，皆少數貴族所專有；一般平民，既無了解政治之能力，復無參加政治之欲望。及其末期，則平民之量日增，而其質亦漸變。第一，小宗五世則遷；遷後便與平民等。故平民中含有公族血統者日益多。第二，當時貴族平民，互相通婚，故實際上兩階級界限頗難嚴辨。第三，各國因政變之結果，貴族降爲平民者甚多。例如前文所舉「欒、郤、胥、原，降在皁隸」。第四，外國移住民，多貴族之裔。例如孔子之祖孔父，在宋爲貴族，而孔子在魯爲平民。此等

貴族政治崩壞之究極原因

新平民，其數最加增之速率，遠過於貴族，而其智識亦不在貴族之下。此貴族政治不能永久維持之最大原因也。』(註三)梁氏此說，大抵近是，然貴族政治崩壞的究極原因，却在於當時產業的發達，而貴族平日習於養尊處優不事生產，故其生活日與生產事業相離，並且逐漸趨於沒落；反之，奴隸在開墾荒土中，在使用爲兵士向四方征服中，却逐漸獲得自行製造私產的機會，而成爲暴發戶。『東人之子，職勞不來。西人之子，粲粲衣服。舟人之子，熊羆是裘。私人之子，百僚是試』；(註四)這不明明是說當時下等社會的人，往往有些暴發戶，會爬到社會的上層去麼？貴族既然在產業上趨於沒落，必然在政治上不能占着重要的地位；而飯牛的甯戚，賣作奴隸的百里奚、鄭國商人弦高以及起於罪隸的管仲，反能跳上政治舞台，建功立業。到了這個地步，所以貴族政治不能不由動搖而趨於崩壞。

封建政治與貴族政治之關聯

再其次，請言封建政治。以前說過，封建制度，始於周代。(註五)此制度，除列爵、錫土而外，尚有朝覲、巡狩、會同(註六)等方法以維持主屬的關係。如果照這樣做去，則周室便是大一統的王廷，使全國的政治權力集中於一點；然而在實際上周室的權力，却不能達及於諸侯，故其結果，所謂封建政治，竟爲貴族政治造出

宗法與貴族之關係

宗法之產生

宗法之組織

一個大舞台。從而所謂封建政治，就無異乎是貴族政治。但是，封建制度，是由宗法制度而來的，因此，最後，還有一點要說明的，就是宗法與貴族的關係。我們說過夏、商二代是神權政治很盛行的時代，而殷代更有尙鬼尊祖的風習，所以周初建國，就利用這種報本尊祖的觀念，把家族主義與政治結合爲一，使中央王室與同姓諸侯形成爲一個大規模的家族，而產生所謂宗法。宗法組織的梗概，據禮記喪服小記及大傳所述，便是：『別子爲祖，繼別爲宗，繼禰者小宗。有百世不遷之宗，有五世則遷之宗。』

宗法圖

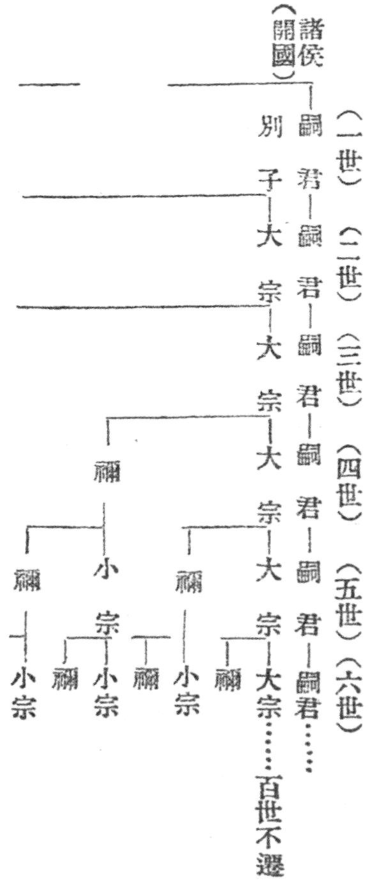

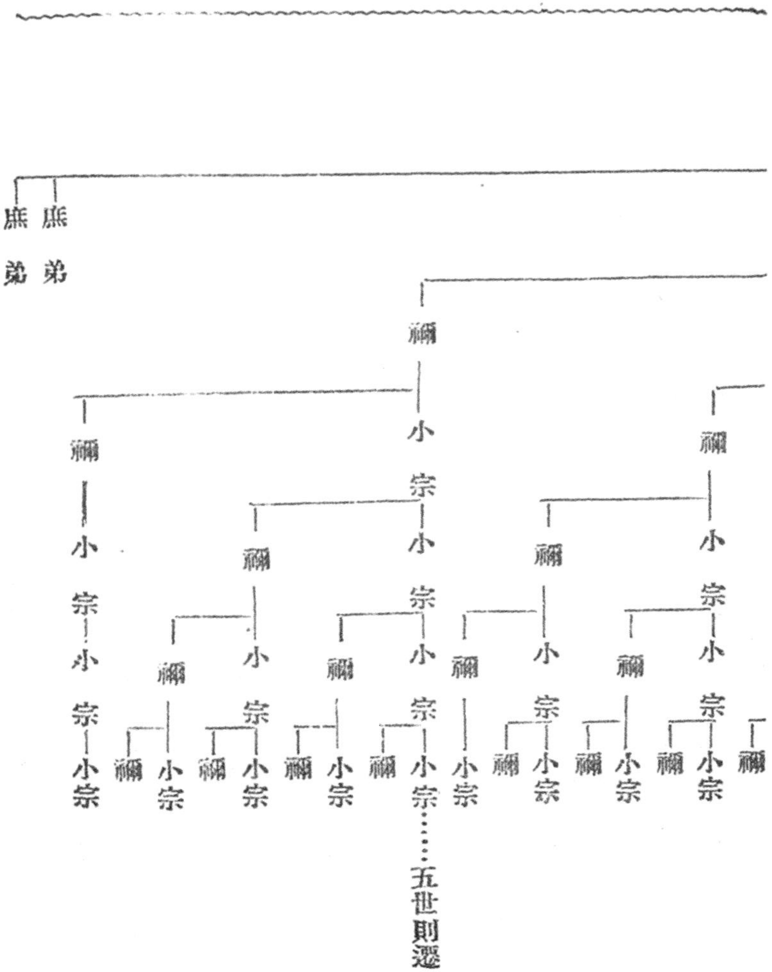
庶弟
庶弟
祢
小宗
小宗……五世则迁

宗法組織之要點

宗法的組織，如上圖所示，這組織的要點，是「宗子」的地位和「大宗」「小宗」的分別。「宗子」爲「始祖」之代表。譬如某人征服了某地，而做了這地方的王，他就是「始祖」；他的嫡長子，繼承其王位，便稱「大宗」；大宗以外的諸子，就稱「小宗」。小宗又受封爲諸侯，則其子孫復奉之爲「始祖」，即所謂「別子爲祖」；其嫡長子繼爲諸侯者，亦名「大宗」，即所謂「繼別爲宗」；而其他諸子，亦稱「小宗」，即所謂「繼禰者爲小宗」。因此小宗對祖國稱小宗，而在所封國則爲大宗。普通的小宗，高祖以上即遷入祧廟，沒有時享，故曰「[illegible]則遷」；至於大宗，則因其爲始祖之後，所以「百世不遷」。被遷的小宗的族人，均由大宗收撫；故宗子有收撫同族之義務，而族人亦有尊奉宗子之義務，這就是大傳上所說的『同姓從宗合族屬。』

宗法組織使貴族團結

宗法組織既如此縝密，所以貴族階級的團結就愈見堅固；進而，他們同族，不但均有分地，並且一有分地，就要互相扶持，使其永久不失，這便是大傳上所說的『興滅國繼絕世』。由此看來，便可以知道封建制度是由宗法制度發達而成的，並且，宗法與貴族的關係之密切，也可從此窺見了。

以家族組織為政治上的骨幹

大傳上又說：『人道，親親也。親親故尊祖，尊祖故敬宗，敬宗故收族，收族故宗廟嚴，宗廟嚴故重社稷，重社稷故愛百姓。』這就無異把一國之事，視同一家之事。以家族組織，作為政治上的骨幹，這便是宗法制度精神之所在。(註七)

平民之行宗法

又宗法不但行之於貴族間，即一般平民亦有之。梁啓超說：『宗法又不惟行於王侯之支庶而已，一般平民亦有之。左傳所記，「晉有翼九宗」，有「懷姓九宗」，翼九宗為晉之支庶，懷姓即隗姓，乃當時狄種也。傳又記「楚人執戎蠻子，致邑立宗以誘其遺民」。又記「櫟陽人有獄，魏戊不能斷，以獄上其大宗也。」此可見凡民皆各有宗，且可以隨時增立，而宗之所在，即民之所歸也。』(註八)族人

家族主義為農業社會之反映

宗法之制，既行於一般平民，於是家族主義遂成為社會組織之重要原素，此實農業社會所必有的現象，(註九)所以直到今日，一般人仍重視家族，而不知有國家。

(註一)見曾氏所著中國政治制度小史第三頁。

(註二)見梁氏所著先秦政治思想史第七六頁。

(註三)見梁氏所著先秦政治思想史第七六頁與七七頁。

(註四)見詩經小雅大東。

商鞅壓抑貴族

（註五）參看本編第一章「中國社會之演進」一節。

（註六）孟子告子篇上說：『天子適諸侯曰巡守，諸侯朝於天子曰述職。』

（註七）中庸上說：『明乎郊社之禮，禘嘗之義，治國其如示諸掌乎？』孟子上說『天下之本在國，國之本在家』。大學上說『欲治其國者先齊其家。』這都是家族主義在政治上所表現的精神。

（註八）見梁氏所著先秦政治思想史第六十六頁。

（註九）龔自珍說：『禮莫初於宗，惟農爲初有宗。』

專制政治與秦之廢封建爲郡縣

當貴族政治盛行的時候，只有秦國一國，始終不曾行貴族政治，蓋秦貴族勢力素來薄弱，不足以把持政治。孝公用商鞅，實行變法；而商鞅以法治主義爲政治骨幹，所以努力壓抑貴族。變法令中所謂『宗室非有軍功，不得爲屬籍』，便是論功行賞的辦法；因此，雖屬貴族，但若無功，依然不及爵秩；這不明明是壓抑貴族麼？又太子犯法，商鞅就說：『法之不行，自上犯之』；在要法太子的時候，因爲太子是嗣君，不可施刑，就只好『刑其傅公子虔，黥其師公孫賈』；這不明明是要實行法律平等以打破前此貴族在法律上

定於一尊的專制政治

所具有的特殊保障麼？（註一）商鞅這樣壓抑貴族，其結果，就形成了秦國進到專制政治的準備階段。

到了秦始皇的時候，他目擊周室的衰弱與封建諸侯的强大，成了尾大不掉的情勢，便毅然廢封建行郡縣，（註二）以實現其大一統的理想。至是，中國的政治制度，就別開一新局面，而過渡到定於一尊的專制政治。夏曾佑說：『秦自始皇二十六年幷天下，至二世三年而亡，凡十五年，時亦促矣！而古人之遺法無不革除，後世之治術悉已創導，甚至專制政體之流弊，秦亦於此匆匆之十五年間，盡演出之。誠天下之大觀也。今試舉前節所引，一一復案之，即可得其實證。幷天下，一也。（三代之王，僅易一王室耳，前代之諸侯自若也。）號皇帝，二也。自稱曰朕，三也。命爲制，令爲詔，四也。尊父曰太上皇，五也。天下皆爲郡縣，子弟無尺土之封，六也。（幷天下，爲盡取人之所有，廢封建置郡縣，爲不復其之於人，故其事爲二，非一事也。）夷三族之刑，七也。相國、丞相、太尉、御史大夫、奉常、郎中令、大夫、衛尉、太僕、廷尉、鴻臚、宗正、內史、少府、詹事、典屬國、監御史、僕射、侍中、尚書、博士、郎中、侍郎、郡守、郡尉、縣令，皆秦官，八也。朝儀，九也。律，十也。此十者，皆秦人革古創今之大端也。』（註三）始皇所創的這些新刑政，其目的在於使國家權力集中於中央，而實現其大一統的集權制。但是，從這大一統的集權制出發的設施，尚不止此，第一，他又把天下富豪，遷到咸陽，收天下兵器，鑄為「鍾」「鐻」與十二個銅人，以減殺地方反抗之勢；第二，他又統一度、量、衡等法度以及文字，使全國人民有所遵從。（註四）專制政治到了這個地步，可算登峯造極的了。

平民革命

秦始皇厲行專制政治，心想天下從此太平，可以把皇統傳到萬世以至於無窮。誰知不勝力役之苦的陳勝、吳廣等，揭竿而起，却把秦室推翻了。（註五）這一次的革命，有人說是封建政體的反動，其實，革命的主力軍，却是響應陳勝輩的農民伕徒浪子流民；所以像這樣反統治階級的革命，便只好說是平民革命。

（註一）前此貴族政治時代的法律是不平等的。如貴族犯法，有『議親』『議貴』等說的減輕刑名，有『刑不上大夫』的特殊保障，有『公族無宮刑』的特殊寬免。

（註二）初併天下時，丞相王綰等奏請：『六國初破，燕、齊、荊地遠，不為置王，無以塡之。請立諸子唯上幸許。』始皇下其議。羣臣皆以爲便。獨廷尉李斯曰：『周文武所封子弟同姓甚衆；然後屬疏遠，相攻擊如仇讎；諸侯更相誅伐，周天子弗能禁。今海內賴陛下神靈，一統皆爲郡縣。諸子功臣，以公賦稅重賞賜之，甚足易制。天下無異意，則安寧之術也。置諸侯不便。』始皇曰：『天下共苦戰鬥不休，以有侯王。賴宗廟，天下初定，又復立國，是樹兵也；而求其寧息，豈不難哉？廷尉議是。』始皇深知天下共苦戰鬥不休，就爲的是有王侯，所以他毅然廢封建而分天下爲三十六郡。

(註三)見夏曾佑著中國歷史教科書第二篇第一章第五節。

(註四)許愼說文解字序說：『其後諸侯力政，不統於王；惡禮樂之害己，而皆去其典籍。分爲七國，田疇異畝，車涂異軌，律令異法，衣冠異制，言語異聲，文字異形。秦始皇帝初兼天下，丞相李斯乃奏同之，罷其不與秦文合者。』

(註五)其時起兵反秦，固有六國遺臣，圖復滅國之仇者；然革命之主力軍，仍爲陳勝輩遷徙之徒。

封建郡縣並行制

封建制度之行由於當時環境的要求

封同姓爲王

外戚政治

當革命軍紛起反秦的時候，六國後裔多有被人擁立爲王者，如魏人張耳、陳餘立趙國後裔歇爲趙王，如魏人周市立魏國公子咎爲魏王；等到項羽劉邦快要紛爭的時候，項羽竟自己分封諸侯；(註一)這樣一來，封建制度似乎又有復活的趨勢。後來劉邦得帝，很得力於當時强有力者之背楚歸漢，所以他爲着要有求於人，更不得不論功分封。像他這樣的行封建制度，實係出自當時環境的要求，而他的本心，却很怕異姓諸王强大，於己不利；因此，六七年間，他竟把異姓諸王，或誅或廢，(註二)獨長沙王芮以國小得久存（至文帝末年，以無後國除。）這便叫做『飛鳥盡良弓藏』。但是，劉邦的矛盾心理，却又認爲秦亡之速，或者由於孤立，而似乎有行封建之必要，不過異姓諸王不可靠，若改封同姓，便可以措一家的天下如磐石之安了。所以在他陸續廢黜異姓諸王的時候，就大封子弟同姓爲王，(註三)並立誓『非劉氏不得王』。然權利所在，又那能禁人覬覦，故景帝時竟有吳、楚七國之亂。亂平之後，中央對於封國多所壓抑，不但削弱王國的土地，而且小國的列侯，也多留置京師，不使就國。至是，封建制度，便有名無實；而外戚政治，反繼之而起，(註四)竟移漢室的國祚。

郡縣制與封建制並行

漢初行封建制的時候，同時又行郡縣制，使郡國雜處，犬牙交錯。以相牽制。漢初，以秦郡過大，析為六十二郡，然南海、閩中、象郡、桂林已非漢力所及。武帝拓疆，境內郡國相間，計一百零三郡，二百四十一國，所屬縣邑一千三百十四，(註五)而統攝於十三部。(註六)除畿輔置司隸校尉外，其他各州均設刺史，以監督郡國的守相。後來國數愈減，郡數愈增，刺史的實權因之益大。自是以州統郡，以郡統縣，由郡國制而變為州郡制。

中央集權之確立

中央集權，從此益加確立。不過漢末大亂，州郡並得便宜行事，於是州牧(註七)之權特重，而開據地自雄之風。降至三國，魏刺使任重者，得加『使持節都督』的名目，其任輕者，亦得加『持節』的名目，遂開後世藩鎮之端；所以梁啟超說：

晚漢州牧為中唐藩鎮之先聲

『及其衰世，而小小反動起焉，曰州牧。晚漢州牧，實中唐藩鎮之先聲也。其土地初本受諸帝室，非封建也。乃傳諸子孫，與封建無異矣。故前此諸侯王諸列王，無封建之實，而有其名；此州牧無封建之名，而有其實。』(註八)

(註一)初楚懷王與諸將約：『先入定關中者王之』；項羽不聽，竟自立為西楚霸王，封劉邦爲漢王、章邯爲雍王、司馬欣爲塞王、董翳爲翟王、魏王豹爲西魏王、韓王成爲韓王、申陽爲河南王、司馬卬爲殷王、趙王歇爲代王、張耳爲常山王、英布爲九江王、吳芮爲衡山王、共敖爲臨江王、燕王廣爲遼東王，臧荼爲燕王、齊王市爲膠東王、田都爲齊王、田安爲濟北王。

(註二)殺楚王韓信與梁王彭越，逼反淮南王黥布，廢辱趙王張耳之子敖，燕王盧綰亦亡入匈奴。

(註三)當時劉氏王者有九國，卽齊王肥、楚王交、趙王如意、梁王恢、淮南王友、代王恆、淮南王長、吳王濞、燕王建是。其中吳爲高祖兄子，楚爲高祖弟，餘皆高祖庶子。

(註四)夏曾佑說：『古者天子崩，太子卽位，諒陰(謂三年不言也)三年，政事決之冢宰，未有母后臨朝者也。母后臨朝之制，至漢大盛，其事遂與中國相終始。然其事亦不起於漢，七國時已有之。案史記趙世家，趙惠文王卒，孝成王初立，太后用事。又范雎傳，范雎曰：「臣聞秦有太后穰侯，不知有王也。」此皆為漢太后臨朝之先聲也。推其原理，大約均與專制政體相表裏。蓋上古貴族政體，君相皆有定族，不易篡竊；故主少國疑，不難委之宰相。至貴族之制去，則主勢孤危，在朝皆羈旅之臣，無可信託者，猝有大喪，不能不聽於母后。而母后又向來不接廷臣，不能不聽於己之兄弟，或舊所奔走褻御之人，而外戚宦官之局起矣。」（見夏氏所著中國歷史教科書第二篇第一章第二十節）夏氏說明外戚宦官專權之理由，可稱近是。西漢末葉，大政全為外戚把持，卒之，王莽起而代漢。東漢一代，外戚與宦官交搆，結果，何進、袁紹竟以外戚之力，盡殺宦官而造成諸侯割據之局。

（註五）其中通蠻夷之縣邑稱為『道』，計三十二。

（註六）漢十三部，屬於黃河流域者有司隸校尉部、豫州刺史部、徐州刺史部、青州刺史部、兗州刺史部、涼州刺史部、并州刺史部、冀州刺史部、幽州刺史部、屬於長江流域者有益州刺史部、荊州刺史部、揚州刺史部，屬於西江流域者有交州刺史部。

（註七）成帝時，改刺史爲州牧。

（註八）見梁啓超所著中國專制政治進化史（見新民叢報彙編）。

封建政治之再現與軍閥政治

封建政治告一結束

晉武帝即位之初，懲魏室因孤立而亡，大封宗室，令諸王皆得自選國中長吏，拜諸王爲都督，遣就國，各徙其國，使與州相近，由是諸王得典兵。卒之，諸王勢力強大，惹起了八王之亂，（註一）並且，因八王之亂，又引起五胡亂華，晉室天下，就從此破碎不堪了。封建政治，至是遂告一結束。（註二）

軍閥政治之確立

其次，請言軍閥政治。中國政治，自兩晉南北朝經隋、唐以至五代十國，有一特殊現象，即軍閥政治是。曹魏、司馬晉，其初都是軍閥，不必論了。東晉廢除封建、任州鎮諸將募兵以後，政權不歸於宗室而下移於鎮將，軍閥政治的局面，由是確立。東晉一代，元帝時王敦之亂，（註三）成帝時蘇峻之亂，（註四）末年桓氏之亂，（註五）都是軍閥政治的表演；卒之，軍閥劉裕迫帝禪位，代晉而有天下。劉裕既立，改國號曰宋，八傳被簒於齊高帝蕭道成；齊傳七帝，被簒於梁武帝蕭衍，梁傳四帝，被簒於陳武帝陳霸先，陳傳五帝，又爲楊堅（註六）所滅，這一系列的簒

軍閥政治之終局

奪，又是軍閥政治的表演。隋統一天下，傳至煬帝，又爲太原留守李淵所篡。唐初統一中國，本有中央集權的力量，（註七）然自玄宗設十節度使以後，（註八）政治權力，遂由中央轉移於地方的節度使，其結果，竟惹起了安、史之亂。安、史亂平，肅、代二宗，又專事姑息，諸鎭節度史或由軍士擁戴，或自由割據，或婚姻相結，或父子世襲，中央更無控制的能力。等到黃巢亂平，朱全忠竟以功任宣武節度使而篡唐。降至五代十國，（註九）軍閥益加横行，所謂五代，僅經五十四年，竟易八姓十三主，其紛亂可知。等到宋代統一天下，軍閥政治，始告終局。

（註一）八王爲汝南王亮、楚王瑋、趙王倫、齊王冏、長沙王乂、成都王穎、河間王顒、東海王越。

（註二）唐代雖行封建，有親王、郡王、國公、郡縣開國公、侯、伯、子、男九等之號，然無官土，且王侯不必親臨其國，不過在京師衣食租稅罷了。金、元宗室諸王勢力很大，故其帝位時有攙奪之事，然此係異族所特有，與我國固有的封建制度無關。明初也行分封，且屢起變亂，然諸王力量，已不及漢之七國晉之八王了。所以說『封建政治，至是遂告一結束。』

（註三）王導及其從兄王敦，同事元帝。王導爲相，王敦爲將。故時人爲之語曰：『王與馬，共天下。』後王敦果作亂，爲蘇峻所平。

（註四）蘇峻平王敦之後，威望漸著，遂潛有異志。及成帝以年幼初立，峻遂舉兵反，後爲溫嶠所平。

（註五）桓氏仕晉，始自桓彝，彝長子溫，幼時爲溫嶠所賞，後溫官至荊州刺史，屢立戰功。孝武徵溫入朝，溫至，有位望者，咸震慴失色，其勢力之大可知。溫死，其弟沖代領其衆，時慴於謝安謝玄之威，故不敢反。沖死後，桓玄又繼其業，時謝安已卒，桓玄遂因時變，得自署總百揆、都督內外諸軍事、錄尙書事、揚州牧、領徐、荊、江三州刺史，後自稱爲楚相國，受安帝禪，國號大楚。後爲劉裕劉毅所平。

（註六）楊堅先代，世仕北朝。堅幼以父（楊忠）蔭，官散騎常侍，至定州總管。後堅入總朝政，都督內外諸軍事，遂代北周而有天下。旋命韓擒虎楊素等滅陳。

（註七）初唐統一中國，分地方行政區域爲十道，以道隸州，以州隸縣，而以州刺史爲地方重要行政長官。同時行府兵制，全國設六百三十四折衝府，關內道佔二百六十一，每年由各府輪流宿衛京師。當時軍民分治，而總集大權於中央政府。

（註八）節度使之設，始於睿宗時任賀拔延嗣爲涼州都督河西節度使。玄宗時，於邊境設十節度（平盧、范陽、河東、朔方、隴右、安西、河西、北庭、劍南、嶺南），往往加兼按察、安撫、度支等使，以統轄各州。由是民政、財政、軍政都入於藩鎮之手。

（註九）十國中除南唐李昪與北漢劉崇外，其餘皆起自節度使，如吳楊行密於唐時爲淮南節度使，前蜀王建於唐昭宗時爲西川節度使，楚馬殷於唐時爲武安節度使，閩王審知於唐昭宗時爲威武節度使，吳越錢鏐於唐昭宗時爲鎮海節度使，南漢劉隱於唐昭宗時爲靖海節度使，後蜀孟知祥於後唐莊宗時爲西川節度使，荊南高季興於後梁太祖時爲荊南節度使。

魏晉以後的門閥

上面說過，魏晉以後，是軍閥政治的時代，但是，從魏晉至唐中葉，所謂世族門閥，卻間接影響於政治者甚大，所以要在這裏將牠敘

門閥的起因

述一下。關於門閥的起因，夏曾佑說得很好，他說：『魏之於中國，其關係亦大矣！案魏文延康元年，以陳羣之議，立九品官人之法。其法于州郡縣，俱置大小中正，各取本處人，在諸府公卿及臺省郎吏，有才德者充之，區別所管人物，定爲九等，吏部不復審定，但委中正，銓第等級，憑之授受。其弊也，惟能知其閥閱，非復辨其賢愚，所謂下品無高門，上品無寒士也。南朝至於梁、陳，北朝至於周、隋，選舉之法，雖互相損益，而九品及中正，終爲定制。又因其時，匈奴、羯、胡、鮮卑氏、羌諸族，深入禹域，與諸夏雜處，婚嫁不禁，種族混淆，衣冠之族，不能不自標異。積此諸因，遂不得不由徵辟之世，倒演而歸於門閥之世；其所以與三代不同者：三代與政治相連，此不必與政治相連耳。』（註一）門閥的起因是如此，但其階

門閥的階級制度

級制度又是怎樣呢？關於這點，也可以引用夏氏的話，他說：『其時士庶之見，深入人心，若天經地義然。今所見於史傳者，事實甚顯。大抵其時士庶，不得通婚。故司馬休之數宋武曰：裕以庶孼，與德文嫡婚，致茲非偶，實由威逼。沈約之彈王源曰：風聞東海王源，嫁女與富陽滿氏，王滿聯姻，實駭物聽。此風勿翦，其源遂開。點世塵家，將被彼屋。宜寘以明科，黜之流伍。可以見其界之嚴矣。其有不

幸而通婚者，則爲士族之玷。如楊佺期自以楊震之後，門戶承藉，江表莫比；有以其門第比王珣者，猶恚恨。而時人以其過江晚，婚宦失類，每排抑之。然庶族之求儷於士族者，則仍不已；不必其通婚也，一起居動作之微，亦以偕偶士族爲榮幸；而終不能得。如紀僧眞嘗啓齊武曰：臣小人，出自本州小吏。他無所須，惟就陛下乞作士大夫。帝曰：此事由江斅、謝瀹，我不得措意，可自詣之。僧眞承旨詣斅，登榻坐定；斅命左右：移吾牀，讓客。僧眞喪氣而退；告帝曰：士大夫固非天子所命也。其有幸而得者，則以爲畢生之慶。如王敬則與王儉同拜開府儀同，曰：我南州小吏，徼幸得與王衞軍同拜三公，夫復何恨？甚至以極凶狡之夫，乘百戰之勝，亦不能力求。如侯景請娶於王、謝。梁武曰：王、謝高門非偶，當朱、張以下訪之。積此諸端觀之，當時士庶界限，可以想見。……此皆南朝之例；若夫北朝，則其例更嚴。南朝之望族，皆與皇族聯姻。其皇族，如彭城之劉，蘭陵之二蕭，吳興之陳，不必本屬清門。惟既爲天子，則望族卽與聯姻，亦不爲恥。王、謝二家之在南朝，女爲皇后，男尙公主，其事殆數十見也。』（註二）此風至唐中葉以後，還很流行，所以唐書杜羔傳說：『文宗欲以公主降士族，曰：民間婚姻，不計官品，而

門閥之破壞

尙閥閱；我家二百年天子，反不若崔、盧耶？』世族在階級上既有這樣的名貴，所以在這種情勢之下管理政事者，當然不是寒門卑賤之流；縱偶有出自寒門而通顯者，亦祇可視爲例外。然此種制度，自隋、唐行科舉以後，即已在動搖之中，加之天寶亂後，『賜姓』與『義兒制度』盛行，而門閥之習，就因此破壞無餘了。

（註一）見夏氏所著中國歷史教科書第二篇第二章第三十八節。

（註二）同上。

專制政治之成熟

專制政治之成熟始於宋

自秦迄唐，從大體上言，都是專制政治。然專制政治之成熟，則自宋始。宋太祖以歸德節度使而爲天子，亦如前代諸帝，爲軍士所擁立。他目擊這種風氣不利於己，所以力求減殺軍人的特權，以實現中央集權的專制政治。他的辦法便是：一、罷功臣典禁兵，二、以文臣知州事，各州皆設通判，三、命節度所領支郡皆直隸京師，得自奏事，四、設轉運使，收諸路財政權於中央，五、選諸道兵入補禁衞，立更戍法，分遣禁旅戍守邊城。這樣一來，民政、財政、軍政，纔一統於中央，專制政治，到了這個地步，便可算到達極點了。至於明代，廢除丞相，分其職於六部（吏、戶、禮、兵、刑、工），則更是集大權於天子一人，以便凡事親裁，他人不能措手，其專制程度，較諸宋代，却又進一步了。他如金、元、清入主中國，則以異族之故，猜防特嚴，專制程度，並不減於宋、明。要之，從宋至清，可以說是專制政治之成熟期。

問題提要：

(一)何以五帝時代的政治制度有類於氏族社會的政治制度？

(二)神權政治因何而生？試述夏、商二代的神權政治。

(三)貴族政治因何而生？因何而滅？

(四)封建政治始於何時？

(五)宗法制度與貴族政治有什麼關係？

(六)專制政治始於何時？又成熟於何時？

(七)軍閥政治因何而起？

(八)門閥因何而起？因何而動搖、而消滅？

官職之所由設立

巫覡之重要

第三章　中央官制與地方官制之演變

官制之始

不論那種民族，只要牠的社會組織到達相當程度之後，就必有官職之設立；換句話說，就是要維護這社會之組織與生命，必得有主持這維護責任的人。在氏族社會中，族長為一族之主祀者，同時又為一族之政治首長，以形成政教合一的體制。當時，民智未開，特重神權，所以巫覡之躍，成為全社會之最高主權者。太古各民族最初的職官，都是這樣發生的。甄克思說：『所考者：蓋一，所以建立祭司大巫之神權，大巫號畢訶維格；二，所以頌歎先靈，收其衆，使親附，有舞蹈之節，為歌詩，狀述太古之事，曰阿爾赤靈阿；三，男女及年格者，於此受圖騰之祕，若東方之冠笄，施洗劃之禮，其事甚痛楚，往往數日始克蒇事，或為其人文身黥刻，謂可不逢不若，便認識，終之乃命其所歸之圖騰，所居之翟行：凡此皆大巫之事，所定於是會者，（按卽指社會成員翟行序次時所舉行之神鬪之會）終身不易也。』（註一）觀此，便可想見大巫權力之大。

今考中國古代社會，亦莫不如此。前章所引國語楚語觀射父之言，卽其明證。

商周以前巫覡權力之大

所以梁啓超在引用觀射父之言之後，接着就說：『吾儕今日讀此，孰不以巫覡祝宗等爲不足齒之賤業。殊不知當時之「巫」，實全部落之最高主權者：其人「聰明聖智」，而「先聖之後」「名姓之後」皆由彼所「使」以供其職；而所謂「五官」者，又更在其下。蓋古代政敎合一之社會，其組織略如此。彼時代殆無所謂政治理想。藉曰有之，則神意必其鵠也。』(註二)此風在商、周，還頗盛行；準此，則堯、舜以前，就用不着說了。(註三)

設立官職之需要

等到產業愈見發達，社會漸趨繁複，而私有財產制度又已確立的時候，這種設立官職之需要，也就日益迫切了。以下先述中央官制之演變，次述地方官制之演變。

(註一)見嚴復所譯甄克思的社會通詮第十一頁。

(註二)見梁啓超所著先秦政治思想史第三十三頁及第三十四頁。

(註三)尚書堯典：『堯命羲和宅嵎夷，命羲叔宅南郊，命和仲宅西，命和叔宅朔方，以觀象授時。』此蓋注重於曆象天文，以爲人神之溝通。故少昊命官，首及曆正；唐堯分職，先命羲和。又商代有巫咸、巫賢，周官有司巫之官，其流行可知。

中央官制之演變與中央政權之推移

傳說的九官

相傳虞舜設官，有司空、(禹為之，掌平水土。)后稷、(棄為之，掌播百穀。)司徒、(契為之，掌敷五教。)士、(皋陶為之，掌刑。)共工、(垂為之，掌主百工。)虞、(益為之，掌馴草木鳥獸。)秩宗、(伯夷為之，掌禮。)典樂、(夔為之，掌樂。)納言(龍為之，掌出入王命)九官，分掌職務，為三代所因依；然此多附會之說，未可全信。

傳疑的夏制

夏代中央官制，據王制所傳，便是『天子三公，九卿，二十七大夫，八十一元士』，(註一)但此係指封建制度而言，夏既未行封建制度，則此等官職之設，其不足信，就無待多說了。

傳疑的殷制

又禮記曲禮下：『天子建天官先六太：曰太宰，太宗，太史，太祝，太士，太卜，典司六典。天子之五官：曰司徒，司馬，司空，司士，司寇，典司五衆。天子之六府：曰司土，司木，司水，司草，司器，司貨，典司六職。天子之六工：曰土工，金工，石工，木工，獸工，草工，典制六材。』鄭玄注指此為殷時制，然亦與封建制度有關，殊未可信。但是，夏、商二代，既已由氏族社會進到奴隸制國家，則官職之設，較前代為繁複，卻是可以相信的。

周制
三公
三孤
六卿

周代行封建制度，其中央官制可考者，如五經異義所說：『古周禮說：天子立三公：曰太師，太傅，太保，無官屬，與王同職；故曰：坐而論道，謂之三公。又立三少以爲之副，曰少師，少傅，少保，是爲三孤。冢宰，司徒，宗伯，司馬，司寇，司空，是爲六卿之屬。大夫士庶人在官者，凡萬二千。』至其所任職務，則僞古文尚書周官說：『立太師、太傅、太保，茲惟三公，論道經邦，燮理陰陽，官不必備，惟其人。少師、少傅、少保，曰三孤；貳公宏化，寅亮天地，弼予一人。冢宰掌邦治，統百官，均四海；司徒掌邦教，敷五典，擾兆民；宗伯掌邦禮，治神人，和上下；司馬掌邦政，統六師，平邦國；司寇掌邦禁，詰姦慝，刑暴亂；司空掌邦土，居四時，民地利；六卿分職，各率其屬，以倡九牧，阜成兆民。』以上所述，固屬於古文家之說，不可盡信，然其言六卿，却頗合於左傳上的記載。

三公的職務
三孤的職務
六卿的職務

秦統一官制

夏曾佑說：『三代之時，國國皆自成風尙，雖有天子，王朝之政，不能逮於諸侯；故當時官制，其見於左傳、國語、戰國策者，各國不同，而秦、楚兩國，尤其特異者也。自秦人并六國，夷諸侯爲郡縣，天下法制，乃定於一，於是天下之官，皆秦制矣。(秦官亦皆沿其國之舊，非始皇所創。)漢興，高祖起亭長，蕭曹皆刀筆吏，無學術，不能深考古今，定至良之法，而惟知襲亡秦舊制，嘐然而嘆皇帝之貴，此神州所以不復振也。考兩漢官制，亦稍有不同：前漢皆襲秦舊，後漢則襲王莽，高祖、光武能取嬴氏、新室之天下，而不能革其制度，其皆學問不及故歟!?』(註二)由夏氏之言，可知中國官制，至秦始定於一，而漢制又多沿秦舊；故秦制實開中國刑政之創局。

三權分立

考秦制取三權分立：以丞相總大政，大尉掌兵馬，御史大夫司黜陟。丞相之下，又設奉常掌祭祀，郎中令掌宮殿掖門，治粟內史掌錢穀出入，衞尉掌門衞屯兵，宗正掌皇族宗籍，廷尉掌刑法獄訟，典客掌兵客之事，太僕掌輿馬服御，少府掌山澤租稅。前漢制度，全與秦同，不過九卿之名略有更改而已。(註三)

三公九卿之制

後漢沿王莽之制，廢除丞相與御史大夫，而以太尉、司徒、司空爲三公，分部九卿，(註四)三公九卿之制，由是確立。此種九卿制度，沿及魏、晉、六朝，無有更易；至北周用蘇綽之議，仿周禮作六官，而後六部始代九卿而起。

三省六部之制

唐的官制，集三國、兩晉、六朝之大成，(註五)而與秦、漢不同。然唐制多沿於隋，且較隋爲完備，故以下僅就唐制述之。唐制中央政府，固有三師三公之設，(註六)然徒擁尊位，並無實權。握有中央實權者，則爲三省與六部。三省就是門下、尚書、中書：中書省掌宣奉詔敕，門下省掌審查詔敕，中書宣奉門下審查之後，尚書省始以之施行天下。尚書省之下，設左僕射，統吏、戶、禮三部，又設右僕射，統兵、刑、工三部。由是九卿實權，(註七)盡移於六部，是為六部制度。此制歷宋、元、明、清，相沿無改。(註八)

清代中央官制，除理藩院為增設機關外，其餘多仍前代之舊。末葉，因外交頻繁，始設總理各國事務衙門。至光緒二十七年，又改為外交部。變法以後，改訂新官制，設外務、吏、民政、度支、禮、學、陸軍、農工商、郵傳、理藩、法十一部。宣統元年，又增設海軍部。民國成立，南京政府時代，取總統制，設交通、外交、內務、財政、軍務五部。正式政府成立，又增設海軍、司法、教育、農林、工商五部。其後併農林、工商二部為農商部。國民政府成立，改行五院制，曰行政、立法、司法、考試、監察，而以各部隸屬於行政院。

十一部

五院

中央官制之演變既如上述，進而敍述中央政權之推移。

運用政治的樞紐，在於內閣，我國歷史上內閣之名，雖起自明代，然秦、漢時之丞相，其權却與後世之內閣相等。我國『丞相』『相國』之名，起自秦代。秦代

由丞相到尚書

相國與丞相，爲『掌丞天子助理萬機』之官，其權力之大，可想而知；而相國較丞相尤爲尊重。漢初，丞相之權很重，至武帝時，天子親攬庶政，九卿更進用事，於是丞相之權始輕。成帝時，置尚書省，以貴戚重臣領尚書事，於是政權漸由丞相府移至尚書省。後漢以太尉、司徒、司空爲三公，而機要仍決於尚書臺。

由尚書省到中書省

由中書省到門下省

丞相一職，在漢代已失其實權。蓋專制政治，君主不欲以政權委諸丞相，而丞相實權遂爲君主左右所潛奪；尚書得勢，其理卽在此。尚書本一卑職，在少府之下，以掌祕書；然自武帝以宦官典尚書事，其權遂重。後漢光武，懲王莽以三公篡，故殺三公權，而專任尚書。明帝以後，三公錄尚書者，纔得預聞大政，由是三公成爲虛職，而尚書反成爲實際上的丞相了。魏文帝設中書監與中書令，尚書之權，復移至中書。晉始置尚書、門下、中書三省，而門下省之侍中，(門下省之最高長官)爲最有權，因侍中掌侍從儐相之事，極與天子接近。六朝侍中掌詔令機密，由是大權集於門下省。要之，自漢武至六朝，政權爲尚書、中書、門下所迭掌。

隋初，設尚書、門下、內史(卽中書)三省，同行宰相職權，由是中央政權從一

三省同掌政權

省獨掌，纔爲三省同掌。唐因隋制，設尚書、門下、中書、三省，以其長官尚書令、侍中、中書令爲宰相。中書面受機務，門下省掌封駁，尚書承而行之。三省在當時，並非各自獨立的機關，却是合在一個政事堂內議事，所以中央政權，爲三省所同掌。惟尚書令初爲太宗兼領，不以授人，遂以次官『僕射』，改爲尚書省之長官；後來又不甚眞除，但就他官加以『同中書門下三品』『同中書門下平章事』等名目，便算做宰相。此種三省合掌政權制度，沿及宋代，無有改易。至元代撤廢二省，惟以中書獨掌政權，却是官制上的一大變革。

中書獨掌政權

殿閣學士代宰相而起

軍機處握宰相實權

責任內閣之始

明初仍元制，設中書省以爲宰相，後因宰相胡惟庸反，遂廢去中書省，以天下大政，分隸六部，而天子以一人總其成。(註九)後此，以嗣君庸懦無能，殿閣學士遂起而握宰相的大權。(註十)結果，權臣如嚴嵩輩，遂以閣老而掌政權。清初以文華殿、武英殿、文淵閣、體仁閣大學士各一人，協理大學士二人，同掌政務，其制與明代相似。雍正用兵西北，特設軍機處，其後軍機大臣遂奪內閣的實權，而成爲實際上的宰相。末年立憲議起，始設內閣總理及各部大臣共議國政，是爲吾國責任內閣制度實行之始。

（註一）鄭玄注王制，謂『天子三公，九卿，二十七大夫，八十一元士』爲夏制。他的根據，是明堂位的『有虞氏官五十，夏后氏官百，殷二百，周三百』。蓋合三公、九卿、二十七大夫、八十一元士，得百二十之數，抹除二十，只說一百，合於古人舉成數之例。然以明堂位一書，本不足信；則夏制之可疑，就無待多說了。

（註二）見夏著中國歷史教科書第二篇第一章第六十六節。

（註三）漢之九卿爲：太常、（秦之奉常）光祿勳、（秦之郎中令）衞尉、（有時亦稱中大夫）太僕、廷尉、（後更名大理）大鴻臚、（秦之典客）宗正、（後改爲宗伯）大司農、（秦之治粟內史，有時改爲大農令。）少府。

（註四）即太尉之下有太常、光祿勳、衞尉，司徒之下有太僕、廷尉、大鴻臚，司空之下有宗正、大司農少府。

（註五）唐之六部，係出自北周之六官；而六官之分，其議創自蘇綽；蘇氏之議，又出自周禮天、地、春、夏、秋、冬六官。又吏部初名選部；三國魏始改今名。兵部起於魏之五兵尚書，後魏又名七兵，隋始有兵部之名。戶部原名度支，三國吳始有戶部之名。禮部原名祠部，北周始有禮部之名。其他如工部，在三國魏名左民尚書，隋始有工部之名；如刑部始於晉之三公尚書，至隋始有刑部之名。

（註六）唐代太師、太傅、太保三師，不主事，不置府，但與天子坐而論道；太尉、司徒、司空三公，參議國事，置府僚，無其人則闕。

（註七）唐代稱九卿爲九寺，卽太常、光祿、衛尉、宗正、太僕、大理、鴻臚、司農、太府。

（註八）宋雖行六部制度，然於六部之外另立專職以分其權。如財政則有鹽鐵、度支二使，與戶部合稱三司，分理其事。軍政則於兵部之上，又置樞密使，其權較兵部更大。故宋制：中書制民，三司理財，樞密治兵，其將財政軍政獨立於民政之外，蓋含有集權之意。其制度之發生，則皆由於唐末藩鎮跋扈，任意創制之結果。要之，宋之官階，但以定祿秩而已，其所掌職務如何，全視臨時差遣而定。（見常乃悳著中國政治制度小史一二一頁。）

（註九）明太祖廢去相職後，幷諭羣臣：『……以後嗣君，……毋得議置丞相。

臣下有奏請設立者，論以極刑。』

（註十）殿閣學士，即指中極、建極，文華、武英四殿之學士而言。又文淵閣及東閣，『以其授餐大內，常在天子殿閣之下，……故亦曰內閣』。殿閣學士，原爲文學侍從之臣，管『票擬』『批答』等事。明初廢去丞相，殿閣學士接近人主，遂起而承此職之乏。

地方制度與地方官制之演變

地方制度與地方官制是相關聯的，所以二者要併做一處來說。

自周以前的地方制度，有兩種標準，一是『服』的里數，一是『州』的劃分。

五服之說

服的說法，禹貢上有『五百里甸服：百里賦納總，二百里納銍，三百里納秸服，四百里粟，五百里米；五百里侯服：百里采，二百里男邦，三百里諸侯；五百里綏服：三百里揆文敎，二百里奮武衞；五百里要服：三百里夷，二百里蔡；五百里荒服：三百里蠻，二百里流。』

九服之說

周禮上有『乃辨九服之邦國：方千里曰王畿，其外方五百里曰侯服，又其外方五百里曰甸服，又其外方五百里曰男服，又其外方五百里曰采服，又其外方五百里曰衞服，又其外方五百里曰蠻服，又其外方五百里曰夷

九州之說

服，又其外方五百里曰鎮服，又其外方五百里曰藩服。』此卽所謂『五服』『九服』之說。州的劃分，在禹貢上便是『冀州，濟、河惟兗州，海、岱惟青州，海、岱及淮惟徐州，淮、海惟揚州，荆及衡陽惟荆州，荆、河惟豫州，華陽黑水惟梁州，黑水、西河惟雍州』；在爾雅釋地上便是『兩河間曰冀州，河南曰豫州，河西曰雍州，漢南曰荆州，江南曰揚州，濟、河間曰兗州，濟東曰徐州，燕曰幽州，齊曰營州』；在周禮上便是『東南曰揚州，正南曰荆州，河南曰豫州，正東曰青州，河東曰兗州，正西曰雍州，東北曰幽州，河內曰冀州，正北曰幷州』。此卽所謂『九州』之說。

五服九服及九州之說之不足信

五服、九服以及九州之說，都是後儒附會的，不可相信。第一，中國古代的疆域，只在黃河中部，直隸、山西的北部是北狄，陝西的大部分是西戎，黃河下流是東夷，直到周宣王時候，長江流域的中部，還是荆蠻、南蠻，淮河流域還是淮夷、徐夷，假此，則禹貢上九州的劃分，又怎樣可能呢？第二，土地要劃分得整齊，便要測量學，並且要經緯度，而測量學與經緯度，卻是晚近的產物，假此，則每服規規整整的五百里，又怎能辦到呢？第三，我們說過，鐵是在周代纔有的，然而梁州的貢賦上便已經有了鐵，這不是後儒的附會又是什麽呢？

每州定爲二百一十國之說之不足信

五服、九服以及九州之說既不足信，則周禮上所說『王制凡四海之內九州，州方千里。州建百里之國三十，七十里之國六十，五十里之國百有二十，凡二百一十國；名山大澤不以封，其餘以爲附庸閒田，八州，州二百一十國。天子之縣內方百里之國九，七十里之國二十有一，五十里之國六十有三，凡九十三國；名山大澤不以朌；其餘以祿士，以爲閒田。凡九州，千七百七十三國；天子之元士，諸侯之附庸不與，』便益加不足信了。因爲卽使有州，而各州面積廣狹不齊，其間土著國家，原有多少，亦不相等，似此，則每州定爲二百一十國，便顯係後儒的附會了。

要之，五服、九服與九州之說，都是後儒泥於封建制度之成見，始有此整齊劃一的區分，其不足信，無待贅述。

秦四十郡

地方兩級制

漢初六十二郡

秦興，廢封建，爲郡縣（註一）。最初分全國爲三十六郡，後又增置四郡（註二）。郡之下有縣：郡置守，掌民事；置尉，掌軍事；置御史，掌監察；縣各置令尉，分理民事與軍事。……是爲地方兩級制（註三）。漢初，分天下爲六十二郡，其制亦同於秦（註四）。

漢武帝時之十三部

等到武帝拓疆之後，始分天下爲十三部(註五)，除司隸校尉一部外，每部均設刺史，督察郡、縣行政(註六)。

地方三級制之先聲

漢末，罷刺史，置州牧，選列卿尙書以本秩居之，總攬一州的民政軍政財政，統轄郡守國相，——地方三級制的基礎，由是確立。

晉十九州

晉初，分天下爲十九州，(註七)州下有郡、國，郡、國之下有縣；州設都督刺史，總攬民政軍政財政全權，郡設太守，國設內史，縣設令長。隋代廢諸郡名號，以州統縣，其上復置總管府，設總管統轄諸州。惟總管非常設之官，時置時廢，故名爲三級制，實則仍爲兩級制。

唐初十道

唐初，因山川形勢之便，分天下爲十道(註八)，玄宗時，復分爲十五道，(註九)其下有府十五，州三百一十三，縣千五百一十三。道設采訪處置使，兩畿以中丞領之，餘皆以刺史領之，爲監察官，非常設。道下有府、州，府、州之下有縣。府設尹，州設刺史，縣設令。大抵以道統府、州，府、州統縣，爲虛三級制。沿邊又設六大都護府，(註十)以統轄諸羈縻府州。開元以後，節度使擅權，遂儼然成爲實三級制度，而十五道之制就因之破壞了。

自漢末至唐之虛三級制

要之，自漢末至唐，所謂刺史、州牧、都督刺史以及節度使，都帶有藩鎮的性質，與地方制度本身根本無關，而隋之總管與唐之采訪處置使，又非常設之官，故其時地方制度雖名爲三級

宋初十五路

中央集權下之地方制度

行省制度之始

元十一行中書省

實三級制

明之十五區

制，實則仍爲兩級制。

宋代懲唐代及五代藩鎭跋扈之弊，實行中央集權制，盡罷諸藩鎭，分天下爲十五路，（註十一）後又分爲十八路，神宗時復增爲二十三路，廢地方常置官，僅以朝臣出守各郡，稱爲『權知州軍事』，以縮小地方權力。當時地方制度略分三級，路設轉運使，（註十二）路下有府州軍監，府州軍監下有縣，各設知事爲親民官。（註十三）

我國地方制度，總上所述，可分爲秦、漢之兩級制度，由漢至唐之虛三級制度以及宋代中央集權主義下之特殊的地方制度，降至元代，始有行省制度之設立。元代設中書省一；又設行中書省十一，（註十四）分轄各地方，略稱爲行省。……是即今日行省制度之所自始。省下有路府，路府下有州縣，然府亦有隸屬於路，州亦有統縣者。……是爲實三級制度。明代因元之舊，改行中書省爲承宣佈政使司，計分全國爲十五區。（註十五）十五區中，以北直隸、南直隸爲中央政府及行在政府所在地，以六部長官分理地方行政，其餘十三布政使司，則各設布政使理民政，按察使司糾察，都指揮使主兵柄，……是爲三司。布政使司以下有府州縣，府設知府，州

清之二十二省

設知州，縣設知縣，為親民官。布政使司統府州，府州統縣，為實三級制度。其後三司以上，復設總督、巡撫等官，總攬軍政民政；三司以下，又設分守、兵備諸道，以巡察地方，或統領地方軍政；由是三級制度漸變為五級制度了。清代分全國為二十二行省，（註十六）各省設總督或巡撫，以攬一省民政，而以布政司理財，按察司司刑。省下有府州廳縣，府設知府，州設知州，廳設同知，縣設知縣，大抵以省統府州廳，以府州統縣，為實三級制度。民國成立，制度雖時有變遷，然依舊不能離三級制度與兩級制度二者。（註十七）

（註一）郡縣之制，不始於秦，春秋時，趙簡子誓衆，有上大夫受縣下大夫受郡之語，戰國時，秦惠文十一年，有魏納上郡十五縣的記載。

（註二）秦三十六郡：在今陝、甘者五：即內史、漢中、上郡、北地、隴西；在今山西者五：即河東、上黨、大原、代郡、雁門；在今直，察者七：即邯鄲、鉅鹿、東郡、漁陽、上谷、遼西、遼東；在今特區者三：即右北平、雲中、九原；在今山東者三：即齊郡、薛郡、瑯琊；在今河南者三：即三川、潁川、南陽；在今江、浙者五：即碭郡、泗水、九江、會稽、鄣郡；

在今四川者二：卽巴郡、蜀郡；在今兩湖者三：卽南郡、長沙、黔中。後增設閩中、南海、桂林、象郡四郡，在今閩、粵一帶。

（註三）秦制軍民分治，又有御史以司監察，且郡守、縣令均由天子簡任，故中央集權之勢特强。

（註四）漢行郡國制：郡設太守理民政，都尉主兵柄；國有相以監理國政，內史以理民政；郡國之下有縣，設令長爲親民官。

（註五）參看第二章『封建郡縣並行制』註六。

（註六）刺史的任務，與秦之御史相同，專司監察。漢制十二部各置刺史，以六條督察所部：（一）强宗豪右，田宅踰制，以强陵弱，以衆暴寡；（二）二千石不奉詔書，遵承典制，背公向私，侵漁百姓，聚斂爲姦；（三）二千石不恤疑獄，風厲殺人，怒則任刑，喜則任賞，煩擾刻暴，剝截黎元，爲百姓所嫉，山崩石裂，妖祥訛言；（四）二千石選署不平，苟阿所愛，蔽賢寵頑；（五）二千石子弟，怙恃榮勢，請託所監；（六）二千石違公下比，阿附豪强，通行貨賂，割省正令。可見當時刺史並無行政之權。

（註七）十九州即：司州、（司隸改名）兗州、豫州、冀州、幽州、平州、幷州、雍州、涼州、秦州、梁州、益州、寧州、青州、徐州、荊州、揚州、交州、廣州。

（註八）十道即：關內、隴右、河東、河北、河南、山南、劍南、淮南、江南、嶺南。

（註九）十五道即：京畿、（治西京）都畿、（治東都）關內、（京官遙領）河南、（治汴州）河東、（治蒲州）河北、（治魏州）隴右、（治鄯州）山南東道、（治襄州）山南西道、（治梁州）劍南、（治益州）淮南、（治揚州）江南東道、（治蘇州）江南西道、（治洪州）黔中、（治黔州）嶺南、（治廣州）。

（註十）六都護府爲：（一）安東治平壤；（二）安南治交州；安西治龜茲；（四）北庭治庭州；（五）安北治金山；（六）單于治雲中。

（註十一）京東、京西、河北、河東、陝西、淮南、江南、湖北、湖南、兩浙、福建、四川、陝西、廣東、廣西爲十五路。眞宗時，分陝西爲利州，夔州二路，分四川爲梓州成都二路，分江南爲東西二路，合記十八路。神宗時，河北、京東及淮南各分爲二路，京西分爲南北二路，陝西分爲永興、秦鳳二路，合計二十三路。

（註十二）宋代初無『監司』，後於各路設轉運使以總財賦及其他諸事，又置提點刑獄，使屬於轉運使而分其權。

（註十三）所謂『權知州軍事』『知某某府事』『知某某州軍監事』『知某某縣事』，都含有差遣的性質，並不是正官。此外有專管一事由中央所委派者，則稱使或提舉，如發運使、宣撫使、市舶提舉等，謂之『發務官』。

（註十四）十一行中書省即：陝西、四川、甘肅、江浙、江西、湖廣、雲南、征東、遼東、嶺北、河南。

（註十五）北直隸（北京順天）與南直隸（南京應天）二區之外，尚有十三區，即：浙江、江西，福建、湖廣、山東、山西、河南、陝西、廣東、廣西、四川、雲南、貴州。

（註十六）二十二行省即：直隸、山東、山西、河南、陝西、甘肅、新疆、江蘇、安徽、江西、湖北、湖南、四川、福建、浙江、廣東、雲南、貴州、奉天、吉林、黑龍江。

（註十七）民國成立，各省設都督，爲一省行政長官，罷府州廳，以縣直隸於省，設縣知事爲親民官，是爲二級制。袁世凱秉政，又分省爲道，遂變爲三級制。袁氏死後，一省設督軍以掌軍政省長以理民政，省以下有道，設道尹，道以下有縣，設知事，仍爲三級制。國民政府成立，各省皆設主席，以縣直隸於省，又改爲二級制。

問題提要：

（一）官職是因何而設立的？

（二）巫覡在初民社會中，何以具有政治上的特權？

（三）中國官制統一於何時？

（四）試述秦代官制之特點。

（五）試述中央政權推移之狀況。

（六）宋代官制有何特點？

（七）五服九服以及九州之說，何以不可相信？

（八）試述地方行政區域劃分之演變。

（九）行省制度始於何時？

（十）試述地方官制演變之狀況。

第四章　鄉治制度之演變

古代之傳疑的鄉治制度

通考上的傳說

馬端臨的通考上說：『昔黃帝始經土設井，以塞爭端；立步制畝，以防不足。使八家為井，井開四道而分八宅，鑿井於中。一則不洩地氣，二則無費一家，三則同風俗，四則齊巧拙，五則通財貨，六則存亡更守，七則出入相司，八則嫁娶相媒，九則有無相貸，十則疾病相救。是以性情可得而親，生產可得而均。均則欺凌之路塞，親則鬭訟之心弭。既收之於邑，故井一為鄰，鄰三為朋，朋三為里，里五為邑，邑十為都，都十為師，師七為州。……迄乎夏、殷，不易其制。』

尚書大傳上的傳說

尚書大傳上也說：『古八家而為鄰，三鄰而為朋，三朋而為里，五里而為邑，十邑而為都，十都而為師，州十有二師焉。』

孟子上的傳說

孟子上也說：『死徙無出鄉。鄉田同井，出入相友，守望相助，疾病相扶持，則百姓親睦。』

古代這種鄉治制度，是根據井田制度而發生的；漢儒更衍其意，以構成理想的鄉治社會：

『夫饑寒並至，雖堯舜躬化，不能使野無寇盜。貧富兼并，雖皋陶制法，不能使強不陵弱。是故聖人制井田之法而口分之：一夫一婦，受田百畝。……五口為一家。公田十畝。……廬舍二畝半。八家……共為一井，故曰井田。……井田之義：一曰無泄地氣，二曰無費一家，三曰同風俗，四曰合巧拙，五曰通財貨。因井田以為市，故曰市井。……別田之高下善惡，分為三品。……肥饒不得獨樂，墝埆不得獨苦，故三年一換土易居，……是謂均民力。在田曰廬，在邑曰里。一里八十戶；八家共一巷。中里為校室。選其有耆老有高德者名曰父老，其有辨護伉健者為里正，皆受倍田得乘馬。父老比三老孝弟官屬，里正比庶人在官者。民春夏出田，秋冬入保城郭。田作之時，父老及里正，旦開門坐塾上。晏出後時者不得出，莫不持樵者不得入。五穀畢入，民皆居宅。里正趨緝績，男女同巷，相從夜績，至於夜中，故女功一月得四十五日。作從十月盡正月止。男女有所怨恨，相從而歌：饑者歌其食，勞者歌其事。男年六十女年五十無子者，官衣食之。使之民間求詩，鄉移於邑，邑移於國，國以聞於天子。故王者不出牖戶，盡知天下所苦；不下堂而知四方，十月事訖，父老教於校室。八歲者學小學，十五者學大學。其有秀者移於鄉學。……三年耕，餘一年之畜；九年耕，餘三年之積；三十年耕，有十年之儲。雖遇唐、虞之水，殷湯之旱，民無近憂。四海之內，莫不樂其業。故曰什一行而頌聲作矣。』（註一）

傳說的鄉治制度之不足信

井田制度之有無，在今日依然是個未決的問題，準此，則以上所述的鄉治制度，便不足信了。

（註一）見公羊傳宣十五年何注。

周禮上之傳疑的鄉治制度

周禮上鄉治制度之內容

古代言鄉治制度最詳盡的書，莫過於周禮。案周禮：王城之外為鄉；鄉之外為郭；郭之外為近郊；近郊之外為遂；遂之外為野；野之外為甸；甸之外為稍，稍之外為小都，小都之外為大都。甸稍小都大都之地，均屬采邑，行貢法；惟鄉遂距王城近，足為諸侯之國的模範，故其鄉治制度特詳。鄉以五家為比，五比為閭，四閭為族，五族為黨，五黨為州，五州為鄉。比長為下士，閭胥為中士，族師為上士，黨正為下大夫，州長為中大夫，鄉大夫即是卿。遂以五家為鄰，五鄰為里，四里為酇，五酇為鄙，五鄙為縣，五縣為遂。遂大夫，縣正，鄙師，酇長，里宰，均比鄉官遞降一級，而鄰長無爵。總計凡六鄉六遂。六鄉之吏：鄉大夫六人，州長三十人，黨正百五十人，族師七百五十人，閭胥三千人，比長萬五千人，六遂之吏，其數目同於六鄉之吏。故六鄉六遂合計，共有吏三萬七千八百七十二人。至於職掌，則鄉遂之吏略同，即：(一)調查戶口；(二)徵斂賦稅；(三)調度人民對於國家的服役；(四)監督鄉遂教育；(五)懸布法令，使民公覽，且教民讀法；(六)聯絡人民的相互交際。

周禮上鄉治制度之不足信

周禮上的鄉治制度之內容，既如上述；然因周禮爲僞書，則其所言之制度，自未可置信。

軍國主義下的鄉治制度

西周以前的鄉治制度，由上所述看來，都是難以置信的。然至春秋以後，關於鄉治制度，却存有可考的事實。當時提倡鄉治最力的，便是齊國的管仲與秦國的商鞅。管仲與商鞅，都是法家，着重軍國主義，因此，其所提倡的鄉治制度，很有軍國主義的精神。

管仲的鄉治制度

管子立政篇說：「分國以爲五鄉，鄉爲之師；分鄉以爲五州，州爲之長；分州以爲十里，里爲之尉；分里以爲十游，游爲之宗；十家爲什，五家爲伍，什伍皆有長焉。築障塞匿，一道路，博出入，審閭閈，愼筦鍵。筦藏於里尉，置閭有司以時閉。有司觀出入若以復於里尉。凡出入不時，衣服不中，圈屬羣徙不順於常者，閭有司見之，復無時。若在長家子弟臣妾屬役賓客，則里尉以譙於游宗；游宗以譙於什伍；什伍以譙於長家。譙，敬，而勿復。一再則宥，三則不赦。凡孝弟忠信賢良儁材，若在長家子弟臣妾屬役賓客，則什伍以復於游宗；游宗以復於里尉；里尉以復於州長；州長以計於鄉師；鄉師以著於士師。……三月一復，六月一計，十二月一著。凡上賢不過等；使能不兼官。罰有罪不獨及，賞有功不專與焉。』

管子小匡篇說：『五家爲軌，軌有長；十軌爲里，里有司；四里爲連，連有長；十連爲鄉，鄉有良人；五鄉一帥。』又說：『政既成，鄉不越長，朝不越爵。罷士無伍，罷女無家。十三出妻，逐於境外；女三嫁，入於舂穀。是故民皆勉於爲善士：與其爲善於鄉，不如爲善於里；與其爲善於里，不如爲善於家。是故士莫敢言一朝之便，……皆有終身之功。……是故匹夫有善，可得而舉；有不善可得而誅。政成國安，以守則固，以戰則强。』

這種制度，在當時是否完全實現，尚屬疑問，但軍國主義的精神，却活躍地表

商鞅的鄉治制度

現在這種制度裏面，所以江永的羣經補義說：『管仲參國伍鄙之法：制國以爲二十一鄉：工商之鄉六，士鄉十五，公帥五鄉，國子、高子，各帥五鄉；是齊之三軍，悉出近國都之十五鄉，而野鄙之農不與也。五家爲軌，故五人爲伍，積而至於一鄉。二千家，旅二千人，十五鄉三萬人爲三軍。是此十五鄉者，家必有一人爲兵。其中有賢能者，五鄉大夫有升選之法，故謂之士鄉，所以別於農也。其爲農者，處之野鄙，別爲五鄙之法。三十家爲邑，十邑爲卒，十卒爲鄉，三鄉爲縣，十縣爲屬，五屬各有大夫治之，專令治田供稅，更不使之爲兵。』

商鞅所定的鄉治制度，便是這樣的：令民爲什五，（五家爲保，十家爲連，）而相收司連坐；（相收司即相糾發，一家有罪，九家舉發，不糾發，則十家連坐，）告姦者與斬敵首同賞，匿姦者與降敵同罰；有軍功者，各以率受爵，爲私鬪者，各以輕重被刑。（註一）這種鄉治制度，明白地表現着軍國主義的精神；秦之所以強大，其主要原因，或許就在這裏。

（註一）見史記。

秦漢的鄉治制度

秦漢時鄉治制度之內容

秦漢時代，十里爲亭，亭有長；十亭爲鄉，鄉有三老，嗇夫，游徼。三老掌教化；嗇夫職聽訟，收賦稅；游徼掌徼循，禁盜賊。漢書高帝紀：『二年五月癸未令，……舉民年五十以上，有修行，能帥衆爲善，置以爲三老，鄉一人。擇鄉三老一人爲縣三老，與縣令丞尉，以事相教。』這時候的三老，或者是些年高有德的人，其所作所爲，或許能夠符合鄉治制度的精神；但是，漢代以後的鄉治制度，却名存實亡，而所謂里胥鄉正，就成爲官衙的爪牙了。

漢代以後的鄉治制度

剛總說過，漢代以後的鄉治制度，名存實亡，所以下面但就組織上的變化，略爲敘述：

晉制

晉制：每縣戶五百以上，皆置鄉，三千以上置二鄉，五千以上置三鄉，萬以上置四鄉。鄉置嗇夫一人；鄉戶每千以下置治書吏一人；千以上置吏佐各一人，正一人；五千五百以上置吏一人，佐二人；縣率百戶置里吏一人。

唐制：諸戶爲里，五里爲鄉，四家爲鄰，三家爲保，每里設正一人。在城市者爲坊，別置坊正一人。在田野者爲村，別置村正一人。其村滿百家者，增置一人。

宋制

宋制：設衙前以主官物，里長，戶長督賦稅，耆長、弓手、壯丁逐捕盜賊，承符、人力、手力、散從以驅使。而衙前，里長，累民特盛，往往傾家不能給。王安石目擊此種差役之害，遂改為募役；同時，行保甲之法。（註一）

明制

明制：以一百一十戶為里，推丁多者十人為長，以百戶為甲，甲凡十人，歲輪里長一人，管攝一里之事，城中曰坊，城曰鄉，鄉都曰里。每里編為一冊，首篇為一圖，鰥寡孤獨不任役者，則代管於百十戶之外，而列於圖後。

里胥鄉正之害

組織上雖有這許多變化，但設立這種制度的目的，卻不外：（一）防禦盜賊，糾察非違；（二）催督賦役，勸課農桑。至於元、清兩代，以異族入主中國，則於此制度之中，更寓有防備漢人造反之意。里胥鄉正這些人，既有權糾察非違，便可以濫用威權，去欺壓農民，既有權督課賦役，便可以濫用威權，去剝削農民；加以他們出入衙署，上下其手，於是包攬詞訟，就成為他們發財的坦道。所以顧炎武在日知錄上便說：「明初，以大戶為糧長，掌其鄉之賦稅，多或至十餘萬。運糧至京，得朝見天子。洪武中或以人材授官。至宣德五年閏十二月，南京監察御史李安、及江西廬陵吉水二縣耆民；六年四月，監察御史張政，各言糧長之害。謂其倍收糧石，準折子女，包攬詞訟，把持官府，屢經禁飭，而其患少息。然未嘗以是而罷糧長也。』又明仁宗洪熙時，巡按四川監察御史何文淵也進書道：『天下州縣，設立老人，必選年高有德，衆所信服者。……比年所用，多非其人：或出自隸僕，規避差科，縣官不究年德如何，輒令充應，使得憑藉官府，妄張威福，肆虐鄉閭；或遇上司官按臨，巧進讒言，變亂黑白，挾制官吏。』所謂老人，既然出自隸僕，則年高有德者，自然退避不遑，而願充老人的，便多半是地痞流氓，結果就愈弄而愈糟；所以顧炎武在日知錄上又說：『近世之老人，則聽役於官，而靡事不爲。故稍知廉恥之人，不肯爲此。而願爲之者，大抵皆姦猾之徒，欲倚勢以陵百姓者也』（註二）。

（註一）保甲之法：以十家爲一保，保有長；五十家爲一大保，有大保長；十大保爲一都保，有都保正，敎保長以武藝，使以轉敎保丁，以輪流備盜。

（註二）本來鄉治制度，是統治階級所運用的政治制度這一架機器之一個小輪盤，這制度充分地表現着封建政治的性質，而與近代民主政治下的地方自治制度不同。所以柳子厚封建論上便說：『有里胥而後有縣大夫，有縣大夫而後有諸侯，有諸侯而後有方伯連帥，有方伯連帥而後有天子。』顧炎武的日知錄上也說：『天下之治，始於里胥，終於天子，其灼然者矣。』

漢文帝的詔書，對於這制度的性質，更說得明白；他說：『鄉里鄉黨之制，所由來久。欲使風教易周，家至日見；以大督小，從近及遠；如身之使手，幹之總條。然後口算平均，義與訟息。』從而，如果這制度運用得法，結果便是『口算平均，義興訟息』，否則，便是『妄張威福，肆虐鄉閭』。

問題提要：

(一)古代之傳疑的鄉治制度，何以與井田制度有關？

(二)何以管仲與商鞅所實施的鄉治制度，含有軍國主義的精神？

(三)試述秦漢鄉治制度之內容。

(四)試述鄉治制度之性質。

(五)何以鄉治制度與現代民主政治下之地方自治制度不同？

第五章　參政制度之演進

王制上參政制度之內容

王制上之傳疑的參政制度

王制上說：『命鄉論秀士，升之司徒，曰選士；司徒論選士之秀者而升之學，曰俊士；升於司徒者不征於鄉，升於學者不征於司徒，曰造士。樂正崇四術，立四教，順先王詩書禮樂以造士；春秋教以禮樂，冬夏教以詩書，王大子、王子、羣后之大子、卿大夫元士之適子、國之俊、選，皆造焉。……將出學，小胥、大胥、小樂正，簡不帥教者，以告於大樂正；大樂正以告於王。王命三公九卿大夫元士皆入學；不變，王親視學；不變，王三日不舉，屏之遠方，西方曰棘，東方曰寄，終身不齒。大學正論造士之秀者，以告於王，而升諸司馬，曰進士。司馬辨論官才，論進士之賢者以告於王，而定其論。論定，然後官之；任官，然後爵之；位定，然後祿之』。（註一）

由王制所說的看來，似乎平民在當時也可以由鄉學升入大學而為進士。其實，夏、商以及西周，都是貴族政治最盛的時代；在這個時代，教育都為學官所掌，舍學官外無所謂學問，貴族階級就是智識分子，而平民對於學問，實無從問津；在這

平民無參政之機會

樣情況之下，平民又怎能由國學以取得進士呢？即令取得進士，也未必能和那些由貴族出身的人一樣，能夠獲得官爵。要之：在貴族階級專政的時候，他們都是世祿世官，平民決無參政的機會；從而王制所說的選舉方法，在當時便不見得實行過。

戰國時代，貴族政治已經崩壞；且諸侯並立，互相競爭，都各延攬人才以自佐；於是平民中有一技之長者，皆可以立致官達，如蘇秦、張儀、商鞅、范睢、龐涓之徒，都無不是以匹夫崛起而為大國將相。然此係一時的現象，並非確定的參政制度；降至漢代，而後有辟舉制之發生。

(註一)此外更有兩種制度：一曰貢士，禮記射義說：『古者天子之制，諸侯歲獻貢士於天子，天子試之於射宮』；一曰聘士，白虎通說：『諸侯所以貢於天子者，進賢勸善者也。天子聘求之者，貴義也。……故月令，季春之月，開府庫，出幣帛，周天下，勉諸侯，聘名士，禮賢者。……及其幽隱，諸侯所遺失，天子所昭，故聘之也。』

辟舉制之發生及其演變

辟舉制發生之原因

上面所述的戰國時代平民參政的特殊現象，到了秦、漢統一的時候，便漸次地消失了。當時教育之途既狹，由學校出身以致仕官，是辦不到的；國家需用人才，在當時情況之下，就只好採用辟舉制。漢高祖統一中國以後，即下詔求賢士大夫，與其安利天下。文帝時，詔諸侯王公卿郡守，舉賢良能直言極諫者；武帝時，更詔舉孝廉及博士弟子。

漢代辟舉制之內容

武帝制郡國人口二十萬以上，歲舉一人；四十萬以上二人；六十萬三人；八十萬四人；百萬五人；百二十萬六人；不滿二十萬，二歲一人，不滿十萬，三歲一人；限以四科：一曰德行高妙，志節清白，二曰學通行修，經中博士；三曰明習法令，足以決疑；四曰剛毅多略，遭事不惑(註一)。當時舉人之權操諸郡國之手，試驗之權操諸丞相御史等官之手，其至要者或由天子親自策問；……故就此制之性質言，頗與古代『諸侯貢士』之制相似(註二)。後漢冲帝時尚書令左雄因舉人太濫，乃設限年之格，非年至四十以上者，不得被舉，而且儒者須試以經學，文吏須試以章奏；……是即辟舉制過渡到考試制之先聲。

魏文帝時，用陳羣之議；廢限年之格，州郡置中正官以選擇人物；依學行的差

九品官人之法

別而有上上、上中、上下、中上、中中、中下、下上、下中、下下九品之別，各授以官，是謂九品官人之法。至是舉人之權不操諸郡國守令，而另有中正以專司其事。(註三)其後兩晉南北朝雖略有變更，然大體上依舊通行九品官人之法。(註四)

(註一)當時雖限以四科，然實際上所舉者，不外賢良方正、孝廉、博士弟子三者。此外更有文學高第、明兵法、有大慮、及茂才異等可爲將相及使絕域者，其名甚多，然非常制。

(註二)後漢時設選部專理辟舉之事，爲日後吏部之先聲。

(註三)九品官人之法，先由郡邑小中正定人材之品，乃上之大中正，大中正檢其實，乃上之司徒，司徒再檢，乃付尚書，然後加以選任。

(註四)南北朝時，大抵沿襲魏制，而稍有變更：時梁有限年之法，州置州重，郡置郡崇，鄉置鄉豪，專司舉薦之事，大抵年滿三十者，始得入仕。

科舉考試制之發生及其演變

科舉制發生之原因

科舉考試制之發生，是辟舉制與九品官人法的反動。在實施辟舉制的時候，人民參政之權，完全操諸官吏之手，士雖有奇才異能，倘不爲官吏所知，即不能參預政治。魏、晉、南北朝實施九品官人之法，於是舉人之權，操諸中正之手。當時中正多半是本地方的人，他們都有親朋戚舊，徇私趨勢的事情，自然不能免除。結果：中正『專稱門閥，所論必門戶，所談莫賢能』；有力者當然佔了便宜，而貧寒之士，就永無出人頭地之日了。（註一）辟舉制既不能使平民表現其奇才異能以參預政治，九品官人之法又弄到『上品無寒門、下品無世族』，於是科舉考試制始代之而起。

隋煬帝時，設進士科，以試賦取士，……是爲科舉考試制之始。唐因隋制，定取士之法爲三種：（一）從京師諸學館（國子學、大學、四門學、律學、算學、弘文館、崇文館）與州縣各學校，送其諸生之成業者於尚書省而使之受試者曰生徒；（二）不由學校出身而先在州縣受試，及第再赴京師應尚書省試者曰鄉貢；（三）天子數年詔行一次而以待非常之才者曰制舉。生徒與鄉貢的科目很多，最著者有秀才、明經、進士、俊士、明法、明字、明算等名，然而取之最多者，却只有進士、明經兩科。其試法：秀才試方略策五道，以文理精通爲主；明經先試帖經（註二）墨義（註三），後答時務策三道；進士試時務策五道，又試帖經，其後改重詩賦；明法試律令十條；明字先口試，後乃墨試說文字林；明算先口試，後乃試以各算書。此外尙有武舉，始於武后長安二年，亦用鄉貢之法，由兵部主其事。

以上所說，是取士之法；但登科以後，並不即授以官，還要試於吏部，謂之『釋褐試』。通過了釋褐試，纔授之以官。（註四）

授官之制，多沿前代，五品以上有冊授，有制授，六品以下皆旨授。凡旨授官，悉由於銓選。銓選有文武，文選屬吏部，武選屬兵部。武選取其軀幹雄偉，有驍勇才可爲統帥者。文選擇人以四事：一曰身，取其體貌豐偉；二曰言，取其言詞辨正；三曰書，取其楷法遒美；四曰判，取其文理優長。玄宗時，始移舉士於禮部，而吏部僅舉官；於是舉士與舉官，分爲兩途。（註五）玄宗又用吏部尙書裴光庭之議：授官但循資格，限年躡級，毋得踰越，非負譴者，皆有升無降；（註六）——自是有司只拘資例，考課遂成死法。

宋制與唐制大同小異；除進士明經諸科外，（註七）別有制科。（註八）進士試詩賦論及帖經墨義，諸科專試帖經墨義。諸州每秋由諸州發解，冬集禮部，春考試；開寶中，有進士訴知舉官用情取捨，太祖始擇中選者，親御講武殿別試，——自是殿試遂成永制。（註九）但是，詩賦之弊，流於浮華，不切實際；帖經墨義之弊，陷

科舉制之改革

於記誦，不合實用；於是改革科舉考試制度的聲浪，就漸次高起來了。

仁宗時，范仲淹等更張貢舉，先策論而後詩賦，使文士留心於治亂得失，罷帖經墨義而問大義，使執經者不專於記誦：就已經有改革科舉考試制度的傾向，不過未曾實現罷了。等到神宗時，王安石出來變法，纔實行改革這種制度。王安石的本意，不贊成用科舉取士，却主張由學校養士；所以當他握政的時候，便增修大學，立三舍之法：初入學者爲外舍生，定額七百人，後增爲二千，以次升入內舍上舍，內舍三百人，上舍百人。上舍試分三等：上等不須殿試，而命以官；中等免禮部試；下等免解試；——這就是漸次用學校代科舉的辦法，不過行之不久罷了。王安石的以學校代科舉的辦法，既然行之不久，結果，就只有改革科舉制度。改革的扼要處，就是罷諸科獨存進士科，廢除詩賦而改帖經墨義爲大義。這種改革，其目的在於使士子不專於記誦，而着重於學問。同時，置詩書周禮三經義局，以王安石爲之提舉，頒發他自己所撰的三經新義，以試舉子。當時應科舉的，都迎合舉官的心理，於是所謂『問大義』，就弄到舉子只會說三經新義上的話，而不能發抒自己的心得。所以王安石自己也嘆道：『本欲變學究爲秀才，不料變秀才爲學究』；（註

八股取士時代

十）——改革運動，到了這個厄境，也就不能不歸於失敗了。結果，哲宗時，依舊恢復詩賦，與經義並行，——至是進士分爲詩賦與經義兩科，終南宋之世，無有改易。

科舉制度，至明清又一變，我們可以稱這個時代爲『以八股取士』的時代。明制有鄉試、會試、殿試三種：凡子午卯酉之年，於各省試士，是謂鄉試，中試者爲舉人；明年，（丑未辰戌之年）舉人至京師，應禮部試，是謂會試；中試者由天子試於殿中，是謂殿試，殿試及第者分三等：一等爲一甲，限三名，第一曰狀元，第二曰榜眼，第三曰探花，皆賜進士及第；二等爲二甲，賜進士出身；三等爲三甲，賜同進士出身；二等三等無定員。狀元除翰林院撰修，榜眼探花除翰林院編修，二三甲選用庶吉士者，皆爲翰林官，其他或授給事中御史主事中書行人太常博士，或授府推官知州知縣。至於科目，則僅有進士一科；初場試四書義三道，五經（易、詩、書、春秋、禮記）義四道；二場試論一道，判五道，詔、誥、表內科一道；三場試經史，時務策五道。鄉會試同，惟殿試策一道。所試經義的格式，頗與宋代相同，然有兩個特殊之點：（一）經義一尊程朱之說；（註十一）（二）體用排偶，即所謂八股，（註十二）由是思想定於一宗，不敢稍自違異，而八股文體，更使舉子精力消磨殆盡。——科舉制度至此，已屆末運。淸興，其制大抵仍明代之舊，（註十三）惟康乾時所開的博學鴻詞科與光緒時所開的經濟特科（註十四），則係前代制科之類。淸末，以國勢不振，始廢科舉（註十五）。

＊ ＊ ＊ ＊

綜上所述，表面上似乎是參政制度，其實在專制政體之下，不拘辟舉制抑爲科舉制，其結果，至多都不外是替帝室選拔一羣人才，做他們統治人民的工具，而平民實際參預政治，却是一句空話。蓋參政制度，係民主政治之產物，其參預政治之人物，非由人民直接選擧，無由實現。

（註一）辟舉制與九品官人之法，都要取決於一般的輿論，其舉士始得公平，如果輿論爲有力者所操縱，則舉官便只有仰其鼻息，徇私趨勢而無所謂公平了。

（註二）文獻通考說：『帖經者，以所習經，掩其兩端，中間開惟一行，裁紙爲帖。凡帖三字，隨時增損，可否不一。或得四，或得五，或得六爲通。後舉人積多，故其法益難，務欲落之。至有帖孤章絕句，疑以參互者以惑之。甚者或上折其注，下餘一二字，使尋之難知，謂之倒拔。』

（註三）文獻通考說：『愚嘗見……呂許公夷簡應本州鄉舉試卷，因知墨義之式。蓋十餘條。有云：作者七人矣，請以七人之名對。則對云：七人，某某也，謹對。有云：見有禮於其君者，如孝子之養父母也，請以下文對。則對云：下文曰：見無禮於其君者，如鷹鸇之逐鳥雀也，謹對。有云：請以注疏對者，則對云：注疏曰云云；有不能記憶者，則只云對未審。』

（註四）一登進士第，即授之以官，係宋制。

（註五）案唐制吏部之屬，有考功郎中掌考課，考功員外郎掌貢舉，玄宗以員外郎望輕，遂移貢舉於禮部。

（註六）此法本於北魏崔亮所立的停年之格；其法：凡補用之人，一以其停罷後歲月為斷。——是即以資格用人之始。

（註七）明經諸科，即九經、五經、通禮、三禮、三傳、三史，學究一經等。

（註八）宋初制科有三：（一）賢良方正，（二）經學優深，（三）詳閑吏理；皆襲周世宗時之制。眞宗時，改爲六科：（一）賢良方正；（二）博通墳典；（三）才識兼茂；（四）詳明吏理；（五）識洞韜略；（六）材任邊寄。仁宗別增三科：（一）高蹈丘園；（二）沈淪草澤；（三）茂材異等。哲宗立十科：（一）師表；（二）獻納；（三）將帥；（四）監司；（五）講讀；（六）顧問；（七）著述；（八）聽訟；（九）治財；（十）能獄。

（註九）宋太祖對近臣說：『昔者科名多爲勢家所取，朕今臨試，盡革其弊矣。』可見當時舉官用情取捨的情形。

（註十）秀才爲唐科舉制中之最高科目，應此科者，均須眞有學問之人。學究則只習於帖經墨義。

（註十一）明自太祖以來，卽尊重程、朱之說；成祖時，更令胡廣、楊榮諸儒，採宋、元諸儒之說，撰四書大全、五經大全、性理大全，命應舉者依此立言。

（註十二）顧炎武日知錄說：『經義之文，流俗謂之八股，蓋始於成化（明憲宗年號）以後。股者，對偶之名也。天、順（卽天啓順治，天啓爲熹宗年號，順治爲清世祖年號，）以前，經義之文不過敷衍傳注，或對或散，初無定格，其單題亦甚少。成化二十三年會試，「樂天者保天下」文：起講先題三句，卽講樂天；四股過接四句，復講保天下；四股復收四句，作大結。弘治（孝宗年號）會試，「責難於君謂之恭」文亦然：每四股中，一反一正，一虛一實，一淺一深。其兩對題，扇扇立格，則每扇之中有四股，次第之法，亦復如之，故今人相傳謂之八股。』此外關於體用排偶的原因，可參看呂思勉著白話本國史第四冊八十四頁。

（註十三）清制有歲試、鄉試、會試、殿試之別：歲試士民先應縣試及第，始應府試，又及第，始受學政使親試，其及第者稱秀才；鄉試每三年於各省會集省屬各府之秀才而施行之，其及第者稱舉人；會試每五年在北京舉行，各省舉人皆應試，及第者稱進士；殿試在會試之後，各進士皆對策於保和殿，其及第者所分等甲，與明制同。其所試項目，與明略異：卽二場不試論判及詔、誥、表，而於頭場試四書文三篇，五言試帖詩一首，二場試五經文三篇，三場試策論五道。

(註十四)康熙十八年及乾隆元年，開博學鴻詞科，以備著作上的顧問。光緒二十九年，開經濟特科。

(註十五)戊戌變法，曾廢八股，以策論經議試士。孝欽垂簾之後，又復八股；辛丑又廢八股，試策論經義。光緒三十一年，因袁世凱奏請，始從丙午科起，廢止科舉。

問題提要：

(一)王制上所說的參政制度，何以不足信？

(二)辟舉制與九品官人之法，各始於何時？又其缺點爲何？

(三)科舉考試制，始於何時？並且因何而發生？

(四)王安石因何而改革科舉考試制？又其改革之實況如何？

(五)以八股取士始於何時？又其流弊如何？

第六章　敎育制度之演進

敎育事業爲宗敎事業的附庸

古代敎育之權柄於官府

上古敎育事業，是宗敎事業的附庸；當時所謂敎育，帶着濃厚的宗敎色彩；所以俞正燮說：『虞命敎胄子，止屬典樂。周成均之敎，大司成，小司成，樂胥，皆主樂。周官大師樂，樂師，大胥，小胥，皆主學。……子路曰：何必讀書，然後爲學。古者背文爲誦，冬讀書，爲春誦夏弦地，亦讀樂書。周語召穆公云：瞍賦矇誦，瞽史敎誨。檀弓云：大功廢業，大巧誦。……通檢三代以上，書樂之外，無所謂學。』（註一）惟其如此，從而當時學校中所重的科目，就不出詩書禮樂四者；禮爲儀文節目，樂爲歌詠舞蹈，詩爲樂之歌詞，皆所以事神者；至於書，則係宗敎中的古典。在這個時代，掌理敎育事業者，當然是些『巫祝』之輩，而且祇有他們，纔是些智識分子：這種現象，正和歐洲中世敎會柄世政的情形相同。（註二）

官府掌握敎育權

等到貴族執政的時候，敎育的大權，就過渡到官府的手中，而官府以外，便無所謂學術。所以章炳麟說：『古之學者多出王官。世卿用事之時，百姓當家則務農商畜牧，無所謂學問也。其欲學者，不得不給事官府，爲之胥徒；或乃供灑掃爲僕役焉。故曲禮云：宦學事師。學字本或作御。所謂宦者，謂爲其宦寺也。所謂御者，謂爲其僕御也。……說文云：仕，學也。仕何以得訓爲學？所謂宦於大夫，猶今之學習行走耳。是故非仕無學，非學無仕。』（註三）『宦於大夫，謂之宦御事師。（曲禮宦學事師，學亦作御。）言仕者又與學同；明不仕，則無所受書。』（註四）由這一段話看來，便知道當時教育之權，爲官府所掌握。在這個時候，能夠有機會去研究學問的，祇有貴族階級，至於平民，却不敢問津。因此，漢書藝文志所謂『儒家者流蓋出於司徒之官；……道家者流蓋出於史官；……陰陽家者流蓋出於羲和之官；……法家者流蓋出於理官；……名家者流蓋出於禮官；……墨家者流蓋出於淸廟之守；……縱橫家者流蓋出於行人之官；……雜家者流蓋出於議官；……農家者流蓋出於農稷之官；……小說家者流蓋出於稗官；…………』（註五）便不見得完無根據了。但是，到了春秋戰國時代，一方因貴族階級之崩壞，一方因自由講學之風的特盛，於是智識始下逮普及於民間。

（註一）見俞正燮著癸巳存稿卷四。

（註二）歐洲在中世紀時，教會柄世政，凡才秀之士，多爲祭司神甫，而書籍亦多聚於寺院；因此，當時求學者，都以祭司為師。從而教育之權，全為教會所握。

（註三）見章炳麟著諸子學略說。（刊在丙午年國粹學報）

（註四）見章炳麟著檢論訂孔上。

（註五）漢書藝文志的根據，是劉歆的七略。七略中除輯略為諸書之總要外，其六藝一略，與諸子略中之儒家相重複。諸子略中，分儒、道、陰陽、法、名、墨、縱橫、雜、農、小說十家，除去小說家，謂之九流。此外四略為：詩賦、兵書、術數、方技。各家學說，從來都以為出自王官，其所推未必盡是，然按諸當時政治情況、則不能謂無所根據。至於反對這種說法的，則有胡適的諸子不出於王官論，（刊在胡著中國哲學史大綱附錄中）可供參考。

周代的教育制度

上古之傳疑的教育制度

上古教育制度之較詳者，當推周代。王桐齡於其所著中國史第一編中，敘述周代教育制度很有系統，他說：『有虞時代大學曰上庠，小學曰下庠，庠者養也。夏代小學曰西序，大學曰東序，序者敘也；夏重射，射以敍為主，故以名其學。殷代小學曰左學，大學曰右學，亦曰瞽宗；殷重鬼，祭祀則尚樂，故以名其學也(註一)。周代兼用之，其制之可考者有七事：

鄉學與國學之別

(甲)類別：有鄉學國學二種，(註二)二種中又各有大小之別。(註三)(乙)地址：天子小學在王宮東，諸侯小學在宮南之左，庶民小學隨處有之；天子大學在國中，諸侯大學在郊，天子大學有在西郊者，鄉學也。

學校的名稱

(丙)名稱：大學在國內者有五：辟雍在中，為周制；其餘在南之成均，黃帝制也；在東之東序，夏制也；在西之瞽宗，殷制也；在北之上庠，虞制也。在鄉者：鄉有校，州有序，黨有庠，亦兼各代之名(註四)。小學則周有塾。諸侯之大學曰泮宮。

學校的課程

(丁)敎授：以養老敎德行為主。大學敎六藝及修己治人之道；小學敎灑掃應對進退之節。軍人凱旋，受俘獻馘，亦於大學，以厲其尚武敵愾之氣；不率敎者，則有移郊移遂屏遠方及夏楚以收威之法。(註五)

學校的生徒

(戊)生徒：國學為王太子王子羣后世子卿大夫元士適子及國內俊選之士學習之所；鄉學為庶民子弟學習之所；天子鄉學，亦以待俊選及諸侯之貢士者也。

學校的敎育

(己)敎師：國學有師保大樂正小樂正大胥小胥太師大司成等敎之，鄉學以鄉之有德行道藝者敎之，小學或有易子而敎者。

學齡

(庚)學齡：小學自八歲至十四歲，大學自十五歲至二十四

歲。』（註六）

然此等傳說，多係儒家改制所託，在當時並不見得有此種整齊劃一的敎育制度；卽令有之，但以敎育權柄諸貴族，平民也就不見得有受普及敎育的機會。

（註一）編者案：王制：『有虞氏養國老於上庠，養庶老於下庠；夏后氏養國老於東序，養庶老於西序；殷人養國老於右學，養庶老於左學；周人養國老於東膠，養庶老於虞庠。』這裏所謂上庠、東序、右學、東膠，便是虞、夏、殷、周四代大學之專稱；下庠、西序、左學、虞庠，便是四代小學之專稱。這些都是敎貴族子弟的學校。

（註二）編者案：周禮：『師氏掌國中失之事以敎國子，凡國之貴游子弟學焉。』注云：『國子，公卿大夫之子弟，師氏敎之，而世子（天子諸侯之太子）亦齒焉。敎之者使識舊事也。中、中禮者也；失、失禮者也。』又『大司樂掌成均之法，以治建國之學政，而合國之子弟焉。凡有道有德者使敎焉。』注云：『國之子弟，公卿大夫之子弟，當學者謂之國子。道，多才藝者。』這種國學，便是貴族進的。至於鄉學，則『家有塾，黨有

庠，術有序』，（見禮記學記）這便是平民進的

（註三）國學中有大學小學之別，見註一。編者案：公羊宣十五年何休注：『一里八十戶，八家共一巷，中里爲校室。選其耆老有高德者，名曰父老。……十月事訖，父老敎於校室。八歲者學小學，十五者學大學。』這便是鄉學中的大小學之別。

（註四）編者案：孟子：『夏曰校，殷曰序，周曰庠。』故王桐齡說『兼各代之名。』

（註五）編者案：周官師氏以三德敎國子：一曰至德以爲道本，二曰敏德以爲行本，三曰孝德以知逆惡。敎三行：一曰孝行以親父母，二曰友行以尊賢良，三曰順行以事師長。故王桐齡說『以養老敎德行爲主。』又保氏養國子以道，乃敎之六藝：一曰五禮，二曰六樂，三曰五射，四曰五馭，五曰六書，六曰九數。朱子大學章句序：『人生八歲，則自王公以下，至於庶人之子弟，皆入小學，而敎以洒掃應對進退之節，禮樂射御書數之文。及其十五年，則自天子之元子衆子，以至公卿大夫元士之適子，與凡民之俊

秀，皆入大學，而敎之以窮理正心修己治人之道。』故王桐齡說『大學敎六藝及修己治人之道，小學敎洒掃應對進退之節。』又王制：『命鄉簡不帥敎者以告；耆老皆朝於庠，元日習射上功，習鄉尚齒，大司徒帥國之俊士，與執事焉。不變，命國之右鄉，簡不帥敎者移之左；命國之左鄉，簡不帥敎者移之右；如初禮；不變，移之郊，如初禮；不變，移之遂，如初禮；不變，屛之遠方，終身不齒。』故王桐齡說『不率敎者，則有移郊移遂屛遠方之法。』

（註六）編者案：尚書大傳：『古之帝王者，必立大學小學，使王太子、王子、羣后之子以至公卿大夫元士之適子，十有三年，始入小學，見小節焉，踐小義焉；年二十入大學，見大節焉，踐大義焉。』又『大夫士七十而致仕，老於鄉里；大夫爲父師，士爲少師。……歲事已畢，餘子皆入學。十五始入小學，見小節，踐小義；十八入大學，見大節，踐大義焉。』此與王氏所說不合。惟公羊宣十五年何休注：『八歲者學小學，十五者學大學，』則與王氏所說相合。

教育之解放

教育解放的原因

在貴族政治時代，教育之權，柄於貴族，平民不敢問津；到了春秋戰國時代，貴族政治崩壞，於是智識下逮普及，而教育因之解放。章炳麟說：『自老聃寫書徵藏，（註一）以詒孔氏，然後竹帛下庶人。六籍既定，諸書復稍出金匱石室間，民以昭蘇，不爲徒役。九流自此作，世卿自此墮；朝命不擅威於肉食，國史不聚殲於故府。』（註二）以前爲官府所藏的書籍，便這樣地下移到民間。（註三）

教育解放與孔子老子

書籍下移民間

聚徒講學之風

周室衰微以後，學校不修，（註四）王官失守，於是民間始有聚徒講學之事，負笈從師之人。聚徒講學之風，開自孔子。他一方面受學於老子，一方面：刪詩書，訂禮樂，繫周易，作春秋、孝經；就儼然集前此文教之大成，而爲當時學術界的領袖。他又以有教無類的精神，以打破前此教育上之階級性，（註五）故其弟子多至三千人。（註六）墨子繼之，其講學亦以有教無類爲主。（註七）教育解放，到了這個程度，所以百家並起，各持一說，而從來所謂某官之守，就一變而爲某家之學了。

書籍既已下移民間，自由講學之風又特盛，更加以列國並立互競，禮賢下士，（註八）於是教育解放達於極點，而思想自由之結果，遂使東周以後的學術界形成一劃時期的運動。

（註一）夏曾佑說：『九流百家，無不源於老子。老子楚人，周守藏室之史也。周制：學術、藝文、朝章、國故，凡寄於語言文字之物，無不掌之於史。故世人之諮異聞，質疑事者，莫不於史。史之學識，於通國爲獨高，亦猶之埃及、印度之祭司也。』（見夏著中國歷史教科書第一篇第二章第五節。）

（註二）見章炳麟著檢論訂孔上。

（註三）官府所藏的書籍，雖由孔子下布於民間，然劉向劉歆傳播書籍之功，亦不可沒，故章炳麟曰：『書布天下，功由仲尼；其後獨有劉歆而已。徵孔子則學皆在官，民不知古，乃無定臬。然自秦皇以後，書復不布。漢興，雖除挾書之禁，建元以還，百家盡黜，民間唯有五經、論語，猶非師授不能得。自餘竟無傳者。東平王求史記於漢廷，桓譚假莊子於班嗣，明其得書之難也。向、歆理校讎之事，書既殺青，復可移寫，而書賈亦賃鬻焉。故後漢之初，王充遊洛陽，書肆已見有賣書者。其後邠卿章句之儒，而見周官；

康成草萊之氓，而竄史記，則書之傳者廣矣。』（見訂孔上注文）

（註四）詩，鄭風，青青子衿序云：『子衿刺學校廢也。』又左傳昭公十八年云：『秋，葬曹平公，往者見周原伯魯焉，與之語，不說學。歸以語閔子馬。閔子馬曰：「周其亂乎？夫必多有是說，而後及其大人。」』足見當時學校不修，人不說學的情況。

（註五）子張駔儈，顏濁聚大盜，均學於孔子。

（註六）孔子弟子三千，通六藝者七十二人，其最著名者有四科中之十哲，即『德行：顏淵，閔子騫，冉伯牛，仲弓；政事：冉有、季路；言語：宰我、子貢；文學：子游、子夏。』（見論語）

（註七）大盜禽滑釐，學於墨子。

（註八）當時如秦孝公，齊威王、宣王，梁惠王，燕昭王，乃至孟嘗、平原、春申、信陵之四公子，都無不以禮賢下士爲務；而游士爲利祿所動，亦以講求學問爲務，所以蘇秦竟說『且使我有雒陽負郭田二頃，吾豈能佩六國相印乎？』（見史記本傳）

漢代的學校

學校制之繼起

秦統一中國，採取愚民政策，把民間書籍焚燒殆盡，而僅留『博士官所職』的書籍。（註一）漢興，諸事皆在草創之時，亦無暇建立學校；直到武帝用公孫弘之議，始建太學置博士。（註二）光武中興，特重儒術，建立太學；中經明帝、章帝的提倡，（註三）學術益昌；故至質帝時太學諸生竟達三萬餘人，而太學亦因之成爲政治言論的中樞。（註四）學校之制雖興，然聚徒講學之風，尚流行當時。（註五）

兩晉、南北朝，因干戈擾亂之故，學校不修；惟北朝、後魏建國子大學，四門小學，造明堂，辟雍，以獎勵經學，而學術稍振。唐襲隋制，學校制度始臻完備。

唐代的學校

唐制：京師有國子學，（以三品以上的子孫爲主，定額三百人。）大學，（以四品以上的子孫爲主，定額五百人。）四門學，（以七品八品的子孫及庶民的俊秀爲主，定額五百人。）律學，（以八品以下的子弟及庶民之通於其事者爲主，定額五十人。）書學，（同上，定額三十人。）算學，（同上，定額三十人。）以屬於國子監；更有弘文館，崇文館（宗室及功臣的子孫，皆可就學。）以屬於門下省、各地方又有府學，縣學，州學。由上所述，唐代教育，似乎很盛；然以當時士子視線，集中於科舉一

學校制之末路

途，故學校教育空有其表，而書院制遂不能不代學校而起。

(註一)普通史家認為始皇盡焚天下書籍，所不去者：惟醫藥卜筮種樹之書：此實一種錯誤的說法。秦史記始皇本紀：『非博士官所職，天下敢有藏詩書百家語者，悉詣守尉雜燒之』諸語，則當時所燒者，祇是民間的書籍，而博士之師詩書百家自若也。又漢初諸經師多故秦博士，亦足證明當時博士之師承傳授並未斷絕。

(註二)公孫弘奏請『為博士官置弟子五十人，復其身。太常擇民年十八以上，儀狀端正者，補博士弟子。郡、國、縣、道、邑，有好文學，敬長上，肅政教，順鄉里，出入不悖所聞者，令相，長，丞，上屬所二千石。二千石謹察可者，當與計偕，詣太常，得受業如弟子。』武帝因置博士弟子五十人；昭帝時增為百人，宣帝時增為二百人，成帝末年增至三千人。至於書籍，則惠帝時已解挾書之令；武帝時又開獻書之路，置寫書之官以求業已散亡的書籍；更經河間王德之搜求先世經典與劉向劉歆父子之專理校讎，於是學術為之大振。

(註三)明、章兩帝均尊崇儒學，車駕屢幸太學；章帝更會諸儒論經書異同，作白虎通。

(註四)當時太學諸生多貴游子弟，每每替外戚結黨，以攻擊宦官，結果激成黨錮之禍。

(註五)如馬融、鄭玄，皆以私人而聚徒講學。

書院制代起的原因

書院制之代起

自隋、唐實施科舉以後，所謂學校便不外徒擁虛名而已。當時士子皆騖於榮利，所學不出科舉考試之範圍以外，更和學校制度的主旨相違；故其反動，遂爲書院制之代起。

宋初四大書院

晚唐之時，漸有私立書院以講求學術之風；五代至宋，益加普及，當時最著名的書院有四：(一)白鹿洞書院，在九江廬山，始於南唐；(二)石鼓書院，唐憲宗時李寬所建，在湖南衡陽；(三)應天書院，在河南商邱，宋眞宗時應天府民曹誠所建；(四)嶽麓書院，宋初潭州守朱洞所建。這些書院，均係地方所立，不爲國家學制所限，故能充分發揮其自由研究自由講習的精神，有宋一代理學之盛，其原因或由於此。元、明、清三代，書院的設立，更加普逼，凡文風稍盛之地，雖鄉鎭市集，也幾乎遍立書院。當時書院，由地方聘請碩儒主持，叫做山長；學者寄宿其中，有膏火之費，以作補助，故能安心從事學術的探究；然因科舉尚在盛行，學者所志惟在舉業，故書院的精神，亦隨而消失。

現代的學校之性質

這裏所謂現代的學校，是資本主義的產物，而與我國前此的學校完全不同。原來在太平軍平定以後，當時要人如李鴻章輩，深知中國兵力，確實不能和外國比較，（註一）於是在亂平之後，就注重練兵。（註二）『中學爲體西學爲用』的口號，遂廣播於全國。但是，經過中法、中日兩次戰役以後，朝野之士，又深知止是倣效外人的物質文明，——堅艦利礮——還不足以自強，而自強的惟一方法，却在於變法。當時康有爲輩，認定變法的項目中，尤以廢科舉立學堂爲最要緊。後來因爲戊戌政變，轟動一時的變法運動也就煙消雲散了。等到八國聯軍之役以後，清室始正式廢除科舉，改書院爲學堂。

現代的學校之興起

廢科舉改書院爲學堂

清代的學制

當時學制，倣自日本與西洋，有初等小學，高等小學，初級師範學堂，優級師範學堂，中學，高等學堂以及大學堂等名目，所有教本，亦多從日籍迻譯而來。民國成立以後，又有新學制之改革。大旨以着重職業教育與合於社會需要爲主。

民國的新學制

現代教育之破產

破產的原因

上面所述的這種新學制從外國移殖國內來，已經將近三十年，但是，在今日我們並不曾見到這種教育所發生的良果，却祇聽見教育破產的呼聲，這是什麽緣故呢？造成教育破產的根本原因就是：現代的學校，原來是資本主義的產物，牠的課程及其精神，都相應於資本主義的需要，所以牠所造就的人才，能替資本主義服務。反之，我國的經濟組織，雖然進到前資本主義時代，但是封建式的手工業生產，却在經濟上仍占着重要的地位，所以縱令把資本主義的教育移殖過來，却不能適應於我國社會的需要，只管後來有新學制的改革，可是問題依然原封未動地擱着，此所以吳敬恆有洋八股之嘆，社會上有輪廻教育之譏，教育界有教育破產之呼聲。(註三)至於政治沒有上軌道致使教育也不能上軌道，却還是造成教育破產的副因。

(一)太平軍起事時，上海被劉麗江攻陷，法兵助清軍克復縣城。當時，英人已組成義勇隊，以爲防衛租界之計。內地富人，多聚集上海，亦共同集款，與外國人合商保衛之法。由是美人華爾與白齊文，始募歐人百名，馬尼亞人二百名，組成常勝軍。華爾死後，由戈登代爲統率，收復崐山、太倉，並隨李鴻章克復蘇州。當時中興諸將，由是知中國兵力不如外國，而着手於練兵。

(註二)當時中興諸將如李鴻章輩，所知道的，只是外國的堅艦利礮，因此，他練兵的第一要着，就是設船政局與製造局。後來還派幼童赴美留學，以及興辦鐵路，輪船，電報等等，都無不是由於驚嘆西洋的物質文明所致。

(註三)關於教育破產的論文，可參看一九三〇年商務印書館出版的教育雜誌的各卷。

問題提要：

(一)何以古代教育之權操於官府？

(二)何以周代的教育制度不足信？

(三)試述教育解放的原因。

(四)孔子與教育解放有何關係？

(五)教育解放的結果是什麽？

(六)試述唐代的學校制度。

（七）試述書院制發生的原因。
（八）何以現代教育陷於破產的境地！

第七章　司法制度之演進

所謂司法制度，通常包含下面三個項目：(一)法典之編纂；(二)刑名之規定；(三)執行法律之機關。但是，初民社會的司法制度，決不如是之繁複。

法之起原

在氏族社會中，各成員的結合，都以血緣為主；而且各盡所能各取所需，彼此間無所爭奪；所以當時就用不着法律條文來相互約束。然而如果社會中出有破壞秩序的人，就自然要受社會的裁制；這種裁制，或者就是法之起原。

法字本義

法本字作灋，說文：『灋，刑也。平之如水，從水。廌所以觸不直者去之，從廌去。』由此可見古代所謂法，並不是用律文以定是非曲直，卻不外取決於無意識的事物而已。

法與刑之確立

等到由氏族社會進到奴隸制的國家的時候，一方為着要威服奴隸，一方為着要確保私有財產制，正式定為條文的法與列成等級的刑總由此確立起來。

苗族五刑

相傳古代的刑法，是我族襲用苗族的，書、呂刑所謂『苗民弗用靈，制以刑。惟作五虐之刑曰法，殺戮無辜，爰始淫為劓、刵、椓、黥』即其根據。大抵當時即用苗族之刑，以

刑法因環境之需要而生

治苗族之人，換言之，即是以之治被征服的奴隸，故呂刑又云『報虐以威』。階級既已確立，——貴族與奴隸——被壓迫階級中的狡黠者，必然有些『亂政』；壓迫階級最怕的就是這種『亂政』，要鎮壓這種『亂政』，便需要刑法，所以說『夏有亂政而作禹刑，商有亂政而作湯刑，周有亂政而作九刑，』(註一)所以說『先君周公制周禮，……作誓命曰：毀則為賊，掩賊為藏；竊賄為盜，盜器為姦；主藏之名，賴姦之用，為大凶德，有常無赦；在九刑不忘。』(註二)要在這樣的情形之下，刑與法纔會產生出來。(註三)

上古之司法制度

當時既有刑法的需要，則司法制度亦必漸次形成，茲分述如下：

(一)刑名：呂刑說：『墨罰之屬千，劓罰之屬千，剕罰之屬五百，宮罰之屬三百，大辟之罰，其屬二百：五刑之屬三千。』此外更有流宥、鞭扑、贖刑等名目。(註四)

(二)審判與訴訟之法：『周制訴訟之法：以兩造禁民訟，入束矢於朝，然後聽之。(訟謂財貨相告者，造，至也；使訟者兩至，既兩至，使入束矢，乃治之也。不至，不入束矢，則是自服不直者也。必入矢者，取其直也。詩曰：其直如矢。古者一弓百矢，束矢其百個歟！）以兩劑禁民獄，入鈞金，三日，乃致於朝，然後聽之。（獄謂相告以罪名者，劑今劵書也。使獄者各齎劵書，既兩劵書，使入鈞金者，又三日乃治之，重刑也。不劵書不入金，則是亦自服不直者也。必入金者，取其堅也，三十斤曰鈞。）刑事之訟，必以三刺斷庶民獄訟之中：一曰訊羣臣，二曰訊羣吏，三曰訊萬民。若决死刑時，士師受其宣告書，擇日行刑。民事之訟，關於人事者，以證人爲斷；關於土地者，以地圖爲證；（周禮、小司徒：凡民訟以地比證之，地訟以圖證之。）關於錢債者，以約劑爲重。而裁判官之對於案證，以五聲聽之：一曰辭聽，（觀其出言，不直則煩。）二曰色聽，（觀其顏色，不直則赧。）三曰氣聽，（觀其氣息，不直則喘。）四曰耳聽，（觀其聽聆，不直則惑。）五曰目聽。（觀其眸子，不直則眊。）』（註五）

（三）貴族在法律上的特殊保障：周禮：『凡命夫命婦，不躬坐獄訟；凡王之同族，有罪不即布。』禮記、文王世子：『公族，其有死罪，則磬於甸人；其刑罪則纖剸，亦告於甸人。公族無宮刑。獄成，有司讞於公；其死罪則曰某之罪在大辟；其刑罪則曰某之罪在小辟。公曰：宥之；有司又曰：在辟。公又曰：宥之；有司又曰：在辟。及三宥，不對。走出，致刑於甸人。公又使人追之曰：雖然必赦之。有司對曰：無及也。反命於公。公素服，不舉，爲之變，如其倫之喪，無服，親哭之。』曲禮：『禮不下庶人，刑不上大夫。』周官、司寇更有八議之法：一曰議親，二曰議故，三曰議賢，四曰議能，五曰議功，六曰議貴，七曰議勤，八曰議賓：皆所以寬宥親貴有功之人。所以夏曾佑說：『其時劓刵椓黥之法，惟行之於民，而貴族無之；貴族有罪，止於殺而已，其次則爲執，爲放。』（註六）

至於法典，則有九刑與呂刑。以上所述，其中多雜有儒家的渲染，未可盡信；但是，刑與法之確立於這個時期，却是可以斷言的。

（註一）見左傳昭六年。

（註二）見左傳文十八年。

（註三）商君書、開塞篇說：『天地設而民生之。當此之時，民知其母而不知其父。其道親親而愛私。親親則別，愛私則險；民生衆而以別險爲務，則有亂。當此之時，民務勝而力征；務勝則爭，力征則訟；訟而無正則莫得其性也。故賢者立中，設無私，而民日仁。當此時也，親親廢，上賢立矣。

凡仁者以愛利爲道，而賢者以相出爲務；民衆而無制，久而相出爲道，則有亂。故聖人承之，作爲土地貨財男女之分。分定而無制，不可，故立禁；禁而莫之司，不可，故立官；官設而莫之一，不可，故立君。既立其君，則上賢廢而貴貴立矣。』商君書此段所言，雖在於說明國家組織之起原，然法之起原，亦可於此段中窺見。

(註四)至於寬宥之法，則有三宥：一曰宥不識；二曰宥過失；三曰宥遺亡；更有三赦：一曰赦幼弱；二曰赦老耄；三曰赦惷愚。均見周禮、小司寇。

(註五)見孟世傑著先秦文化史三〇三頁。

(註六)見夏曾佑著中國歷史教科書第一篇第二章第二十三節。

戰國時代司法之變革

貴族在法律上的特殊保障不能存在

戰國時代，因貴族階級之崩壞，而司法制度隨之變革：第一，貴族階級既已崩壞，則前此貴族在法律上所占有的特殊保障，就不能存在，而必得與平民受同一的法律制裁；(註一)第二，當時法家輩出，——如商鞅輩——提倡法治主義，而法治的觀念因之發達，所以司馬談論六家要旨就說：

法治觀念之發達

『法家不別親疏，不殊貴賤，一斷於法。』(註二)

各國律令異法

但是，因為當時封建『諸侯力政，不統於王，』所以縱令法治觀念發達，然而各國諸侯，都為便己起見，也就弄到『律令異法』了。（註三）以法典而論，則魏有法經，（註四）韓有刑符，魏有太府之憲；以刑名而論，則秦刑有三族，（見史記、秦本紀）七族、（見漢書、鄒陽傳）十族、（見韓詩外傳）先具五刑、而後腰斬、（見史記、李斯傳）連坐、（見史記、商君傳）腰斬、車裂、黥、劓、遷、（均見史記、商君傳）棄市，（見史記、秦本紀）鑿顛、抽脅（均見漢書、刑法志）梟首，鬼薪（均見史記、秦始皇本紀）士伍、（見史記、白起傳），齊刑有烹（見史記、田敬仲世家），楚刑有其室殺棺、（即活葬之法，見古文苑詛楚文）滅家（見國策楚四），趙刑有夷（見史記、趙世家），魏刑有誅、籍、戍、臏、刖、膩、宮、夷其鄉、族、罰金三市、笞、罰（均見本節註四）：由此看來，是見當時律令既不統一，而刑罰反較前為殘酷，等到秦滅六國，司法制度始定於一。

（註一）秦太子犯法。衛鞅曰：『法之不行，自上犯之』，將法太子。太子，嗣君也，不可施刑，刑其傅公子虔，黥其師公孫賈。（見史記）弄到要『將法太子』，則其他貴族在法律上所占有的特殊保障，就自然不能存在了。

（註二）見史記太史公自序。又尹文子：『萬事皆歸於一，百度皆準於法。歸一者簡之至，準法者易之極。』韓非子、難勢篇：『且夫堯、舜、桀、紂，千世而一出。……中者上不及堯、舜，而下者亦不爲桀、紂。抱法則治，背法則亂。背法而待堯、舜，堯、舜至乃治，是千世亂而一治也。抱法而待桀、紂，桀、紂至乃亂，是千世治而一亂也』。均足以見法家之法治主義。

（註三）『 』內文句，均見許愼說文解字序。

（註四）桓譚新論引李悝法經正律略曰：殺人者誅，籍其家，及其妻氏；殺二人，及其母氏。大盜，戍爲守卒，重則誅。窺宮者臏，拾遺者刖，曰：爲盜心焉。其雜律略曰：夫有一妻二妾，其刑臏；夫有二妻，則誅；妻有外夫，則宮；曰：淫禁。盜符者誅，籍其家；盜璽者誅；議國法令者誅，籍其家，及其妻氏；曰：狡禁。越城，一人則誅，十人以上，夷其鄉，及族；曰：城禁。博戲，罰金三市；太子博戲則笞，不止，則特笞，不止，則更立；曰：嬉禁。羣相居，一日以上，則問，三日四日五日則誅；曰：

法經六篇　漢律六十篇　新律十八篇　晉律二十篇

徒禁。丞相受金，左右伏誅；犀首以下受金，則誅；金自鎰以下，罰，不誅也；曰：金禁。大夫之家，有侯物，自一以上者族。其減律略曰：罪人年十五以下，罪高三減，罪卑一減；年六十以上，小罪情減，大罪理減。夏曾佑謂：『此即商君所從出也。』

司法制度，在戰國時代，是各國異法的；等到秦統一六國，總歸於一致。秦代所用的法典，就是李悝所著的法經六篇；其用法的深刻與刑罰的野蠻，並不減於戰國時代。又設廷尉之官，專司刑法獄訟；漢興，亦沿用之。（註一）自是以後，司法制度始進於成長時代。（註二）

司法制度之成長

這個時代，第一件值得注意的，就是法典之增刪。漢初，蕭何定律，將李悝的法經增為九篇，叔孫通又作傍章十八篇，後張湯又增益二十七篇，趙禹增益六篇，共六十篇。漢書、刑法志謂『律令凡三百五十九章；大辟四百九條，千八百八十二事；死罪決事比萬三千四百七十二事』；由此便可見當時法律之雜亂。法律雜亂，就需要一種刪定；所以到魏文帝時，便命陳群等刪定，為新律十八篇。晉武帝嫌其『科網太密』，又命賈充等作晉律二十篇，即：刑名、法例、盜律、賊律、詐偽，

晉律二十篇

齊律十二篇

周律二十五篇

重罪十條

廢除肉刑

請賕、告劾、捕律、繫訊、斷獄、雜例、戶律、擅興、毀亡、衞宮、水火、廐律、關市、違制、諸侯。法典規模，至是粗具。南北朝時：南朝梁時，作梁律二十篇，即：刑名、法例、盜刦、賊叛、詐僞、受賕、告劾、討捕、繫訊、斷獄、雜律、戶律、擅興、毀亡、衞宮、水火、倉庫、廐律、關市、違制；北朝北齊作齊律十二篇，即：名例、禁衞、戶婚、擅興、違制、詐欺、鬬訟、賊盜、捕斷、毀損、廐牧、雜；北周又作周律二十五篇，即：刑名、法例、祀享、朝會、婚姻、戶禁、水火、興膳、衞宮、市廛、鬬競、刦盜、賊叛、毀亡、違制、關律、諸侯、廐牧、雜訟、詐僞、請賕、告言、逃亡、繫訊、斷獄；又齊律中更明著重罪十條：一曰反逆，二曰大逆，三曰叛，四曰降，五曰惡逆，六曰不道，七曰不敬，八曰不孝，九曰不義，十曰內亂，凡犯此者，皆罪在不赦，此即後代十惡之名之所自起。

第二件値得注意的，就是廢除肉刑。原來秦代刑罰，極其殘酷，如二世刑李斯，具五刑，腰斬，復誅三族。漢高祖入關，除秦苛法，與父老約法三章：殺人者死，傷人及盜者抵罪。然此爲一時之計，決非定法，故『其大辟尙有夷三族之令。令曰：當三族者，皆先黥、劓、斬左右趾，笞殺之，梟其首，菹其骨肉於市；其誹誹謗詛者，又先斷舌，故謂之具五刑。彭越、韓信之屬，皆受此誅。』（註三）直到高后時，始廢夷三族之令與祆言令。至於廢除肉刑一事，則在孝文帝時。漢書、刑法志說：『齊、太倉令淳于公有罪當刑，詔獄逮繫長安。淳于公無男，有五女，當行會逮，罵其女曰：生子不生男，緩急非有益也。其少女緹縈自傷悲泣，乃隨其父至長安，上書曰：妾父爲吏，齊中皆稱其廉平；今坐法當刑，妾傷夫死者不可復生，刑者不可復屬，雖後欲改過自新，其道亡由也。妾願沒入爲官婢，以贖父刑罪，使得自新。書奏，天子憐悲其意，』遂下令廢除肉刑。（註四）此實我國法律史上之一大進化。

（註一）虞舜時，皐陶作士，以明五刑，或即司法官之始；然此種傳說，未可深信。戰國時代，執刑之官，各國不同；至秦始以廷尉典刑，漢沿用之；以後名目雖有更改，然其官制系統，猶多襲秦、漢之舊。

（註二）司法制度，在西周以前，多帶傳說的性質；戰國時代，諸侯立政，又無定法；等到秦、漢以後，始漸趨一致，而有成長與進化之跡可尋。

（註三）見漢書、刑法志。

（註四）當時肉刑有三：一曰黥，二曰劓，三曰刖左右趾。文帝除肉刑，始以髡鉗代黥，笞三百代劓，刖則須刖左趾者笞五百，右趾者棄市。案：文帝本黃、老之治，其廢除肉刑一事，實與其治術相關聯；而其治術，又與當時之經濟狀況相關聯；故夏曾佑說：『漢之盛世，實在文、景。此時距秦、楚、漢三世遞續之相爭，已近三十年矣。大亂之後，民數減少，天然之產，養之有餘；而豪傑敢亂之徒，並已前死，餘者厭亂苟活之外，無所奢望。此皆太平之原理，與地產相消息，而與君相無涉也。若爲君相者，更能清靜不擾，則效益著矣。』（見夏著中國歷史教科書第二篇第一章第十七節。）

司法制度之完成

我國司法制度，完成於唐代，而唐又多沿隋舊；至於唐代以後各代關於司法的設施，則不過補苴而已。茲分述唐代司法制度如下：

唐律十二篇

（一）法典之編纂：我國法典，向分爲二：一曰刑法典，一曰行政法典。刑法典始於李悝的法經六篇，至晉律二十篇，已粗具規模；唐律十二篇出，（名例、衞禁、職制、戶婚、廐庫、擅興、賊盜、鬬訟、詐僞、雜例、捕亡、斷獄），乃成定

六典

制。(註一)行政法典，始自何始，未能確定；要其大成，當推唐代。開元十六年，始作六典，經十六年而完成；凡施政的準則，無不具備；明及清兩代的會典，均以此爲藍本。(註二)

五刑

(二)刑名之確定：唐代刑名有五，即：笞、杖、徒、流、死，皆沿隋舊。笞刑分五等，自十至五十，以十遞加；杖刑分五等，自六十至百，以十遞加；徒刑分五等，即：一年、一年半、二年、二年半、三年；流刑分三等，即：二千里配役二年，二千五百里配役二年半，三千里配役三年；死刑分二等，一爲絞，一爲斬：宋、元、明沿之，少有更易。(註三)

十惡

八議

此外沿齊律有十惡之名，即：謀反、謀大逆、謀叛、惡逆、不道、大不敬、不孝、不睦、不義、內亂，更有八議之法，即：議親、議故、議賢、議能、議功、議貴、議勤、議賓；如所犯爲十惡之列，則雖當八議之條，而亦罪在不赦。(註四)

律令格式

唐太宗時，又令長孫無忌等撰律令格式(註五)各若干卷，由是正律之外，更有令格式等以補律之不足。

大理寺

(三)執行司法之官吏：唐制：犯罪者，以在其罪發之州縣推斷爲例；其在京師，則杖刑以下者，委當局的推斷，徒刑以上者，交大理寺。至於決斷大獄之時，則刑部尙書御史中丞、大理卿俱集參同，是卽明淸兩代三法司之制之所自起。

(註六)

(註一)明代刑法有大明律三十卷四百六十條，草創之初，律令總裁官李善長議：『歷代之律，皆以漢九章爲宗，至唐始集其成，今制宜遵唐舊』，太祖從之，——由此可知大明律多遵唐舊。至於淸代，又多遵明舊。

(註二)六典：一曰理典，二曰敎典，三曰禮典，四曰政典，五曰刑典，六曰事典，共三十卷。

(註三)宋代刑名亦分笞、杖、徒、流、死五種，每種各分五等，均與唐同；惟在此五種刑罰之外，加處臀杖脊杖二者，是謂折杖法。

(註四)明、淸兩代，均與唐同。

(註五)律令是尊卑貴賤之等數、國家之制度，格是百官有司所常行之事，式是百官有司所常守之法。宋代更別有『敕』，神宗時，遂改爲敕令格式，他說：『禁於未然之謂敕，禁於已然之謂令，設於此以待彼之謂格，使彼效之之謂式。』

（註六）明制：掌刑獄之官，京師有刑部、都察院、大理寺，叫做三法司：刑部受天下刑名，都察院掌糾察，大理寺掌駁正。地方則知縣、知州、知府、按察使，均有處決罪犯之權；如被告不服，得依次上訴，以至於都察院。

清制亦與明同。

刑訊

治外法權之撤去

四級三審制

司法制度之改革

（二）清代司法制度，多仍明舊（註一）；惟審判之時，每用非刑（註二）以勒口供，名曰刑訊。自從帝國主義侵略強迫通商以來，各國便以中國法律野蠻與中外法律不同爲口實，要求領事裁判權；由是我國的治外法權，遂爲各國所奪去。光緒末年，欲收回治外法權，以改良審判爲入手方法。當時江督劉坤一，曾奏請流徒以下不准刑訊，修訂法律大臣沈家本、伍廷芳等，又奏請輕刑禁用刑訊；雖經清廷允許，屢諭禁止；然承審各員，以非刑勒供如故。沈家本等又奏准設立法律編查館，編定民律、刑律、商律及民事訴訟法等草案，然均未實行而清室已亡。民國成立，沿清之舊，設四級三審制度：卽初級廳、地方廳、高等廳、大理院四級，而以大理院爲最高審判機關。後各縣因經費困難，初級廳仍以知事兼理，而另設承審員助司訴訟。近年以來，民衆反帝國主義運動甚烈，收回治外法權的聲浪，隨之增高，列强思欲緩和民氣，遂開法權會議於北京，並派代表至內地各處考察司法情況，均謂我國司法制度不完備，目前不能撤廢領事裁判權，惟當時我國代表對於此種報告，已宣言否認。今國民政府成立，正以革命外交爲手段，從事於治外法權之收回運動。

（註一）明代鎮撫司、錦衣衛、東西廠，並起而操刑獄之權，更有廷杖的苛刑；至清則已廢止。

（註三）非刑卽非法之刑，官吏用之以勒供。其用意在於使犯人受肉體上的苦痛，至於求生不得欲死不能之時，不得不隱忍承認而後已。

問題提要：

（一）正式定爲條文的法與列成等級的刑，要到什麼時候纔確立起來？並且因何而確立起來？

（二）最初的刑法是對付那一階級而立的？何以貴族在法律上得有保障？

（三）我國法典始創於何人？其書名爲何？

（四）我國司法制度完成於何時？其情形如何？

第八章　兵制之演進

兵之起原與上古之傳疑的兵制

氏族社會無所謂兵

兵的發生之原因

奴隸服兵役

在氏族社會中，無所謂兵，因爲社會中的成員，均處於平等地位，人人有相互扶持、相互保衞，及對於外來侵害的共同復仇之義務，從而就用不着特設一種兵去担負此種義務。等到由氏族社會進到奴隸制的國家的時候，纔有所謂兵。兵的發生之惟一原因，就是戰爭；而戰爭發生之惟一原因，又是私有財產之確立，蓋私有財產制一經確立，則一方不能不需要兵以保障此種財產制，他方又不能不利用兵的力量搶刧隣族的財產以富裕己族的私有。(註一)大概在由氏族社會推移到奴隸制的國家的行程中，就已經有了『武人』，而且這時的武人都是氏族中的男子。(註二)男子在這個時候，既然占有重要地位，前此以女性爲中心的社會必然就轉變爲以男性爲中心的社會，國家的組成亦必從而開始。國家既已組成，於是統治階級便益加需要兵來保障其統治，來侵略隣近的部落。此時的社會，已經分爲貴族與奴隸兩個階級，隨而服兵役便是奴隸所專有的義務。

周代兵制

古文家的說法

以上所述，係屬于兵之起原；今請進而述上古之兵制。上古兵制，莫詳於周代，而其說又有今古文家之不同。周禮、小司徒：『乃會萬民之卒伍而用之：五人為伍，五伍為兩，四兩為卒，五卒為旅，五旅為師，五師為軍；以起軍旅，以作田役，以比追胥，以令貢賦。乃均土地以稽其人民而周知其數：上地家七人，可任也者家三人；中地家六人，可任也者二家五人；下地家五人，可任也者家二人。凡起徒役：毋過家一人，以其餘為羨；唯田與追胥，竭作。』周禮、夏官序：『凡制軍：萬有二千五百人為軍；王六軍，大國三軍，次國二軍，小國一軍；軍將皆命卿。二千有五百人為師，師帥皆中大夫；五百人為旅，旅帥皆下大夫；百人為卒，卒長皆上士；二十五人為兩，兩司馬皆中士；五人為伍，伍皆有長。』——此係古文家說。

今文家的說法

白虎通、三軍篇：『三軍者何？法天地人也。以五人為伍，五伍為兩，四兩為卒，五卒為旅，五旅為師，師二千五百人，師為一軍，六軍一萬五千人也。』公羊傳隱五年何休注：『二千五百人稱師。天子六師，方伯二師，諸侯一師。』——此係今文家說。要之，這多半是後儒的擬議虛造，未可盡信。而且當時

出兵之法與井田制度之關係

出兵的方法，和井田制度有深切的關聯（註二）；井田制度既不可信，則其軍制更不

可信了。

但是，我們可以決定的一點：就是當時服兵役的人，完全是些農人。唐風、鴇羽：『肅肅鴇羽，集於苞栩。王事靡盬，不能蓺稷黍。父母何怙？悠悠蒼天，曷其所有！』便足以證明平時的農人就是戰時的軍人（註四）。蓋西周仍存有奴隸制的國家之殘滓，而當時所謂農人，其地位並無異於奴隸，從而服兵役也就是他們的義務了。

（註一）男子既要從事於戰爭，自然從事於生產的時候就少，因此不得不去搶刼鄰族的財產以富裕己族的私有。

（註二）周易上所謂『武人爲於大君』一句，便可以窺見這時候的社會轉變。

（註三）公羊傳宣十五年何休注：『十井共出兵車一乘。』漢書、刑法志：『因井田而制軍賦：地方一里爲井；井十爲通；通十爲成，成方十里；成十爲終；終十爲同，同方百里；同十爲封；封十爲畿，畿方千里；有稅有賦：稅以足食，賦以足兵。故四井爲邑；四邑爲丘；丘十六井也，有戎馬一匹，牛三頭；四丘爲甸；甸六十四井也，有戎馬四匹，兵車一乘，牛十二頭，甲士三人，卒七十二人；干戈備具；是謂乘馬之法。一同百里，提封爲井，除山、川、沈斥、城池、邑居、園囿、術路三千六百井，定出賦六千四百井；戎馬四百匹，兵車百乘；此卿大夫采地之大者也，是謂百乘之家。一封三百一十六里，提封十萬井，定出賦六萬四千井，戎馬四千匹，兵車千乘，此諸侯之大者也，是謂千乘之國。天子畿方千里，提封百萬井，定出賦六十四萬井，戎馬四萬匹，兵車萬乘，故稱萬乘之主。』凡此均可見當時出兵之法與井田制度有深切的關聯。

（註四）又詩經、東山一首詩，也明示：平時的農人就是戰時的軍人。

附春秋與戰國軍制之異：

唐杜佑曰：『三田賦稅。（兵制並見於此，春秋以上，二事不可分也。）督制之可見者：……丘甲之法，（凡夫爲井，四井爲邑，四邑爲丘。丘十六井，出戎馬一匹，牛三頭。四丘爲甸，甸六十四井，出長轂一乘，戎馬四匹，牛十二頭，甲士三人，步卒七十二人。）三軍之法，四軍之法，田賦之法。（哀公十二年，用田賦。杜預注：丘賦之法，因其田財，通出馬一四，牛一頭；今欲其田及家財，各爲一賦。）鄭制之可見者：偏伍之法，（戰車二十五乘爲偏，以車居前，以伍次之，承偏之隙，而彌縫闕漏也；五人爲伍：此蓋魚麗陣法。）丘賦之法。（丘十六井，當出馬一匹，牛三頭。）晉制之可見者：州兵之法，（五黨爲州，州二千五百家也；使州長各繕甲兵。）毀車崇卒之法。（昭公元年，傳云：晉、魏舒請毀車以爲行。杜預注：爲步陳也。……案此，卽廢車戰之漸矣。）楚制之可見者：有乘廣之制。（宣公十二年傳云：廣有一卒，卒偏之兩。）齊制之可見者：有軌里連鄉之法。總諸事觀之，知其時田賦軍旅，互相關繫；而各以車爲主，其戰術爲極拙也。僖公十八年傳：鄭伯始朝於楚，楚子賜金，既而悔之，與之盟曰：無以鑄兵。遂鑄以爲三鐘。是其時以銅爲兵。而史記、范睢傳云：鐵劍利而勇士倡。則知戰國已用鐵爲兵矣。……』（見氏所著中國歷史敎科書第一篇第二章第二十三節。）

又曰：『戰國之於春秋，軍政之異，當分三途言之：一軍額之異，二戰術之異，三徵發之異。軍額之異者：周制萬有二千五百人爲一軍，天子六軍，大國三軍，次國二軍，小國一軍。其後，五霸迭興，此制遂見破壞。齊、桓公作內政以寄軍令；其法以五家為軌，故五人為伍；十軌為里，故五十人為小戎；四里為連，故二百人為卒；十連為鄉，故二千人為旅；五鄉人帥，故萬人為一軍；國有三軍。晉文公城濮之戰，有兵車七百乘。（五萬二千五百人。）楚莊王邲之戰，為廣乘三十乘，分為左右，廣有一卒，卒偏之兩。（十五乘為一廣，百人為卒，二十五人為兩，十五乘為大偏，古一廣十五乘，有百二十五人從之。）統以上所引觀之，知春秋時霸國全軍，皆不及十萬人；至戰國之世，則燕帶甲數十萬，車六百乘，騎六千匹；趙帶甲數十萬，車千乘，騎萬匹；韓帶甲數十萬；魏武士二十萬，蒼頭二十萬，奮擊二十萬，廝徒十萬，車六百乘，騎五千匹；齊帶甲數十萬；楚帶甲百萬，車千乘，騎萬匹：是其數皆十倍於春秋也。戰術之異者：周制，……以車為主要；至戰國時，乃廢乘而騎，趙武靈王之胡服習騎射：此為古今戰術之一大轉關。…… 徵發之異者：春秋以前為徵兵，（？）戰國以後為召募。（？）……」（見氏所著中國歷史教科書第一篇

第二章第二十四節。）

全國皆兵

漢代兵制

民兵制度

戰國時代，列國互競，時有征戰，遂形成全國皆兵之局勢，而開民兵制度之端緒。秦、漢因之，民兵制度由是確立。漢制：『民年二十三爲正。一歲爲衛士（註一），一歲爲材官騎士，習射御，馳戰陣。年五十六，衰老，乃得免爲庶民，就田里。』（註二）——此係漢代調兵之法。時京師有南北軍：南軍衛宮城，謂之郡國，衛尉主之；北軍衛京城，謂之三輔，中尉主之。武帝時，更於北軍置中壘、屯騎、步兵、越騎、長水、胡騎、射聲、虎賁八校（註三）；又於南軍置羽林、期門。（註四）至於郡國，則選引關、蹶張、材力武猛之人，以爲輕車、騎士（即騎兵）、材官（即步兵）、樓船（即水兵）（註五）。——此爲漢代軍隊編制之法。然東漢末年大亂，此種兵制便漸次破壞了。

（註一）一歲爲衛士，即以一年赴京師入南北兩軍爲兵。

（註二）見漢書、高帝紀注。

（註三）武帝置八校，爲募兵之始。

（註四）期門是從六郡良家子孫中挑選出來者。羽林初名建章營，後又取從軍死事者之子孫，養於羽林，教以五兵，名曰羽林孤兒。——是即世襲兵之始。

(註四)車騎用於平地，材官用於山地，樓船用於水地。

晉初軍制：初京師置中、後二衛及左軍、右軍、前軍、後軍、驍騎五軍。平吳以後，大減州郡兵備，大郡不過武吏百人，小郡僅五十人；

府兵制度

元帝渡江，王、謝、諸大族擅權，兵柄遂爲彼輩所握。南朝兵制，其詳不可考；至

北周始創府兵之制

北周時，始創立府兵之制。其制：選民之魁健才力者爲兵而蠲其租調，令刺史以農隙教練；合爲百府，每府一郎將主之，分屬二十四軍。領軍者叫做開府；一大將軍統兩開府，一柱國統二大將軍：凡二十四開府，十二大將軍，其上統以六柱國。隋沿其制，置十二衛將軍。到了唐代，府兵之制，益加完善。

唐代府兵之制

唐制：於各道設折衝府，以折衝都尉領之；折衝府分三等：上府統千二百人，中府千人，下府八百人。當時天下共十道，置六百三十四府，而關內一道，獨置二百六十一府；故唐初中央權勢頗强。其編制：十人爲火，火有長；五十人爲隊，隊有正；三百人爲團，團有校尉。凡隸於兵籍的人民，年二十而爲兵，六十而免。平時從事耕種，教練皆在農隙；(註一)事變起時，則待契符之下而從征，事平，各還其鄉。至於將帥，亦係於征

府兵制度之優點

彍騎

宋代中央集權制

禁軍廂軍番戍

保甲法

伐時臨時任命，征伐既終，則兵歸其府，將上其印，故當時無擁兵之人。又府兵不但鎮壓地方，且每年番上交代以宿衛京師；遠者稍稀，近者則輪番甚頻，大約一月一交代。——以上所述，均係唐初之制，但自高宗以後，此制遂壞。

（註一）每歲冬季，由折衝都尉徵集府兵，教以軍陣進退之法。

募兵制度及其他

唐初行府兵之制，已如前述；然自高宗以後，其制漸壞，蓋當時府兵屯駐一地，積日既久，因家室資業之累，其精神遂形渙散，而番役更代，多不以時。玄宗時，張說奏請召募壯夫，以供宿衛，號曰彍騎；——是為募兵制度。安、史亂後，藩鎮割據，兵制遂亂。

宋初，懲唐末藩鎮擁兵跋扈之弊，行中央集權制；於是集中央精兵於京師，叫做禁軍，守京城，備征伐；其老弱留各州者，叫做廂軍，以供役使；此外更有鄉兵蕃兵（註二）。至於各地要塞，則由禁軍出守，一年一換，叫做番戍。其後禁軍日增，教練日荒，也就不堪作戰了（註三）。至神宗時，王安石變法：遂裁減禁軍，改番戍之制，置將統兵，分駐各路；又行保甲法：以十家為保，保有長；五十家為大保，有大保長；十大保為都保，有都保正、副；戶有二丁者，以其一為保丁；保丁中每日輪派五人以備盜，教保長以武藝，由保長轉教保丁。——此實含有寓兵於民之意。然以黨爭關係，保甲之法，卒未久行。南渡以後，又立御前五軍（註三），諸將跋扈，幾與唐末相同。

御前五軍

元初兵制：有蒙古軍與探馬赤軍；前者爲本族人，後者則諸部族人。平金入中原以後，始發民爲兵，叫做漢軍。平宋以後所得之兵，叫做新附軍（註四）。其成兵之法：凡男子十五以上七十以下皆爲兵，十人爲一牌，牌有牌頭；上馬則備戰鬪，下馬則屯聚牧養。幼孩稍長，籍而爲兵，叫做漸丁軍。——此係指蒙古軍與探馬赤軍而言，且係通國皆兵之制。至於漢軍，則無定法（註五）。更定有兵籍，凡在籍之人，均有一定的服兵義務。其軍官：則世祖時於中央立前、後、中、左、右五衞，各置親軍都指揮使，以總宿衞；外則萬戶（萬人長）之下置總管，千戶（千人長）之下置總把，百戶（百人長）之下置彈壓，皆總於樞密院；有征伐則立行樞密院，事畢廢止。至於軍器，亦多改變：日人高桑駒吉說：「軍器因在宋、明之際，已經使用火器，故已大改革，即戰術亦從而異其方法。先是，在唐世，火藥固已用之於破石、爆竹，然尙未有用之於戰爭者；迨宋太祖時始有火箭、眞宗時始有火球之名；而

蒙古軍 探馬赤軍

漢軍 新附軍

元代兵籍

軍器之進化

金、元之戰及宋、元之戰，往往見有用大砲而名爲震天雷者，此砲術蓋自西域傳來，在歐羅巴當一三三〇年頃云，德意志僧人伯爾淪德修哇茲(Beltord Sohuwaltz)始發明火藥，然火藥之發明，實以中國人爲最古；至於大砲，則我們以爲係亞拉伯人所發明而傳至中國及歐羅巴者。』(註六)

明制與唐相似

明之兵制，與唐相似。其制：京師立二十六衞及前、後、中、左、右五軍都督府。二十六衞係天子親軍，叫做上直衞。五軍都督府設左右都督，管轄全國各地之都司、衞、所。每省設一都司，以都指揮使爲長官，而統轄衞、所；然衞、所亦有屬都督府直轄者。衞有指揮使爲之長，統五千六百人；所分千戶所與百戶所二者，千戶所以千戶爲之長，統千百二十人，百戶所以百戶爲之長，統百十二人；百戶以下，有總旗二人，小旗十人。從衞指揮使以下，官多世襲，其兵士亦父子相繼。凡衞、所之兵，無事從事屯田，有事則命將統率出征，事畢，將上所佩印，兵亦歸還衞、所。統率之權，操之都督府；征伐調遣，則由兵部。

旗兵

清初有滿州旗兵，分正黃、正白、正紅、正藍四旗，後以兵多，加鑲黃、鑲白、鑲紅、鑲藍四旗，叫做八旗；其後，降蒙古取中國，又立蒙古八旗與漢軍八

綠營　練勇

旗。其編制：每旗設都統一人，副都統二人，凡轄五參領；一參領轄五佐領；一佐領統三百人。八旗兵在京師者，叫做禁旅八旗；駐守各地者，叫做駐防八旗。八旗兵均係世襲，一兵受餉，全家坐食（註八）。此外又有綠營，均以漢人充選，有提督總兵以統之，爲平定內亂之常備兵。嘉慶以後，旗兵綠營皆已腐敗，故川、楚教匪起時，又另募鄉民爲兵，叫做練勇。太平軍興，亦賴湘、淮練勇討平，勇營由是成爲全國兵力之重心（註九）。中、日戰後，清室深感勇營亦趨腐敗，於是乃有改革兵制之議。

（註一）鄉兵職在防守，蕃兵則糾集蕃人之內附者，恐其生變，以守禦之。

（註二）西夏作亂時，陝西屯兵數十萬，仍須倚賴民兵以作戰，即此可見禁軍之腐敗。

（註三）御前五軍：楊沂中所領爲中軍，張俊所領爲前軍，韓世忠所領爲後軍，岳飛所領爲左軍，劉光世所領爲右軍。

（註四）此外更有匠軍、質子軍、（以諸侯將校之子弟爲兵，）答剌罕軍、（即募兵）礮軍、弩軍、水手軍。其守衛本地者：則遼東有糺軍、契丹軍、女眞軍、高麗軍，雲南有寸白軍，福建有畬軍。

(註五)漢軍出兵之法：或以戶之貧富論：戶出一人者爲獨軍戶，合二三戶而出一人者，則以一戶爲正軍戶，其他爲貼軍戶；或以二十戶出一卒；或以二十丁出一卒。

(註六)見李繼煌譯高桑駒吉著中國文化史三四三頁。

(註七)八旗兵，因一兵受餉，全家坐室，故均不事生產；淸亡以後，八旗生計，便成問題。

(註八)勇營編制：步兵百人爲一哨，五哨爲一營；馬隊以五十人爲一哨，五哨爲一營；水師以三百八十八人爲一營。

兵制之改革

練軍

中、日戰後，知勇營不足恃，始裁減綠營兵額，以所省之餉，於勇營之外，挑選精壯，加餉重練，叫做練軍。當初練軍，仍用舊法操練；

自强軍 新建陸軍

至張之洞練自强軍於湖北，始用西法。袁世凱又練兵小站(註一)，北洋新建陸軍由是成爲全國兵力之重心。淸末更定全國新軍爲三十六鎭，分駐各地；又行徵兵之法：於各省設督練公所，選各州縣壯丁有身家者入伍訓練，爲常備兵；三年歸里，叫做續備兵；又三年退爲後備兵；又三年始脫軍籍；然未及大行，而清室已亡。

民國兵制

民國成立，兵制略與清同；其制：三排爲連，三連爲營，三營爲團，三團爲旅，二旅爲師，各級均設長以統之，而以師爲最高單位。定制：每師統步兵二旅，砲兵一團，騎兵一團，工兵一營，輜重兵一營。然以連年內戰，兵制亦不統一：有合數師而成軍者，更有合數軍而爲軍團者。至國民政府成立，始從事編遣。

水師

清初只有水師，分內河、外海。湖南、湖北、江西戰船，屬於內河；天津、山東、福建戰船，屬於外海；江、浙、廣東，則兩者兼有。太平軍興，曾國藩督練水師，始成立長江水師。清季，始創海軍，於北京置海軍衙門，以總理海軍事務。

海軍

中、日一役，海軍全沒，因廢海軍衙門。宣統末年，復立海軍部；然以良好軍港，多爲外人租借，且短於經費，故其成績，無甚可觀。民國成立，雖略有整頓，然亦無進展。

（註一）初，胡燏棻招練定武軍十營，步隊三千人，砲隊一千人，馬隊二百五十人，工程隊五百人，共四千七百五十人，參用西法教練。光緒二十一年，袁世凱於天津督練新建陸軍，即以胡所練定武軍爲基本，加募馬步各隊，湊足七千人。定武軍原駐離津七十里的新農鎮，卽津、沽間所稱爲小站之地。袁氏練兵小站之名，卽由此而起。

問題提要：

（一）試略述兵之起原。
（二）何以周代兵制不足信？
（三）試略述武器進化之階段。
（四）試略述春秋時代與戰國時代兵制之異點。
（五）民兵制度始於何時？
（六）府兵制度始於何時？又其制度之內容如何？
（七）募兵始於何時？
（八）試述宋、元、明、淸四代兵制之大概。

第九章 宗教

宗教之起原與上古之宗教

宗教思想為初民社會必然的產物

宗教思想為初民社會必然的產物；蓋當時人類，頭腦單簡，對於自己之生死，對於自然界中一切現象，均不明其所以然，而認為一切均可驚異，均帶有神秘性質，由是一切都歸於神化。所以夏曾佑說：『初民之意：觀乎人類，無不各具知覺。然而人之初生，本無知覺者也；其知覺不知從何而來。人之始死，本有知覺者也；其知覺又不知從何而去。於是疑肉體之外，別有一靈體存焉。其生也，靈體與肉體相合，而知覺顯。其死也，靈體與肉體相分，而知覺隱。有隱現而已，無存亡也。——於是有人鬼之說。既而仰觀於天，日月升沈，寒暑迭代，非無知覺者所能為也。——於是有天神之說。俯觀乎地，出雲雨，長草木，亦非無知覺者所能為也。——於是有地示之說。人鬼天神地示，均以生人之理，推之而已。其他庶物之變，所不常見者，則謂之物魅；亦以生人之理，推之而已。此等思想，太古已然。』（註一）——案此，即宗教之所自起。

人鬼

天神

地示

物魅

宗教起原之理既明，進而敍述吾國上古之宗教。周官：『大宗伯之職，掌建邦

晉國上古之宗教

之天神、人鬼、地示之禮，以佐王建保邦國，以吉禮祀邦國之鬼、神、示。』所謂天神，是指些什麼呢？周禮說：『以禋祀祀昊天上帝；以實柴祀日、月、星、辰；以槱燎祀司中、司命、風師、雨師。』這些便是天神。所謂地示，又是指些什麼呢？周禮又說：『以血祭祭社稷、五祀、五嶽；以貍沈祭山林川澤；以副辜祭四方百物。』這些便是地示。至於所謂人鬼，便是指祖先崇拜；周禮：『以肆獻祼享先王，以饋食享先王，以祠春享先王，以禴夏享先王，以嘗秋享先王，以烝冬享先王。』除上述三者之外，更有所謂物魅，卽俗之妖怪。

報德祈福

以上所述的這些宗教思想，其起原固如夏曾佑氏所說；但是，『物本乎天，人本乎祖』(註二)；則報德祈福的心理，卻也是啓發此種宗教思想的動力。

祖先崇拜與宗法之關係

至於祖先崇拜(註三)，則與宗法有密切的關係：蓋天子爲大宗，有七廟；諸侯以其始封者爲別子(別子爲祖)，不能復祖天子，就只有五廟，由是遞減，大夫便只有三廟，士一廟，庶人無廟而祭於寢。又天惟天子可祭，則以天子代天宣化，故有此主祭之特權；

感生之說

而感生之說，亦由是而起(註三)。

術數

既有鬼神，進而又認定世間萬事萬物，都有鬼神主宰於其間，於是以五行之理，立術數之法，一以探鬼神之異，一以察禍福之機。術數之法：一曰天文，二曰五行，三曰蓍龜，四曰形法。除五行一項前已論及不必贅述外，茲將其他三項分述如下：

天文

天人感應

（一）天文　初民所最驚異的，便是天體的現象。他們認為天空的現象，都有神在那裏主宰；天子既是代天宣化，則天上有變異，便會應徵到人事方面來。如左傳昭十年『春正月，有星出於婺女。鄭、裨竈曰：七月戊子，晉君將死。』昭十五年『春，將禘於武公。梓愼望氛曰：吾見赤黑之祲，非祭祥也，喪氛也，其在蒞事乎？』即其例證。這和洪範裏面的五徵，是一樣的道理。

蓍龜

（二）蓍龜　夏曾佑說：『案卜筮分為二術。卜者，龜也。（註四）周禮太卜掌三兆之法：一曰玉兆，二曰瓦兆，三曰原兆。其經兆之體，皆百有二十，其繇皆千有二百；蓋以火灼龜，觀其璺罅，各從其形似占之；所謂使某卜之，其繇曰云云，皆卜也。筮者，蓍也。周禮筮人掌三易：一曰連山，二曰歸藏，三曰周易。其經卦皆八，其別皆六十有四；蓋用蓍草四十九枚，揲之成卦，以觀吉凶；所謂使某筮之，遇某卦之某卦云云，皆筮也。其不言周易者，皆連山、歸藏。』（註五）左傳莊二十二年：『初，懿氏卜妻敬仲。其妻占之曰：吉，是謂鳳凰于飛，和鳴鏘鏘，有嬀之後，將育於姜；五世其昌，並爲正卿；八世之後，莫之與京。周史有以周易見陳侯者，陳侯使筮之，遇觀䷓之否䷋，曰：是謂觀國之光，利用賓於王。』此卽可知當時用卜筮以占吉凶之術。

形法

(三)形法　荀子：『古者有姑布子卿，今之世梁有唐擧，相人之形狀顏色，而知其吉凶妖祥。』此卽所謂形法，其要亦由五行推演而來。左傳文元年：『王使內史叔服來會葬，公孫敖聞其能相人也，見其二子焉。叔服曰：穀也食子，難也收子；穀也豐下，必有後於魯國。』此卽以相定人將來之例。

神仙之說

到戰國末年，神仙之說始盛。齊威、宣之時，騶衍以陰陽主運，顯於諸侯；而燕齊海上之方士，又競爲神仙之說，以惑世主。齊威王、宣王、燕昭王，均信其說，使人入海求蓬萊、方丈、瀛州三神山，謂諸仙人及不死之藥在焉。未至，望之如雲，及到，三神山反居水下；臨之，風輒引去，終莫能至。(註六)宗教思想，至此一變。

(註一)見夏曾佑著中國歷史教科書第一篇第二章第四節。

（註二）見禮記、郊特牲。

（註三）祖先崇拜，大約是在私有財產制確立以後之事，蓋在原始公產社會中生民知有母而不知有父，既然父的觀念都沒有，則遑論祖先。

（註四）感天而生的事實，可參考史記、五帝本紀。

（註五）郭沫若著中國古代社會研究說：『易經全部就是一部宗教上的書，牠是以魔術為脊骨，而以迷信為其全部的血肉的。「舍爾靈龜觀我朵頤凶。」「或益之十朋之龜弗克違。」龜本來是水產的動物，公然靈化了。龜之靈化當在八卦發現以後；而且在八卦的神祕化了以後。因為龜的背文有幾分和八卦類似的原故。八卦是上帝的意旨，龜是宣傳意旨的工具。所以龜便這樣的通靈，誰也不敢違背。「自天佑之吉无不利。」「用享於帝。」至上帝的觀念在當時是已經有了。八卦是天人之間的通路，龜便是在這通路上來往着的宣傳使者。所有人的祈願由牠銜告上天，所有天的豫兆由牠昭示下民。一切的吉凶禍福，都可前知，龜當然可以成靈而誰也不敢違背了。誰敢違背，那便是凶。』郭氏所言龜之所以用作占卜的工具，頗有是處，故錄之以供參考。

(註六)其詳可參看史記、封禪書。

道教及其變革

戰國以後宗教思想之特徵

上面說過，宗教思想，至戰國末年而一變。戰國以前的宗教思想，含有濃厚的入世觀念，(註一)此後的宗教思想，却帶着出世的觀念，由戰國末年求三神山之事，即可窺見此種轉變的關鍵。促成此種轉變的惟一原因，就是戰國時代的連年戰爭，使人民流離失所，欲生不得求死不能，以前替他門降福的鬼神，現在並不曾拯救他們；其結果遂促成他們厭棄現世，懷疑以前的宗教思想；(註二)在這種厭棄現世的環境之下，纔會產生出出世的觀念，而中國的道教，就胚胎於此時了。

出世觀念

儒術與方士分離為道教之原始

原來在戰國末年，就有方士大倡神仙之說。秦時，儒家已容納方士之說，而阿腴苟合之輩，又利用之，以長生不死之術，說人主而求富貴。(註三)漢初諸儒，以荀子持寵處位終身不厭之術，(註四)目擊人主酷好方士之說，(註五)乃以陰陽五行附會於書、易、春秋，由是儒術與方士糅合為一。然自劉歆倡六經皆史之說，而儒術與方士分離；儒術與方士分離，即道教之原始。夏曾佑說：『……讖緯盛於哀、平之際，王莽藉之，以移漢祚。已既爲之，則必防人之效己，此人之常情也；故有宜絕其原之命。然此時符命之大原，則實由於六藝。六藝爲漢人之國教，無禁絕之理；則其爲計，惟有入他說以亂之耳。劉歆爲莽腹心，親典中書，必與聞莽謀，且助成莽事。故爲莽雜糅古書，以作諸古文經。其中至要之義，即六經皆史一語。蓋經既爲史，則不過記已往之事，不能如西漢之演圖比讖，預解無窮矣。而其結果，即以孔子之宗教，改爲周公之政法，一以便篡竊之漸，一以塞符命之源，計無便於此者。然以當時六藝甚備，師法甚明，必不能容不根之說，忽然入乎其間；於是不能不創言六經經秦火，已脫壞；河間獻王、魯恭王等，得山巖屋壁之藏，獻之王朝，藏之祕府，外人不見，至此始見之云云。故秦焚書一案，又爲古文經之根據也。……歆等挾帝王之力，以行儒術，其勢甚順。……桓、靈之際，黨錮諸公，致命遂志，固無一毫讖緯之餘習也。雖然，鬼神術數之事，雖暫爲儒者所不道，而此歡迎鬼神術數之社會，則初無所變更。故一切神怪之談，西漢由方士并入儒林，東漢再由儒林分爲方術，於是天文、風角、河、洛，風星之說，乃特於六藝之外，而自成一家；後世所相傳之奇事靈跡，全由東漢人開之。……及張道陵起，衆說乃悉集於張氏，遂爲今張天師之鼻祖；然而與儒術無與矣。』(註六)……此卽道敎之所自來；而東漢外患頻繁，(註七)宦官柄政，不恤民瘼，則更爲此道敎造出一生長之地盤。(註八)

道敎爲張陵所創

首創道敎者，是張良九世孫張陵。他曾徧遊名山，得道於龍虎山(今江西、貴溪縣)，著道書二十四篇。他能爲人治病降魔，人均以天師呼之。他死後，以經籙印劍傳其子衡，衡傳其子魯。當時張陵的魔力，已極風靡，靈帝時，黃巾張角(註九)以符水惑衆作亂，卽其門徒。巴郡又有張修，亦以術療病，令病者出五斗米爲酬獻，號曰五斗米師。時張衡已死，張魯新得印劍，乃博采角、修之術，益以其祖父之心傳，據漢中之地，以鬼道敎民，(註十)前後凡三十年，——道敎的基礎由是確立。後魯爲曹操所逐，遁走巴中，使其子盛還龍虎山，奉其祖傳之正一玄壇。自是張氏世居龍虎山，稱天師，至民國十五年，始爲革命軍所廢。

張衡張魯

張角張修

張盛

道敎與老子

道敎原與老子無關：騶衍之輩，只推尊黃帝，而未嘗言及老子；至東漢末年，張角以符水咒說治病，始託之於黃、老；魏伯陽作參同契，始以周、易陰陽之說，參以老子淸靜之談與方士服食之法，而形成所謂煉養之術。魏、晉以後，老、莊學說盛行；於是老子就被奉爲道教之教主。從而以符水咒說治病之道教，遂參有淸靜修養之老學。晉代道教之改革家爲葛洪，（註十一）著有抱朴子八百一十六篇，形成道教中之丹鼎派，盛行於南方；至於北方，則張陵以來所傳之符籙勅水，仍擁有雄厚的勢力，即所謂道教中之符籙派。至南齊、陶弘景與元魏、寇謙之（註十二）出，而符籙派益昌。然陶、寇亦未嘗不言丹鼎之術。

葛洪與丹鼎派

符籙派

唐代崇道教

唐代因帝室與老子同姓，益奉道教。（註十三）高祖建老子廟以祀老子，太宗列老子於釋迦之上，至高宗則親謁老子廟，奉以太上玄元皇帝之號，命王侯以下皆習道德經。中宗更令諸州各立道觀，命道士鄭普思爲祕書監，葉靜能爲國子祭酒，玄宗又於五岳設眞君祠，長安、洛陽及諸州設玄元廟，以道德經冠羣經之首，帝親作註釋，命士子各備一本，更於崇玄館立玄學博士掌教授，於諸州立崇玄學生應貢舉，叫做道舉，道教由是成爲唐代的正教。武宗尤崇奉道教，召道士趙歸眞等八十一人於宮中，親受法籙，並以趙歸眞與劉元靖爲光祿大夫，任崇玄館學士，使在宮中修法；同時並毀佛寺排斥其他異教，道教勢力至是可謂到達極點了。

宋代崇道教

宋亦崇奉道教：眞宗於京師立玉淸昭應宮，賜張陵後裔正隨爲眞靜先生，賜號之事由是常行。徽宗尤崇道教：設先生、處士等道階，立侍宸、校籍等道官，至於道士則尊帝爲教主道君皇帝；其後更建道士學，置道學博士，修道史，以排斥佛教。

元代道教之四派

元代雖奉喇嘛教，然亦優遇道士，太祖且使邱處機總領道教。當時所行道教，蓋有四派：一曰正一教，爲張氏所傳，專行於大江以南；二曰全眞教，爲宋末道士王重陽所創，其門徒邱處機深得太祖尊信，專行於大江以北；三曰眞大道教，爲金末道士劉德仁所創，五傳至酈希誠，憲宗始賜以眞大道教之名；四曰太乙教，爲金道士蕭抱眞所創，因傳太乙三元法籙之術，故有是名。

明清兩代之崇道教

明代，至世宗時，亦深信道教：於宮中建立道觀，賜道士邵元節爲眞人，使總天下道教，又擧道士陶仲文。元節仕至禮部尙書，卒諡文康榮靖，仲文仕至少保禮部尙書，卒諡榮康仲肅。其推尊道教，可謂到達極點。至於清代，則更於京師置道錄司，府置道紀司，州置道正，縣置道會司等官，以督統道士。降至今日，龍虎山的法壇雖被毀壞，然道教符水咒說之術，尙爲一般人民所迷信。

(註一)上古之祀天神、地示、人鬼，蓋以人生衣食，係得天時地利而來，己身所出，係由祖先而來，故其祀祭，均含有崇德報功的思想，而少有出世的觀念。

(註二)小雅、蓼莪：『缾之罄矣，維罍之恥，鮮民之生，不如死之久矣！』小雅、苕之華：『苕之華，其葉青青。知我如此，不如無生！』——這便是厭棄現世的思想。小雅、南山、『昊天不傭，降此鞠凶！昊天不惠，降此大戾！』——這便是對於天的一種責罵。

(註三)參看夏曾佑著中國歷史教科書第二篇第一章第六十節。

(註四)參看荀子仲尼篇。

(註五)武帝元光二年，李少君以祠竈却老方見上，上尊信之，遣方士入海，求蓬萊安期生之屬。

(註六)參看夏曾佑著中國歷史教科書第二篇第一章第六十二節。

(註七)西羌之患，與東漢相終始，而南蠻、鮮卑、高句麗，西南夷又時寇邊。

(註八)昌言、理亂篇：『使餓狼守庖廚，飢虎牧牢豕；遂至熬天下之脂膏，斲生人之骨髓。……豪人之室，連棟數百；膏田滿野；奴婢千羣，徒附萬計；船車賈販，周於四方；廢居積貯，滿於都城；奇賂寶貨，巨室不能容；馬牛羊豕，山谷不能受；妖童美妾，塡乎綺室；倡謳妓樂，列乎深堂。』——要在這種『金樽美酒千人血，玉盤佳肴萬姓膏』的情況之下，張角纔能以道術亂天下。

（註九）角事黃、老，自稱大賢良師，以妖術敎授，號太平道，呪符水以治病，十餘年間，聚衆數十萬，作亂時，其徒均著黃巾爲識，故時人謂之黃巾賊，又名爲蛾賊。

（註十）張魯據漢中，自稱師君，敎人以誠信不欺詐；有病自首其過；犯法者三原然後行刑。道敎以其敎術敎民自魯始。

（註十一）葛洪字稚川，師其從祖葛仙公弟子鄭隱，得煉丹術，後煉丹羅浮山，自號抱朴子。

（註十二）陶弘景隱於丹陽、勾容，爲梁武帝所推尊。寇謙之爲嵩山道士，修張魯之術，爲魏太武帝所推尊。

（註十三）相傳唐、高祖時，有吉善行自言於羊角山見白衣老父曰：『爲吾語唐天子，吾而祖也。』

佛教之輸入及其流派

喬答摩悉達多

佛教的始祖爲喬答摩、悉達多，生於印度、迦比羅國。其生卒年月，頗不可詳。或云去今千三百餘年，或云千五百餘年，或云已過九百年，未滿千年，晚近西人，則謂佛約先耶蘇六百年生，似此則佛當與孔子並世。

佛一生的略史

佛爲迦比羅國王太子，爲刹帝利種，年十九，或云二十九，以不滿當時種姓的階級，見人有生老病死的痛苦，遂於三月八日，或云三月十五日，踰城出家，住雪山中，薙除鬚髮，去寶衣纓絡，著鹿皮衣，苦行六年，至尼連禪河畔菩提樹下，以三月八日，或云三月十五日，成等正覺；(註一)時年三十五歲。於是周遊印度諸國，宣教說法，四十餘年。最後至拘尼耶揭羅國阿特多伐底河畔沙羅樹林中，以三月十五日入無餘涅槃，時年八十歲。人稱之爲釋迦牟尼。(註二)——以上所述，便是佛一生的略史。

四種姓

原來印度土著爲馬來種人，自亞利安人由中央亞細亞南下入印度後，馬來種人卽居於被征服的地位。當時分人爲四種姓：一曰婆羅門種，卽僧侶，世掌宗教祭祀；二曰刹帝利種，卽王族，世握軍民兩政；三曰吠奢種，卽平民，世爲農工商買；四曰戍陀羅種，即奴隸，世執賤役。前三種爲亞利安人，後一種則爲土著。據阿含部經所說：此四種人，均從梵天而生，第一種從梵口生，第二種從梵肩生，第三種從梵臍生，第四種從梵足生。出生不同，故此四種人，貴賤亦不同，執業亦各異，不通婚姻，不相往還。

四吠陀書

印度梵文，婆羅門人自以爲梵天所傳，其四吠陀之書，——一曰阿由吠陀，華言曰壽，謂養生繕性；二曰殊夜吠陀，華言曰祠，謂享祭祈禱；三曰娑磨吠陀，華言曰平，謂禮儀、占卜、兵法、軍陣；四曰阿達婆吠陀，華言曰術，謂異能、技數、梵咒、醫方；——婆羅門人亦自以爲梵天所製。此四吠陀，婆羅門人據爲經典；他們以爲萬物皆梵天所造，人之靈魂不死，身死之後，仍與梵天相合。

佛教之所由起

至佛生前一千年左右，此種教義，始漸次失其支配能力，由是學說蠭起，派別各異，而印度人的知識始大進。(註三)佛祖既不滿意於當時種姓的階級，又目擊人有生老病死之苦，更承千年來各家學說奔放之後，故能彙通各家加以修改，而別創佛教。——以上所述，便是佛教之所由起。

一切平等無人我之見

佛說精深，自非本節所能詳述，要之：一切平等之義，無人我之見，則爲佛說的扼要點。佛祖圓寂之後，其高弟摩訶迦葉等，昌大其說，會弟子五百人於王舍城，爲第一次結集。後百年，耶舍陀會佛徒七百人於毘舍離，爲第二次結集；諸種姓向爲婆羅門人所屈服者，至是多皈依佛教。至周赧王時，中印度、摩揭陀國阿輸迦王，會僧侶千人於國都華子城，爲第三次結集，並定佛教爲國教，印度全境由是皆宗佛教。摩揭陀國亡，佛教頓衰。至東漢、明帝時迦膩色迦王君臨大月氏，好佛法，始會佛徒五百人於罽賓，是爲第四次結集，而一時大月氏遂爲中亞文化的中心。

佛教分南北二派

當時南印度佛徒不與會，佛教因此分爲南北二派：南派以獅子國（卽今錫蘭）爲大本營，傳於後印度諸國及南洋羣島；北派以大月氏爲大本營，後傳入中國，而廣布於東亞。——以上所述，便是佛教的發展情形。

佛教的發展情形

魚豢魏略西戎傳：『漢哀帝元壽元年（公元前二年），博士弟子秦景憲從大月氏王使伊存口受浮屠經。』案當時大月氏王丘就卻，正征服罽賓；而罽賓實其時佛教最盛之地；則大月氏使臣對於佛教有信仰，而秦景憲從之問業，或確有其事。

誦佛經之始

似此，則秦景憲爲中國人誦佛經之始。後漢書楚王英傳：『英晚節更喜黃、老學，爲浮屠齋戒祭祀。永平八年（公元六十五年），詔令天下死罪皆入縑贖。英……奉送縑帛贖愆。……詔報曰：「楚王誦黃、老之微言，尚浮屠之仁慈。潔齋三月，與神爲誓。何嫌何疑，當有悔吝？其還贖以助伊蒲塞、桑門之盛饌！」』——此爲中國人祀佛之始。

祀佛之始

後漢書襄楷傳載桓帝延熹七年(公元一六四年)楷上疏云：『聞宮中立黃老浮屠之祠。』——此爲帝王奉佛之始。

帝王奉佛之始

安息人高世安於東漢桓帝初(公元一六〇年頃)至洛陽，譯安般守意經等三十九部。——此爲譯經之始。

譯經之始

後漢書陶謙傳：『丹陽人笮融，在徐州、廣陵間，大起浮屠祠，上累金盤，下爲重樓。……作黃金塗像……』——時公元一九五年，爲中國人建塔造像之始。

建塔造像之始

歷代三寶記卷三年表中於魏甘露五年(公元二六〇年)條下注云：『朱士行出家，漢地沙門之始』。

沙門之始

由上所述，可知佛敎輸入中國，當在西漢末年。至於東漢明帝求佛一事(事在永平七年)，則因近人梁啓超有力之反駁(參看梁任公近著第一輯中卷)，故不述及。

佛敎發達的原因

佛敎自西漢輸入以後，中經三國西晉，無甚進展；東晉以後，佛敎始大發達，中經南北朝而至於隋、唐，佛敎纔到達登峯造極的地位；宋、元以後，便不過補苴而已。考東晉後佛敎發達的原因，不外以下數者：(一)東晉時代，北方有五胡十六國之亂，其君主多胡人，胡人文化落後，其自身並無固有的文化，故接受外來的文化，至爲容易，胡主如後趙石勒、前秦苻堅、後秦姚興、後魏拓拔珪、拓拔嗣，均

在印度，以義熙六年歸國，計前後共
著佛國記爲最有名。當法顯出國後二
(註一)等正覺又名圓覺，即佛所悟之道體。鳩摩羅什譯述甚多，其主要者有
(註二)釋迦牟尼，譯言『能仁』，謂其十住毗婆娑論、阿彌陀經、法華經等
(註三)當時學派甚多，有僧佉派、吠世史之傳入。北涼元始元年（公元四一
(註四)以釋爲氏，自道安始。譯涅槃經，於是我國始有涅槃宗。
(註五)禪宗教義：不說法，不著書，直指達四萬八千八。梁大通元年（公
信。破相論諸書，爲中國禪宗的始
(註六)十三宗中，只俱舍成實兩宗爲小乘、
係中國人所自創。

摩尼教

拂多誕

隋、唐
島，故西方各國所尚者自宗教

摩尼教、祆教、景教、回教之輸入

教，因之輸入中國；茲分述如下：

(一)摩尼教　摩尼教爲第三世紀中葉波斯人摩尼所創。其教以祆教舊說爲根據，更參以佛教與基督教的哲理，別成一派。摩尼死後，其教由東羅馬輸入西方諸國，波及非洲北岸，唐武則天朝時，由波斯人拂多誕傳入中國。回紇人素奉此教，至肅

宗借兵回紇，回紇人多移居內地，於是摩尼教之勢漸盛。代宗時，各地多建立摩尼寺，賜額爲大雲光明；憲宗元和二年，於河南、太原各置摩尼寺，與大秦寺，祆寺並稱爲三夷寺。及武宗信道教，排斥諸教，於是三夷寺同廢，京城摩尼教信女七十二人皆見殺，流回紇人於諸道，死者大半，其教遂衰亡。

祆教

左洛阿司太

拜火教

何祿

(二)祆教　祆教卽拜火教，公元前千年爲波斯人左洛阿司太（Zoroaster）所創，其經典名 Zend Avesta。其教謂世界有善惡二神：善神曰 Ahuramazda，惡神曰 Ahriman，善神清淨，爲至善之本，惡神穢惡，係萬惡之源。世間萬有，均爲此二神所統轄：善神得勢，則羣生幸福；惡神得勢，則羣生凋殘。因勸世人就善神以避惡神。以火代表善神，拜火，故又名拜火教。以日爲光明之原，拜日，故名祆教。其教通行於波斯及中央亞細亞一帶，爲波斯國教，亞力山大東征後，其勢稍衰；及薩賚朝勃興，建新波斯帝國，其勢又盛。北齊、北周之際，此教曾傳入中國北部，惟不甚廣布。及大食勃興，波斯、中亞皆爲其所有，苛待祆教徒，祆教徒東遁，其教因之流布中國。唐高祖時，長安建立祆神祠；太宗貞觀五年（公元六三一年），有波斯人何祿來長安傳教，建祆祠，並設祆正、祆祝，主祀祆神。武宗排諸教獨崇道教，祆教遂衰亡。

景教

乃司脫利安

（三）景教　景教為基督教的一派。公元五世紀初約當南北朝宋文帝元嘉年間，有東羅馬人乃司脫利安（Nestorius），謂耶穌為立教的聖人，非即上天之子，否認耶穌為神人合一之說；遂為衆教徒所排斥，流放亞美尼亞而死。其徒亦遭屏斥，散處東方，其地基督教徒多從之，便形成乃司脫利安派。其教規：生不嫁娶；病不服藥；死則裸葬。後流行於波斯，國王非魯日斯竟崇之為國教。魏宣武帝、梁武帝時，其教已入中國。

阿羅本

唐太宗貞觀九年（公元六三五年），波斯人阿羅本（Olopen）齎其經典至長安，留禁中翻譯經典，並建波斯寺，度僧二十一人。其徒自稱其教為景教，蓋取其教旨光輝發揚之義。（註一）高宗時，更於諸州立波斯寺，以阿羅本為鎮國大法王，其教大行。玄宗時，知景教之本，初非波斯而為大秦，因改波斯寺為大秦寺。

大秦景教流行中國碑

德宗建中二年（公元七八一年），大秦寺僧景淨等，更立大秦景教流行中國碑，其盛況可知。至武帝排異教，大秦寺與佛寺祆寺並廢，碑亦埋沒地中，其教遂衰亡。（註二）

回教

（四）回教　回教即亞拉伯人穆罕默德所創的依斯蘭教（Islam），為後世回紇

穆罕默德

天方敎

蘇哈巴

人所崇拜，故中國名之曰回敎；(註三)又以其出於天方，(卽唐之大食，今之亞拉伯)故又名天方敎。其敎爲嚴肅的一神敎，本於猶太基督二敎之處甚多；其經典曰可蘭(Koran)，共三十本，三千六百段；凡經典所載法規，信徒均應遵守。其傳敎時有例三條：凡人民皆須信仰可蘭經，否則納租貢以買其信敎自由權，否則以刀劍征服之。其徒布敎，左手執利劍，右手執可蘭；故其兵威所及，敎權卽隨之立足。後統一亞拉伯全境，建立大食國。隋煬帝大業年間(七世紀初葉)，其徒蘇哈巴(一作撒哈八)等，由海入中國，於廣東番州建懷聖寺，是爲中國有回敎寺之始。唐高宗以後，益加流行。武宗排異敎，其勢始衰。僖宗時，其南方敎徒，多爲黃巢所殺，其勢益衰。至元太祖攻金時，其軍中有畏吾兒人，信奉回敎；於是回敎在中國始漸次復興。自是天山南路甘、陝、晉、川一帶，遂爲回敎徒的根據地；至於南部，則其勢稍弱。

(註一)大秦景敎流行中國碑上，有『眞常之道，妙而難明，功用昭彰，强稱景敎』之語，足以證明景敎命名之取光輝發揚之義。

(註二)此碑至明末始出土，景敎在當時盛况，得從碑文中知之。

（註三）關於此點，更有一說，見金兆梓所編之初級本國歷史參考書上冊二三一頁。他說：『世以為由回紇人奉其教，傳入唐，故名回教，其說實誤。蓋唐時回紇人所奉者為摩尼教，由回紇人傳入唐者，實為摩尼教而非回教。回紇自唐末西徙，宋時建畏吾兒國於今新疆東部。元興，得畏吾兒，即用其人為兵，故元史有回回軍，——回回、回紇、畏吾兒，一音之轉也。自大食之盛，其國勢直踰葱嶺而東，於是其教遂隨而東來，盛行於今新疆之地，畏吾兒亦奉之。自元併中國，畏吾兒人亦以回回軍雜居中國，其教復隨之傳入，回教之名，蓋即起於是時。』

也里可溫

耶蘇會

基督教之輸入

基督教最初輸入中國者，為乃司脫利安派，不久中絕。元世又有也里可溫教傳入，（註一）亦不甚流行。十六世紀初葉，馬丁路德所倡導的宗教改革運動起於歐洲，新教勢力特盛；羅馬舊教（即天主教）遂失落其歐洲固有的地盤。當時舊教中有志衛道之士，因推洛雅拉為首領，組織耶蘇會，一面謀舊教內部之革新，一面謀恢復已失的地盤。其時歐、亞海上交通發達，葡萄牙人且掌握歐、亞航海權，於東方占有多數屬地；於是葡王遂請耶蘇會中人擔任東方傳教事

舊教入中國　方濟各　利馬竇　龐迪我　陽瑪諾　羅如望　艾儒略　湯若望

業。——舊教因是輸入中國。

明世宗嘉靖三十一年(公元一五五二年)，東洋布教長方濟各由印度來中國，行至廣東上川島而死，未得償願。神宗萬曆八年(公元一五八〇年)，意大利人利馬竇繼至，居留廣東肇慶，習華言，服華服，從事布教。後又至南京，結交官場，廣通聲氣。於是信徒漸多，並於上海建立天主堂，開十字街。萬曆二十九年，利馬竇與其友人龐迪我至北京，貢獻方物及基督聖母圖。神宗禮遇甚優，令得於京內外建立天主堂。利馬竇頗富科學知識，著述亦多，又其傳教時常參酌中國習俗古義以求調和，故公卿以下均樂與交接。萬曆三十八年，利馬竇死，南京反對基督教的聲浪大作。萬曆四十四年，明廷下令禁止傳教，並將在京教士逐回澳門。後明與滿洲搆兵，需用銃礮抵禦，始於熹宗天啓二年(公元一六二二年)，從澳門召回教徒陽瑪諾、羅如望等製造銃礮，明年又召用畢方濟、艾儒略等，教禁遂解。其時教士留京師者，除龐迪我諸人外，尚有鄧玉函、熊三拔、龍華民等，後更有德意志人湯若望，均能藉科學以繼承利馬竇以來的傳教事業。直至明末，教徒已達數千人，思宗及永曆帝母后，均一心信仰。母后並遣書羅馬教皇，請其為明室祈福。原書現存羅馬耶蘇會藏書樓，實西敎東漸之信物。

南懷仁

多爾袞入關後，湯若望卽上書自陳中國曆書之舛錯。（註二）淸世祖順治二年（公元一六四五年），卽用湯若望的新曆爲時憲曆，並命他掌欽天監事。舊欽天監人員，因此懷恨湯若望。聖祖康熙四年（公元一六六五年），楊光先上書攻擊新法，並誣各省敎士欲圖謀不軌。湯若望因此下獄，各省敎士，亦多被拘押。楊光先便爲監正，復行舊法。康熙八年，聖祖察知楊光先所言誣妄，乃改任敎士南懷仁爲監正；更令敎士徐日昇、張誠、白進、安多等，輪班進講。時敎士亦能確守利馬竇遺法，允許入敎的敎徒，保存其從來的習慣儀式，祖先的崇拜與孔子的崇奉，概不禁阻；故淸廷雖未明令允許人民信敎自由，然當時信徒實已達數十萬之多，天主敎遂盛極一時。

鐸羅

然利馬竇傳敎之法，後來爲敎中別派之人所反對，上書羅馬敎皇，謂前此傳敎之人，容許中國崇拜祖先，有破壞基督敎的敎義。康熙四十三年（公元一七〇四年），羅馬敎皇因派鐸羅至北京，發表敎皇的敎書，命不從敎皇命令者退出中國。聖祖震怒，逮捕鐸羅，押送澳門，並令敎士不守利馬竇遺法者，一概出境。自是歷

新敎入中國

世宗、高宗、仁宗、三代，均嚴禁人民信敎。惟新敎一派，卻於仁宗時代，由莫立

遜傳入中國。

五口通商以後的情形

世宗、高宗、仁宗三代，雖禁止人民信教；然西教士來中國布教者，尚不乏人。等到五口通商（宣宗道光二十二年，公元一八四二年）以後，基督教士便接踵而至。英、法聯軍之役，中英天津條約更明定『耶蘇教天主教徒之安分者，中國官不得苛待禁阻』，中法天津條約亦明定『天主教徒得入內地自由傳教，地方官必厚遇保護』，（兩約均成立於文宗咸豐八年，卽公元一八五八年，）西教士由是倚靠帝國主義的強權，挾其傾山倒海的勢力，便深入內地從事傳教了。數十年來，其勢力的廣布，足以令人寒膽，茲陳述如次：

傳教事業之可驚

（一）傳教事業：據一九〇七年宣教會大會報告：中國全境共有宣教會六十四所，宣教士三千四百四十四人，（內英國占百分之五十二，美國占百分之四十三，）中國教徒十七萬八千二百六十一人，宣教地點五千零二處。（內屬英者百分之五七，屬美者百分之三十七。）據一九二二年宣教會大會報告：則中國教徒已增至三十六萬六千五百二十四人，宣教地點增至八萬餘處，宣教會亦增加百三十所。又聖經售出數目，據一九二八年調查，為一千一百四十五萬三千八百六十三本。其進展之速，可以想見。

教育事業之可驚

（二）教育事業：據一九〇七年宣教

會大會報告：教會所立學校共二千五百八十五所，計有學生五萬七千六百八十三人。據一九二二年宣教會大會報告：則學校數增至七千零四十六所，學生數增至二十一萬二千八百十九人。又據一九二七年日本時事年鑑所載，則教會在中國所設立的大學共有十三所，表列於次：

校名	所在地	經營者	學生數
燕京	北平	美以美會	四二七
聖約翰	上海	美聖公會	六〇九
滬江	上海	美浸信會	三二〇
東吳	蘇州	監理會及美長老會	三五〇
金陵	南京	美以老會	八五〇
之江	杭州	美長老會	二二〇
匯文女子	南京	美以老會	四五〇
文華	武昌	美聖公會	四〇〇

雅禮	長沙	美雅禮會	二二八
華西	成都	美浸禮會	九五四
華南女子	福州	美以美會	二四八
嶺南	廣州	英美系教會	三〇〇
齊魯	濟南	各教會	三〇〇

此等大學的經費，多爲大資本家所捐助，如燕京嶺南兩大學每年的數十萬金元，卽從美國煤油大王 Rockefellow 捐助而來，又北平協和醫科大學的基金千萬金元，亦係 Rockefellow 所捐助。

歐美教會，既有帝國主義的武力爲之保護，又有大資本家的金錢爲之資助，故其傳教事業與教育事業之進展，有一日千里之勢；而教會與教士，適成爲資本帝國主義侵略中國的良好工具。

（註一）也里可溫爲基督教的一派。陳垣有也里可溫考登載東方雜誌上，今編入東方文庫中。

(註二)湯若望於明末來中國。適當時所用之大統曆發生舛錯，湯若望精於曆數，故受命修訂，從事測驗。思宗崇禎十四年(公元一六四一年)，新曆告成。越二年，八月，詔稱『西法果密，即改爲大統曆法，通行天下。』但不久有鼎革之變，竟未及施行。故多爾袞入關以後，湯若望便上書自陳。

喇嘛教之與起及其改革

喇嘛教起於吐蕃

喇嘛教爲佛教的密宗，起於吐蕃(即今西藏)，專以祈禱禁咒爲事。初，吐蕃在唐世，其王棄宗弄贊深信佛教，曾派人至印度求經典。唐玄宗天寶年間，其王吃嘌雙提贊從印度召巴特瑪撒巴巴至。巴特瑪撒巴巴利用吐蕃人民迷信的性質，遂創立喇嘛教。(註一)自是其教日盛，勢凌國王。公元一二五三年，元憲宗之弟忽必烈攻吐蕃，其時正喇嘛扮底達握權，忽必烈因與扮底達言和，而國王唆火脫遂降；忽必烈乃偕扮底達之姪八思巴而歸。旋忽必烈即位(即世祖)，欲以喇嘛教羈縻吐蕃人民，遂尊八思巴爲帝師，使領吐蕃地，其命令得與元室詔勅並行；自是元室歷代帝王，無不崇奉其教，而八思巴之後，其繼統喇嘛亦相繼爲帝師；其勢之盛，達於極點。其後喇嘛橫暴，無惡不作，竟成爲元室滅亡的

巴特瑪撒巴巴

八思巴

原因之一。(註二)

宗喀巴　紅教與黃教之別　達賴班禪　哲布尊丹巴

明興，亦崇奉喇嘛為帝師，使其統治西藏以服屬於明。然自歷代喇嘛得勢以來，其教已日趨於腐敗，甚至以吞刀吐火，誑誘流俗。迨宗喀巴出，始改革其教。宗喀巴以明成祖永樂十五年(公元一四一七年)生於甘肅、西寧衞，入雪山修行，別創格爾格(Gerg)派。以舊教衣尚紅色，遂黃其衣冠以示別；故人稱之為黃教，而名舊教為紅教。紅教不禁娶妻，故法王能生子襲衣缽；黃教則不娶妻，故法王承繼，均遵宗喀巴遺言，命其兩大弟子達賴班禪，世世以呼畢勒罕，(註三)濟度衆生。憲宗成化十四年(公元一四七八年)，宗喀巴死，達賴一世敦根珠巴繼承宗喀巴衣缽，兼有西藏政教之權。(註四)二世根敦錯，始設弟巴等官，以掌政務；而己則專理教務。三世鎖南堅錯，始得蒙古諸部崇奉。時漠南俺達勢強，迎鎖南堅錯至青海漠南布教，黃教勢力至是大盛。四世雲丹堅錯(即俺達的曾孫)，其教義直推行於漠北。後漠北以離西藏過遠，遂自奉宗喀巴第三大弟子哲布尊丹巴後身，居於庫倫，即今外蒙活佛之始。五世羅卜堅錯，其教并行於滿洲。

清代亦崇奉喇嘛教。世祖順治九年(一六五二年)，達賴來朝，為建黃寺，並封達賴爲西天大善自在佛，使領天下釋教。後來用兵西藏、青海，均得黃教之力不少。世宗更建雍和宮，以供養喇嘛。高宗時，又設金瓶掣籤之法，爲黃教解決繼承爭議的糾紛。（註五）黃教經清室歷代的崇奉，由是其勢力遂宏布於中國本部的北方。要之：自元至清，歷代均崇奉喇嘛教；其目的皆在藉宗教以羈縻其人民，即至民國，亦莫不如此。

（註一）喇嘛同於梵語之鬱多羅（Uttara），爲『無上』之義。

（註二）元代喇嘛橫暴，達於極點。凡喇嘛往來於中國與吐蕃者，均佩金字圓符，濫用驛傳，致使地方官吏苦於應付。其在民間，則驅迫男子，姦淫婦女，強奪民田，侵佔財物。其最驕橫者，則推楊璉眞加，其攘奪財物，計金一千七百兩，銀六千八百兩，玉帶九條，玉器百十一件，雜寶百五十二件，大珠五十兩，鈔十一萬六千二百錠，田二萬三千畝；其包庇不納租稅的農戶，共二萬三千戶。

（註三）呼畢勒罕，即轉生之意。時達賴居拉薩，班禪居札什倫布。

（註四）敦根珠巴本爲吐蕃王室後裔，世爲藏王，舍位出家，故得兼領西藏政教之權。

（註五）達賴等呼畢勒罕之時，因不能確指某人，常起爭繼的糾紛。高宗乃預頒金奔巴（卽瓶）二個，一貯於西藏大招寺，一貯於北京雍和宮，凡達賴、班禪、哲布尊丹巴轉生時，遇有爭議，卽書名於籤，納入金奔巴中，然後抽定去取，分別眞僞。蓋高宗利用彼輩迷信，而特創此法也。

問題提要：

（一）宗教是因何而發生的？

（二）試略述吾國上古之宗教，

（三）戰國以後宗教思想的特徵是什麼？又何以有此特徵？

（四）爲什麼儒術與方士分離卽道敎之原始？

（五）佛敎是因何而發生的？何時輸入中國？輸入以後，中國創有何宗派？

（六）唐代除佛敎外，尙有何異敎？

（七）天主敎何時傳入中國？基督敎何以會成爲資本帝國主義侵略中國的工具？

（八）喇嘛敎始於何時何人？其改革始於何時何人？

禮之作用

第十章 禮教

周禮中之五禮

說文：『禮，履也，所以事神致福也。從示從豊，豊亦聲。』又『豊，行禮之器也，從豆，象形。』案禮從示從豊，其最初本義是宗教的儀節，正譯當爲宗教。後來禮字範圍擴大，始含有處世接人的儀文的意義。第一，禮之作用，在於別上下，分貴賤，所以禮記坊記上說：『夫禮者，所以章疑別微以爲民坊者也。故貴賤有等，衣服有別，朝廷有位，則民有所讓，』所以荀子上說：『禮者，養也。君子既得其養，又好其別，曷謂別？曰：貴賤有等，長幼有差，貧富輕重皆有稱者也』，所以哀公問上也說：『民之所由生，禮爲大：非禮無以節事天地之神也，非禮無以辨君臣上下長幼之位也，非禮無以別男女父子兄弟之親、昏姻疏數之交也。』第二，禮之作用，在於防惡於未然，而與法之作用在於禁惡於已然者不同，所以大戴禮記禮察篇上說：『孔子曰：君子之道，譬猶防歟！夫禮之塞亂之所從生也，猶防之塞水之所從來也。………故昏姻之禮廢，則夫婦之道苦，而淫僻之罪多矣；鄉飲酒之禮廢，則長幼之序失，而爭鬬之獄繁矣；聘射之禮廢，則

禮與貴族政治之關係

諸侯之行惡，而盈溢之敗起矣；喪祭之禮廢，則臣子之恩薄，而倍死忘生之禮衆矣。凡人之知，能見已然，不見將然。禮者禁於將然之前，而法者禁於已然之後。……禮云禮云，貴絕惡於未萌，而起敬於微眇，使民日徙善遠惡而不自知也。』

第三，禮之作用，在於節制人情，所以禮運上說：『聖人耐以天下爲一家，以中國爲一人者，非意之也。必知其情，辟於其義，明於其利，達於其患，然後能爲之。何謂人情？喜、怒、哀、懼、愛、惡、欲，七者弗學而能。何謂人義？父慈、子孝、兄良、弟悌、夫義、婦聽、長惠、幼順、君仁、臣忠，十者謂之人義。講信修睦，謂之人利。爭奪相殺，謂之人患。故聖人之所以治人七情、修十義、講信修睦、尚慈讓、去爭奪，舍禮何以治之？飲食男女，人之大欲存焉。死亡貧苦，人之大惡存焉。故欲惡者，心之大端也。人藏其心，不可測度也。美惡皆在其心，不見其色也。欲一以窮之，舍禮何以哉？』要之，禮之所由起，實與當時之貴族政治有深切的關係，蓋貴族政治既重階級，則不得不重名分，使賤不得干貴，下不敢犯上，而所謂禮卽爲維繫此種名分之別的規定。惟其如此，所以纔爲貴族製禮，爲庶民定刑，禮記曲禮所謂『禮不下庶人，刑不上大夫』，便足見禮與刑所施的對象之各異。周禮中的五禮，係漢代所發見者，卽貴族上層所謂天子、諸侯、卿大夫的專禮；今分述如下：

吉禮

(一)吉禮　卽祭祀之禮。其詳可參看第九章上古之宗教一節。

凶禮

(二)凶禮　卽喪葬之禮。周代喪葬之禮，因貴賤而異其制。天子死曰崩，諸侯曰薨，大夫曰卒，士曰不祿，庶人曰死。(禮記曲禮)天子七日而殯，諸侯五日而殯，大夫、士、庶人三日而殯。(禮記王制)天子七月而葬，同軌畢至；諸侯五月，同盟至；大夫三月，同位至；士踰月，外姻至。(左傳隱元年)其喪具，則天子之棺槨四重，諸侯三重，皆用松；大夫二重，用柏；士一重，用雜木；又製竹器瓦器之類，納於棺中，叫做明器。喪服分五等：爲父母服斬衰三年，祖父母伯叔父母兄弟服齊衰期年，從父母兄弟大功九月，再從伯叔父母兄弟外祖父母小功五月，三從伯叔父母兄弟緦麻三月。此五服之制，至今沿用。

軍禮

(三)軍禮　軍禮以同邦國，如動衆以大師之禮，簡衆以大田之禮。

賓禮

(四)賓禮　卽相見之禮。賓來之時，有介紹以達情。主延見之時，有儐相以傳命。又有摯物以將意：天子用鬯，諸侯用圭，卿用羔，大夫用雁，士用雉。其禮分三等：(甲)天子：諸侯北面見天子叫做覲。諸侯西面，諸公東面，叫做朝。時見叫做會。殷見叫做同。諸侯稱賓，大夫稱客。賓當饗，客當燕。饗有體薦，以禮爲主。燕有折俎，以情爲主。饗燕之時，有賦詩贈答之節。此外更有郊勞、贈賄、授館、授餐等禮。(乙)諸侯：相期叫做會。不期叫做遇。使大夫往叫做聘。歃血爲誓叫做盟。其他燕饗之禮賓客之稱，均與天子相同。(丙)臣下：有士大夫相見之禮，有士見君之禮，有見異邦人之禮，有侍坐侍食之禮，有初見復見之禮，有執物之禮，有稱謂之禮。其詳見儀禮一書。

(五)嘉禮　即昏、冠、鄉之禮，分述如次：(甲)冠禮：男子二十行冠禮，表其成人之意。(乙)昏禮：娶妻不娶同姓。男子三十而娶，女子二十而嫁。行昏禮時，有納采、問名、納吉、納徵、請期、迎親之六禮。(丙)鄉飲酒禮：即鄉大夫飲賓於庠序之禮，尊賢養老，所以明長幼之序。每三年集一鄉之人而禮飲，鄉大夫爲主人，鄉父老爲賓客，推父老中齒德最尊者一人爲大賓，餘爲衆賓，皆以齒敍坐。(丁)鄉射禮：即州長春秋以禮會民而射於州序之禮。

以上所述的五禮，都是貴族上層所用的專禮，——雖間有一二種爲庶人所通用。——其儀文的瑣細，固未可盡信，但案諸當時貴族柄政特重階級一點而言，則或許會有此種制度。此外尚有現今所傳的儀禮十七篇，其中除聘禮、公食大夫禮、覲禮三篇爲朝聘禮外，他如士冠禮、士昏禮、士相見禮三篇屬冠昏，士喪禮、既夕禮、士虞禮、特牲饋食禮、少牢饋食禮、有司徹、喪服傳七篇屬喪祭，鄉飲酒禮、鄉射禮、燕禮、大射禮四篇屬射饗，都無不是以士爲對象，換言之，即以貴族下層之『士』一階級爲對象，而與庶人無關。

（註一）荀子欲以禮爲立教之本，因推原禮的本始，說：『禮有三本：天地者生之本也，先祖者類之本也，君師者治之本也。無天地惡生，無先祖惡出，無君師惡治，三者偏亡焉，無安人。故禮上事天，下事地，尊先祖而隆君師，是禮之三本也。』（見禮論篇）又說：『禮起於何也？曰：人生而有欲，欲而不得，則不能無求，求而度量分界，則不能不爭，爭則亂，亂則窮。先王惡其亂也，故制禮義以分之，以養人之欲，給人之求，使欲必不窮乎物，物必不屈於欲，兩者相持而長，是禮之所起也。』（見禮論篇）他更認定禮是人爲的東西，所以又說：『凡禮義者，是生於聖人之僞，非故生於人之性也。故陶人埏埴而爲器，然則器生於工人之僞，非故生於人之性也。故工人斲木而成器，然則器生於工人之僞，非故生於人之性也。聖人積思慮，習僞故，以生禮義而起法度，然則禮義法度者，是生於聖人之僞，非故生於人之性也。若夫目好色，耳好聲，口好味，心好利，骨體膚理好愉佚，是皆生於人之性情者也。感而自然，不待事而後生之者也。夫感而不能然，必且待事而後然者，謂之生於僞，是性僞之所生，其不同之徵也。故聖人化性而起僞，僞起而生禮義，禮義生而制法度。然則禮義法度者，是聖人之所生也。故聖人所以同於衆，其不異於衆者性也，所以異而過衆者僞也。』（見性惡篇）

支配中國人心的禮教

五禮失其作用

上面所說過的五禮，原是貴族政治維持其上下名分的規定，但到貴族政治崩壞以後，所謂五禮也就漸次失其作用。當時王綱解紐，禮樂征伐已不自天子出，弄到『臣弑其君子弑其父』的地步。孔子目擊當時紛爭無主的現象，回想貴族政治最盛時代井井有條的階級社會，眞有去古日遠之感。八佾原來是天子的舞樂，到此時畢竟季氏也用八佾，所以論語說：『孔子謂季氏八

正名分

佾舞於庭，是可忍也，孰不可忍也！』此『不可忍』三字，便足以表明孔子不滿意當時『亂名分』的心理。(註一)孔子要想回復以前的治平，就不得不正名分，於是訂禮樂，作春秋，便成爲他的最迫切的工作。(註二)論語說：『子路曰：「衞君待子而爲政，子將奚先？」子曰：「必也正名乎！」子路曰：「有是哉！子之迂也！奚其正？」子曰：「野哉由也！君子於其所不知，蓋闕如也。名不正，則言不順。言不順，則事不成。事不成，則禮樂不興。禮樂不興，則刑罰不中。刑罰不中，則民無所措手足。故君子名之必可言也，言之必可行也。君子於其言，無所苟而已矣。」』由此看來，是見名不正之害處，竟可致禮樂不興、刑罰不正、百姓無所措手足。所以當齊景公問政於孔子之時，孔子就對曰：『君君臣臣，父父子子。』(見論語)『此君君臣臣父父子子』，即孔子的正名分。

孔子教義能存續的原因

孔子生當這個變革的大時期，目擊『邪說暴行』，原想藉『正名分』來挽狂瀾於既倒，以實現他理想中的治平之世。如果在這個大變革的時期，中國的經濟組織走入另一個階段，則孔子的教義，必不能支配中國人心至二千餘年之久；但是，中國的經濟仍然逗留在農村自然經濟這階段中，因此封建的統治也就依然存續下去，

禮敎之確立

存續至二千餘年之久，隨而孔子的敎義也就隨着封建統治存續至二千餘年之久，以後更經歷代帝王之提倡，諸儒之渲染，(註三)於是『禮敎』因以確立，而爲我國人一舉一動之規範。

重家族

中國二千餘年來的經濟組織，既然不曾脫離農村自然經濟這階段，而農業的生產，又以『安土重遷』與家族成員的勞作爲前提，則家族之重要，便遠在個人之上，由是國家之構成元素，遂以家族爲本位，而不以個人爲本位。所謂國家，無異乎是家族之擴大體，或是家族之集合體。惟其如此，所以家庭道德便成爲治國平天下之大本。

儒家重孝弟

儒家既重家庭道德，所以說『家人有嚴君焉，父母之謂也。父父、子子、兄兄、弟弟、夫夫、婦婦，而家道正，正家而天下定矣』，(見易經)所以說『老吾老以及人之老，幼吾幼以及人之幼，天下可運於掌。』(見孟子)但家庭道德之中，又以孝弟爲本。故有子曰：『其爲人也孝弟而好犯上者，鮮矣；不好犯上而好作亂者，未之有也。君子務本，本立而道生；孝弟也者，其爲仁之本與！』(見論語)所以論語又說：『或謂孔子曰：「子奚不爲政？」子曰：「書云孝乎。惟孝友於兄弟，施於有政，是以爲政，奚其爲爲政？」』由此種家庭道德推廣起來，便足以治國平天下。但是，個人在家庭中固有此三倫，倘若加入社會，就變成五倫了。所以子思就說：『天下之達道五，所以行之者三。曰：君臣也，父子也，夫婦也，昆弟也，朋友之交也。五者，天下之達道也。知、仁、勇三者，天下之達德也，所以行之者一也。』（見中庸）所以孟子也說：『父子有親，君臣有義，夫婦有別，長幼有序，朋友有信。』此父子、君臣、夫婦、昆弟、朋友，便謂之五倫。

五倫既立，於是又立五常；此五常，便是『所以行之者』的達德。仁、義、禮、智、信，就是五常；此五者雖備於論語一書，然未嘗以五者同時並舉；至董仲舒對賢良策始謂『夫仁、義、禮、智、信，五常之道也』：五常之名，首見乎此。白虎通性情篇更爲此五常各立一定義，牠說：『五常者何？謂仁、義、禮、智、信也。仁者，不忍也，施生愛之也。義者宜也，斷決得中也。禮者履也，履道成文也。智者知也，獨見前聞，不惑於事，見微者也。信者誠也，專一不移也。』五倫五常之目，至是確立。然與五倫相發明者，尚有左傳之六順（君義、臣行、父慈、子孝、兄愛、弟敬）與禮運之十義（父慈、子孝、兄良、弟悌、夫義、婦聽、長惠、幼順、君仁、臣忠），亦可供參考。

適纔說過，儒家是以家族爲本位，換言之，卽以血統關係，去組織國家社會。但家族中的道德，最重要者便是一個『孝』字，此孝字卽五常之大本，卽一切道德之根據，

孝爲一切道德之根據

曾子發揮此理，異常精透。他說：『君子之孝也，以正致諫；士之孝也，以德從命；庶人之孝也，以力惡食；任善不敢臣三德。』——此言孝有等差。又說：『居處不莊，非孝也；事君不忠，非孝也；蒞官不敬，非孝也；朋友不信，非孝也；五者不遂，災及乎親，敢不孝乎？』——此卽社會的孝論，而以孝爲一切道德之大本。又說：『夫孝置之而塞乎天地，溥之而橫乎四海，施諸後世而無朝夕。推而放諸東海而準，推而放諸西海而準，推而放諸南海而準，推而放諸北海而準。詩云：「自西自東，自南自北，無思不服」，此之謂也。』——此卽宇宙的孝論。孝既爲一切道德之大本，於是『孝爲百行先』這句教條，就成爲中國人一舉一動的規範之規範了。（註四）

君權父權夫權之確立

以孝爲中心的倫常既立，於是『天尊地卑，乾坤定矣；卑高以陳，貴賤位矣。』名分既已規定，由是君權、父權、夫權，（註五）便成爲天經地義萬世不滅的

定律。更由此推演下去，便是君要臣死不得不死，父要子亡不得不亡，而所謂『三從四德』，更不能任那些沒握有經濟權的婦女們不接受。如果違背此等定律，則其人必為社會所不齒，而羣目之為禮教的罪人、名教的罪人；由此看來，禮教支配人心之力量，其大便可想而知。綜觀以上所述，所謂禮教，實不承認個人在社會上自有其獨自的人格，實不承認個人為組成國家組成社會之一員，反之，個人直不過是家庭中為父者之附屬品而已，個人直不過是一國的帝王之奴才而已。是故禮教之戕賊個性，之窒滅人性，實無異乎殺人之劊子手。禮教之羅網既成，於是人人只知屈從，只知順受，而不復敢反抗立異；其結果：就是『君權萬歲』『父權萬歲』『夫權萬歲』。吳虞文錄引日本福澤渝吉所說『支那舊教，莫重於禮樂。(註六)禮者，使人柔順屈從者也。樂者，所以調和民間鬱勃不平之氣，使之參順於民賊之下也。」』——實以一語而道破禮教之罪惡。(註七)

(註一)論語八佾第三：『三家者，以雍徹。子曰：「相維辟公，天子穆穆；奚取於三家之堂。」』又：『子曰：「管仲之器，小哉！」或曰：「管仲儉乎？」曰：「管氏有三歸，官事不攝，焉得儉！」「然則管仲知禮乎？」

曰：「邦君樹塞門，管氏亦樹塞門；邦君爲兩君之好，有反坫，管氏亦有反坫。管氏而知禮，孰不知禮？」』——孔子之譏三家與管仲，也有『不可忍』的神氣。又：『子貢欲去告朔之餼羊。子曰：「賜也，爾愛其羊，我愛其禮。」』——此足以明孔子之重禮。

(註二)孟子說：『世衰道微，邪說暴行有作。臣弒其君者有之，子弒其父者有之。孔子懼，作春秋，天子之事也。是故孔子曰：「知我者，其惟春秋乎？罪我者，其惟春秋乎？」』又：『昔者禹抑洪水而天下平。周公兼夷狄，驅猛獸，而百姓寧。孔子成春秋而亂臣賊子懼。』

(註三)漢高祖以大牢祀孔子，武帝之崇儒術，以及明、淸兩代之崇理學，都是天子提倡儒家教義之最顯著者。漢代諸儒如董仲舒等，以及宋明的理學家，都是引布儒家教義之健者。

(註四)儒家以孝爲一切道德之大本，是與宗法的家族制有關的，而宗法的家族制又與中國的農業經濟有關。惟其有農業經濟之長期的穩定與存續，宗法的家族制纔能夠穩定，纔能夠存續下去。宗法的家族制，是以家長爲一族的首領，而家長之所以能夠維繫其權力，就全恃乎有『孝』字來做家族成員的行動之規範。國家既是以家族爲其組成之單位，則一國的皇帝，自然就是諸家長之上的一個頂大的家長。因此，皇帝所藉以維繫其權力的東西，固然是個『忠』字；而忠字却是從孝字推演出來的。曾子所謂『事君不忠非孝也』，所謂『孝子善事君』，即係此理。

（註五）儒家言孝，特重男統，此亦與我國農村自然經濟有關。所謂『不孝有三，無後爲大』，所謂『父在觀其志，父沒觀其行，三年無改於父之道，可謂孝矣』，所謂『孟莊子之孝也，其他可能也，其不改父之臣與父之政，是難能也，』所謂『孝莫大於嚴父』，其言孝，都無一處不是從男統着眼。要如此，宗法的家族制纔可以確立。宗法的家族制能夠確立，所謂君權、父權、夫權纔有寄託之所。

（註六）孔子所謂『興於詩，立於禮，成於樂』，荀子所謂『夫樂者樂也，人情之所必不免也。故人不能無樂，樂則必發於聲音，形於動靜；而人之道，聲音動靜，性術之變盡是矣。故人不能不樂，樂則不能無形，形而不爲道，則不能無亂。先王惡其亂也，故制雅頌之聲以道之；使其聲足以樂而不流；使其文足以辨而不諰；使其曲直繁省、廉肉節奏，足以感動人之善心；使夫邪汙之氣無由得接焉。……故樂行而志淸，禮修而行成。……且樂也者和之不可變者也，禮也者禮之不可易者也。樂合同，禮別異，禮樂之統，管乎人心矣』（見樂論篇），都可以見到樂之作用。

（註七）宋、元、明三代，理學昌明，於是理學家之於禮教，其濱染益加不近人情，所謂『餓死事小失節事大』這個教條，即此一時代之產物。

問題提要：

（一）試述禮之作用。

（二）何謂五禮？何以五禮與貴族政治有關？

（三）孔子教義何以能存續至二千餘年之久？

（四）何謂五倫與五常？

（五）孝何以爲一切道德之大本？

（六）試述禮教之害。

第三编　智慧生活之部

第一章　先秦諸子(上)

智慧生活與經濟基礎

本編用智慧生活四字之理由

這裏所謂智慧生活，就是指學術思想而言。通常認爲學術思想，全係精神之產物，而與物質無關；結果：有時便把學術思想，當作是離開現實而獨立的東西，其尤甚者，竟把學術思想，視爲推動時代的原動力：像這樣的因果倒置，眞是玄之又玄的了。本編爲着要避免這種謬見，所以首先就大膽地用智慧生活四個字，以代替學術思想四個字；使讀者知道：所謂學術思想，也不外是人類生活之一種表現而已。

學術思想爲觀念形態之一

學術思想和宗教一樣，同是觀念形態之一；換言之，即同是社會上層建築物之一。其存在根據與其發展歷程，絕對不是偶然的、超時空的，却是社會經濟基礎上之必然的產物，而被社會經濟基礎所決定。社會經濟基礎一有變動，則學術思想亦隨之而變動；因此，社會經濟進展至某一階段，則學術思想亦隨之進展至某一階段；社會經濟停滯在某一階段，則學術思想亦停滯在某一階段。縱令有許多空想家，離開他的社會與他的時代，憑空創造某種思想；然而，正因爲他的這種思想不

學術思想是當時代與當社會的經濟基礎之反映

學術思想是階級的工具

以哲學爲例

會在社會經濟基礎上獲得其存在根據，所以他的思想，始終是烏託邦的空想並幻想，而必然地要消失下去。這樣看來，學術思想是不能夠離現實而存在的，是要適應於當時代當社會之要求的；反過來說：學術思想就是現實界之反映，就是當時代社會的經濟基礎之反映。其次，學術思想又不是超階級的，而是階級的工具；換言之，卽無論那種學術思想，都不能離開牠的階級的立場。要明白這些道理，纔能夠認識學術思想之本質。

請以哲學爲例。哲學亦是觀念形態之一，其存在根據與其發展，自然也不能逃出以上所述的定律。希臘哲學的第一個時期，爲原始的唯物論，其主要代表如太利斯、亞拿西滿德、以及德謨克特等，都高舉唯物論的旗幟，以反對舊式宗教的統治。這種唯物論之發生，决不是偶然的，而是當社會的經濟發展之必然的產物。原來希臘於公元前六七世紀時，其經濟上曾發生重大的變化，卽自然經濟因商品經濟之擴大而陷於崩潰，同時在沿海各地因商業的繁榮又與舊式經濟以極大的打擊，在此種情況之下，原始的唯物論纔獲得牠的存在根據，總會在新興階級突起中出現。(註一)到了公元前四五世紀左右，希臘哲學又開始了一大變化，卽原始的唯物論變成唯心論，柏拉圖、亞理斯多德的唯心論否定了原始唯物論。這一大變化，也不是偶然的，而是當時社會經濟的轉變之反映。原來，以前的經濟發展是向上的，故商業資本表現了革命的作用，而原始的唯物論就成爲進步階級之工具；但現在的經濟發展却是向下的，故唯心論成爲統治階級的武器。柏拉圖亞理斯多德其自身就出自當時的統治階級，並且幫助過統治者去支配民衆，因此，他們的唯心論正是當時統治階級的要求之反映。中世紀的經院派哲學，更明顯地表現其社會階級的作用。牠的任務，在於擁護當時社會的統治階級，——僧侶、貴族及地主；牠的工作，只是鍛鍊宗教敎條與研究敎會經典；因此，經院派哲學又被稱爲『神學的婢女』。等到中世紀末葉，資本主義的經濟興起，封建的經濟即於崩潰，從而思想界激起重大的變化，唯物論也就在新興資產階級反封建統治的鬭爭中被恢復起來了。唯物論的這種復興，到了十八世紀的法國唯物論者，已算是登峯造極。十八世紀的法國唯物論，成爲當時資產階級革命之重要的武器；尤其是這唯物論的無神論思想，更震動了十八世紀的法國社會，促進了法國大革命之完成。這種哲學，完全是新興法國資產階級的要求之反映，而當時法國唯物論者之主要代表——百科全書派——也就是新興資產階級的前衞鬬士。資本主義社會的發展，到了某種階段，因牠的內在的矛盾，而必然地呈現出不安定的現象。在這個階段，黑智兒的唯心辯證法竟由費兒巴哈的過渡，而到達今日的唯物辯證法。不用說，唯物辯證法又成了反資產階級的武器了。

以上所述，是西洋哲學發展的概略。牠的發展歷程以及各種哲學的發生，都無不是被各時代的社會經濟所決定，而決不是偶然的、超時空的。要詳細地敍述這個歷程，並不是本書的任務；我們只是在這裏拏西洋哲學做例子，使讀者知道連世人目為玄而又玄的哲學，也要受着社會經濟基礎的支配；使讀者破除一切傳統的唯心的偏見，去把握學術思想之本質。如果傳統的謬見不被廓清，則文化史的研究，便會走入歪道；而愈研究只是愈加迷惑，愈加離開現實，其為害社會流毒青年，眞是不知要到達那樣地步。

本編所用的方法

自然，中國的學術思想之發生及其發展，也不能有例外。所以，本編就適用這種方法，去敍述中國學術思想之發生及其發展。治學，並不在於立異，並不在於驚奇，却在於從現實上從客觀上去闡明學術思想的究竟與本質。——這便是本書所確守的態度。

(註一)太利斯與亞拿西滿德都出自米利都，德謨克特則出自以佛邪，這兩個地方，都是當時的重要城市。

先秦諸子學說勃興之原因

這時代之經濟的轉變

在第一編與第二編中，會再三地陳述春秋戰國這個長期戰亂的時代，是一個偉大的轉變期。這個時代的經濟發展，是由奴隸經濟進到商業資本；這一發展之特徵：便是奴隸在經濟上得到解放，以及商人階級之擡頭。

這時代之政治的動搖

經濟基礎既然動搖，於是建築在經濟基礎之上的政治也隨着動搖。政治動搖的表現：就是奴隸在政治上得到解放，貴族政治陷於崩潰，以及商人階級起而參與政治。

這時代之思想的動搖

經濟基礎既有這樣的激變，政治組織又隨着前者之激變而有這樣的激變，於得在這激變的行程中，前此支配社會的傳統思想就發生動搖，並且由動搖而失去其存在根據。這個動搖，表現在詩經中，現在陳述如下：

對于天的怨望

(一)對於天的怨望　在奴隸制的時代，都認為天是替人民降福的，但是，這時代的長期戰爭，鬧到人民流離失所死亡喪亂，而天並不會出馬以拯救人民，因此，就怨起天來了。例如唐風、鴇羽：『肅肅鴇羽，集於苞栩。王事靡盬，不能蓺黍稷。父母何怙？悠悠蒼天，曷其有所？』大雅、召旻：『昊天疾威，天篤降喪，瘨我饑饉，民卒流亡。』

對于天的責罵

(二)對於天的責罵　對於天怨望，還存有一個『天』在腦袋中，但是，天既不能拯救下民，就決心來責罵天。例如小雅、南山：『昊天不傭，降此鞠凶！昊天不惠，降此大戾！』

憤懣的厭世

(三)憤懣的厭世　天既不惠，而生活又極度的不安，於是就只好厭世了。例如小雅、蓼莪：『缾之罄矣，維罍之恥。鮮民之生，不如死之久矣！』小雅、苕之華：『苕之華，其葉青青。知我如此，不如無生！』檜風、隰有萇楚：『隰有萇楚，猗儺其枝。天之沃沃，樂子之無知！』

厭世的享樂

(四)厭世的享樂　憤懣的厭世，其結果，便只有一死；但死又不是人人所樂爲的，所以在這種矛盾的生活時，就不如縱慾自恣地去享樂。例如唐風、山有樞：『山有樞，隰有榆。子有衣裳，弗曳弗婁。子有車馬，弗馳弗驅。宛其死矣，他人是愉。』『山有漆，隰有栗。子有酒食，何不日鼓瑟？且以喜樂，且以永日！宛其死矣，他人入室。』

人的發見

(五)人的發見　從怨望天而責罵天，從厭世而縱慾，這一切都不能逃出當時的苦痛；但是，他們已經知道天是不能替下民降福除災的了，奴隸們要得到解放，還是靠自己；這個解放運動的起點，就要認清自己是人，——這便是人的發見。例如小雅、何草不黃：『何草不玄？何人不矜？哀我征夫，獨惟匪民？』『匪兕匪虎，率彼曠野。哀我征夫，朝夕不暇。』

階級意識的覺醒

(六)階級意識的覺醒　既然發見了自己是人，並不是兕和虎，但是，為什麼要替人家作牛馬呢？這一個疑問，便覺醒了他們的階級意識。例如小雅、北山：『溥天之下，莫非王土。率土之濱，莫非王臣。大夫不均，我從事獨賢。……或燕燕居息，或盡瘁事國。或偃息在床，或不已於行。或不知叫號，或慘慘劬勞。或棲遲偃仰，或王事鞅掌。或湛樂飲酒，或慘慘畏咎。或出入風議，或靡事不為。』魏風、伐檀：『塊塊伐檀兮，置之河之干兮。河水清且漣猗。不稼不穡，胡取禾三百廛兮？不狩不獵，胡瞻爾庭有縣貆兮？彼君子兮，不素餐兮！』(註一)

先秦學術思想勃興的根本原因

要在傳統的思想發生了動搖而且喪失其存在根據的時候，新思想纔獲得出生的地盤，纔獲得其存在根據。——以上所述，便是先秦學術勃興的根本原因。此外

先秦學術思想勃興的次要的原因

尙有許多次要的原因，分述如下：

（一）由於敎育的解放　前面說過：古代學術，柄於王官，庶民無享受高等敎育之權。但到西周末年，學校不修，學術下移。老子以柱下史著書五千言，已開私家撰述之端；孔子聚徒講學，又開私人講學之風。而孔子敎育主旨，在於『有敎無類』，更加打破前此敎育上的階級制限。其後如墨子、孟子、許行，都儼然授徒設敎，甚且率弟子以就食於諸侯。敎育權既下移於私家，於是停滯畫一的學術思想一變而爲自由奔放的學術思想。

（二）由於列國的延攬人才　梁啓超說：『列國並立互競，務延攬人才以自佐。如秦孝公、齊威王宣王、梁惠王、燕昭王乃至孟嘗、平原、春申、信陵之四公子，咸以禮賢下士相尙。而處士聲價日益重，而士之爭自濯磨者亦日衆。』（註二）

（三）由於智識交換之機會多　梁啓超說：『大師之門，從者恆數百；而大都會尤爲人文所萃，如齊、稷下常聚數萬人，或賜列第爲大夫，不治而議論；他國殆亦稱是。智識交換之機會多，思想當然猛進。』（註二）

（四）由於書籍傳寫方法之發達　梁啓超說：『當時書籍傳寫方法，似甚發達。

故蘇秦發書，陳篋數十；墨子南遊，載書甚多。可見書籍已甚流行，私人藏儲，頗便且富。既研究有資，且相觀而善，足以促成學術勃興之機運。』(註二)

由上所述，我們知道在這個社會轉變期，傳統的學術思想已經由動搖而喪失其存在根據，而替新思想形成一個出生的地盤；同時，教育之解放、列國之延攬人才、智慧之相互交換以及書籍傳寫方法之發達，又益加促成新思想學術勃興之機運。故其結果：百家蠭起，諸子爭鳴，各就所見，以謀社會問題與人生問題的解決。

(註一)參看郭沫若著中國古代社會研究一六三——一九五頁。

(註二)見梁啓超著先秦政治思想史一〇四頁。

道家及其流派

司馬談之所謂六家

先秦諸子，派別繁衍。司馬遷在史記太史公自序裏面述其父談所論，則區爲六家，其言曰：『嘗竊觀陰陽之術：大祥而衆忌諱，使人拘而多所畏；然其序四時之大順，不可失也。儒者：博而寡要，勞而少功，是以其事難盡從；然其序君臣父子之禮，列夫婦長幼之別，不可易也。墨者：儉而難遵；是以其事不可徧循；然其彊本節用，不可廢也。法家：嚴而少恩；然其正君臣上下

漢書藝文志之所謂九流十家

之分，不可改矣。名家：使人儉而善失眞；然其正名實，不可不察也。道家：使人精神專一，動合無形，贍足萬物；其爲術也：因陰陽之大順，采儒墨之善，撮名法之要；與時遷移，應物變化；立俗施事，無所不宜；指約而易操，事少而功多。』

漢書藝文志本劉歆的七略，則又區爲十家，其言曰：『儒家者流，蓋出於司徒之官；助人君……明敎化者也。……道家者流，蓋出於史官；歷記成敗、存亡、禍福、古今之道；然後知秉要執本，淸虛以自守，卑弱以自持；此君人南面之術也。……陰陽家者流，蓋出於羲和之官；敬順昊天，歷象日月星辰，敬授民時，此其所長也。及拘者爲之，則牽於禁忌，泥於小數，舍人事而任鬼神。法家者流，蓋出於理官；信賞必罰，以輔禮制。……名家者流，蓋出於禮官；古者名位不同，禮亦異數；孔子曰：必也正名乎？名不正，則言不順；言不順，則事不成。……墨家者流，蓋出於淸廟之守；茅屋采椽，是以貴儉；養三老五更，是以兼愛；選士大射，是以上賢；宗祀嚴父，是以右鬼；順四時而行，是以非命；以孝視天下，是以尙同。……從橫家者流，蓋出於行人之官；孔子曰：「誦詩三百，使於四方，不能顓對；雖多，亦奚以爲？」又曰：「使乎使乎？」言其當權事制宜，受命而不受辭；此其所長也。及邪人爲之，則尚詐諼而棄其信。雜家者流，蓋出於議官；兼儒墨，合名法，知國體之有此，知王治之無不貫。……農家者流，蓋出於農稷之官；播百穀，勸農桑，以足衣食；……及鄙者爲之，以爲無所事聖王，欲使君臣並耕。……小說家者流，蓋出於稗官；街談巷語道聽塗說者之所造也；……如或一言可采，此亦芻蕘狂夫之議也。」又說：「其可觀者九家而已」；故除小說家，又稱爲九流。但是，壁壘森嚴旗幟鮮明的，却只有道、儒、墨三大派；其後由三家演變匯合而突起者，又有法家一派。現在依照牠們發生的先後，分述如下：

道儒墨法四派

道家的老子

老子事略

道家的開創者是老子。老子楚人，名耳，字聃，姓李氏。其生卒年月不可考，據近人胡適的考證，大約生在公元前五七〇年左右，較孔子約長二十歲。他曾爲周室『守藏室之史』，著書五千言，卽現在的道德經。他的略史，大概就是這樣。

老子在思想界所佔的地位

老子是當時思想界的先鋒，後來的諸子百家，多半源於老子。要明白老子在思想界的地位，頂好引用夏曾佑的話。他說：『鬼神術數之學，傳自炎、黃，至春秋而大備。然春秋之時，人事進化，駸駸有一日千里之勢；鬼神術數之學，遂不足以牢籠一切。春秋之末，明哲之士，漸多不信鬼神術數者。左傳所引，如史嚚曰：國

老子思想的精神偏於破壞

將興，聽於民；國將亡，聽於神。子產曰：天道遠，人道邇，非所及也，何以知之？仲幾曰：薛徵於人，宋徵於鬼，宋罪大矣。自此以來，蔽障漸開，至老子遂一洗古人之面目。九流百家，無不源於老子。老子楚人，周守藏室之史也。周制、學術、藝文、朝章、國故，凡寄於語言文字之物，無不掌之於史。故世人之諸異聞，質疑事者，莫不於史。史之學識，於通國爲獨高，亦猶之埃及、印度之祭司也。老子以猶龍之資，讀藏室之富，而丁蛻化之時，迺著書上下篇，言道德之意，五千餘言而去，莫知所終。』（註一）

老子既是當時思想界的前衞戰士，故其思想的精神，偏於破壞方面。因此，夏曾佑又說：『老子之書，於今具在；討其義蘊，大約以反復申明鬼神術數之誤爲宗旨。萬物芸芸，各歸其根；歸根則靜，是爲復命；是知鬼神之情狀，不可以人理推，而一切禱祀之說破矣。有物渾成，先天地生；則知天地山川五行百物之非原質，不足以明天人之故，而占驗之說廢矣。禍兮福所倚，福兮禍所伏；則知禍福純乎人事，非能有前定之者，而天命之說破矣。鬼神、五行、前定既破，而後知天地不仁，以萬物爲芻狗；聖人不仁，以百姓爲芻狗；閟宮、淸廟、明堂、辟雝之制，

衣裳、鐘鼓、揖讓、升降之文，之更不足言也。』(註二)

老子思想的內容

老子在當時思想界的地位及其思想的精神，既已明白；現在進而陳述他的思想內容的大概。

天論

(一)天論　老子以前的思想界，都認爲天是有意志而能主宰一切的。但至春秋戰國長期戰亂的時代，就對天懷疑起來了，怨望起來了，並且責罵起來了。老子生當這個時代，所以他也說『天地不仁，以萬物爲芻狗』。

道爲萬物之本

老子既不相信有天，於是標出一個『道』來，以爲萬物之本。他所謂道，就是：『有物混成，先天地生，寂兮寥兮，獨立而不改，周行而不殆，可以爲天下母。吾不知其名，字之曰道，强爲之名曰大。』道是萬物之本，所以他說：『道生一，一生二，二生三，三生萬物。』

自然主義

道之作用，並不是有意志的，只是一個自然，所以他說：『大道氾兮，其可左右。萬物恃之而生而不辭，功成不名有，衣養萬物而不爲主。』又說：『天法道，道法自然。』——這個『自然』，便打破前此以天作萬物之主宰的迷信。

無爲論

(二)無爲論　老子既着重自然，則萬物都有一個獨立而不變、周行而不殆的道理，既不用天來作主宰，也不用人來造作安排。惟其如此，就要成爲無爲的放任主

老子的人生哲學

義。由他這個無為論，便生出他的人生哲學及其政治哲學。他的人生哲學，就是：『見素抱朴，少私寡欲，絕學無憂；』就是：『衆人熙熙，如享太牢，如登春臺。我獨泊兮其未兆，如嬰兒之未孩。儽儽兮若無所歸。衆人皆有餘，而我獨有遺。我愚人之心也哉！沌沌兮，俗人昭昭，我獨昏昏；俗人察察，我獨悶悶。澹兮其若海，飂兮若無止。衆人皆有以，而我獨頑似鄙。』

老子的政治哲學

他的政治哲學，就是：『民之難治，以其上之有為，是以難治；』就是：『我無為而民自化，我好靜而民自正，我無事而民自富，我無欲而民自朴。其政悶悶，其民醇醇；其政察察，其民缺缺；』就是：『太上，下知有之。其次，親而譽之。其次，畏之。其次，侮之。信不足，焉有不信。猶兮其貴言，功成事遂，百姓皆謂我自然。』

老子的理想社會

他的人生哲學與政治哲學，既是無為的放任主義，所以他的理想社會就是：『小國寡民，使有什伯人之器而不用，使民重死而不遠徙。雖有舟車，無所乘之。雖有甲兵，無所陳之。使民復結繩而用之。甘其食，美其服，安其居，樂其俗。鄰國相望，雞狗之聲相聞，民至老死不相往來。』他的理想社會既是如此，所以當時人人所樂道的仁、義、孝、慈、忠臣、聖哲，都是必得擯棄的。他說：『絕聖棄智，民利百倍；絕仁棄義，民復孝慈；絕巧棄利，盜賊無有；』『大道廢，有仁義；智慧出，有大僞；六親不和，有孝慈；國家昏亂，有忠臣。』同樣，周代所賴以爲治的禮，也是必得擯棄的，所以他說：『故失道而後德，失德而後仁，失仁而後義，失義而後禮。夫禮者，忠信之薄，而亂之首也。』——他這種極端的破壞主義和無爲的放任主義，都是對於當時時勢所發生的一種反響。

(三)無名論　老子旣重無爲，其結果，就會主張無名。他說：『道可道，非常道。名可名，非常名。無名，天地之始。有名，萬物之母。故常無，欲以觀其妙；常有，有以觀其徼。此兩者同，出而異名。同謂之玄，玄之又玄，衆妙之門。』這就是說：『無』『有』本是一件東西，不過表現出來名相不同；同的名，却叫做『玄』；天地之始，原來是『繩繩不可名』的混沌狀態，所以無名，後來有『象』有『信』，(註三)纔定立名字，所以有名萬物之母。這種定立名字，原是由對比而來的，所以說：『天下皆知美之爲美，斯惡已；皆知善之爲善，斯不善已。故有無相生，難易相成，長短相較，高下相傾，音聲相和，前後相隨。』但是，這種對比，是相對的而不是絕對的，所以對比是靠不住的；因此，他又說：『唯之與阿，相去幾何？善之與惡，相去何若？』這種由對比而生的名，不但因其無一定的標準而靠不住，並且有了對比的名，就會因比較而不治，故他又說：『民莫之令而自均，始制有名；名亦既有，夫亦將知之，知之所以不治。』與其有了名而亂，倒不如復歸於『無名之朴』的混沌狀態爲好，所以他又說：『道常無爲而無不爲。侯王若能守之，萬物將自化。化而欲作，吾將鎮之以無名之朴。無名之朴，夫亦將無欲。不欲以靜，天下將自定。』這就是說：要天下自定，便要無欲；要無欲，就要返於『無名之朴』的混沌狀態。

統觀以上所述，老子思想的內容，不外自然、無爲、無名三個基本觀念，而此三觀念都是一系列中的三個節環，並且都是從破壞當時的現狀而生的。從他的破壞現狀一點來說，他是富於革命精神的；但從他的『返於無名之朴的混沌狀態』一點來說，他却是違背社會進化、努力開倒車的一位好手；他的學說之不足以支配中國人心，即在於此。

道家的流派

以下述道家的流派：

莊周及其事略

(一)莊周　莊周蒙人，曾做過蒙漆園吏，其生卒年月不可考，據胡適考證，大

莊周的出世主義

約死在公元前二七五年左右。有莊子一書，今存三十三篇。

莊周學說，爲出世主義，是從老子的無爲主義推演出來的，而較無爲主義更澈底。老子的無爲主義，還含有處世之道的意味，(註四)至於莊周的出世主義，却認爲『天地與我並生、萬物與我爲一』，所以他說：『今且有言於此，不知其與是類乎？其與是不類乎？類與不類，相與爲類，則與彼無以異矣。雖然，請嘗言之。有始也者！有未始有始也者，有未始有夫未始有始也者；有有也者，有無也者，有未始有無也者，有未始有夫未始有無也者；俄而有無矣，而未知有無之果孰有孰無也。今我則已有謂矣，而未知吾所謂之其果有謂乎？其果無謂乎？天下莫大於秋毫之末，而大山爲小；莫壽乎殤子，而彭祖爲夭。天地與我並生，而萬物與我爲一。既已爲一矣，且得有言乎？既已謂之一矣，且得無言乎？一與言爲二，二與一爲三，自此以往，巧歷不能得，而況其凡乎！故自無適有以至於三，而況自有適有乎！無適焉，因是已。』(見齊物篇)既然天地與我並生，自然就無終無始，非有非無；既然萬物與我爲一，自然既非小非大，無夭無壽。各盡自得之妙，互參平等之化。莊周既認萬事萬物都是齊一，並無大小、夭壽、是非、有無等等對比的區別，於是他的人生觀，也就隨着是一種『安時而處順』『依乎天理、因其固然』的人生觀，所以他說：『古之眞人，不知說生，不知惡死。其出不訢，其入不距。翛然而往，翛然而來而已矣。不忘其所始，不求其所終。受而喜之，忘而復之。是之謂不以心捐道，不以人助天，是之謂眞人。』（見大宗師）

楊朱及其事略

（二）楊朱　楊朱或曰字子居，其生卒年月亦不可考，據胡適考證，他的年代約在公元前四四〇年與三六〇年之間。其思想，見於列子中之楊朱篇。

楊朱的爲我主義

楊朱的思想爲爲我主義，是受了老子無名主義的影響而推衍出來的，（註五）而當時連年的戰亂與人民的痛苦，正足以使此種主義發生而爲人民所歡迎。（註六）楊朱篇：『楊朱曰：伯成子高不以一毫利物，舍國而隱耕；大禹不以一身自利，一體偏枯。古之人損一毫利天下，不與也；悉天下奉一身，不取也。人人不損一毫，人人不利天下，天下治矣。』——這便是他的爲我主義的根本思想。原來他把社會當作一個大實體，而各個『我』便是構成此社會的小實體，各個『我』的身子便是表現這小實體用的，所以各個『我』的身子雖有差別，而各個小實體卽『我』實無差別。如果人人各安其差別之分，以得絕對無差別之樂，則社會必定安寧。這樣看來，他的爲我主義，便和老子的無名主義有密切的關聯。他又說：『有生之最靈者，人也。人者，爪牙不足以供守衛，肌膚不足以自捍禦，趨走不足以逃利害，無羽毛以禦寒暑，必將資物以爲養，性任智而不恃力。故智之所貴，存我爲貴；力之所賤，侵物爲賤。然身非我有也，既生，不得不全之；物非我有也，既有不得不去之。身固生之主，物亦養之主。雖全生身，不可有其身。雖不去物，不可有其物。有其物，有其身，是橫私天下之身，橫私天下之物。其唯聖人乎。公天下之身，公天下之物，其唯至人矣！此之謂至至者也。』這一段，將爲我主義更說得精密透澈。他在這裏，更提出『我』和『身』『物』的關係一個問題。他認爲身是生之主，物是養之主，都是表現『我』的工具，都不爲『我』所有。倘若人人不私其物不私其身，而公其物公其身，則整個的社會必定安寧。由此看來，他的爲我主義，便不是損人利己的爲我主義了。

許行及其事略

許行的無治主義

(三)許行　許行生卒年月亦不可考，據梁啓超考證大約其時代在公元三三二年與二八二年之間。其學說見於孟子書中。孟子滕文公上：『有爲神農之言者許行，自楚之滕，踵門而告文公曰：「遠方之人，聞君行仁政，願受一廛而爲氓。」文公與之處。其徒數十人皆捆屨織席以爲食。……陳相見許行而大悅，盡棄其學而學焉。陳相見孟子，道許行之言曰：「滕君，則誠賢君也，雖然未聞道也。賢者與民並耕而食，饔飧而治。今也滕有倉廩府庫，則是厲民而以自養也，惡得賢。」』漢書藝文志將此派列爲九流之一，號爲農家，並批評道：『以爲無所事聖王，欲使君臣並耕，誖上下之序。』由此看來，許行君臣並耕之說，其宗旨，在絕對的平等：即人人自食其力，人人以享自己勞作的結果爲限，無上下貴賤之分。老子說：『民之饑，以其上食稅之多，是以饑。』許行根據這個道理，所以說『有倉廩府庫』，便是『厲民自養』：很與無治主義相近。

(註一)見夏著中國歷史教科書第一篇第二章第五節。

(註二)見夏著中國歷史教科書第一篇第二章第六節。

(註三)老子說：『道之爲物，惟恍惟惚。惚兮恍兮，其中有象。恍兮惚兮，其中有物。窈兮冥兮，其中有精。其精甚眞，其中有信。』

(註四)莊子天下篇說：『老聃，人皆取先，我獨取後，曰受天下之垢；人皆取實，己獨取虛，無藏也故有餘；……人皆求福，己獨曲全，曰苟免於咎。

以深為根，以約為紀，曰堅則毀矣，銳則挫矣，常寬容於物，不削於人，可謂至極。關尹、老聃乎！古之博大眞人哉！』由這段話看來，足見老聃的無為主義，還含有處世之道的意味。

(註五)楊朱篇中記楊朱弟子孟孫陽與禽滑釐問答的話，可以看到楊朱受了老子的影響，即：『禽子曰：以子之言問老聃、關尹，則子言當矣。以吾言問大禹、墨翟，則吾言當矣。』

(註六)孟子說：『楊朱、墨翟之言盈天下。』又說：『天下之言，不歸楊則歸墨。』足見楊朱學說之受當時人之歡迎。

儒家及其流派

儒家的孔子

孔子事略

儒家的開創者為孔丘。孔丘字仲尼，魯國人。生於周靈王二十一年(公元前五五一年)，死於周敬王四十一年(公元前四七九年)。孔子少貧賤，及長，做了季氏史，料量平，又做了司職吏，而畜蕃息。以後又做過魯國的司空和司寇，但是，因為他的政策不行，就棄了官去周游列國。他在外十三年，到過宋、齊、楚、衛、陳、蔡諸國，都不曾得着行道的機會。到了六十八歲，他轉回魯國，專從事教育與著述的事業。將古代官書，删成尚書；删歷代詩歌，成詩三百篇；又訂定了禮與樂。更出其讀易心得，成易繫辭文言；又依據魯國的史記，作了一部春秋。——這些就是後來之所謂六經。此外，還有一部論語，是孔子弟子的弟子所記孔子與孔門諸子的談話。至於孝經，却是後人依託的書。(註一)如今要研究孔子的學說，最好是以論語、易傳、春秋三書爲主；因爲他的思想的表現，全在這三書中。

孔子在思想界的地位

孔子事略，已如上述。今請述孔子在當時思想界的地位。夏曾佑說：『老子爲九流之初祖，其生最先。凡學說與政論之變也，其先出之書，所以矯前代之失者，往往矯枉過正。老子之書，有破壞而無建立，可以備一家之哲學，而不可以爲千古之國教，此其所以有待以於孔子歟？』(註二)足見老子是思想的革命家，是替思想界開闢道路的前衛戰士；而孔子却是踏着老子所開闢的道路從事建立適合於社會的思想體系的人，所以孔子的思想較老子爲緩和，而是屬於改進派的。

孔子思想的內容

其次，請言孔子思想的內容。孔子思想的內容，大約可以用『正名主義』『孝弟』『禮』『仁』『忠恕』幾個項目來包括。前三個項目，在第二編第十章中已經說得明白，現在單從仁和忠恕兩項來說。

仁、忠恕、孝這三個項目，是不可分離的；而在孔子思想體系中，孝便是仁與忠恕之基礎。孔子的思想，反映着宗法的家族制度，這在第二編第十章中已經詳細說過。惟其如此，所以他的治國平天下的辦法，都是從修身齊家擴大出來的，而修身齊家之本，就在一個孝字，所以有子曰：『其爲人也孝弟，而好犯上者，鮮矣；不好犯上，而好作亂者，未之有也。君子務本，本立而道生；孝弟也者，其爲仁之本與！』所以孔子說：『弟子入則孝，出則弟，謹而信，汎愛衆，而親仁。』有了孝作基礎，纔能夠進而談到忠恕。(註三)忠是盡己，恕是推己及人，所以大學說：『君子有諸己，而後求諸人。無諸己，而後非諸人。所藏乎身不恕，而能喩諸人者，未之有也。』這種推己及人的道理，在孔子看來，便是可以終身行之的行爲規範，論語：子貢問：『有一言而可以終身行之者乎？』孔子答：『其恕乎。己所不欲，勿施於人。』這就是大學的絜矩之道：『所惡於上，毋以使下；所惡於下，毋以事上；所惡於前，毋以先後；所惡於後，毋以從前；所惡於右，毋以交於左；所惡於左，毋以交於右：此之謂絜矩之道。』也就是孟子所說的『善推其所爲』：『老吾老以及人之老，幼吾幼以及人之幼，天下可運於掌。詩云：刑於寡妻，至於

孔子的階級觀念

兄弟，以御於家邦：言擧斯心加諸彼而已。故推恩足以保四海，不推恩無以保妻子。古之人所以大過人者，無他焉，善推其所爲而已矣。』不過要作恕的功夫，就不能離忠，因爲忠是盡己，恕是推己，既不盡己，便不能推己，不能推己，也就不能盡己，所以忠恕每每並提，論語：曾子曰：『夫子之道，忠恕而已矣。』中庸也說：『忠恕違道不遠。』而忠恕又一本於孝弟，故『愛親者不敢惡於人。敬親者不敢慢於人。』『不愛其親，而愛他人者，謂之悖德，不敬其親，而敬他人者，謂之悖禮。』『事親者，居上不驕，爲下不亂，在醜不爭。』（均見孝經）這就是說，能夠孝，就能夠愛人，就能夠愛社會。能夠忠，能夠恕，纔能夠談到仁。樊遲問仁，子曰：『居處恭，執事敬，與人忠；雖之夷狄，不可棄也。』——這就是由忠以求仁。仲弓問仁，子曰：『出門如見大賓，使民如承大祭。己所不欲，勿施於人。在邦無怨，在家無怨。』——這便是由恕以求仁。所以忠恕，就是達到仁的一條必由之路。要做到仁的地步，就能統攝諸德完成人格。（註四）

但是，孔子腦袋中，却充分地含着階級觀念。他認爲仁這個高德，只有君子纔有，至於小人是決不會有的。所以他說：『君子道者三，我無能焉：仁者不憂，知者不惑，勇者不懼。』『君子而不仁者有矣夫，未有小人而仁者也。』(均見論語)這樣一來，便難怪小人永遠是被治者階級，而君子就是治者階級了。(註五)

儒家的流派

次述儒家的流派

子思及其事略

(一)子思　孔子之子爲伯魚，名鯉，年五十，先孔子而死。伯魚生子思，名伋，年六十二卒。韓愈送王塤秀才序：『孟子師子思，子思之學，蓋出曾子。』由韓愈這幾句話看來，便可以知道子思在儒家中所佔的地位。子思的思想，見於中庸一書，今分述如下：

論性

(甲)論性　中庸：『天命之謂性，率性之謂道，修道之謂敎。』又：『誠者，天之道也。誠之者，人之道也。』這就是說：性是本來就有的，只要依着天性做去，就會合於道；不過因爲氣稟或異，故不能無過與不及之差，由是而有敎；所謂敎，便是禮樂刑政之屬。至於『誠』，便是天理之本然，而與『天命之謂性，率性之謂道』二句相合；『誠之』，便是人事之當然，而與『修道之謂敎』一句相合。這樣看來，可見人人本來都含有誠的天性，如果『能盡天性』，就可以『與天地參』；所以中庸又說：『唯天下至誠爲能盡其性；能盡其性，則能盡人之性；能盡人之性，則能盡物之性；能盡物之性，則可以贊天地之化育；可以贊天地之化育，則可以與天地參矣。』——他這種性論，便影響於孟子性善之說。

中庸

（乙）中庸　中庸：『喜怒哀樂之未發，謂之中；發而中節，謂之和。中也者，天下之大本也；和也者，天下之達道也。』喜怒哀樂都是情，當其未發的時候，就是性；性是不偏不倚的，所以叫做中；如果喜怒哀樂發而中節，便合乎情的正道，無所乖戾，所以叫做和。這是指性情方面說的；至於德行方面，便有所謂中庸之道。中庸：『仲尼曰：君子中庸，小人反中庸。君子之中庸也，君子而時中；小人之反中庸也，小人而無忌憚也。』又：『子曰：道之不行也，我知之矣：知者過之，愚者不及也。道之不明也，我知之矣：賢者過之，不肖者不及也。人莫不飲食也，鮮能知味也。』過與不及，都不是中庸之道；譬如飲食，只是要學那『知味』的人適可而止；不當吃壞肚子，也不當打餓肚子。這種中庸之道，只有君子纔可以辦得到；至於小人，都是反中庸的，所以弄到無所忌憚。——他這種不偏不倚的折衷主義，到後來便養成中國人的一種『無可無不可』的奴隸性。

孟子及其事略

（乙）孟子　孟子名軻，字子輿，鄒人。生於周烈王四年（公元前三七二年），死於赧王二十六年(公元前二八九年)。他是子思的門人，學成以後，歷遊梁、齊、宋、魯、滕諸國；因爲沒有行道的機會，就退而與弟子萬章之徒，記錄他游諸侯與時人問答的話語；成孟子七篇。他的思想，見於孟子一書中，今分述如下：

(甲)性善說　孟子性善之說，受了子思的影響，上面已經說過。但當時言性的人，除了子思一派，還有幾派。王充論衡：『周人世碩，以爲人性有善有惡：舉人之善性養而致之則善長，惡性養而致之則惡長。如此，則性情各有陰陽，善惡在所養。』孟子告子篇：『或曰：性可以爲善，可以爲不善。是故文、武興則民好善，幽、厲興則民好暴。』——這就是世碩的性有善有惡一派。孟子告子篇：『告子曰：性無善無不善也。』——這就是告子的性無善無不善一派。又：『或曰：有性善，有性不善。是故以堯爲君而有象，以瞽瞍爲父而有舜。』——這就是有性善有性不善的一派。孟子答覆他們道：『乃若其情，則可以爲善矣。乃所謂善也。若夫爲不善，非才之罪也。惻隱之心，人皆有之；羞惡之心，人皆有之；恭敬之心，人皆有之；是非之心，人皆有之。惻隱之心，仁也；羞惡之心，義也；恭敬之心，禮也；是非之心，智也。仁、義、禮、智非由外鑠我也，我固有之也，弗思耳矣。故曰求則得之，舍則失之；或相倍蓰而無算者，不能盡其才也。』由這段話看來，便知道孟子認爲人的才——即天生的本質——原來都是善的，至於不善，却是因爲『不能盡其才』。人的本質何以是善的呢？第一，因爲人人都具有『善端』，他說，『人皆有不忍人之心。……今人乍見孺子將入於井，皆有怵惕惻隱之心；非所以內交孺子之父母也；非所以要譽於鄉黨朋友也；非惡其身而然也。由是觀之，無惻隱之心，非人也；無羞惡之心，非人也；無辭讓之心，非人也；無是非之心，非人也。惻隱之心，仁之端也；羞惡之心，義之端也；辭讓之心，禮之端也；是非之心，智之端也。人之有是四端也，猶其有四體也。』（見孟子、公孫丑篇）第二，因爲人人都有『良能良知』，他說：『人之所不學而能者，其良能也；所不慮而知者，其良知也。孩提之童，無不知愛其親也；及其長也，無不知愛其兄也。親親，仁也；敬長，義也。』（見孟子、盡心篇）

政治主張

(乙)政治主張　孟子既認定人人的性都是善的，所以從性的方面說：人人都是平等的，他所說的『聖人與我同類者』『堯、舜與人同耳』以及『舜何人也、予何人也、有爲者亦若是』，便是這個意思。惟其如此，所以他說『民爲貴，社稷次之，君爲輕』，所以他說『君之視民如土芥，則臣視君如寇仇』。但是，他也和孔子一樣，認爲君子是治者階級，而小人却是被治者階級；所以孟子說：『有大人之事，有小人之事。……或勞心，或勞力。勞心者治人，勞力者治於人。治於人者食人，治人者食於人。天下之通義也。』（見孟子、滕文公篇）所以孟子又說：『無君子莫治野人，無野人莫養君子。』（見滕文公篇）惟其如此，故孟子的政治主張，雖帶有民權主義的色彩，但是，他的政治是由上而下的，並不是由下而上的，只要在上的人『施仁政於民』，『保民而王』，天下就會『莫之能禦也』。推其如此，所以孟子法先王，而『言必稱堯、舜』；從而他的『保民』的具體方法，就在於行井田制度，使人民能够仰事俯畜，然後總驅而爲善，所以他說：『是故明君制民之產，必使仰足以事父母，俯足以畜妻子，樂歲終身飽，凶年免於死亡。然後驅而之善，故民之從之也輕。』而『制民之產』的具體方案，就是『五畝之宅，樹之以桑，五十者可衣帛矣。雞豚狗彘之畜，無失其時，七十者可以食肉矣。百畝之田，勿奪其時，八口之家，可以無飢矣。謹庠序之教，申之以孝悌之義，頒白者不負載於道路矣。老者衣帛食肉，黎民不饑不寒，然而不王者，未之有也。』（均見孟子、梁惠王篇）他從這種制民之產的方案，更論到井田之制，其言曰：『死徙無出鄉，鄉田同井。出入相友，守望相助，疾病相扶持，則百姓親睦。方里而井，井九百畝。其中爲公田，八家皆私百畝，同養公田。』（見孟子、滕文公篇）——這便是孟子的理想的政治組織。

荀子及其事略

(三)荀子　荀子名況，又稱孫卿，趙人。曾遊學齊國。後來又遊秦、趙，最後至楚，爲楚蘭陵令。其生卒年月不可考，大約生於公元前三一〇年，死於公元前二三〇年。其學說具見於他所作的荀子三十二篇中。

荀子是儒家的改革者

荀子是儒家的改革者，對於各家都有確切的批評，甚至對於儒家的子思與孟子，也是反對的。天論篇：『愼子有見於後，無見於先。老子有見於詘，無見於信。墨子有見於齊，無見於畸。宋子有見於少，無見於多。有後而無先，則羣衆無門。有詘而無信，則貴賤不分。有齊而無畸，則政令不施。有少而無多，則羣衆不化。』解蔽篇：『墨子蔽於用而不知文。宋子蔽於欲而不知得。愼子蔽於法而不知賢。申子蔽於勢而不知知。惠子蔽於辭而不知實。莊子蔽於天而不知人。』——這些都是他批評各家的話。非十二子篇：『略法先王而不知其統，然猶而材劇志大，聞見雜博，案往舊造說，謂之五行；甚僻違而無類，幽隱而無說，閉約而無解；案飾其說而祗敬之曰：此眞先君子之言也。子思唱之，孟軻和之，世俗之溝猶瞀儒，嚾嚾然不知其所非也，遂受而傳之，以爲仲尼、子游，爲茲厚於後世：是則子思孟軻之罪也。』——這便是他反對子思孟子的話。他反對這些人的學說，他自己的學說又是什麼呢？

人事主義

（甲）他反對莊子蔽於天而力倡人事主義　天論篇：『惟聖人爲不求知天。』又：『故君子敬其在己者，而不慕其在天者。小人錯其在己者，而慕其在天者。君子敬其在己者而不慕其在天者，是以日進也。小人錯其在己者而慕其在天者，是以日退也。』

性惡說

（乙）他反對孟子性善之說而倡性惡之說　性惡篇：『人之性惡，其善者僞也。今人之性：生而有好利焉。順是，故爭奪生，而辭讓亡焉。生而有疾惡焉。順是，故殘賊生，而忠信忘焉。生而有耳目之欲，有好聲色焉。順是，故淫亂生，而禮義文理亡焉。然則從人之性，順人之情，必出於爭奪，合於犯分亂理，而歸於暴。』又：『今人之性：飢而欲飽，寒而欲煖，勞而欲休，此人之情性也。今人飢，見長而不敢先食者，將有所讓也。勞而不敢求息者，將有所代也。夫子之讓乎父，弟之讓乎兄，子之代乎父，弟之代乎兄：此二行者，皆反於性而悖於情者也。然而孝子之道，禮義之文理也。故順性情，則不辭讓矣。辭讓，則悖於性情矣。用此觀之，然則人之性惡明矣。其善者僞也。』

人爲主義

（丙）人爲主義　荀子既反對慕天，又言性惡，所以着重人爲。性惡篇：『故枸木必將待櫽栝烝矯然後直；純金必將待礱厲然後利；今人之性惡，必將待師法然後正，得禮義然後治。……故性善則去聖王息禮義矣。性惡則與聖王貴禮義矣。故櫽栝之生，爲枸木也；繩墨之起，爲不直也；立君上，明禮義，爲性惡也。』

禮樂

（丁）禮樂　荀子既言性惡而着重人爲，實現人爲主義的工具，自然就是『以矯飾人之情性而正之、以擾化人之情性而導之』的禮樂。禮論篇：『禮起於何也？曰：人生而有欲，欲而不得則不能無求，求而無度量分界則不能不爭。爭則亂，亂則窮。先生惡其亂也，故制禮義以分之，以養人之欲而給人之求。使欲必不窮乎物，物必不屈於欲，兩者相持而長：是禮之所起也。故禮者，養也。……君子既得其養，又好其別。曷謂別？曰：貴賤有等，長幼有差，貧富輕重皆有稱者也。』樂論篇：『夫樂者，樂也，人情之所必不免也。故人不能無樂，樂則必發於聲音，形於動靜；而人之道，聲音動靜，性術之變盡是矣。故人不能不樂，樂則不能無形，形而不爲道，則不能無亂。先王惡其亂也，故制雅頌之聲以道之：使其聲足以樂而不流；使其文足以辨而不諰；使其曲直繁省，廉肉節奏，足以感動人之善心；使夫邪汙之氣無由得接焉。……故樂行而志淸，禮修而行成。……且樂也者和之不可變者也，禮也者禮之不可易者也。樂合同，禮別異，禮樂之統，管乎人心矣。』——他這種禮樂師法的主張，影響及於他的弟子韓非、李斯，而主張用刑法以治國。

(註一)參看胡適著中國哲學史大綱卷上七十頁。

(註二)見夏著中國歷史教科書第一篇第二章第六節。

(註三)忠恕二字，另有一解，可參看胡適著中國哲學史大綱卷上一百七——一百九頁。

(註四)蔡子民中國倫理學史謂孔子所說的仁，是『統攝諸德、完成人格之名』。胡適中國哲學史大綱贊成其說，並引用孔子答子路問成人一段，——若臧武仲之知，公綽之不欲，卞莊子之勇，冉求之藝，文之以禮樂，亦可以爲成人矣。——認爲成人卽是盡人道，卽是完成人格，卽是仁。其實，論語所謂『人而不仁，如禮何！人而不仁，如樂何！』便是指仁統攝禮樂而言。又『里仁爲美；擇不處仁，焉得知。』『仁者安仁，知者利仁。』便是指仁統攝知而言。又『仁者必有勇，勇者不必有仁。』便是指仁統攝勇而言。又『子張問仁。曰：「能仁五者於天下，爲仁矣。」請問之。曰：「恭、寬、信、敏、惠。」』便是指仁統攝恭寬信敏惠諸德而言。又『樊遲問仁。子曰：「愛人」』。便是指仁統攝愛人而言。——這些便是蔡氏之所謂『統攝諸德』。

（註五）論語中記錄君子與小人之別的地方很多，如『君子周而不比，小人比而不周』；如『君子懷德，小人懷土；君子懷刑，小人懷惠』；如『君子喻於義，小人喻於利』；如『君子坦蕩蕩，小人長戚戚』；如『君子成人之美，不成人之惡；小人反是』；如『君子泰而不驕，小人驕而不泰』；如『君子上達，小人下達』；如『君子求諸己，小人求諸人』；如『君子不可小知，而可大受也；小人不可大受，而可小知也』；如『君子有三畏：

畏天命，畏大人，畏聖人之言；小人不知天命，而不畏也，狎大人，侮聖人之言』；如『君子有勇而無義爲亂，小人有勇而無義爲盜』；這些區別，原來是從人格上立論，但是，後來的狡黠者，假君子之名，以行小人之實，就把君子與小人看做身分的區別了。這樣一來，所謂士君子當然成爲治者階級，而小人就是被治者階級了。小人如果要過問政治，便叫做『造反』。所以孟子縱令提倡民貴君輕之說，然而依舊脫不了勞心者治人勞力者治於人的主張。

問題提要：

(一)學術思想何以與社會經濟有關係？

(二)試述先秦學術思想勃興的原因！

(三)試述老子在思想界的地位和他的思想的精神！

(四)試述老子思想的幾個基本觀念！

(五)道家的流派有幾？又其代表人物的思想爲何？

(六)試述孔子在思想界的地位！

（七）試述孔子之所謂忠恕與仁！

（八）儒家的流派有幾？又其代表人物的思想為何？

第二章　先秦諸子（下）

墨家的墨子

墨子事略

墨家的開創者是墨子。墨子名翟，姓墨，魯人，或曰宋人。據胡適考證：墨子大概生在周敬王二十年與三十年之間（公元前五〇〇年至四九〇年），死於周威烈王元年與十年之間（公元前四二五年至四一六年）。如今墨子五十三篇，即其著作。

墨家及其流派

墨子與儒家的關係

墨子的學說，和儒家有關係。淮南要略：『墨子學儒者之業，受孔子之術，以爲其禮煩擾而不悅，厚葬靡財而貧民，久服傷生而害事。』由這段話看來，可見墨子雖受了儒家的影響，但是又反對儒家；所以墨子公孟篇說：『儒之道足以喪天下者四政焉：儒以天爲不明，以鬼爲不神，天鬼不說，此足以喪天下；又厚葬久喪，重爲棺槨，多爲衣衾，送死若徙，三年哭泣，扶然後起，杖然後行，耳無聞，目無見，此足以喪天下；又弦歌鼓舞，習爲聲樂，此足以喪天下；又以命爲有，貧富、壽夭、治亂、安危、有極矣，不可損益也，爲上者行之，必不聽治矣，爲下者行之，必不從事矣，此足以喪天下。』——這便是墨子明鬼、薄葬、非樂、非命之所

兼愛

由起。他又見當時兵戈不息人相殘殺，所以又倡非攻與兼愛之說。茲分述如下：

（一）兼愛　墨子言兼愛，儒家却言仁；仁是由親以及疏，所謂愛有等差者是，故孟子說：『親親而仁民，仁民而愛物』『老吾老以及人之老，幼吾幼以及人之幼』。墨子反是，而言兼愛，兼愛上：『聖人以治天下為事者也。必知亂之所自起，焉能治之。不知亂之所自起，則不能治。譬之如醫之攻人之疾者然。必知疾之所自起，焉能治之。不知疾之所自起，則弗能治。治亂者何獨不然。必知亂之所自起，焉能治之。不知亂之所自起，則弗能治。聖人以治天下為事者也，不可不察亂之所自起。當(嘗)察亂何自起？起不相愛。臣子之不孝君父，所謂亂也。子自愛，不愛父，故虧父而自利；弟自愛，不愛兄，故虧兄而自利；臣自愛，不愛君，故虧君而自利：此所謂亂也。雖父之不慈子，兄之不慈弟，君之不慈臣：此亦天下之所謂亂也。父自愛而不愛子，故虧子而自利；兄自愛而不愛弟，故虧弟而自利；君自愛而不愛臣，故虧臣而自利；是何也？皆起不相愛。雖至天下之為盜賊者亦然。盜愛其室，不愛異室，故竊異室以利其室；賊愛其身，不愛人身，故賊人身以利其身：此何也？皆起不相愛。雖至大夫之相亂家、諸侯之相攻國者亦然。大夫各愛其家，

非攻

不愛異家，故亂異家以利其家；諸侯各愛其國，不愛異國，故攻異國以利其國。天下之亂物，具此而已矣。察此何自起？皆起不相愛。若使天下兼相愛，愛人若愛其身。猶有不孝者乎？視父兄與君若其身，惡施不孝？猶有不慈者乎？視弟子與臣若其身，惡施不慈？故不孝不慈亡有。猶有盜賊乎？視人之室若其室，誰竊？視人之身若其身，誰賊？故盜賊亡有。猶有大夫之相亂家、諸侯之相攻國者乎？視人家若其家，誰亂？視人國若其國，誰攻？故大夫之相亂家、諸侯之相攻國者亡有。若使天下兼相愛，國與國不相攻，家與家不相亂，盜賊無有，君臣父子皆能孝慈，若此，則天下治。故聖人以治天下爲事者，惡得不禁惡而勸愛？故天下兼相愛則治，交相惡則亂。故子墨子曰：不可以不勸愛人者此也。』

(二)非攻　既言兼愛，必然因而倡非攻。墨子、非攻篇上：『今有一人，入人園圃，竊其桃李；衆聞則非之，上爲政者得則罰之；此何也？以虧人自利也。至攘人犬豕雞豚者，其不義又甚入人園圃竊桃李；是何故也？以虧人愈多，其不仁滋甚，罪益厚。至入人欄廐取人馬牛者，其不義又甚攘人犬豕雞豚；此何故也？以虧人愈多。苟虧人愈多，其不仁滋甚，罪益厚。至殺不辜人也，扡其衣裘，取戈劍者，其不義又甚入人欄廐取人馬牛：此何故也？以其虧人愈多。苟虧人愈多，其不仁滋甚矣，罪益厚。當此，天下之君子皆知而非之，謂之不義。今至大爲攻國，則弗知非；從而譽之，謂之義：此可謂知義與不義之別乎？殺一人，謂之不義，必有一死罪矣。若以此說往，殺十人，十重不義，必有十死罪矣；殺百人，百重不義，必有百死罪矣。當此，天下之君子皆知而非之，謂之不義。今至大爲不義攻國，則弗知非；從而譽之，謂之義。情不知其不義也，故書其言以遺後世。若知其不義也，夫奚說書其不義以遺後世哉？今有人於此，少見黑曰黑，多見黑曰白：則以此人不知白黑之辨矣。少嘗苦曰苦，多嘗苦曰甘：則必以此人爲不知甘苦之辨矣。今小爲非，則知而非之；大爲非攻國，則不知非，從而譽之，謂之義：此可謂知義與不義之辨乎？是以知天下之君子也，辨義與不義之亂也。』但墨子非攻，亦未嘗不言嚴守備，故墨子節用下說：『凡大國之所以不攻小國者，積委多，城郭修，上下調和，是故大國不耆攻之。無積委，城郭不修，上下不調和，是故大國耆攻之。』他不但口言非攻，而且做非攻主義的實行家，所以當公輸盤替楚造了雲梯去攻宋的時候，他覺自魯『裂裳裹足、日夜不休』地跑到郢，去見公輸盤。公輸盤

九設攻城的機變，墨子九拒之，公輸盤的攻械盡了，而墨子的守圉反有餘，結果楚就不敢攻宋了。（見墨子、公輸篇）

節用

（三）節用　攻戰從何而起，起於爭。爭從何而起，起於不足。所以沒有方法去彌不足之患，攻戰就沒有停止之時。墨子因是而言節用。墨子、節用上：『其爲衣裘何以爲？冬以圉寒，夏以圉暑。凡爲衣裳之道，冬加溫夏加凊者則止；不加者去之。其爲宮室何以爲？冬以圉風寒，夏以圉暑雨。有盜賊加固者則止；不加者去之。其爲甲盾伍兵何以爲？以圉寇亂盜賊。若有寇亂盜賊，有甲盾五兵者勝，無者不勝。是故聖人作爲甲盾五兵。凡爲甲盾五兵，加輕以利堅而難折者則止，不加者去之。其爲舟車何以爲？車以行陵陸，舟以行川谷，以通四方之利。凡爲舟車之道，加輕以利者則止，不加者去之。凡其爲此物也，無不加用而爲者。是故用財不費，民德不勞；其興利多矣。』

薄葬

（四）薄葬　墨子既言節用，必然因是而倡薄葬。他認爲儒家厚葬久喪有三種害處：第一國家必貧，第二人民必寡，第三刑政必亂（見節葬篇）。因此他定爲喪葬之法如次：『桐棺三寸，足以朽體；衣衾三領，足以覆惡』；『及其葬也，下毋及泉，上毋通臭』；『無椁』；『死無服』；『爲三日之喪』。

非樂

（五）非樂　墨子既言節用，必然因是而非樂。他認爲樂的害處有三：第一，樂器之費：民患飢寒勞苦，卽爲之撞鐘擊鼓，彈琴吹笙，民衣食之財，將安所得？第二，樂人之費：樂人不可衣短褐，不可食糠糟，美顏色衣服以悅觀者，不從事衣食的生產，却衣食於人；第三，奪民衣食之時：丈夫爲樂，廢耕稼樹藝，婦人爲樂，廢紡績織紝。（見墨子、非樂篇）

以上所述，除兼愛外，全爲消極方面的學說，今進而述其積極方面的學說，卽述其對於政治組織之見解。

尚同與尚賢

（六）尚同與尚賢　尚同與尚賢二者，是墨子的政治組織之見解，分述如下。第一論社會國家的起原：尚同上：『古者民始生未有刑政之時，蓋其語人異義。是以一人則一義，二人則二義，十人則十義；其人茲衆，其所謂義者亦茲衆。是以人是其義以非人之義，故交相非也。是以內者父子兄弟作怨惡，離散不能相和合。天下之百姓，皆以水火毒藥相虧害；至有餘力不能以相勞，腐朽餘財不以相分，隱匿良道不以相敎，天下之亂，若禽獸焉。』天下旣然人是其義以非人之義，於是需要一同天下之義；從事於一同天下之義的人，就是天子，所以尙同中說：『明乎民之無正長以一同天下之義而天下亂也，是故選擇天下賢良聖智辯慧之人，立以爲天子，使從事乎一同天下之義。天子既以立矣，以爲唯其耳目之請，不能獨一同天下之義，是故選擇贊閱賢良聖智辯慧之人置以爲三公，與從事乎同一天下之義。』三公還不夠左右天子，於是有諸侯，所以尙同下說：『三公又以其知力爲未足獨左右天子也，是以分國建諸侯。諸侯又以其知力爲未足獨治其四境之內也，是以選擇其次立爲卿之宰。卿之宰又以其知力爲未足獨左右其君也，是以選擇其次立而爲鄉長家君。』第二，言天子之權力，尙同上：『正長已具，天子發政於天下之百姓，言曰：聞善不善皆以告其上。上之所是，必皆是之；上之所非，必皆非之。』尙同中：『凡國之萬民，上同乎天子而不敢下比。』天子的權力既這樣大，所以他的政治主張，近於絕對的干涉政治。第三，論限制天子的權力，尙同中說：『夫既上同乎天子而未上同乎天者，則天菑猶未止也。……故古者聖王明天鬼之所欲，而避天鬼之所憎；以求興天下之利，除天下之害。』這就是用天來限制天子的權力。第四，反對家族制度與貴族政治，尙賢中說：『今王公大人有一裳不能制也，必藉良工；有一牛羊不能殺也，必藉良宰。……逮至其國家之亂，社稷之危，則不知使能以治之。親戚，則使之。無故富貴，面目姣好，則使之。』他主兼愛，當然反對貴族政治與家族制度。貴族政治既不好，他便抬出賢人政治來代替，所以尚賢中又說：『尊尚賢而任使能。不黨父兄，不偏富貴，不嬖顏色。賢者舉而上之，富而貴之，以爲官長。不肖者抑而廢之，貧而賤之，以爲徒役。』

（七）天志　墨子既反對親疏厚薄之愛，又持薄葬非樂之論，其結果，自然要違反人類的本性，因爲親疏哀樂都是屬於人類的本性的東西。所以莊子批判他道：『其道大觳，反天下之心，天下不堪。』（見天下篇）墨子深知這個道理，恐怕因爲反天下之心，而使他的道不行，所以他又推之於天志，申之以鬼神之賞罰。兼愛上說：『天欲人之相愛相利，而不欲人之相惡相賊也。順天意者，兼相愛，交相利，必得賞。反天意者，別相惡，交相賊，必得罰。』兼愛中說：『今天下之君子之欲爲仁義者，則不可不察義之所從出。然則義何從出？義不從愚且賤者出，必自貴且智者出。然則孰爲貴孰爲智？曰：天爲貴天爲知而已矣。然則義果自天出矣。』兼愛下說：『順天之意者兼也，反天之意者別也。兼之爲道也，義正；別之爲道也，力正。』他又在兼愛下總括地說：『子墨子置立天志，以爲儀法。若輪人之有規，匠人之有矩也。今輪人以規，匠人以矩，以此知方圓之別矣。是故子墨子置立天志以爲法儀。』由此看來，他的所謂天志，不外是一種儀法，並不見得有宗教的意味。並且，要言天志，就不得不非命，就不得不明鬼，因爲命之說行，則鬼神無以爲賞罰。

墨子思想以兼愛爲中心

總上所述，可知墨子學說，着重實利主義，而以兼愛爲本；在消極方面，倡非攻、節用、薄葬、非樂，其目的在於必兼愛之行；在積極方面，倡尚賢、尚同、天志、明鬼、非命，其目的在於堅兼愛之信，所以墨子學說，並不見得含有宗教的性質。

墨家的流派

次述墨家的流派。

別墨

(一)別墨　惠施、公孫龍屬於這一派。莊子、天下篇：『墨子之後，相里勤之弟子五侯之徒，南方之墨者苦獲、已齒鄧陵子之屬，俱誦墨經而倍譎不同，相謂別墨；以堅白同異之辯相訾，以觭偶不仵之辭相應。』又晉魯勝墨辨注序：『墨子著書，作辯經以立名本。惠施、公孫龍祖述其學，以正刑(同形)名顯於世。』——這一派專從名學上發展。

宋鈃尹文一派

(二)宋鈃、尹文一派　這派亦倡非攻寢兵之論，故疑其爲墨家的流派。莊子、天下篇：『不累於俗，不飾於物，不苟於人，不忮於衆。願天下之安寧以活民命。人我之養，畢足而止。……古之道術有在於是者，宋鈃、尹文聞其風而說之。……語心之容，命之曰心之行。……見侮不辱，救民之鬪；禁攻寢兵，救世之戰。以此周行天下，上說下教；雖天下不取，强聒而不舍者也。……雖然，其爲人太多，其自爲太少。曰，請欲固置五升之飯足矣；先生恐不得飽，弟子雖饑，不忘天下。……不以身假物。以爲無益於天下者，明之不如己也。以禁攻寢兵爲外，以情欲寡淺爲內。』——觀此可以知宋鈃、尹文學說之出自墨子。

法家

法家及其代表人物

法家成爲一種有體系的學派，爲時很晚，蓋自愼到、韓非以後。但法治主義的思想，在管仲時却已萌芽。法家的學理上的根據，則儒道墨三家都各有一部分爲牠的先導，所以有人說法家就是儒道墨三家之末流嬗變匯合而成的東西。今分述如下：

法家是儒墨道三家之末流嬗變匯合而成的

(一)法家所受於儒家者爲正名主義　尸佼說：『天下之可治，分成也。是非之可辨，名定也。』又：『明主之治民也，……言寡而令行，正名也。君人者苟能正名，愚智盡情；執一以靜，令名自正，賞罰隨名，民莫不敬。』又：『審一之經，百事乃成；審一之紀，百事乃理。名實判爲兩分爲一。是非隨名實，賞罰隨是非。』

(二)法家所受於道家者爲無爲主義　梁啓超說：『法家所受於道家者何耶？道家言「我無爲而名自正」。民何以能正？彼蓋謂自有「自然法」能使之正也。自然法希夷而不可見聞，故進一步必要求以「人爲法」爲之體現，此當然之理也。及其末流卽以法治證成無爲之義。愼子曰：「大君任法而不弗躬，則事斷於法。」淮南子曰：「今夫權衡規矩，一定而不易，不爲秦、楚變節，不爲胡、越改容。常一而不邪，方行而不流。一日刑(同型)之，萬世傳之，而以無爲爲之。」法治者純以客觀的物準馭事變，其性質恰於權衡規矩，愼子所謂「無建己之患無用知之累」也。夫是以能「無爲而無不爲」。彭蒙愼到之流皆邃於道家言，而治術則貴任法，蓋以此也。』(註一)

(三)法家所受於墨家者爲平等主義與一同天下之義　墨家主兼愛，反對儒家的親親主義，這就是平等主義的思想。儒家的禮義，只能行於君子，不能遍行全國；而法是遍行全國的，所以法律不得不平等。慎子佚文所謂『法者，所以齊天下之動，至公大定之制也。』便是這個道理。墨家的一同天下之義，就是要使社會不可有兩種是非，所以尹文子說：『萬事皆歸於一，百度皆準於法；歸一者簡之至，準法者易之極。』

次言法家的主要代表。管仲、子產、申不害、商鞅都是實行的政治家，雖具有法治主義的觀念，却不是法理學家，所以不能稱為法家。以下僅就法家幾個主要代表人物的思想略述一下：

慎到及其事略

（一）慎到　慎到趙人。其生卒年月不可考。其時代大約當公元前第三世紀。漢書藝文志有慎子四十二篇，今多不傳；惟存佚文若干條，後人集為慎子五篇。他的思想原於道家；而其結果則為法家，今分述如下：

尚法

（甲）尚法　他說：『法者所以齊天下之動，至公大定之制也。故智者不得越法而肆謀，辯者不得越法而肆議，士不得背法而有名，臣不得背法而有功。我喜可抑，我忿可窒，我法不可離也。骨肉可刑，親戚可滅，至法不可闕也。』——此言法之重要。又說：『法雖不善，猶愈於無法。所以一人心也。夫投鉤以分財，投策以分馬，非鉤策爲均，使得美者不知所以美，得惡者不知所以惡，此所以塞願望也。』——此言法之效力。

不尙賢

(乙)不尙賢　愼子既以法爲主，所以萬事只有守法。法既確立，即天子不賢，也不要緊；推之百官之事，也只有守法，而用不着尙賢。其言曰：『立君而尊賢，是賢與君爭，其亂甚於無君。』又：『鷹善擊也。然日擊之，則疲而無全翼矣。驥善馳也，然日馳之，則蹶而無全蹄也。』——此言恃賢爲治之必敗。

貴因

(丙)貴因　他說：『天道因則大，化則細。因也者，因人之情也。人莫不自爲也。化而使之爲我，則莫可得而用。是故先王不受祿者不臣，不厚祿者不與；人人不得其所以自爲也，則上不取用焉。故用人之自爲，不用人之爲我，則莫不可得而用矣。此之謂因。』因爲人人都有自爲之心，所以因其自爲之心而用之，就是『因』的道理。

尹文

(二)尹文　尹文原屬於墨家的流裔，然其政治主張又屬於法家。今分述如下：

論名與法的關係

(甲)論名與法的關係　他說：『名者，名形者也；形者，應名者也。……萬物具存，不以名正之則亂；萬名具列，不以形應之則乖。……善名命善，惡名命惡。故善有善名，惡有惡名。聖賢仁智，命善者也。頑嚚凶愚，命惡者也。……使善惡盡然有分，雖未能盡物之實，猶不患其差也。……名稱者何？彼此而檢虛實者也。自古及今，莫不用此而得用彼而失。失者由名分混，得者由名分察。今親賢而疏不肖，賞善而罰惡；賢不肖善惡之名宜在彼，親疏賞罰之稱宜屬我。……名宜屬彼，分宜屬我。我愛白而憎黑，韻商而舍徵，好膻而惡焦，嗜甘而逆苦。白黑商徵膻焦甘苦，彼之名也；愛憎韻舍好惡嗜逆，我之分也。定此名分，則萬事不亂也。故人以度審長短，以量受少多，以衡平輕重，以律均清濁，以名稽虛實，以法定治亂，以簡治煩惑，以易御險難。萬事皆歸於一，百度皆準於法。歸一者簡之至，準法者易之極。如此，頑嚚聾瞽可與察慧聰智同其治也。』——從他這段論名與法的關係看來，便知道他的以法定治亂的精神。

(乙)政治主張　尹文言政治，也不外定名分以立法，所以他說：『聖人任道以通其險，立法以理其差；使賢愚不相棄，能鄙不相遺。能鄙不相遺，則能鄙齊功；賢愚不相棄，則賢愚等慮：此至治之術也。名定則物不競，分明則私不行。物不競非無心，由名定故無所措其心；私不行非無欲，由分明故無所措其欲。然則心、欲人人有之，而得同於無心無欲者，制之有道也。』

韓非及其事略

(三)韓非　韓非是韓國的公子，與李斯同受學於荀卿。他目覩韓國削弱，乃發憤著書，攻擊當時政府所養非所用、所用非所養；並主張國家變法，重刑罰，去無用的蠹蟲。韓王不能用。後秦始皇見他所著的書，就嘆道：『嗟呼！寡人得見此人與之游，死不恨矣！』因急攻韓。韓王至是纔使韓非入秦言存韓之利。秦王不能用，後因李斯的讒言，遂下韓非於獄。李斯使人送藥與韓非，叫他自殺。韓非遂死獄中，時公元前二三三年。漢書、藝文志有韓非子五十五篇，今具存，惟其中多有後人附會加入進去的。今分述其學說如下：

政治主張

(甲)政治主張　韓非反對勢治而主張法治，所以他說：『夫勢者，非能必使賢者用己，而不肖者不用己也。賢者用之則天下治，不肖者用之則天下亂。人之情性，賢者寡而不肖者衆；而以威勢濟亂世之不肖人，則是以勢亂天下者多矣，以勢治天下者寡矣。……夫勢者，名一而變無數者也。勢必於自然，則無爲言於勢矣。……今曰堯、舜得勢而治，桀、紂得勢而亂。吾非以堯、舜爲不然也，雖然，非一

法治的目的

人之所得設也。夫堯、舜生而在上位，雖有十桀、紂不能亂者，則勢治也；桀、紂亦生而在上位，雖有十堯、舜而亦不能治者，則勢亂也。……此自然之勢也，非人之所得設也。若吾之言，謂人之所得設也。』(見難勢篇)照他的意思：勢治便是自然的惰性之產物，法治却爲人爲的努力所創造；故曰『人之所得設也』。進而他又反對賢人政治，他說：『且夫堯、舜、桀、紂，千世而一出。……中者上不及堯、舜，而下者亦不爲桀、紂。抱法則治，背法則亂。背法而待堯、舜，堯、舜至乃治，是千世亂而一治也。抱法而待桀、紂，桀、紂至乃亂，是千世治而一亂也。』(見難勢篇)

(乙)法治的目的　天下不治，起於爭，而爭之起，又由於財用的不足，所以他說：『古者丈夫不耕，草木之實足食也；婦人不織，禽獸之皮足衣也。不事力而養足，人民少而財有餘，故民不爭。……今人有五子不爲多，子又有五子，大父未死而有二十五孫。是以人民衆而貨財寡，事力勞而供養薄，故民爭。……故饑歲之春，幼弟不饟；穰歲之秋，疏客必食。非疏骨肉，愛過客也；多少之心異也。是以古之易財，非仁也，財多也。今之爭奪，非鄙也，財寡也。』(見五蠹篇)爭既不能免，則多數人爲衣食所迫，實際上已生活於罪惡之中。他並不曾從經濟上謀改革，使民得其平而不爭，他只是想用法治，使多數陷溺之人免於罪惡，所以他說：『夫聖人之治國，不恃人之爲吾善也，而用其不得爲非也。恃人之爲吾善也，境內不什數；用人不得爲非，一國可使齊。爲治者用衆而舍寡，故不務德而務法。夫必恃自直之木，百世無矢；恃自圜之木，千世無輪矣。……然而世皆乘車射禽者，隱栝之道用也。雖有……自直之箭自圜之木，良工弗貴也。何則？乘者非一人，射者非一發也。不恃賞罰而恃自善之民，明主弗貴也。何則？國法不可失，而所治非一人也。故有術之君，不隨適然之善，而行必然之道。』（見顯學篇）這樣看來，法的目的，在於使多數人『不得爲非』，並不是爲少數善良者而設。

進化的法治主義

（丙）進化的法治主義　韓非認爲人事是有進化的，所以『論世之事，因爲之備』，而不可法古，他說：『今有構木鑽燧於夏后氏之世者，必爲鯀、禹笑矣。有決瀆於殷、周之世者，必爲湯、武笑矣。然則今有美堯、舜、禹、湯、武之道於當今之世者，必爲新聖笑矣。是以聖人不務循古，不法常可。論世之事，因爲之備。』（見五蠹篇）既不可法古，所以他所謂法治也就隨着時勢而變化，他說：『故治民無常，惟治爲法。法與時轉則治，治與世宜則有功。……時移而治不易者亂。』(見心度篇)惟其如此，所以他又主張變法。

(註一)見梁啓超著先秦政治思想史二二九——二三〇頁。

道儒墨三家總論

春秋戰國時代，諸子蠭起，百家爭鳴，但其勢力最大而影響於當時最鉅者，却只有道儒墨三家。漢代以後，直到今日，二千餘年來，只有儒教獨盛，弄到『二千餘年來無是非皆以孔子之是非爲是非』的地步；而道家思想，雖一度流行於魏晉之世，然不久卽已歸於無聲無息；墨家學說，則至司馬遷做史記時，卽已銷滅。這三家學說之起，固然不是偶然的；卽其存亡，也不是偶然的。

夏曾佑論三家存亡的原因

夏曾佑曾經說過這三家存亡的原因，茲錄於下，然後再加以論述。他說：『老、孔、墨三大宗教，皆起於春秋之季，可謂奇矣！抑亦世運之有以促之也。其後孔子之道，成爲國教；道家之眞不傳(今之道家，皆神仙家。)，墨家遂亡。興亡之故，固非常智所能窺，然亦有可淺測之者。老子於鬼神術數，一切不取者也，其宗旨過高，非神州多數之人所解，故其教不能大。孔子留術數而去鬼神，較老子爲近人矣；然仍與下流社會不合，故其敎祇行於上等人，而下等人不及焉。墨子留鬼神而去術數，似較孔子更近；然有天志而無天堂之福，有明鬼而無地獄之罪，是人之從墨子者，苦身焦思而無報，違墨子者放僻邪侈而無罰也。故上下之人，均不樂之，而其敎遂亡。』（註一）然他又說：『孔子一身，直爲中國政敎之原。中國之歷史，卽孔子一人之歷史而已。故談歷史者，不可不知孔子。……至孔子敎育之指要，既有所窺，則自秦以來，直至目前，此二千餘年之政治盛衰、人材升降、文章學問，千枝萬條，皆可燭照而數計矣。』（註二）

老子學說不傳之眞原因

墨子學說滅亡之眞原因

夏氏此說，並不恰當。第一，老子學說之所以不傳，並非由於其宗旨過高，實係由於他違反社會經濟進化的原則。老子不知社會經濟的基礎既已轉變，則政治組織亦隨着轉變；所以他力倡返於自然之說，所以他力倡無名之朴的混沌狀態，而形成他的老死不相往來的烏託邦。但是，他反對鬼神術數，在思想界上爲後來的人開闢一條坦道，却又是他的不可磨滅的功勞。第二，墨子學說之所以滅亡，並不是如夏氏所說因爲他的敎義之『無報』與『無罰』，却是因爲他的『兼愛』。上面說過，『兼愛』是墨子學說的中心，他的其他一切思想，都無不是由『兼愛』出發

孔子學說能夠存續之眞原因

的。這種『兼愛』學說，正和封建政治不相容：——不要忘記：封建政治自有其社會經濟基礎，——封建政治建築在君與臣、官僚與平民、地主與農民諸階級對立的上面，所謂臣，便是君的家奴，所謂平民與農民，便是受官僚與地主之剝削的孝子，那裏容得下兼愛之說呢？所以在戰國時代，那爲封建政治張目的孟子，竟罵墨子兼愛爲『無父』，爲『禽獸』。其次，封建政治的組織，又宛如一個大家族，無論那方面，統治階級都要利用這種組織，以作剝削被統治階級的工具，又那裏容得住兼愛之說呢？統治階級正要引用其家族親戚朋友作政治上的支柱，墨子卻偏說『尚賢』；統治階級正要拿命運來支配被統治階級，墨子卻偏說『非命』；統治階級正要『爭地以戰、殺人盈野』，墨子卻偏說『非攻』；統治階級正要用禮樂來維持身分並且藉以痲醉民衆，墨子卻偏說『薄葬』與『非樂』；——這一切既不適合於統治階級的需要，墨子的學說又焉得而不滅絕？第三，關於儒家，夏氏所謂『中國之歷史，卽孔子一人之歷史』，這個說法是對的；但夏氏所謂『其教祇行於上等人，而下等人不及焉』，卻又不對的了。上面說過，孔子的思想，正是宗法的家族制度的表現；他的思想的中心，就是一個『孝』字。這種思想，正合於封建政治的需要，所以墨子學說之所以滅絕，卽孔子學說之所以得勢。中國的經濟組織，二千餘年來不會跳出手工業的農村的經濟而進到產業革命，則中國的封建政治亦必穩如泰山；封建政治既穩如泰山，則表現宗法的家族制度的孔子思想亦必與封建政治並存；這就是夏氏所說的『中國之歷史、卽孔子一人之歷史』。孔子思想，固屬爲『上等人』所利用而成爲駕馭『下等人』的工具；但是，從整個的社會之組成看來，其組成分子既以家族爲單位，則表現宗法的家族制度的孔子思想，又無不透入於家族之中而成爲維繫家族制度的核心，在這種場合，便不論上等人抑或下等人，都無不受孔子思想的支配了。總之：孔子思想之支配中國人心，決不是後儒提倡之力，也不是帝王表彰之功，而是牠自有其社會上的存在根據；如果牠依以存在的社會經濟基礎起了變化，則孔子思想必然隨而動搖；近十餘年來正是孔子思想發生動搖的時期，這正是社會經濟基礎起了變化之反映；但是，因爲封建勢力的殘渣，還沒有完全消滅，所以孔子思想依舊不時地活躍着。

（註一）見夏著中國歷史教科書第一篇第二章第十二節。

（註二）見夏著中國歷史教科書第一篇第二章第三節。

問題提要：

（一）試述墨子與儒家的關係！
（二）試述墨子學說的內容，又其學說的中心爲何？
（三）試述墨家的流派！
（四）試述法家所受儒、道、墨三家的影響！
（五）試述法家的幾個代表人物及其思想！
（六）道家墨家何以不傳？儒家學說何以能存續至二千餘年之久？

第三章　學術的厄運與經學的特盛

所謂學術的厄運

春秋、戰國時代，諸子蠭起，百家爭鳴；後人視為這是中國學術的黃金時代(?)。及秦統一六國，焚書阬儒；後人又目為這是秦滅古學，是學術的厄運。

焚書

焚書一事是這樣的：始皇統一中國以後，博士淳于越等眼見李斯的革新變法、以制作自任，就提出反對的論調向始皇說：『事不師古而能長久者，非所聞也。』始皇將這個案子交羣臣議覆。丞相李斯回奏道：『五帝不相復，三代不相襲，各以治，非其相反，時變異也。今陛下創大業，建萬世之功，固非愚儒所知。且越言乃三代之事，何足法也。異時諸侯並爭，厚招游學。今天下已定，法令出一；百姓當家則力農，士則學習法令、辟禁。今諸生不師今而學古，以非當世，惑亂黔首。丞相臣斯昧死言：古者天下散亂，莫之能一，是以諸侯並作，語皆道古以害今，飾虛言以亂實。人善其所私學，以非上之所建立。今皇帝幷有天下，別黑白而定一尊。而私學相與非法教。人聞令下，則各以其學議之；入則心非，出則巷議；夸主以為明，異取以爲高，率羣下以造謗。如此弗禁，則主勢降於上，黨與成乎下。禁之便。臣請史官非秦紀，皆燒之。非博士官所職，天下敢有藏詩書百家語者，悉詣守尉雜燒之。有敢偶語詩書，棄市。以古非今者族。吏見知不舉者，與同罪。令下三十日不燒，黥爲城旦。所不去者醫藥卜筮種樹之書。若有欲學法令，以吏爲師。』始皇是其議，遂實行燒書。(見史記始皇本紀)

阬儒

阬儒一事，始皇本紀是這樣記載的：『侯生、盧生相與謀曰：「始皇爲人天性剛戾自用。起諸侯，并天下，意得欲從，以爲自古莫能及己。專任獄吏，獄吏得親幸。博士雖七十人，特備員弗用。丞相諸大臣皆受成事，倚辦於上。上樂以刑殺爲威，……下懾伏謾欺以取容。秦法不得兼方不驗，輒死。然候星氣者至三百人，皆良士，畏忌諱，諛不敢端言其過。天下之事無大小皆決於上。上至以衡石量書，日夜有呈，不中呈不得休息。貪於權勢至如此，未可爲求仙藥。」遂亡去。始皇聞亡，乃大怒曰：「吾前收天下書不中用者，盡去之；悉召文學方術士甚衆，欲以興太平；方士欲練以求奇藥。今聞韓衆去不報，徐市等費以巨萬計，終不得藥。徒姦利相告日聞。盧生等，吾尊賜之甚厚。今乃誹謗我以重吾不德也！諸生在咸陽者，

只焚民間所藏之書

焚書未盡焚天下書阬儒未盡阬天下儒之證

吾使人廉問，或爲訞言以亂黔首。」於是使御史悉按問諸生，諸生傳相告引，乃自除犯禁者四百六十餘人，皆阬之咸陽，使天下知之以懲。後益發，謫徙邊。』

古學之滅，學術的厄運，到底是否因秦焚書阬儒而來的呢？這是值得研究的問題。

第一，始皇所焚的詩書百家語，只是民間所藏的，至於『博士官所職』，是沒有焚燒的；所以夏曾佑說：『史記、始皇本紀：非博士官所職，天下敢有藏詩書百家語者，悉詣守尉雜燒之：是所燒者，民間之書，而博士之誦詩書百家自若也。故始皇時每有建設、博士常與議。漢初諸經師，亦多故秦博士，此足爲秦重博士之證。三十五年阬儒之令，乃因盧生之獄所致；不然，天下儒者，其數豈止四百六十餘人哉？惟始皇、李斯之本意，在誤以詩書爲帝王之術；故己之外，必不願他人習之，此其所以爲愚耳。』（註一）

第二，再退一步來說，卽令夏氏之言，不免於今文家的門戶之見（註二），和康有爲、崔適陷着同樣的毛病（註三）；但是，始皇焚書雖多，決沒有焚盡天下之書，阬儒雖多，決沒有阬盡天下之儒。關於此二點，可以從以下諸事實而得到立證：

(一)漢書、藝文志：儒家有羊子四篇，名家有黃公四篇，皆秦博士。
(二)漢高帝卽位，用叔孫通制朝儀，張蒼定律令，皆故秦博士。
(三)孝惠四年，除挾書之禁；孝文帝時，民間藏書漸出。
(四)史記、儒林傳：『秦之季世阬術士』；觀此，則知秦所阬者乃是一班望星氣求仙藥的方士；並且，從始皇所說的話裏面——見上面所引一段——，也可以明證其所阬者爲方士，且只有四百六十餘人。
(五)史記始皇本紀載：始皇阬儒生於咸陽，長子扶蘇諫曰：『天下初定，遠方黔首未集。諸生皆誦法孔子。今上重法繩之，臣恐天下不安。』——殺儒生數百人，尚且要慮及天下的安危，可見儒家在當時的見重於天下。

由上五項觀之，便足以明證焚書阬儒並沒有滅絕古學，還不能算做學術的厄運。(註四)

尊儒抑百家是學術的厄運

眞正能夠算做學術的厄運的事件，要推『罷黜百家表章六經』一事。但是，這件事情，決不是偶然發生的，而是在社會經濟基礎上有其存在的根據的。以下陳述這件事情之史的發展以及牠在社會經濟基礎上的存在根據。

始皇之用儒術

原來秦國僻處西戎，種種文化，都趕不上中原諸國。襄公之後，徙居岐豐之地，纔漸次和諸國往來。史記、秦本紀稱文公十三年初有史以紀事，足證當時秦國尚在草昧未盡開的境地。孝公時，尚不曾加入中原諸國的會盟，諸國也以夷狄看待秦國。孝公因受諸國小視，於是下令國中說：『賓客羣臣有能出奇計强秦者，吾且尊官，與之分土。』商鞅聞之，西入秦，爲孝公變法，秦國因以富强，爲後來奠立兼并六國的基礎。從孝公變法起，直到始皇統一天下，秦國所恃以强大的工具，就是商鞅的功用主義。等到秦始皇要由二世三世傳之無窮的時候，就用得着儒術了。他知道『子議父臣議君』之『甚無謂』，便想到『名分』之不可不正。在這個當兒，李斯便很合始皇的味口。李斯深知始皇很喜歡韓非的論調，所以在焚書一案的回奏上，便滿口的功用主義的論調(註五)；同時又深知始皇想到名分之不可不正，於是又用儒術來治天下，所以夏曾佑說：『觀其大一統、尊天子、抑臣下、制禮樂、齊律度、同文字、攘夷狄、信災祥、尊貞女、重博士，無不同於儒術。……本孔子專制之法，行荀子性惡之旨。』(註六)在始皇未定天下以前，要整軍經武，要充實自己的力量，正用得着狹義的功用主義；在既定天下以後，要維持皇位的傳

以儒術治天下之根本原因

統，要釐正上下的名分，正用得着儒術；而戰國時代的商業資本始終不會代替土地資本去進到產業革命以摧壞封建統治，則更是大一統的皇室利用儒術以治天下的根本原因。有了這個根本原因，儒術自然而然地就找到牠的存在根據；這個根本原因不消失，則以儒術治天下的精神也不會消失，所以夏曾佑又說：『自始皇以來，積二千餘年，國中社會之情狀，猶一日也。』（註六）

漢高帝之用儒術

漢高帝起自亭長，本一市井無賴之徒，不過自己是一個狡黠者，所以逢着鼎革的時候，利用農民的力量，爬上了統治階級的地位。以前他看見始皇尊嚴時所說的『大丈夫當如是也』一句話既已實現，自然也要學着始皇的樣兒，命叔孫通定朝儀；當他在殿上目擊『諸侯王以下莫不震恐肅敬、至禮畢盡伏』的景象，就難怪他不說『吾迺今日知爲皇帝之貴也』的得意話了。並且當他過魯以太牢祀孔子的時候，他心境中就把孔子的敎義做他治天下的工具了。中國二千餘年來，社會經濟無劇變，孔子敎義也就做了二千餘年的王者治天下的工具。

漢武帝之用儒術

由上所述，便明白以孔子敎義爲國敎，並不是始自漢武的『罷黜百家、表章六經』，而是自有其社會經濟基礎上的存在根據，不過漢武帝用天子的詔令，把這尊孔而抑百家的辦法明示出來罷了(註七)。武帝旣這樣尊孔，同時又詔『吏通一藝以上者、皆補右職』，於是孔子教義固成爲王者治天下的工具，而官吏學人也就競託儒術以爲進身的門徑了。自是以後，中國學術界，除中經佛教一度的衝激以及最近受着西學東漸的影響以外，並未激起若何的變動，其原因就在於此。——這纔是學術的厄運。(註八)

(註一)見夏著中國歷史教科書第二篇第一章第六節。

(註二)夏著中國歷史教科書第二篇第一章第六十二節有云：『自東漢至國初，皆用古文學，當世幾無知今文爲何物者；至嘉慶以後，乃稍稍有人分別今古文之所以然；而好學深思之士，大都皆信今文學，本編亦尊今文學者。』

(註三)康有爲的新學僞經考卷一以及崔適的史記探源卷三都以爲始皇焚書，但燒民間之書，若博士所職，則詩書百家自存。這都是今文學家的見解。

(註四)鍾泰編中國哲學史第一編第十三章秦滅古學有云：『且當天下分裂，憂時之士，各出其所尚，以救當世之急。此譬之人有疑難之症。爲之子者，奇方異術，無所不搜。及夫六國既破，海內統一。曩時所持以應世者，已無所用。此譬之病起人愈。雖有良藥，亦將斥去。故百家之傳，至秦而絕。猶王官六藝之學，至春秋、戰國而分。斯二者，皆勢之所必然，非人力所得而為也。而昧者不察，專以滅古為秦之罪。或以為百家之廢，後世學術遂不如古。此豈為明於當時之勢與古今之變者哉？』鍾氏這段話，頗可玩味。

（註五）商鞅說孝公變法，其言曰：『三代不同禮而王，五霸不同法而霸；故智者作法，愚者制焉；賢者更禮，而不肖者拘焉。拘禮之人，不足與言事；制法之人，不足與論變。』韓非五蠹篇說：『其學者則稱先王之道，以藉仁義，盛容服，而飾辯說，以疑當世之法，而貳人主之心。』又其六反篇說：『今學者皆道書筴之頌語，不察當世之實事。』這和李斯所說的『五帝不相復，三代不相襲』，如出一口。要之韓非、李斯都師事荀子，故兩人的政治主張，都受了荀子的影響。

（註六）見夏著中國歷教科書第二篇第一章第六節。

經學特盛之原因

五經

五經的授傳

(註七)武帝時，董仲舒以賢良對策，請『諸不在六藝之科孔子之術者，皆絕其道，勿使並進』；丞相衞綰，奏所舉賢良，或治申、商、韓非、蘇秦、張儀之言，亂國政；請皆罷。奏可。——這就是史所稱道的武帝之表章六經罷黜百家。當時雖尊儒而抑百家，但是學黃、老之術者仍有楊王孫、耿況、蟜慎諸人，好申韓刑名之學者仍有路溫舒、于定國、郭弘、郭躬、陽球諸人，此外更有主父偃之學長短縱橫術等等；不過趕不上儒家之盛而已。

(註八)學術的厄運，固屬由於尊孔而抑百家，但是，孔學之盛，亦正由於社會經濟之停滯而不會走上產業革命的階段上去。——這就是中國學術無大變動的根本原因。

經學的特盛與今古文學家

西漢既崇儒家，則爲孔子所刪定的經書，就成爲必修的科目；經學的特盛即由於此(註一)。當時樂已佚亡，所剩的只是易、詩、書、禮，春秋五經；並且因書籍流布之不易，所以學者都憑口說，以相傳授，家法謹嚴。漢初五經的傳授，據史記、儒林列傳所載，便是：『言詩，於魯則申培公，於齊則轅固生，於燕則韓太傅；言尚書，自濟南伏生；言禮，自魯高堂生；言易，自菑川田生；言春秋，於齊、魯自胡毋生，於趙自董仲舒。」武帝時，立五經博士，後來又分為十四博士。今將西漢五經的傳授，表列如下：

- 易——田何
  - 丁寬——田王孫
    - 施讎
    - 孟喜
    - 梁邱賀
  - 王同——楊何——京房
- 書——伏勝
  - 歐陽生
  - 夏侯勝（大夏侯）——夏侯建（小夏侯）
- 詩
  - 魯詩——浮邱伯——申公
  - 齊詩——轅固生
  - 韓詩——韓嬰

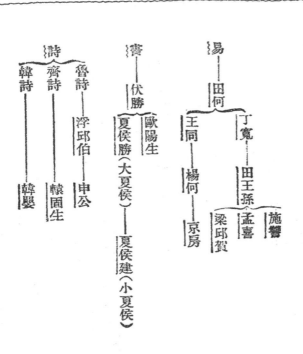

- 春秋
  - 公羊
    - 胡毋生
    - 董仲舒
      - 嚴彭祖
      - 顏安樂
  - 穀梁——江翁

- 禮——高堂生——后蒼
  - 戴德(大戴)
  - 戴聖(小戴)

以上所述，都是西漢的今文家(註二)。到平帝時，始有所謂古文家。古文家之源，蓋出於劉歆。歆移書博士曰：『……魯恭王壞孔子宅，欲以爲宮，而得古文於壞壁之中：逸禮有三十九，書十六篇，天漢之後，孔安國獻之，遭巫蠱倉卒之難，未及施行。及春秋左氏邱明所修，皆古文舊書。多者二十餘通，藏於祕府。』於是別立古文尚書、逸禮、左氏春秋，又有毛詩及費氏易。——這一派爲古文學。今表列如左：

易——費直

書——孔安國(魯恭王壁中書，由孔安國讀之者。)

詩——毛萇（河間獻王所獻。）

春秋——左氏——張蒼——劉歆（張蒼所獻，劉歆得見於祕府。）

禮｛周禮——劉歆（河間獻王所得。）
　　逸禮——不詳傳者（魯恭王壁中所得。）

嗣後王莽卽位，歆爲國師，遂立古文經博士（註三）。光武時，又廢古文經。至東漢末年，馬融、鄭玄等提倡古文經，古文經由是大興。自是以後，直到淸、嘉慶時，通行的都是古文經。

今古文學的區別

經今古文之爭，始自劉歆。今將其區別，表列如次：

今文學	古文學
一、崇奉孔子。	一、崇奉周公。
二、認孔子爲哲學家、政治家、教育家。	二、認孔子爲史學家。
三、以孔子爲託古改制。	三、以孔子爲信而好古、述而不作。
四、以六經爲孔子所作，其	四、以六經爲史，其次第：易、書、詩、

次第：詩、書、禮、樂、易、春秋。	禮、樂、春秋。
五、以春秋、公羊爲主。	五、以周禮爲主。
六、經學傳授多可考。	六、經學傳授不可考。
七、西漢皆立於學官。	七、西漢多行於民間。
八、盛行於西漢。	八、盛行於東漢。
九、斥古文經爲劉歆僞造。	九、斥今文經爲秦火殘缺之餘。
十、今存儀禮、公羊、穀梁、小戴禮記、大戴禮記、韓詩外傳。	十、今存毛詩、周禮、左傳。
十一、信緯書，以爲孔子微言大義，間有存者。	十一、斥緯書爲誣妄（註四）。

要之：今文經的傳授，雖很分明，但其師說則不免有所附會（註五）。至於古文經的傳授，既不分明，而後人羼雜己意，更足以亂經之眞僞，其不可信，無待說明（註六）。不過，我們現在讀古書，切不可先存門戶之見以自蔽；最好是：根據考古學上的事實，本於社會進化史的眼光，去探究古代社會進化之跡。

(註一)原止有詩、書、易、禮、春秋，稱為五經；繼而儀禮、周禮、禮記對等，便稱七經；復次春秋公羊傳、穀梁傳、左氏傳並舉，便稱九經；最後又加入孝經、論語、孟子、爾雅，竟裒成十三經了。

(註二)皮錫瑞經學歷史：『今文者，今所謂隸書；古文者，今所謂籀書。隸書漢世通行，故當時謂之今文；籀書漢已不通行，故當時謂之古文。許慎謂孔子寫定六經，皆用古文；然則孔氏與伏生所藏書，亦必是古文。漢初發藏以授生徒，必改為通行之今文，乃便學者誦習。故漢立十四博士，皆今文家；而當古文未興之前，未嘗別立今文之名。』

(註三)武帝時，魯恭王所得古文尚書、禮記、論語、孝經凡數十篇，河間獻王所得古文周官、尚書、禮記等，以及費直之易，均未列入官學。至平帝時，左氏春秋、毛詩、逸禮古文尚書，始列入學官。至王莽以劉歆為國師，便連周禮也列入學官。

(註四)凡古文經說，都不言神怪，至鄭玄乃糅合今文古文以注經，便和古文經說之舊不合了。

（註五）參看夏曾佑著中國歷史教科書第二篇第一章第六十節。

（註六）夏曾佑中國歷史教科書第二篇第一章第六十二節：『古文經之傳授，其僞顯然。今以歷史因果之理推之，即可得其僞經之故。案王莽居攝時，天下爭爲符命封侯，其不爲者，相戲曰：獨無天帝除書乎？司命陳崇白莽。莽曰：此開姦臣作福之路，而亂天命，宜絕其原。乃詔非五威將所言者悉禁之。（漢書、王莽傳）蓋讖緯盛於哀、平之際，王莽藉之，以移漢祚；已既爲之，則必防人之效己，此人之常情也；故有宜絕其原之命。然此時符命之大原，則實由於六藝。六藝爲漢人之國教，無禁絕之理，則其爲計，惟有入他說以亂之耳。劉歆爲莽腹心，親典中書，必與聞莽謀，且助成莽事者；故爲莽雜糅古書，以作僞古文經。其中至要之義，即六經皆史一語。蓋經既爲史，則不過記已往之事，不能如西漢之演圖比讖，預解無窮矣。而其結果，即以孔子之宗教，改爲周公之政法；一以便篡竊之漸，一以塞符命之源，計無便於此者。然以當時六藝甚備，師法甚明，必不能容不根之說，忽然入乎其間，於是不能不創言六經經秦火，已脫壞，河間獻王魯恭王等，得山巖屋壁之藏，獻之王朝，藏之祕府，外人不見，至此始見之云云。故秦焚書一案，又爲古文經之根據也。所以秦焚書一案定，而古文經之眞僞亦明。案漢書、儒林傳敘云：始皇兼天下，焚詩書，坑儒士，六藝從此缺矣。今攷史記稱李斯學帝王之術於荀子，知六藝之歸。是斯固爲儒家之大宗。始皇果絕儒生，何以用斯爲丞相？又博士之官，數見於秦代。秦令曰：非博士所職，天下敢有藏詩書百家語者，悉詣守尉雜燒之。此爲博士之書不燒之證。蕭何入關，收秦丞相御史府圖書，即此也。然則始皇所坑者，乃轉相傳引之四百餘人；所焚者，民間私藏之別本耳；其餘固無恙也。況始皇焚書坑儒，在三十四年，下距秦亡，凡五年，距至漢興求遺書，不過二十餘年；經生老壽，豈無存者？孔甲可以抱其禮器而奔陳涉，司馬遷可以覩孔子之車服禮器，則古人文物，彬彬具在，斷無六藝遂缺之事；何必二百年後，待之山巖屋壁哉？所以當歆之時，士大夫頗非其說。師丹謂歆非毀先帝所立；公孫祿謂國師公顛倒五經；范升謂費氏易、左氏傳無本師，而多違反：亦皆集矢於劉歆也。』——觀此可以知古文經傳授之僞。（參看康有爲的僞經考卷一。）

儒家與方士糅合的原因

儒家與陰陽讖緯之關係

夏曾佑論秦皇、漢武：『自來論中國雄主者，曰秦皇、漢武……綜兩君生平而論之，其行事皆可分爲三大端：一曰尊儒術，二曰信方士，三曰好用兵。此三者，就其表面觀之，則互相牴牾，理不可解，既尊儒術，何以又慕神仙，既慕神仙，何以又嗜殺戮，此後人所以有狂悖之疑也。然若論其精微，則事乃一貫；蓋皆專制之一念，所發現而已。其尊儒術者，非有契於仁義恭儉，實視儒術爲最便於專制之教耳。開邊之意，則不欲己之外，別有君長，必使天下歸於一人，而後快意，非今日之國際競爭也。至於求仙，則因富貴已極，他無可希，惟望不死以長享此樂。此皆人心所動於不得不然，故能前後兩君，異世同心如此。』（註一）其論儒家與方士之糅合又云：『儒家尊君，君者，王者之所喜也；方士長生，生者，亦王者之所喜也。二者既同爲王者之所喜，則其勢必相妬，於是各盜敵之長技，以謀獨擅，而二家之糅合成焉。』（註二）——夏氏此說，頗有是處，但是還不曾把二家糅合的根本原因道破出來。

案五行原出尚書，自鄒衍輩把牠附會於天行，由是五行與陰陽相合，而有五德

儒家與方士糅合之始

終始之說。藝文志載鄒衍之書，有四十九篇，又終始五十六篇，今均佚失。但呂氏春秋、應同篇，尚存其說，其言曰：『凡帝王之將興也，天必先見祥乎下民。黃帝之時，天先見大螾大螻。黃帝曰：土氣勝。土氣勝，故其色尚黃，其事則土。及禹之時，天先見草木秋冬不殺。禹曰：木氣勝。木氣勝，故其色尚青，其事則木。及湯之時，天先見金刃生於水。湯曰：金氣勝。金氣勝，故其色尚白，其事則金。及文王之時，天先見火、赤烏銜丹書集於周社。文王曰：火氣勝。火氣勝，故其色尚赤，其事則火。火者必將水，天且先見水氣勝。水氣勝，故其色尚黑，其事則水。』其說之怪誕，可以想見。秦始皇統一六國，齊人上鄒衍始終五德之說，始皇採而用之，以爲周得火德，秦代周爲水德之始。——此即儒家與方士糅合之始。漢代秦興，賈誼首謀改正朔，易服色，造漢太初歷，以正月爲歲首，色尚黃，數用五。——此亦本於始終五德之說而來。自是以後，儒者莫不通陰陽之學。儒家倡尊君，固爲帝王所好；但當鼎革之際，篡位竊國逐君弒君這些罪名，又非代起的帝王所喜；於是本來自己想登寶座，就偏說是『順乎天意』不得不如此。始終五德之說固由此起，即符命之說亦莫不由此而起。儒家諸生既已做了帝王的工具，所以只要

儒家與方士糅合的根本原因

兩漢學術的貧乏

能够『得君行道』，又焉得而不容納陰陽家的怪說而和方士糅合起來呢？更何況儒家本身就相信天命之說！帝室的代起，像這樣大的事體，都要本於始終五德之說，於是其他一切災異，也就不得不歸之於天行了。中國的經濟基礎沒有變動而進於產業革命的階段，則破除迷信的科學也就不會昌明，也就不能取得牠的存在根據；所以當時雖有破除迷信的思想家桓譚、王充反對讖緯的怪說，（註三）然而終久敵不過陰陽家言，卒之變成『始之陰陽折入於儒者，終乃儒為陰陽所奪』的地步。直到今日，這種怪說，還支配着中國大部分人的心理。（註四）——以上所述，便是儒家與方士糅合的根本原因，同時，也就是陰陽家的怪說能够至今支配中國人心理的原因。

由上所述，陰陽五行之說，既這樣地支配着學術界，所以兩漢的思想家，除掉一位大史學家司馬遷一位社會革命家王莽幾位批判家如王充、仲長統、王符而外，（註五）其他經學大家，都無不為門戶之見所蔽，多模倣少創造，而於學術思想界，無所貢獻，更何況他們又多為五行陰陽之說所困呢！今將兩漢兩位經學大家的思想略述如下，以證他們的思想與陰陽五行的關係。

董仲舒

(一)董仲舒　董仲舒，廣川人。景帝時，以治春秋爲博士。武帝時，以賢良策對，爲江都相，復相膠西王。漢書、董仲舒傳：『仲舒所著明經術之意，及上疏條教凡百二十三篇。而說春秋事得失、聞舉、玉杯、蕃露、清明、竹林之屬，復數十篇。』今傳春秋繁露八十二篇，而闕文者三篇，實存七十九篇。但從漢書看來，玉杯、繁露，似各自爲篇；然今以繁露名書，疑出後人掇拾。以下分述其思想：

天人合一說

(甲)天人合一說　他的思想的精華，就在天人合一說。爲人者天篇：『爲生不能爲人。爲人者天也。人之人本於天，天亦人之曾祖父也。此人之所以上類天也。人之形體，化天數而成；人之血氣，化天志而仁；人之德行，化天理而義。人之好惡，化天之暖清；人之喜怒，化天之寒暑；人之受命，化天之四時。人生有喜怒哀樂之荅，春秋冬夏之謂也。喜、春之荅也；怒、秋之荅也；樂、夏之荅也；哀、冬之荅也。天之副在乎人，人之性情有由天者矣。』此言人之本於天。既本於天，便不可不循天之道，如天之爲。但是，天地之道，分爲陰陽，散爲五行，故他又推廣陰陽五行之說以論萬事。其言曰：『王者與臣無禮，貌不肅敬，則木不曲直，而夏多

論性

暴風。言不從，則金不從革，而秋多霹靂。視不明，則火不炎上，而秋多電。聽不聰，則水不潤下，而春夏多暴雨。心不能容，則稼穡不成，而秋多雷。』（見五行五事篇）此實陰陽家的謬說，而出於仲舒之口。他既着重於天，所以他的結論便是『天不變，道亦不變』。（見賢良策）

（乙）論性　仲舒論性，頗與荀子相同。（註六）深察名號篇：『今世闇於性，言之者不同。胡不試反性之名。性之名，非生與。如其生之自然之資，謂之性。性者，質也。詰性之質於善之名，能中之與！既不能中矣，而尙謂之質善，何哉？性之名不得離質；離質如毛，則非性已。不可不察也。』此言性不得謂善，與荀子同；然言善出於性，則與荀子異，故深察名號篇又說：『性比禾，善比於米；米出禾中，而禾未可全爲米也；善出性中，而性未可全爲善也。善與米，人之所繼天而成於外，非在天所爲之內也。天之所爲，有所至而止；止之內，謂之天性；止之外，謂之人事。事在性外，而性不得不成德。』他這樣說善出性中，是雖不以性爲善，也就未曾說性是惡；因爲他的思想，一本於陰陽，天不能有陰而無陽，從而性也就不能有惡而無善，所以深察名號篇又說：『栣衆惡於內，弗使得發於外者，心也，故心之爲名，栣也。人之受氣，苟無惡者，心何栣哉？吾以心之名得人之誠。人之誠有貪有仁。仁貪之氣，兩在於身。身之名取諸天。天兩有陰陽之施，身亦兩有貪仁之性。天有陰陽禁，身有情欲栣，與天道一也。』

鄭玄

(二)鄭玄　鄭玄字康成，北海、高密人。師事京兆、第五元。先通京氏易、公羊春秋，後從張恭祖受周官、禮記、左氏春秋、古文尚書。最後師事馬融。他精通今古文學，所以他注經不主一家，集漢儒的大成。注有周易、尚書、毛詩、儀禮、周禮、禮記、論語、孝經、尚書大傳、中候、乾象歷，並作天文七政論、六藝論、毛詩譜等書，共百餘萬言。

說仁

說孝

鄭玄的思想，散見於他所注各書，不易綜觀其全。如中庸『仁者人也。』注云：『人也，讀如相人偶之人，以人意相存問之言。』即其說仁之精。又如孝經：『夫孝，德之本也，教之所由生也。』注云：『人之行莫大如孝，故爲德本。』此其說孝之精。要之：他的思想，一本儒家，並無獨特的創見。然當時讖緯之說盛

以緯釋經

行，所以他受着緯書的影響，畢竟以緯釋經。如周禮、春官小宗伯：『兆五帝於四郊。』注云：『蒼帝靈威仰，赤帝赤熛怒，黃帝含樞紐，白帝白招矩，黑帝叶光

紀。』卽其明證。(註七)

董仲舒與鄭玄，爲漢代兩大儒；然一則推廣陰陽五行之說以論萬事，一則以緯釋經。由此足見當時思想界的空氣，全爲陰陽五行與讖緯之說所籠罩。(註八)所以兩漢諸儒的業績，除『結集經書』與『校勘詁釋』(註九)而外，實無可觀。

(註一)見夏著中國歷史教科書第二篇第一章第十九節。

(註二)見夏著中國歷史教科書第二篇第一章第六十節。

(註三)讖便是立言於前有徵於後的預言。夏有『亡夏者桀』之讖，秦有『亡秦者胡』之讖，是讖之由來已久，不過沒有用陰陽五行之說把牠緣飾起來。至漢，讖便與陰陽家言附合，而與緯並行。緯是因經而立名，卽所謂『經闡其理，緯釋其象，經陳其常，緯究其變。』由是而有五經六緯之名。漢書李尋傳：尋治尚書，獨好洪範災異，又學天文月令陰陽，以其時多災異，說大司馬王根語中有『五經六緯尊術顯士』之說，——五經六緯之名實起於此。王莽以符命篡漢，光武以赤伏符卽位，所謂符命，都屬於讖記之類。東漢哀、平之際，讖緯之說更盛，以通七緯者爲內學，通五經者爲外學。所謂七緯便是：易緯、書緯、禮緯、樂緯、詩緯、孝經緯、春秋緯。

（註四）如劉伯溫的燒餅歌與李淳風和袁天綱合作的推背圖二書，其怪誕荒謬，足以令人發噱，但能够支配大多數人的心理。

（註五）關於司馬遷的史學，留在以後再說。關於王莽，可參看第一編經濟生活之部。仲長統與王符，只言及政治，故本書不敍及。

（註六）董仲舒治公羊春秋，而公羊春秋爲荀子所傳，足見仲舒之學出於荀子；其詳可參看汪中的荀子通論。又漢初諸儒，皆出荀子；其詳可參看夏著中國歷史教科書第二篇第一章第六十節。

（註七）鄭玄此說，本於春秋緯文耀鉤。

（註八）如京房以日月失明，星辰逆行，所有災異，都由於信任石顯；翼奉（傳齊詩）以山崩地動，由於二后之黨滿朝；這都是以爲休咎之徵，與政事之得失相應。此外如劉向等，莫不相信陰陽災異之說。

（註九）詩、書百家語，既火於秦，而漢初諸儒爲之結集，可以說是他們在文化史上的一種業績，又自莽歆提倡校勘詁釋之學以後，到了東漢末年，馬融、許愼、鄭玄更覃心於箋註，形成訓詁之學，也可以說是他們在文化史上的小貢獻。

獨樹一幟的王充

漢代陰陽讖緯之說特盛，儒家諸生均爲所困；當時雖有桓譚、反對圖讖，（註一）然能獨樹一幟對當時思想界施以嚴正的批判者，却要首推王充。

王充事略

王充字仲任，會稽上虞人。史稱他『師事扶風班彪。好博覽，不守章句。博通衆流百家之言。以爲俗儒守文，多失其眞；乃閉門潛思，絕慶弔之禮。戶牖墻壁，各置刀筆；著論衡八十五篇，二十餘萬言。釋物類異同，正時俗嫌疑。』和帝永元中卒，年七十餘。以下略述其思想：

自然

（一）自然　王充以天道爲無意志，於是稱牠爲『自然』、爲『無爲』，而以天地生物，一出於自然，所以他說：『天地合氣，萬物自生；猶夫婦合氣，子自生矣。』『天之動行也，施氣也。體動，氣乃出，物乃生矣。由人動氣也，體動，氣乃出，子亦生也。夫人之施氣也，非欲以生子；氣施而子自生矣。天動不欲以生物，而物自生，此則自然也。施氣不欲爲物，而物自爲，此則無爲也。』（均見自然）萬物既出於自然，於是因智力强弱之不同，其結果就有勝負之殊，而決無五行尅制之理，所以他又說：『凡物相賊剋。含血之蟲則相服。至於啖食者，自以齒牙頓利、筋力優劣、動作巧便、氣勢勇桀，若人之在世，勢不與適，力不均等，自相勝服。以刃相服，則以刃相賊矣；猶物以齒角爪牙相觸刺也。力强、角利、勢烈、牙長則能勝，氣微、牙短則誅，膽小、距頓則畏服也。人有勇怯，故戰有勝負。勝者未必受金氣，負者未必得木精也。』天生萬物，既出於自然，則災變、也必出於自然，所以他又說：『夫天之不故生五穀絲麻以衣食人，猶其有災變不欲以譴告人也。物自生，而人衣食之；氣自變，而人畏懼之。以若說論之，饜於人心矣。如天瑞爲故；自然焉在？無爲何居？』

（二）命論　道家儒家，均言有命；王充也言有命。不過他所謂命，並不是指冥冥中具有主宰一切之力的命而言，却在各人受氣多少，以定終身，所以他說：『俱稟元氣，或獨爲人，或爲禽獸。並爲人或貴或賤，或貧或富。富或累金，貧或乞食。貴至封侯，賤至爲僕。非天稟施有左右也，人物受性有厚薄也。』（見率偶）人物受性何以有厚薄？王充則歸之於偶然，所以他又說：『命吉之主也，自然之道，

命論

論鬼

適偶之數；非有他氣異物，厭勝感動使之然也。』（見偶會）既沒有使之然的他氣異物，則『用氣爲性、性成命定』，人之壽夭，各有定數，而神仙之說不攻自破，所以他又說：『人稟元氣於天，各受壽夭之命，以立長短之形。猶陶者用土爲簋廉，冶者用銅爲柈杅矣。器形已成，不可大小，不可增減。用氣爲性，性成命定。體氣與形體相抱，生死與期節相須。形不可變化，命不可減加。以陶冶言之，人命短長，可得論也。』（見無形）然因人自受氣有定形，命亦隨定，不可更易；所以他又信相法，以爲定形所賦，存於骨相。（註一一）要之：他以自然爲其思想的中心，從自然出發，其推論必連類至此；而以當時科學不昌明的原故，則這種思想上的矛盾，亦未可以獨罪王充。

（三）論鬼　王充論鬼，近於無鬼論，他說：『世謂死人爲鬼，有知能害人。試以物類驗之，死人不爲鬼，無知不能害人。何以驗之？驗之以物。人，物也；物，亦物也。物死不爲鬼，人死何故獨能爲鬼？世能別人物不能爲鬼，則爲鬼不爲鬼，尚難分明。如不能別，則亦無以知其能爲鬼也。人之所以生者，精氣也。死而精氣滅。能爲精氣者，血脈也。人死血脈竭。竭而精氣滅，滅而形體朽，朽而成灰土，何用爲鬼？人無耳目，則無所知。故聾盲之人，比於草木。精氣去人，豈徒與無耳目同哉？』他又說：『天地開闢，人皇以來，隨壽而死，若中年夭亡，以億萬數計。今人之數，不若死者多。如人死輒爲鬼，則道路之上，一步一鬼也。人且死見鬼，宜見數百千萬，滿堂盈廷，塡塞巷路；不宜徒見一二人也。』（均見論死）但是，世蓋有生而見鬼者，這又是什麽道理？王充因以生理上與心理上的理由，去解答這個問題，他說：『凡天地之間有鬼，非人死精神爲之也；皆人思念存想之所致也。致之何由？由於疾病。人病則憂懼，憂懼見鬼出。凡人不病，則不畏懼。故得病寢衽，畏懼鬼至，畏懼則存想，存想則目虛見。何以效之？傳曰：「伯樂學相馬；顧玩所見，無非馬者。宋之庖丁學解牛；三年不見生牛，所見皆死牛也。」二者用精至矣。思念存想，自見異物也。人病見鬼，猶伯樂之見馬，庖丁之見牛也，伯樂庖丁，所見非馬與牛。則亦知乎病者，所見非鬼也。病者困劇身體痛，則謂鬼持箠杖毆擊之。若見鬼把椎鏁繩墨，立守其旁。病痛恐懼，妄見之也。初疾畏驚，見鬼之來；疾困恐死，見鬼之怒；身自疾痛，見鬼之擊：皆存想虛致，未必有其實也。夫精念存想：或泄於目；或泄於口；或泄於耳。泄於目，目見其形；泄於耳，耳聞其聲；泄於口，口言其事。晝日則覺見，暮臥則夢聞。獨臥空室之中，若有所畏懼，則夢見夫人據案其身，哭矣。覺見臥聞，俱用精神。畏懼存想，同一實也。』(見訂鬼)但是，王充的無鬼論，只說沒有能够爲人形的鬼，至于陰陽鬼神之論，他却沒有廢棄，(註三)——這一點，便是他的思想不一貫之弊。

由上所述，王充思想雖未能前後一貫，但他能於當時充滿着災異之說的思想界中，獨樹一幟，以正時俗嫌疑，却是兩漢不可多得的思想家。

(註一)桓譚說：『凡人情忽於見事，而貴於異聞，觀先王之所記述，咸以信義正道爲本，非有奇怪虛誕之事。今諸巧慧小才伎數之人，增益圖書，矯稱讖記；以欺惑貪邪，詿誤人主。其事雖有時合，譬猶卜數隻偶之類。』又說：『讖出河圖洛書，但有朕兆，而不可知；後人妄復加增依託，稱自孔子，誤之甚也。』(見後漢書、桓譚傳)

(註二)論衡、骨相：『人命稟於天，則有表候於體。察表候以知命，猶察斗斛以知容矣。表候者，骨法之謂也。』

(註三)論衡、論死：『鬼神，荒忽不見之名也。人死精神升天，骸骨歸土，故謂之鬼。鬼者，歸也；神者，荒忽無形者也。或說：「鬼神，陰陽之名也。」陰氣逆物而歸，故謂之鬼；陽氣導物而生，故謂之神。神者，申也；申復無已，終而復始。人用神氣生，死復歸神氣。陰陽稱鬼神，人死亦稱鬼神。氣之生人，猶水之爲冰也。水凝爲冰，氣凝爲人；冰釋爲水，人死復神。其名爲神也，猶冰釋更名水也。人見名異，則謂有知能爲形而害人，無據以論之也。』

問題提要：

(一)古學之滅，是否由於秦的焚書坑儒？如果不是，則古學之滅的眞正原因又在何處？

(二)何以尊孔就是學術的厄運？

(三)試略述今古文家的區別！

(四)兩漢儒術何以與陰陽讖緯糅合爲一？

(五)試述王充思想的大略！

第四章　清談與玄學的特盛

清談與玄學特盛的原因

魏、晉、南北朝，是懷疑主義的時代，同時，又是儒佛兩宗的過渡時代；而此時代的特徵，就是玄言與清談之風。今考促成這種風尚的原因，約有以下數端：

由於戰爭的擾亂

第一，由於戰爭的擾亂，使學者思想發生厭世之觀。原來漢末自張角倡亂以來，天下就沒有安寧一天。繼之而起的，又是軍閥董卓、李傕、郭汜、曹操、袁紹、孫堅、劉備的互相廝殺，卒之弄成三國鼎立攻戰不息的局面。後來司馬氏雖然統一中國，但不久又有八王五胡之亂。在這個長久戰亂的時期，必然鬧成『原野厭肉，谿谷盈血』的景象。處在這種景況中的學者，既無所用，又日日在救死不暇的惶惑中，自然就談不到實用的學術，而因感覺到死生無常便有意識地或無意識地流入到厭世這一條路上去了。——這便是促成玄言與清談之風的根本原因。

由於訓詁學的反動

第二，由於訓詁學的反動，使學者思想得以解放。原來兩漢諸儒說經，都確守師說，爭執門戶之見，只知模倣因襲而少有創造；及其末世，訓詁學大昌，由是弄

由於禮敎的反動

成『碎義逃難，便辭巧說，說五字之文，至於二三萬言，幼童而守一經，白首而不能通』的地步。在太平時候，生活安定，從事這種瑣碎的訓詁學，還不見得有什麼毛病；但在離亂的時候，人人都感覺着生活上的威脅，又那裏有閒情來弄這個撈什子呢？所以訓詁學的反動，就會使學者的思想由瑣碎而趨於簡易，由爭執門戶之見而趨於解放。

第三，由於禮敎的反動，使學者思想不爲禮敎所束縛而趨於放誕。原來漢光武中興，有鑒於新莽以爵祿來收買士大夫，使禮敎掃地無餘，於是尊崇儒術，提倡氣節，而士風爲之一變。當時士習，很重名譽；鄉舉、里選，都必事先考其行誼。如果一行不檢，遺笑鄉里，就易於拋棄終身。禮法之嚴，達於極點。東漢末世，汝南風俗有月旦評，(註一)以品評鄉里的人物；而太學諸生三萬餘人，以郭泰、賈彪爲首，並與李膺、陳蕃更相褒重，標榜爲高，而激成黨禍。及曹操欲謀篡漢，認爲這種標榜的風習，很不利於他覬覦神器的野心，於是崇獎跅弛之士，(註二)而禮法大壞。不久司馬氏又篡魏，禁網日密，言論漸不自由。(註三)結果：許多思想家目擊魏、晉的篡竊，都無不是假借堯、舜揖讓的美名，而所謂禮敎，原來都是欺人的工

由於儒業的銷沈

具，到了這樣的境地，就自然發出『禮豈爲我輩設哉？』的反抗呼聲，而放誕相高，便不知不覺地成爲一種有力的風尚了。

有了上述這些原因，已經足以促成玄言與清談之風，而當時儒業銷沈，更足以使這種風氣獲得猖披的機會。魏略所謂『太和青龍（魏明帝年號）中，太學諸生有千數；而諸博士率皆麤疏，無以教弟子；弟子亦避役，竟無能習學。』『正始（齊王芳年號）中，有詔議圜丘，普延學士。是時郎官及司徒領吏二萬餘人，而應書與議者，略無幾人。又是時朝堂，公卿以下四百餘人，其能操筆者，未有十人，多皆相從飽食而退；』即其時儒業銷沈的明證。

儒業既已銷沈，禮敎又不足以範圍人心，瑣碎的訓詁學更不足以束縛學者的思想，而長期的戰亂，不但使學者學無所用，抑且使學者救死不遑，於是厭世的人生觀隨之發生，而轉入於老子的虛無主義，清談玄言之風，因之而開。但是，陰陽五行之說，自漢代以來，便久已深入人心，所以當此離亂之時，除遁入老子的虛無主義以外，丹鼎、符籙、占驗之術，又必爲時人所好，而神仙之說又大盛。至於佛敎思想，則久已流入中土，所以此時代的學者思想，雖有佛家言，又是必然的趨勢。

要之：這些都是在此一懷疑主義時代所必有的現象。

(註一)當時汝南、許劭和他的從兄靖，都有高名，喜歡覈論鄉黨的人物，每月更易他們的品題，叫做月旦評。其詳參看後漢書、許劭傳。

(註二)當時曹操柄政，冀州平後，崇奬跅弛之士，下令曰：『夫有行之士，未必能進取；進取之士，未必能有行也。陳平豈篤行、蘇秦豈守信耶？而陳平定漢業，蘇秦濟弱燕。由此言之，士有偏黨，庸可廢乎？』又下令曰：『昔伊摯、傅說，出於賤人，管仲、桓公賊也，皆用之以興。蕭何、曹參，縣吏也，韓信、陳平，負汙辱之名，見笑之恥，卒能成就王業，聲著千載。吳起貪將，殺妻自信，散金求官，母死不歸；然在魏，秦人不能東向，在楚，則三晉不敢南謀。今天下得無有至德之人，放在民間；及果勇不顧，臨敵力戰；若文俗之吏，高才異質，或堪爲將守；負汙辱之名，見笑之行；或不仁、不孝，而有治國用兵之術；其各舉所知，勿有所遺。』又阮籍爲步兵校尉。其母卒，方與人圍棋，對者求止。籍留與決賭。既而飲酒二斗，舉聲一號，吐血數升，毀瘠骨立；居喪飲酒，無異平日。司隸

何晏王弼開清談之風

何曾面質籍於司馬昭座曰：『卿縱情背禮，敗俗之人，不可長也。』因謂昭曰：『公方以孝治天下，而聽籍以重哀飲酒食肉於公座，何以訓人？宜擯之四裔，無令汙染華夏。』昭愛籍才，常擁護之。——在上者既然這樣地鄙棄禮教，在下者自然就相率傚效了。

（註三）當司馬懿謀篡魏的時候，法網很密，何晏想擁護曹爽，竟被司馬氏殘殺了。同時，嵇康也因一種冤枉不明的謀反被殺。當時的思想家，既不能對於現實的政治有所建白，就只好飲酒清談，以保性命。晉書、阮籍傳所謂『籍本有濟世志，屬魏、晉之際，天下多故，名士少有全者。籍由是不與世事，遂酣飲為常，……鍾會數以時事問之，欲因其可否而致之罪，皆以酣醉獲免。』世說新語所謂『晉文王（司馬昭）稱阮嗣宗（籍）至慎，每與之言，言皆玄遠，未嘗臧否人物』。即其明證。——魏晉清談之風，便是因此而起的。

清談與玄學

清談之風，開自何晏、王弼。何、王在陳壽的三國志中無專傳，僅附於曹爽、鍾會傳後。曹爽傳：『南陽何晏、鄧颺、李勝、沛國丁謐、東平畢軌，咸有聲名，進趣於時。明帝以其浮華，皆抑黜之。及爽秉政，乃復進敘，任爲腹心。』又：『晏、何進孫。少以才秀知名。好老、莊言，作道德論及諸文賦著述，凡數十篇。』鍾會傳：『會弱冠與山陽王弼並知名。弼好論儒道，辭才逸辯。注易及老子。』何、王二人的事略，盡在於此；然從裴松的三國志注及劉義慶的世說新語中，卻可以考見二人的生平。又何晏的論語集解，與王弼的易注、老子注，至今都還存在；其引老、莊之說，釋孔聖之經，均能案尋。案王、何同宗老、莊，所以晉書、王衍傳說：『魏正始中，何晏、王弼等，祖述老、莊立論，以爲「天地萬物皆以無爲本。無也者，開物成務，無往不存者也。」』然考何劭爲王弼作傳，則何、王言老子各有不同，劭說：『晏以爲聖人無喜怒哀樂，其論甚精，鍾會等述之。弼與不同，以爲「聖人茂於人者，神明也；同於人者，五情也。神明茂，故能體沖和以通無；五情同，故不能無哀樂以應物。然則聖人之情，應物而無累於物者也。今以其無累，便謂不復應物，失之多矣。」』（註一）——這樣看來，足見何晏專主無，而王弼雖主無亦不廢有。又三國志、齊王芳傳載有何晏奏，其言曰：『善爲國者，必先治其身。治其身者，愼其所習。所習正，則其身正。身正，則不令而行。所習不正，則其身不正。其身不正，則雖令不從。是故爲人君者，所與遊，必擇正人；所觀覽，必察正象。放鄭聲而弗聽，遠佞人而弗近；然後邪心不生，而正道可宏也。』——這樣看來，又足見何晏雖好老、莊，却並不見得遺落世事。要之：何晏的論語集解與王弼的老子注易注，對於東漢末葉腐儒的咬文嚼字，確係一劑清涼散，而清談之風，雖爲他二人所開，要亦時勢有以促成之；至於末流的專尚浮虛遺落世事，則更非首倡者的罪過。

竹林七賢廣播清談之風

談玄之風，雖倡於何、王；而廣播這種風氣的，却要算阮籍、嵇康二人。魏室末年，嵇康爲中散大夫，好言老、莊，尚奇任俠，與阮籍、籍兄子咸、山濤、向秀、王戎、劉伶往來，都崇尚虛無，輕蔑禮法，縱酒昏酣，遺落世事；號爲『竹林七賢』。

釋私論

康著釋私論，以爲『君子者，心不措乎是非，而行不違乎道者也。何以言之？夫氣靜神虛者，心不存於矜尚。體亮心達者，情不繫於所欲。矜尚不存乎心，故能越名敎而任自然。情不繫於所欲，故能審貴賤而通物情。物情順通，故大道無違。越名任心，故是非無措也。』

大人先生傳

籍著大人先生傳，以爲『世之所謂君子：惟法是修，惟禮是克。手執圭璧，足履繩墨。行欲爲目前檢，言欲爲無窮則。少稱鄉黨，

王衍樂廣的尙清談

長聞隣國。上欲圖三公，下不失九州牧。獨不見羣蝨之處褌中，逃乎深縫，匿乎壞絮，自以爲吉宅也。行不敢離縫際，動不敢出褌襠，自以爲得繩墨也。然炎丘火流，焦邑滅都，羣蝨處於褌中，而不能出也。君子之處域內，何異乎蝨之處於褌中乎？』其輕蔑名敎，拋棄繩墨，由此可見。晉初，王衍、樂廣，都尙清談，不問國事。其後，『阮瞻、王澄、謝鯤、胡毋輔之之徒，皆祖述於籍，謂得大道之本，故去巾幘，脫衣服，露醜惡，同禽獸，甚者名之通，次者名之達。』（註二）這較之阮籍、嵇康，又變本加厲了。渡江以後，風流更廣；南北朝時，流風所及，所謂士子便無不崇尙清談玄言了。南齊書、王僧虔傳載有僧虔戒子書，其言曰：『往年有意於史。取三國志，聚置牀頭，百日許後業就。玄自當小差於史，猶未近彷彿。曼倩（東方朔）有云：「談何容易？」見諸玄，志爲之逸，腸爲之抽。專一書，轉通十數家注。自小至老，手不釋卷，尙未敢輕言。汝開老子卷頭五尺許，未知輔嗣（王弼）何所道：平叔（何晏）何所說，馬（馬融）鄭（鄭玄）何所異，指例何所明；而便盛於塵尾，自呼談士，此最險焉。』『開老子卷頭五尺許』，就『自呼談士』，便足見當時談士之多了。

玄學之立

三玄

王弼注易何晏解論語

王肅的偽孔安國尚書

杜預解左傳

范寧解穀梁郭璞注爾雅

南北派之分

清唐尚南學

清談的風尚，既這樣地波及天下，元嘉（宋文帝年號）之間，遂至專立『玄學』，以相教授。宋書、何尚之傳：『上（宋文帝）以尚之為丹陽尹，立宅南郊外，置玄學，聚生徒，……東海徐秀、廬江何曇、黃回、潁川荀子華、太原孫宗昌、王延秀、魯郡孔惠宣，並慕道來學，謂之南學。』到了梁代，更以莊、老、周易，總謂『三玄』，談論則為『玄言』，著述則為『玄部』。玄學之盛，達於極點。

當清談玄言大盛的時候，兩漢儒者所結集的經書，除一部周易以外，其他都無人過問。到了王弼注易，捨象而言理，就連漢儒言易的象數之說，也都拋棄了。何晏的論語集解，則不盡用鄭（鄭玄）義；晉世王肅的偽孔安國尚書傳，更和鄭玄立異；鄭氏之學，由是大衰。他如杜預的左傳集解、范寧的穀梁集解、郭璞的爾雅注，都無不和漢儒家法相異。南北朝時，北朝風氣，變動稍晚，他們說經，多遵漢儒家法。北史儒林傳：『南人約簡，得其英華；北學深蕪，窮其枝葉。』又：『江左周易則王輔嗣，尚書則孔安國，左傳則杜元凱。河洛左傳則服子慎（服虔），尚書周易則鄭康成，詩則並主於毛公，禮則同遵於鄭氏。』——由此看來，便可想見當時南北學派之不同。隋代統一天下，專尊南學，而北學遂絕。及唐孔穎達等撰五經

向秀郭象注莊子張湛注列子

正義，則易注用王弼，書用孔安國，左傳用杜預解；而鄭注易、書，服注左氏，都棄置不取，所以從此以後，南學獨盛。至於子書，如向秀、郭象的注莊子，張湛的注列子，以及王弼的注老子，則更係玄言之宗。

王弼注老子

玄學與佛學

最後，因爲老、莊之學，多可與佛學相通，所以當時談玄者，又往往雜有佛家思想。如孫綽的喻道論，所謂『夫佛也者，體道者也；道也者，導物者也；應感順通，無爲而無不爲者也。』便是雜有佛家思想的道家言。又綽所謂『周、孔卽佛，佛卽周、孔』，便是儒佛一致的論調。他如支遁用佛說解莊子，周顒的儒、佛、道三敎並論，都無不雜有佛家思想。所以當玄學之衰，佛學遂代之而起。

(註一)見三國志注。

(註二)見世說新語卷一德行類劉孝標注引王隱晉書。

葛洪的神仙說

葛洪集神仙說之大成

始皇時，侯生盧生都倡神仙之說。漢武迷信封禪，李少君、欒大之徒，相與炫惑，於是煉養服食之說益盛。到漢末魏伯陽著參同契，秘不傳授，其談益播。至晉葛洪始集神仙說的大成。葛洪著書名抱朴子。他說：『夫仙人以藥物養身，以術數延命。使內疾不生，外患不入。雖久視不死，而舊身不改。

苟有其道，無以爲難也。而淺識之徒，拘俗守常，咸曰世間不見仙人，便云天下必無此事。夫目之所曾見，當何足言哉？天地之大，其中殊奇，豈遽有限。詣老戴天，而或莫知其爲上。終身履地，而或莫識其爲下。形骸，己所自有也；而莫知其心志之所以然。壽命，在我者也；而莫知其修短之所至焉。況乎神仙之遠理，道德之幽玄。仗其淺短之耳目，以斷微妙之有無，豈不悲哉！』(論仙)——此言神仙爲必有。由是又進而論學仙者心意修養之法，所以他又說：『人能淡默恬愉，不染不移。養其心以無欲，頤其神以粹素。埽滌誘慕，收之以正。除難求之思，遣害眞之累，薄喜怒之邪，滅愛惡之端；則不請福而福自來，不禳禍而禍去矣。何也？命在其中，不繫於外；道存乎此，無俟於彼也。』(道意)然欲學仙，又不可不求清淨之地，所以他又說：『爲道者必入山林。誠欲遠彼腥膻，而即此清淨也。』(明本)既內修其心，外得清淨之地，於是假金丹(註一)方術之助，就可以成爲神仙了。——此即丹鼎派之名之所自起。此種神仙之說，固屬怪誕可笑，然亦由於時勢使然，無足爲怪。惟葛洪所謂『欲求仙者，要當以忠孝和順仁信爲本。若德行不修，而但務求玄道無益也；』(對俗)則其言又與儒術相合。

符籙派

此外更有符籙一派，較葛洪的丹鼎派爲晚出，而其術又較丹鼎派爲劣。其起源及其流派，在第二編關於宗敎一章中，業已詳述，玆不復贅。(註二)

占驗派

最後，更有占驗一派。梁啓超說：『自西京儒者翼奉、眭孟、劉向、匡衡、龔勝之徒，旣已盛說五行，夸言讖緯。及光武好之，其流愈鬯；東京儒者張衡、郎顗，最稱名家，襄楷、蔡邕、揚厚等，亦班班焉。於是所謂風角、遁甲、七政、元氣、六日七分、逢占、日者、挺專、須臾、孤虛、雲氣諸術，(諸術名義解，俱見後漢書、方術列傳注，恕不具引。)盛行於時。後漢書、方術列傳，所載者三十三人，皆此類也。然其術至三國而大顯，始儼然有勢力於社會，若費長房、于吉、管輅、左慈，其尤著者也。其後郭璞著葬書，注靑囊，爲後世堪輿家之祖。……隋志著錄珞琭子一書，言祿命者以爲本經；而臨孝公有祿命書，陶宏景有三命抄，實後世算命家之祖。衞元嵩著元包，庾季才著靈臺祕苑，爲後世言卜筮者之大成。陶宏景著相經，爲後世言相法者之祖。凡千年以來，誣罔怪誕之說，汨溺人心者，皆以彼時確然成一科學，雖謂爲魏、晉、六朝間，爲陷溺社會之罪惡府可也。』(註三)

(註一)抱朴子金丹：『夫金丹之爲物，燒之愈久，變化愈妙。黃金入火百鍊不消、埋之畢天不朽。服此二藥，鍊人身體。故能令人不老不死。』

（註二）梁啓超論符籙派：『蓋六藝九流，一切掃地，而此派獨滔滔披靡天下矣。竊嘗論之：其時佛教已入震旦，妖妄者流，竊象教密宗最粗淺之說，以欺惑愚衆；故其所言天地輪壞劫數終盡，略與佛經同。又言天尊之體，常存不滅，往往開刼度人；皆損益四阿含、俱舍論等所說。剽竊之跡，顯然可見。而復取兩漢儒者陰陽五行之迷信以緣附之。故吾謂此時爲儒佛過渡時代，此派實其最著者也。』（見飲冰室叢著第五種。）

（註三）見飲冰室叢著第五種。

鮑敬言的非君主制度說

抱朴子詰鮑篇稱『鮑生敬言，好老、莊之書，治劇辯之言。以爲古者無君，勝於今世。』葛洪因此託於儒者之義，和鮑生論難。

鮑生生平不可考，但其言論則爲非君主制度；蓋老子言政治以無爲爲主，鮑生既好老、莊之書；深受道家思想的影響，便自然形成這種激烈的言論了。他說：『儒者曰：天生蒸民而樹之君，豈其皇天諄諄言，亦將欲之者爲辭哉？夫彊者凌弱，則弱者服之矣；智者詐愚，則愚者事之矣。服之，故君臣之道起焉；事之，故力寡之民

君民之分起于爭強弱校智愚

制焉。然則隸屬役御，由乎爭強弱而校智愚，彼蒼天果無事也。』——這就是說：君民之分，並不是決於天命，而是爭強弱校智愚的結果。又說：『夫混茫以無名爲貴，羣生以得意爲歡。故剝柱刻漆，非木之願。……詐巧之萌，任力違眞。伐根之生，以飾無用。捕飛禽以供華玩，穿本完之鼻，絆天放之脚，蓋非萬物並生之意。夫役彼黎蒸，養此在官，貴者祿厚，而民亦困矣。夫死而得生，欣喜無量，則不如向無死也；讓爵辭祿，以釣虛名，則不如本無讓也。天下逆亂焉而忠義顯矣，六親不和焉而孝慈彰矣。』——這就是說：羣生以得意爲歡，用不着役彼黎蒸，用不着貴者厚祿。

羣生以得意爲歡即無爲而治之根據

又說：『曩古之世，無君無臣，穿井而飲，耕田而食，日出而作，日入而息，汎然不繫，恢爾自得，不競不營，無榮無辱。山有蹊徑，澤無舟梁。川谷不通，則不相幷兼；士衆不聚，則不相攻伐。……勢利不萌，禍亂不作，干戈不用，城池不設。萬物玄同，相忘於道。疫癘不流，民獲考終。純白在胸，機心不生。含哺而熙，鼓腹而遊。其言不華，其行不飾。安得聚斂以奪民財？安得嚴刑以爲坑穽。』

上古時代無君的好處

——這就是說：上古時代沒有君主制度，故人民各得其所，而其所享受的幸福，實勝於既有君主制度之後。又說：『降及叔季，智用巧生。道德既衰，尊卑有序。

後世有君的壞處

臣民受虐政由于有君

根本的解決在于剷除君主制度

繁升降損益之禮，飾紱冕玄黃之服。起土木於凌霄，構丹綠於棼橑。傾峭搜寶，泳淵採珠。聚玉如林，不足以極其變；積金成山，不足以贍其費。……去古日遠，背朴彌增。尚賢則民爭名，貴貨則盜賊起。見可欲則眞正之心亂，勢利陳則刼奪之塗開。造剡銳之器，長侵割之患。弩恐不勁，甲恐不堅，矛恐不利，盾恐不厚。若無凌暴，此皆可棄也。』——這就是說：因爲有凌暴，纔有殺人的戰具；因爲貴貨財，纔有刼奪的盜賊；因爲序尊卑，纔有禮法；如果萬物玄同相忘於道，又安得發生這些東西呢？又說：『使夫桀、紂之徒，得燔人，辜諫者，脯諸侯，葅方伯，剖人心，破人脛，窮驕淫之惡，用炮烙之虐。若令斯人並爲匹夫，性雖凶奢，安得施之。使彼肆酷恣欲，屠割天下，由於爲君，故得縱意也。』——這就是說：臣民之所以受專制的虐政，都是由於有君主制度。又說：『君臣既立，衆慝日滋；而欲攘臂乎桎梏之間，愁勞於塗炭之中，人主憂慄於廟堂之上，百姓煎擾乎困苦之中，閑之以禮度，整之以刑罰，是猶闢滔天之源，激不測之流，塞之以撮壤，障之以指掌也。』——這就是說：如果不從根本上把君主制度剷除，縱令閑之以禮度，整之以刑罰，也是沒有益處的。由上所述，可知鮑生的理想社會，和老子的老死不相往來的烏託邦是一樣的；所以鮑生的言論，在消極方面，能明目張膽反對君主制度，但在積極方面，却不能提出一個改革社會國家的方案，而只知返於無名之朴的混沌狀態。其思想之違背社會進化的原則，固不待言；然亦當時時勢使然，未可獨非鮑生。

問題提要：

(一)試略述清談與玄學特盛的原因。

(二)清談之風，倡自何人？又至何時而大盛？

(三)玄學立於何時何人？

(四)試述玄言大盛時，經學所受玄言的影響！

(五)鮑敬言的非君主制度說，與老子的思想，有何關係？

第五章 佛學時代

佛學特盛的原因

佛教的輸入及其發展，在第二編第九章中，已說得很明白；本章用不着重述。本章所要說的：就是佛學何以特盛於六朝、隋、唐；就是諸宗的歷史；及其教義。

佛學何以特盛於六朝隋唐

要說明佛學何以特盛於六朝、隋、唐，首先就要說明自漢以來佛學在中國的發展史。梁僧佑撰弘明集，其後序有云：『俗士疑駭覺海，驚同河漢。一疑經說迂誕，大而無徵。二疑人死身滅，無有三世。三疑莫見眞佛，無益國治。四疑古無法敎，近出漢世。五疑敎在戎方，化非華俗。六疑漢、魏法微，晉代始盛。以此六疑，信心不樹。』由這段話看來，便知佛學在魏晉以前，還爲一般士子所驚疑。但在東漢季世，却有一位牟融，引中國聖賢之言，闡西來佛陀之敎。

牟融

牟融有理惑篇，其主旨在於祛除那些懷疑佛學者的所見。其第七篇說：『問：「子既耽詩書，悅禮樂，奚爲復好佛、道，喜異術？豈能踰經傳、美聖業哉？」牟子曰：「書不必孔丘之言，藥不必扁鵲之方；合義者從，愈病者良。君子博取衆善，以輔其身。子貢云：夫子何常師之有乎？堯事尹壽、舜事務成，旦學呂望、丘學老聃。四師雖聖，比之於佛，猶白鹿之與麒麟，燕鳥之與鳳凰也。堯、舜、周、孔，且猶與之；況佛身相好，變化無方，焉能捨而不學乎？』牟融這論調，明明是尊佛而卑孔、老。但他又以老子之言，證明佛家言之無失。如『問曰：「夫福莫踰於繼嗣，不孝莫過於無後。沙門棄妻子，捐財貨，或終身不娶，何其違福孝之行也！」牟子曰：「夫長左者必短右，大前者必狹後。孟公綽為趙、魏老則優，不可以為滕、薛大夫。妻子財物，世之餘也；清躬無為，道之妙也。老子曰：名與身孰親，身與貨孰多。故前有隨珠，後有虓虎，見之走而不敢取。何也？先其命而後其利也。許由棲巢木，夷、齊餓首陽：孔聖稱其賢，曰：求仁得仁者也。不聞譏其無後無貨也。』卽其明證。

以佛理說老莊與援老莊以入佛

孫綽

張融

到清談玄言之風特盛的時候，就開始以佛理說老、莊，繼而又援老、莊而入佛。所以孫綽喩道論（綽，東晉人，喩道論見宏明集。）說：『夫佛也者，體道者也；道也者，導物者也；應感順通，無為而無不為者也。』而張融門論（融字思光，宋時為封溪令，卒於齊世。）所說：『吾門世恭佛，舅氏奉道。道也與佛逗極無二。寂然不同，致本則同；感而遂通，達跡成異。其猶樂之不沿，不隔五帝之祕；禮之不襲，三皇之聖豈三。此皆殊時故不同其風，異世故不一其義。安可輒駕庸愚，誣罔神極。吾見道士與道人戰儒、墨，道人與道士獄是非。昔有鴻飛天道，積遠難亮；越人以為鳧，楚人以為乙；人自楚、越耳，鴻常一鴻乎！夫澄本雖一，吾自俱宗其本；鴻迹既分，吾已翔其所集。汝可專遵於佛迹，而無侮於道本。』——便是儒、佛、道一致的論調了。佛學到這時候，竟成了與儒、道三足鼎立的局面。但儒家學說，在清談盛極一時的時代，已經不為學者所道；而老、莊的言虛無，却和法空之旨不遠；所以清談玄言之風愈盛，則佛學亦隨之而盛。——這個關聯，便是佛學特盛於六朝、隋、唐的根本原因。而隋、唐國外交通頻繁，有利於高僧的往外留學，也足以促成佛學的進展。

諸宗的歷史及其敎義

在第二編第九章中，曾說過六朝、隋、唐間佛教的宗派，分為成實、三論、涅槃、律、地論、淨土、禪、俱舍、攝論、天台、華嚴、法相、眞言十三宗，其中除涅槃、地論、攝論三宗歸併他宗外，其餘十宗，都經過極光大的時代，支配數百年間的思想界。以下就此十宗的歷史及其敎義的大略述之：

俱舍宗

(一)俱舍宗　佛滅九百年後，世親菩薩依四阿含經作俱舍論，便是本宗的起始。陳文帝時，印度高僧眞諦三藏帶來梵本，譯爲阿毘達磨俱舍論，叫做舊俱舍。後唐玄奘至天竺，從伽耶舍論師學習，歸國重譯爲三十卷，叫做新俱舍。本宗以因果解釋世間諸法，爲法相宗的初步，故又名法相宗的附宗。

成實宗

(二)成實宗　本宗祖師，爲造成實論的訶梨跋摩，生於佛滅後九百年。本宗不盛行於印度，至姚秦時鳩摩羅什始譯之以行於中土，曇影爲之筆述，僧叡爲之注釋，自晉末至唐初很盛行。本宗在於闡發人空法空之理，爲小乘中的最高者，乃三論宗的附宗。

律宗

(三)律宗　佛學分經、律、論三藏，所以律爲三藏之一。現諸僧所通守者，爲四分律，即：比丘戒、比丘尼戒及受戒犍度、安居犍度、房舍犍度，爲曇無德羅漢所集，曹魏時曇摩訶羅譯之，以傳中土。中土開此宗者，則爲南山律師道宣。南山受戒於智首，曾爲玄奘書記，譯律數百卷。其時尚有兩派：一爲法礪律師所創的相部宗，一爲懷素律師所創的東塔宗，並南山宗統稱爲律家三宗，惟南山宗獨流傳至元不衰。本宗專言戒律；一切戒律，統括於止持、作持二門，止持即是諸惡莫作，作持即是衆善奉行。

法相宗

(四)法相宗　本宗以大意明唯識，所以又名唯識宗；因其開祖爲慈恩，所以又名慈恩宗。自玄奘西行求法，得禮戒賢，盡受五大論(瑜伽師地論、分別瑜伽論、大莊嚴論、辨中邊論、金剛般若論)，博通因明唯識之學，歸國後此宗始行於中土。玄奘高足窺基(即慈恩法師)，更將成唯識論西竺十家所論，擷其精華，糅成一部，本宗由是確立。本宗以爲宇宙萬有，悉爲識所變，三界唯心，心外無法，一切現象，都是心影，並非實有之物。

三論宗

(五)三論宗　本宗以龍樹所著的中觀論、十二門論、與提婆所著的百論而立名；又名一代教宗，以此三論爲一代佛教的共通原理故。本宗亦由鳩摩羅什傳入中土，三論翻譯，都出自他的手筆。後來嘉祥闡發其義，本宗乃至盛。及慈恩法師受宗義於地婆伽羅而著十二門宗致義記，本宗始大成。本宗中觀論，在於破大小二乘之迷，通於大小兩教；十二門論在於破大乘之妄執，以顯大乘的眞義；百論在於破世間出世間之邪，以顯一切之正。

華嚴宗

(六)華嚴宗　本宗爲佛祖第一時所說之教(即華嚴經)，爲佛乘中最高深的理。

佛滅五百年，馬鳴作大乘起信論，即本此經；又七百年，龍樹造大不思議論；又九百年，天親造華嚴十地論：此三師，稱為本宗印度的列祖。其在中國，東晉時，跋陀羅譯華嚴經六十卷，本宗始入中土。陳、隋間，杜順著華嚴法界觀門、五教止觀、十玄章，大暢妙旨，是為本宗初祖。後智儼、法藏、澄觀、宗密繼起，盛弘華嚴，並杜順稱為華嚴五祖。華嚴法界玄門，以『一眞法界』（萬法緣起於一心，仍為一心所統攝，所以叫做一眞法界。），區別為四種：第一、諸衆生色心等法，各有差別，各有分齊，（如水與火不同，又如水有冰與湯之不同，）叫做『事法界』；第二，諸衆生色心等法，雖有差別，而同一體性，（如冰湯雖異，其性則同，以眞如法性，本來平等故，）叫做『理法界』；第三，理由事顯，事攬理成，理事互融，（如水即波，波即水，事與理相融而無礙，）叫做『理事無礙法界』；第四，一切分齊事法，稱性融通，一多相即，大小互容，重重無盡，（即宇宙萬象，同是一法性所現，不但事與理無礙，即事與事亦無礙，）叫做『事事無礙法界』。四法界中，只有事事無礙法界，微妙難識，所以又詳說十門：一、同時具足相應門，如海之一滴，具百川味；二、廣狹自在無礙門，如一尺之鏡，見千里影；三、一多相容不同門，如一室千燈，光光涉入；四、諸法相即自在門，如金與金色，不相捨離；五、祕密隱顯俱成門，如秋空片月，晦明相並；六、微細相容安立門，如玻璃之瓶，盛多芥子；七、因陀羅網境界門(因陀羅者，謂帝釋天，其宮殿寶網，重重互照)，如兩鏡互照，傳曜相寫；八、託事顯法生解門，如擎拳豎臂，觸目皆道；九、十世隔法異成門，如一夕之夢，翺翔百年；十、主伴圓明具德門，如北辰所居，衆星皆拱。——這便叫做『十玄門』。此外又說『六相』：一、總相，一即具多爲總；二、別相，多即非一爲別；三、同相，互不相違爲同；四、異相，彼此不濫爲異；五、成相，一多緣起和合爲成；六、壞相，諸法各住本位爲壞。總，同、成，叫做『圓融門』；別、異、壞，叫做『行布門』。而說行布法，圓融即在行布之中；說圓融法，行布即在圓融之內。

(七)天台宗　本宗又叫做法華宗，以依佛祖法華經立宗故。本宗不來自印度，首創者爲智者大師。師名智顗，陳、隋間人，以居天台山，故此宗得名。天台止觀法門，本於佛言定慧。(佛以戒、定、慧爲三學。)因爲『止』是定因，慧是『觀』果。由定慧而起止觀，即以止觀而證定慧。什麽叫做止？永嘉集正修止觀第九說：

『夫念非忘塵而不息，塵非息念而不忘。（眼、耳、鼻、舌、身、意，叫做六根；色、聲、香、味、觸、法，叫做六塵；謂之塵者，以染汚義故。）塵忘則息念而忘，念息則忘塵而息。忘塵而息，息無能息。息念而忘，忘無所忘。忘無所忘，塵遺非對。息無能息，念滅非知。知滅對遺，一向冥寂。闃爾無寄，妙性天然。』什麼叫做觀？同書又說：『夫境非智而不了，智非境而不生。智生則了境而生，境了則智生而了。智生而了，了無所了。了境而生，生無能生。生無能生，雖智而非有。了無所了，雖境而非無。無卽不無，有卽非有。有無雙照，妙悟蕭然。』而止觀二門，析之又爲空假中三觀：止者觀空；觀者觀假；止而非止，觀而非觀，非止非觀，卽止卽觀，這便叫做中。三者具於一心，所以統名一心三觀。有此三觀，能破三惑，（一見思惑，二塵沙惑，三無明惑，）而成三智（一切智、道種智、一切種智，）。

（八）眞言宗　佛教分顯密二教。本宗就是密教。什麼叫做密教？不恃言語以立教者，叫做密教。佛有三身：一釋迦佛，二大日如來佛，三彌陀佛：實一佛之德所流出的三體。大日就是釋迦的法身，釋迦就是大日的化身。所以後世學者，綜別諸宗，也分爲釋迦敎、大日敎、彌陀敎三類。本節所說的十宗，只有眞言宗是大日敎，淨土宗是彌陀敎（現在婦孺都念南無阿彌陀佛，卽宗彌陀敎，）其他八宗都是釋迦敎。相傳金剛薩埵親受法門於大日如來，三傳至善無畏。善無畏始來唐，譯大日經，以授金剛智。金剛智實本宗中國傳法開祖。後不空和尚東來，承金剛智之後，從事翻譯，本宗始確立。但本宗不盛於中土，後經空海傳到日本，而盛行於東島。

淨土宗

（九）淨土宗　本宗以無量壽經、觀無量壽經、阿彌陀經及天親菩薩所造的往生淨土論爲依據，卽彌陀敎。本宗爲普通人說法，依阿彌陀佛的願力，一心念佛，往生淨土，——是爲鈍根人開一捷徑。今世俗所謂佛敎，大半是本宗的末流。本宗印度先師，推天親菩薩。天親滅後五百年，菩提流支始傳淨土法門於中土。但在晉時，慧遠結白蓮社於廬山，念佛修行，卽已爲本宗的嚆矢；而菩提流支入中國，却在北魏時。後流支以授曇鸞，鸞著往生淨土論註，而本宗大弘。其後隋有道綽，唐有善導，都是本宗的大師。

禪宗

（十）禪宗　法相、天台、華嚴，叫做敎下三家；禪宗叫做敎外別傳；這四宗，都是大乘上法。禪宗以『不著語言、不立文字、直指本心、見性成佛』爲敎義，一變佛敎從來的窠臼。本宗歷史：相傳靈山會上，如來拈花示衆，不說一言，大衆不解佛意，獨摩訶迦葉（即西天初祖）破顏微笑，佛言『吾有正法解藏，涅槃妙心，實相無門，微妙法門，不立文字，敎外別傳，付囑摩訶迦葉。』自是密密相傳，不著一字，直至達摩禪師，爲印度本宗二十八祖。達摩於梁武帝時東來，爲中國禪宗初祖，傳授惠可、僧璨、道信、弘忍，稱爲本宗五祖。五祖弘忍嘗命弟子，各依所解造偈，神秀說：『身是菩提樹，心如明鏡臺，時時勤拂拭，勿使惹塵埃。』慧能聞而易之曰：『菩提本非樹，明鏡亦非臺，本來無一物，何處惹塵埃？』慧能見性較高，乃得接受衣缽，叫做六祖。後神秀又師六祖，悟大法，於是禪宗分南北二派：南爲慧能，北爲神秀。六祖以後，缽止不傳，而敎外密傳，遂極光大，以後竟衍爲雲門、曹洞、法眼、臨濟、溈仰五宗，今列其傳授系統如下：

六祖慧能——青原行思——石頭希遷
- 藥山惟儼——雲巖曇晟——洞山良价——曹洞宗
- 天皇道悟——龍潭崇信——德山宣鑒——雪峯義行——雲門宗
  - 雪峯義行——玄沙師備——羅漢桂琛——法眼文益——法眼宗

韓愈

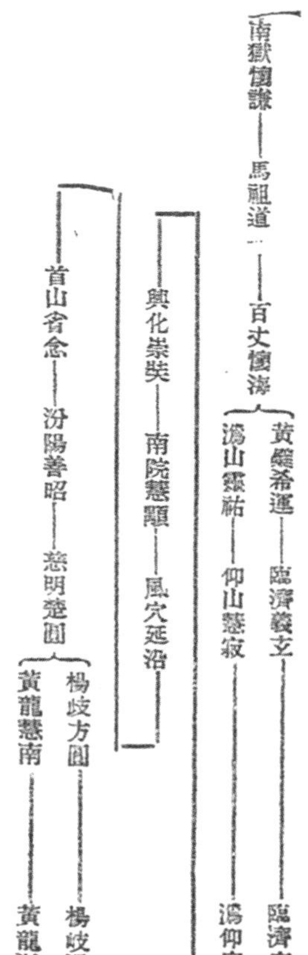

李翺的復性書——宋明理學的開端

佛教輸入中國以來，中經六朝、隋、唐的全盛時代，對於中國文化，確實有很大的影響。例如佛典的翻譯，使中國的文學起了變化；寺塔的建築，使中國的藝術起了變化；而禪宗教義，影響於宋、明理學，却更是中國文化史上值得『特書』的事情。但是，受禪宗的影響而開宋、明理學之端的，首先要推李翺的復性書。

從來談唐代文化史的人，多半着重韓愈，而忽略其弟子李翺。其實韓愈的原道，其主旨不過崇儒以黜佛、老，並無何等特見；而後世道統之說，反自韓愈發之，其言曰：『先王之教，在仁義道德，堯以傳之舜、舜以傳之禹、禹以傳之湯，湯以傳之文、武、周公，文、武、周公傳之孔子，孔子傳之孟軻。自孟軻死，不得其傳。』至於他的原性中的性三品說，則實本於孔子性近習遠智愚不移之說，亦非他所特創。要之：他在文學上稍有地位，在思想上却毫無地位，而有唐一代，能够成爲思想轉變的關鍵的人，却只有一個李翱。

李翱的思想包含三種精神

李翱是服膺老、莊的人。他的思想，包含三種精神：一、中庸的精神；二、禪宗的精神；三、老、莊的精神。他的復性書上便趨重中庸的精神；復性書中便趨重禪宗的精神；復性書下便趨重老、莊的精神。而他的思想的結論，仍不出老、莊的範圍。不過他的主張並不十分鮮明；這是因爲他表面談儒裏面談佛、老的關係。

李石岑的人生哲學，關於李翱的思想，闡發得很清楚，現在把牠撮要起來，鈔在下面：

中庸的精神

何以說復性書上趨重中庸的精神呢？復性書上說：『人之所以爲聖人者性也，人之所以惑其性者情也。喜、怒、哀、懼、愛、惡、欲七者，皆情之所爲也。情既昏，性斯匿矣，非性之過也。……雖然，無性則情無所生矣。是情由性而生，情不自情，因性而情；性不自性，由情以明。聖人者豈其無情耶？聖人者寂然不動。……

雖有情也，未嘗有情也。然則百姓者豈其無性者耶？百姓之性，與聖人之性，弗差也。雖然，情之所發，交相攻伐，未始有窮，故雖終身而不自覩其性焉。』他這段話，完全是中庸『喜、怒、哀、樂之未發謂之中，發而皆中節謂之和』的註脚。『情不自情，因性而情』，因爲喜、怒、哀、樂含於未發之中；『性不自性，由情以明』，因爲喜、怒、哀、樂見諸已發之和。何以聖人有情而未嘗有情？因爲聖人能保持『未發之中』的狀態。何以百姓情之所發而不自覩其性？因爲百姓不能保持『中節之和』的狀態。——這便是復性書上趨重中庸的精神之處。

何以說復性書中趨重禪宗的精神呢？復性書中說：『或問曰：「人之昏也久矣，將復其性者必有漸也，敢問其方？」曰：「弗慮弗思，情則不生；情既不生，乃爲正思。正思者，無慮無思也。」……曰：「已矣乎？」曰：「未也。此齋戒其心者也，猶未離於靜焉。有靜必有動，有動必有靜，動靜不息，是乃情也。……方靜之時，知心無思者，是齋戒也。知本無有思，動靜皆離，寂然不動者，是至誠也。」……問曰：「本無有思，動靜皆離，然則聲之來也，其不聞乎？物之形也，其不見乎？」曰：「不覩不聞，是非人也，視聽昭昭，而不起於見聞者斯可矣。無不知也，無不爲也。其心寂然，光照天地，是誠之明也。」』這段話完全是些禪談。所謂『弗慮弗思』，所謂『正思』，便與禪宗的『無念者正念也』完全吻合。禪以無念爲宗，恐滯兩邊，恐生執着，故主無念。譬如『齋戒其心』，是猶不免執着『靜』的一邊，有靜斯有動，這還夠不上說『萬殊歸一本、一本攝萬殊』。所以要動靜皆離，就是要把動靜的執着都去了，纔能達到佛心，纔是所謂『至誠』。不過又要知道，所謂動靜皆離，並不是不聞不見，而且是『視聽昭昭』，就是當視聽的時候毫不起見聞之執着。——這便是復性書中趨重禪宗的精神之處。而他用禪學去解中庸，弄到後來宋、明一般的理學家都作儒表佛裏的事業，那就不能不怪李翺的始作俑了。(註一)

何以說復性書下趨重老、莊的精神呢？復性書下說：『晝而作，夕而休者，凡人也。作乎作者，與萬物皆作；休乎休者，與萬物皆休。吾則不類於凡人，晝無所作，夕無所休。作非吾作也，作有物；休非吾休也，休有物。作耶休耶，二者離而不存。予之所存者，終不亡且離也。人之不力於道者，昏不思也。天地之間，萬物生焉。人之於萬物，一物也。其所以異於禽獸蟲魚者，豈非道德之性乎哉？』案老子說：『聖人處無爲之事，行不言之教，萬物作焉而不辭。』陸師農註說：『萬物之息，與之入而不逆；萬物之作，與之出而不辭。』這就是『作乎作者，與萬物皆作；休乎休者，與萬物皆休』之意。聖人處無爲之事，行不言之教，所以『晝無所作，夕無所休。作非吾作也，作有物；休非吾休也，休有物。』一任自然，無爲而無不爲。不過『作』與『休』二者離而不存；所以老子說：『化而欲作，吾將鎭之以無名之朴。』如果以『無名之朴』鎭之，那就『化而欲作』者，其作也不作，其休也不休，自然『終不忘且離』了。莊子說：『天地與我並生，萬物與我爲一；』『人之於萬物，一物也』；既是人物一體，自然休作與共，又那會『亡且離』呢？——這便是復性書下趨重於老、莊的精神之處。不過他又是個儒表道裏的人，因此又提出所以異於禽獸蟲魚的『道德之性』。

總觀他的復性書上中下三篇，都着重在復性，不過說法不同。因爲中庸提出一個『率性』『盡性』的道理，禪宗又提出一個『明心見性』的道理，道家又提出一個『致虛極，守靜篤』的道理，他把三種思想，糅而爲一，所以結果弄出許多破綻。他想把『復性』的範圍放大些，要叫人人知道宇宙萬物都是走的『復性』的一條路，所以第三篇提出『作非吾作，休非吾休』的道理。老子說：『萬物並作，吾以觀復。夫物芸芸，各復歸其根；歸根曰靜，是曰復命。』莊子說：『繕性於俗學以求復其初。』又說：『危然處其所而反其性。』所謂歸根復命，所謂復初反性，便是他復性書中的神髓。所以說他的思想的結論，仍不出老莊的範圍。

總之：他的工作，不是儒表佛裏，就是儒表道裏，宋、明人的理學，完全是由他開端。

(註一)他解中庸和別人不同，他說：『彼以事解，我以心通。』非有禪學的功夫，那能做到『心通』的一步。

問題提要

(一)佛學何以特盛於六朝、隋、唐？

(二)試略述諸宗的歷史及其教義！

(三)李翱的思想何以在唐代文化史上占重要的地位？

第六章　理學時代

儒家的一大轉變——理學的發生

在本編第一章中曾說過：儒家思想簡直支配中國人心二千餘年；儒家的禮敎，二千餘年來，簡直成爲中國人行爲的規範。但儒家本身却經過幾次的轉變；（註一）而其中最顯明的一大轉變，就是從『說經義』談『修齊治平』的儒家，轉變爲談『理氣心性』的儒家，卽從經學變爲理學。從下面所引用的三位理學家的話看來，便知道這個轉變的方向是朝着那裏走：

朱熹說：『秦、漢以來，聖學不傳；儒者唯知訓詁章句之爲事；而不知復求聖人之意，以明夫性命道德之歸。』

張載說：『六經須著循環；能使晝夜不息，理會得六七年，則自無可得看。若義理則儒無窮，待自家長得一格，則又見得別。』

程頤說：『古之學者，先由經以識義理。蓋始學時，盡是傳授。後之學者，卻須先識義理，方始看得經。蓋不得傳授之意云耳。』

理學的成分

所謂『性命道德』，所謂『義理』，便是理學家所走的方向。原來儒家立說，只着重人事方面，但自魏、晉、南北朝、隋、唐這長期間的佛、老之學猖披以來，便產生從佛、老學說去探究性命的一派，李翺的『儒表佛裏』『儒表道裏』的復性書，便是一例。他的復性書便是這個轉變的渡橋；而宋、明人的『儒表佛裏』與『儒表道裏』，却比李翺更進一步。現在我們分析理學的成分，依舊不外儒、道、佛三者。

第一，黃震的黃氏日鈔說：『本朝理學，雖至伊洛而精，實自三先生而始。』他所謂三先生，就是胡瑗、孫復、石介。他三人都以師道自任，講明正學，以躬行實踐爲主，一變詞章訓詁之風，實宋、明理學的先導。(註二)——這便是宋、明理學所取於儒家的成分。

第二，朱震的漢上易解說：『陳摶以先天圖傳种放，种放傳穆修，穆修傳李之才，之才傳邵雍。放以河圖洛書傳李溉，李溉傳許堅，許堅傳范諤昌，諤昌傳劉穆。修以太極圖傳周敦頤，敦頤傳程顥、程頤。時張載講學於程、邵之間。故雍著皇極經世書，牧陳天地五十有五之數，敦頤作通書，程頤述易傳，載造太和參兩等篇。』案陳摶爲隱居華山的道士，而宋、明理學之所本，實源於陳摶，所以宋、明理學有取於道家（此係漢以後的道家，不是諸子的道家，）的成分，便用不着說明了。

第三，空谷景隆的尙直編說：『穆修又以所傳太極圖，授於濂溪周子。已而周子叩問東林聰（常聰）禪師太極圖之深旨，東林爲之委曲剖論。周子廣東林之語，而爲太極圖說。』又居士分燈說：『敦頤嘗嘆曰：「吾此妙心，實啓迪於黃龍（黃龍山慧南），發明於佛印（廬山、歸宗寺、佛印）；然易理廓達，自非東林開遮拂拭，無繇表裏洞然。」』——此足以證明周敦頤所受禪宗的影響。弘益的紀聞說：『濂一日與張子厚等同詣東林論性。聰曰：「吾教中多言性，故曰性宗。所謂眞如性、法性，性卽理也。有理法界、事法界，理事交徹，理外無事，事必有理。」諸子沉吟未決。濂毅然出曰：「性體冲漠，惟理而已。何疑耶？」橫渠曰：「東林性理之論，惟我茂叔能之。」』——觀此則張載之學，也與敦頤同出東林門下。程頤作明道行狀說：『明道泛濫於諸家、出入於釋、老者幾十年，返求諸六經，而後得之。』高攀龍說：『先儒惟明道先生看得禪書透，識得禪弊深。』——觀此則程顥也和佛家有關。歸元直指集說：『嘉泰普燈錄云：「程伊川……問道於靈源禪師，故伊川之作文註書，多取佛祖辭意。……或全用其語。如易傳序「體用一源，顯微無間。」」』——觀此則程頤與靈源的關係很深。至於朱熹之學，則出於大慧宗杲、與道謙。居士分燈錄說：『熹嘗致書道謙曰：「向蒙妙喜(大慧)開示。……但以狗子話時時提撕。願投一語，警所不逮。」謙答曰：「某二十年不能到無疑之地，後忽知非勇猛直前，便是一刀兩段。把這一念撕提狗子話頭，不要商量，不要穿鑿，不要去知見，不要强承當。」熹於言下有省。幷撰有齋居誦經詩。』後來道謙死時，朱祭以文，略曰：『……下從長者。問所當務，皆告之言，要須契悟。開悟之語，不出於禪、我於是時，則願學焉。……始知平生，浪自苦辛，去道日遠，無所問津。……師亦喜我，爲說禪病；我亦感師，恨不速證。』——觀此則朱熹所受大慧、道謙的影響很大。陸九淵說：『某雖不曾看釋藏經教，然於楞嚴、圓覺、維摩等經則嘗見之。』王守仁說：『因求諸老、釋，欣然有會於心，以爲聖人之學在此矣。』——觀此則陸、王之學，又與禪宗有關。

總之：宋、明理學，表面上是些孔子、子思、孟子，骨子裏却夾着老、佛。但他們既有得於老、佛，却爲何又闢老闢佛呢？鍾泰編中國哲學史對於這問題解答得很好，現在鈔錄於下。他說：『或曰：諸儒既有得於二氏，而又闢佛闢老，何也？曰：是亦有故。不見朱子之言乎？朱子曰：「道家有老、莊書，却不知看。盡爲釋氏竊而用之，卻去倣傚釋氏經教之屬。譬如巨室子弟，所有珍寶，悉爲人所盜去，卻去收拾破甕破釜。」此非爲道家言之，蓋爲儒者言之也。又不獨朱子之心若是也，宋儒之心，蓋莫不若是。彼始有見於佛、老之理，既反索之於六經，而亦得之。且又應有儘有，一無欠缺也。於是乃信自有家寶，而不必於他求。故其闢佛闢老，非以讎之，以爲實無需乎爾。且釋道與儒，言道則一，言用則殊矣。以中國堯、舜以來禮樂刑政之備，而欲其絕父子、黜君臣、毀棄於髡髮逃世之教，此必不能者也。是以取其意而棄其迹，斤斤於空實有無之辨，如曰：「儒釋言性異處，只是釋言空，儒言實；釋言無，儒言有。」曰：「吾儒心雖虛，而理則實。若釋氏則一向歸空寂出了。」曰：「禪學最害道。莊、老於義理，絕滅猶未盡。佛則人倫已壞，至禪則又從頭將許多義理掃滅無餘。」（並見朱子語類）此正宋儒善用佛、老之長，而無佛、老之弊。故明高景逸（攀龍）盛稱「明道先生看得禪書透，識得禪弊眞。」

夫豈獨明道一人哉？宋儒之闢佛闢老，蓋大抵視此矣。豈與昌黎原道之空言攻訐，而欲火其書廬其居者同乎？』要之：鍾氏所說的『以中國堯、舜以來禮樂刑政之備，……斤斤於空實有無之辨，』數語，總算正是宋儒闢佛、老的原因。

(註一)李石岑在他所著的人生哲學上說：『譬如孔子的面目，究竟是那一副面目，就很難得捉摸。董仲舒、何休一班人所看的孔子，就不是馬融、鄭玄一班人所看的孔子；馬融、鄭玄一班人所看的孔子，又不是韓愈、歐陽修一班人所看的孔子；韓愈、歐陽修一班人所看的孔子，又不是程頤、朱熹一班人所看的孔子；程頤、朱熹一班人所看的孔子，又不是陸九淵、王守仁一班人所看的孔子；陸九淵、王守仁一班人所看的孔子，又不是顧炎武、戴震一班人所看的孔子；顧炎武、戴震一班人所看的孔子，又不是廖平、康有爲一班人所看的孔子；廖平、康有爲一班人所看的孔子，又不是陳獨秀、吳虞一班人所看的孔子。』李氏這幾句話，正是儒家轉變的歷史。

(註二)孫復與范仲淹書有云：『專守王弼、韓康伯之說，而求於大易，吾未見其能盡於大易也。專守左氏、公羊、穀梁、杜、何、范氏之說，而求於春秋，吾未見其能盡於春秋也。專守毛萇、鄭康成之說，而求於詩，吾未見其能盡於詩也。專守孔氏之說，而求於書，吾未見其能盡於書也。』似此，則講經不遵傳注，實倡自孫復。宋儒講經不遵經注，進而又舍經而言心，所以程顥告神宗有云：『先聖後聖，若合符節。非傳聖人之道，傳聖人之心也。非傳聖人之心也，傳己之心也。己之心無異聖人之心，廣大無限，萬善皆備。欲傳聖人之道，擴充此心焉耳。』因此，就有所謂盡祧漢唐諸儒、而自以為直接孔門的心傳。由是道統之說，始於昌黎，而成於宋儒。周、程、張、朱從此便直接孟子了。

周子的略史

濂學——周敦頤

宋史、周敦頤傳：『周敦頤、字茂叔、道州營道人。……著太極圖，明天理之根源，究萬物之終始。……又著通書四十篇，發明太極之蘊。……掾南安時，程珦……使二子顥、頤往受業焉。敦頤每令尋孔、顏樂處，所樂何事。二程之學，源流乎此矣。故顥之言曰：「自再見周茂叔後，吟風弄月以歸，有『吾與點也』之意。」』他的生平，大略如此。他的學說精髓，見於太極圖

周子的學說

說，其言曰：

『無極而太極。太極動而生陽，動極而靜，靜而生陰，靜極復動。一動一靜，互爲其根。分陰分陽，兩儀立焉。陽變陰合，而生水、火、木、金、土。五氣順布，四時行焉。五行一陰陽也，陰陽一太極也，太極本無極也。五行之生也，各一其性。無極之眞，二五之精，妙合而凝，乾道成男，坤道成女。二氣交感，化生萬物。萬物生生，而變化無窮焉。惟人也得其秀而最靈。形、既生矣。神、發知矣。五性感動，而善惡分，萬事出矣。聖人定之以中正仁義，而主靜，（自注云：無欲故靜。）立人極焉。故「聖人與天地合其德，日月合其明，四時合其序，鬼神合其吉凶。」君子修之，吉。小人悖之，凶。故曰：「立天之道，曰陰與陽；立地之道，曰柔與剛；立人之道，曰仁與義」。又曰：「原始反終，故知死生之說。」大哉易也，斯其至矣。』

這就是周敦頤本於易而闡發的萬物發生說。原來乾坤二卦，出自一--二爻；一--即是兩種生殖器的象徵。乾卦彖辭：『大哉乾元，萬物資始。』坤卦彖辭：『至哉坤元，萬物資生。』這就是說：一明資始；--明資生。繫辭下：『男女構精，萬物化生。……乾坤其易之門耶？乾、陽物也。坤、陰物也。』周子本於這個道理，所以說『二氣交感，萬物化生。』至於所謂『太極』，便是說人類萬物，其始同一本原。

但是，周子在表面上是本於周易而立說，骨子裏却包含着老、佛的精髓。第一，易只言太極而不言無極，無極之名出於老子（老子：知其白，守其黑，爲天下式；爲天下式，常德不忒，復歸於無極。），——這便是周子有取於老子之說的處所。第二，所謂『無極之眞，二五之精，妙合而凝；乾道成男，坤道成女』，便是男女各一太極。所謂『二氣交感，萬物化生，萬物生生，變化無窮』，便是萬物各一太極。但他又說『五行一陰陽也，陰陽一太極也』，便是男女萬物又共此一太極。所謂一物一太極，物物一太極。物物各具的太極，卽物物共有的太極。這就是華嚴宗的事理無礙法界，蓋萬法卽理，理卽萬法，事與理相融而無礙。他所謂『無極而太極』，便是空而不廢於有；所謂『太極本無極』，便是有而不礙於空：這和天台宗的雙提空有相似。他所謂『一動一靜，互爲其根』，便是禪宗靜定之功。（註一）——這便是周子有取於佛說的處所。由此看來，他的工作，不也是和李翺一樣，同爲『儒表道裏』或『儒表佛裏』麽？

(一)參看鍾泰中國哲學史卷下第三編九頁。

洛學——程顥、程頤

程顥的略史

宋史、程顥傳：『程顥字伯淳。……自十五六時，與弟頤聞汝南、周敦頤論學。遂厭科舉之習，慨然有求道之志。泛濫於諸家、出入於老、釋者，幾十年。返求諸六經，而後得之。……顥之死，士大夫識與不識，莫不哀傷焉。文彥博采衆論，題其墓曰明道先生。』他的生平，大略如此。

程顥的學說

他的學說，見於識仁篇與答張橫渠先生定性書。識仁篇說：

『學者須先識仁。仁者渾然與物同體。義、禮、智、信，皆仁也。識得此理，以誠敬存之而已。不須防檢，不須窮索。若心懈則有防。心苟不懈，何防之有？理有未得，故須窮索。存久自明，安待窮索？此道與物無對，大不足以名之。天地之用，皆我之用。孟子言「萬物皆備於我，須反身而誠，乃爲大樂。」若反身未誠，則猶是二物有對。以己合彼，終未有之，又安得樂？「訂頑」意思，乃備言此體。以此意存之，更有何事？必有事焉而勿正，心勿忘，勿助長。未嘗致纖毫之力。此其存之之道。若存得，便合有得。蓋良知良能，元不喪失。以昔日習心未除，卻須存習此心，久則可奪舊習。此理至約，惟患不能守。既能體之而樂，亦不患不能守也。』

明道把仁看做渾然與物同體，把義、禮、智、性看做仁，又把仁看做與物無對、大不足以明之，這正合於孔子的仁是『統攝諸德完成人格之名』這種說法。他又把仁看做良知良能，而和孟子『萬物皆備於我』的說法相同。他這樣闡明聖人之道，所以伊川竟說他是孟子之後一個惟一的繼道統的人物。但是，明道說仁，卻得力於禪宗。所謂『仁者渾然與物同體』，便是心、佛、衆生，三無差別。所謂『天地之用，皆我之用』，便是三界唯心，森羅萬象，一法之所印。所謂『萬物皆備於我，反身而誠』，便是若自悟者，不假外求。凡此都是他『出入於老、釋者幾十年』的結果。至於定性書，則更與禪宗言相符合，略曰：『所謂定者，動亦定。靜亦定。無將迎，無內外。苟以外物為外，牽己而從之，是以己性為有內外也。且以性為隨物於外，則當其在外時，何者為在內，是有意於絕外誘，而不知性之無外內也。既以內外為二本，則又烏可遽語定哉？……與其非外而是內，不若內外之兩忘也。兩忘則澄然無事矣。無事則定，定則明。明則尚何應物之為累哉？』

程頤的略史

宋史、程頤傳：『程頤字正叔。……於書無所不讀。其學本於誠。以大學、語、孟、中庸爲標指，而達於六經。……平生誨人不倦，故學者出其門最多。……涪人祠頤於北巖，世稱爲伊川先生。』

程頤的學說

他的思想是理一元論，所以他說『理卽是性』，又說：『心也，性也，天也，一理也。自理而言謂之天，自稟受而言謂之性，自存諸人而言謂之心。』他既着重於理，所以他又取大學的格物致知，而提出『窮理』之說，他說：『格，猶窮也；物，猶理也；猶曰：窮其理而已矣。窮其理，然後足以致知；不窮，則不能致也。』又說：『窮理卽是格物，格物卽是致知』。但窮理格物，並不專求於外，所以他又說：『觀物理以察己』，『致知在格物，非由外鑠我也，我固有之也。』

明道伊川相異處

明道、伊川之學，雖同出於周敦頤。但其間却有不同之處。明道謂『事有善惡皆天理』，伊川解釋孔子所謂『性相近也，習相遠也』兩句話，則謂『此言氣質之性，非言性之本也；若言其本，則性卽是理，理無不善，孟子之言性善是也，何相近之有哉？』（註一）這就是因爲明道之言雜有佛家言，（註二）而伊川之說，却本於孟子。然觀歸元直指集所載；卻又不能說伊川與佛家無關。（見前）

明道、伊川對於儒林的貢獻，爲表章大學與中庸。大學朱熹章句，首引程子之言，曰：『大學、孔氏之遺書，而初學入德之門也。於今可見古人爲學次第者，獨賴此篇之存，而論、孟次之。學者必由是而學焉，則庶乎其不差矣。』中庸朱熹章句，也首引程子之言，曰：『不偏之謂中，不易之謂庸；中者，天下之正道；庸者，天下之定理。此篇乃孔門傳授心法，子思恐其久而差也，故筆之於書，以授孟子。其書始言一理，中散爲萬事，末復合爲一理。放之則彌六合，卷之則退藏於密：其味無窮，皆實學也。善讀者，玩索而有得焉，則終身用之，有不能盡者矣。』自是以後，中庸、大學，就成爲儒者必讀之書。然程子表章中庸、大學，也有原因。蓋佛家之說，不出心性；而儒書中言心性最多而足以與佛相抗者，則惟有此二書，所以表而出之，以見儒家並不弱於佛。宋儒闢佛而不覺出入於佛，便是這個道理。

(註一)伊川又說：『氣有善不善，性則無不善也。人之所以不知善者，氣昏而塞之耳。孟子所以養氣者，養之至淸明純全，而昏塞之患去矣，』後來朱熹言心性，便得力於伊川。所以晦庵之學，出於伊川。

（註二）明道又說：『心卽性，性卽心。』又：『天下善惡皆天理，謂之惡者非本惡，但或過不及便如此。』此與大乘起信論言『一心三大，三者用大，能生出一切世間出世間善惡因果故』相似。後來陸九淵倡心卽理，或得力於此，所以有人說九淵之學，出於明道。

關學——張載

張載的略史

宋史、張載傳：『張載字子厚，長安人。少喜談兵，至欲結客取洮西之地。年二十一，以書謁范仲淹。一見知其遠器，乃警之曰：「儒者自有名教可樂，何事於兵？」因勸讀中庸。載讀其書，猶以爲未足。又訪諸釋、老，累年，究極其說，知無所得，反而求之六經。嘗坐虎皮，講易京師，聽從者甚衆。一夕，二程至，與論易。次日，與人曰：「比見二程深明易道，吾所弗及，汝輩可師之。」撤坐輟講。與二程語道學之要，渙然自信，曰：「吾道自足，何事旁求。」於是盡棄異學，淳如也。……載學古力行，爲關中士人宗師。世稱爲橫渠先生。著書號正蒙。又作西銘。』

張載的學說

橫渠之學，『以易爲宗，以中庸爲體，以孔、孟爲法。』（宋史）他的正蒙，就是本於易；他的西銘，則多本於中庸，而以孔、孟之仁爲主。今分述如下：

（一）正蒙　正蒙裏面的『太和』與『太虛』，便是易裏面的『太極』。他說：『兩不立，則一不可見；一不可見，則兩之用息』；這裏所謂『兩』，即指陰陽而言，所謂『一』，即指太和而言；是陰陽雖二，合之則一；分之便叫做陰與陽，合之便叫做太和。他因此推廣陰陽，以說一切。譬如言天地，就說：『天地變化，二端而已。』言人物，便說：『動物本諸天，植物本諸地。』言性，便說：『性其總合兩也』，又『形而後有氣質之性，善反之，則天之性存焉。』言學，便說：『莫非天也。陽明勝則德性用，陰濁勝則物欲行，領惡而全好者，其必由學乎？』雖然，橫渠之學，也有出於佛氏之處，譬如他說：『兩不立則一不見，其究一而已』，便是差別即平等、現象即本體的道理。他雖有得於佛，卻力闢佛，這原是宋儒一般的做法，並不僅橫渠一人而已。

橫渠對于程朱的影響

橫渠之學，影響於程朱的，就是天地之性與氣質之性。他命意在於要人家由氣質之性，反到天地之性；所以他說：『形而後有氣質之性，善反之，則天地之性存焉。故氣質之性，君子有弗性者焉。』又說：『性於人無不善，繫其善反與不善反而已。』既有氣質之性，便要變化氣質，所以他說：『人之剛柔緩急，有才有不才，氣之偏也。天本參和不偏，養其氣，反之本，而不偏，則盡性而天矣。』這種變化氣質之說，影響程、朱不小，所以朱子說：『氣質之說，起自張、程，極有功聖門，有補後學。』

(二)西銘　橫渠著有東銘、西銘，(註一)東銘以戲言戲動過言過動爲戒，不及西銘的精深博大，所以學者多言西銘而不及東銘。西銘說：『乾稱父，坤稱母。予茲藐焉，乃混然中處。故天地之塞，吾其體；天地之帥，吾其性。民吾同胞，物吾與也。大君者，吾父母宗子；其大臣，宗子之家相也。尊高年，所以長其長；慈孤幼，所以幼其幼。聖，其合德；賢，其秀也。凡天下疲癃殘疾、惸獨鰥寡，皆吾兄弟之顛連而無告者也。於是保之，子之翼也；樂且不憂，純乎孝者也。違曰悖德，害仁曰賊，濟惡者不才。其踐形惟肖者也。知化則善述其事，窮神則善繼其志。不愧屋漏爲無忝，存心養性爲匪懈。……富貴福澤，將厚吾之生也；貧賤憂戚，庸玉女於成也。存，吾順事；沒，吾寧也。』——這便是橫渠言倫理的總要。程頤極推崇他這篇西銘，說道：『西銘明一理而分殊，』又：『訂頑之言，極純無雜，秦、漢以來，學者所未到，意極完備，乃仁之體也，以天地萬物爲一體，是求仁之學。』

朱熹更推廣其意而說道：『以天地之間，理一而已。然乾道成男，坤道成女；二氣交感，化生萬物；則其大小之分，親疎之等，至於十百千萬而不能齊也。……程子以為明理一而分殊，可謂一言以蔽之矣。蓋以乾為父，以坤為母，有生之類，無物不然，所謂理一也。而人物之生，血脈之屬，各親其親，各子其子，則其分亦安得而不殊哉？一統萬殊，則雖天下一家，中國一人，而不流於兼愛之弊。萬殊而一貫，則雖親疎異情，貴賤異等，而不梏於為我之私。此西銘之大指也。』

（註一）橫渠講學關中，於學堂雙牖，右書『訂頑』，左書『砭愚』。伊川曰：『是起爭端。』因改訂頑曰西銘，改砭愚為東銘。

* * * * * *

邵雍

除二程、周、張、之外，當時尚有一位邵雍，和他們並稱為理學五子。宋史、邵雍傳：『邵雍字堯夫。其先范陽人。……雍年三十，游河南，葬其親伊水上，遂為河南人。……北海、李之才攝共城令，聞雍好學，嘗造其廬，曰：「子亦聞物理性命之學乎？」雍對曰：「幸受教。」乃事之才，受河圖洛書宓義八卦六十四卦圖像。之才之傳，遠有端緒。而雍探賾索隱，妙悟神契，洞徹蘊奧，汪洋浩博，多其所自得者，及其學益老，德益邵。玩心高，明以觀夫天地之運化，陰陽之消長。遠而古今世變，微而走飛草木之性情，深造曲暢。……遂衍宓羲先天之旨，著書十餘萬言行於世，然世之知其道者鮮矣。……所著書曰：皇極經世觀、物內外篇、漁樵問對。詩曰：伊川擊壤集。』堯夫雖為理學五子之一，然因他獨以圖書象數之學聞名，且『易本明白簡易，而康節(堯夫卒諡康節)裝湊安排，昧於大道，』(見黃宗炎的先天卦圖辨略)所以本節僅述其生平，至於他的學說，則存而不論。

閩學——朱熹

朱熹的略史

宋史朱熹傳：『朱熹字元晦，一字仲晦。徽州婺源人。……父松病亟，嘗屬熹曰：「籍溪胡原仲、白水劉致中、屏山劉彥沖(原仲、致中之學出自程門，彥沖之學，不知所自出，或亦私淑二程者。)三人，學有淵源，吾所敬畏。吾即死，汝惟事之，而惟其言之聽。」三人謂胡憲、劉勉之、劉子翬也。故熹之學，既博求之經傳，復徧交當世有識之士。延平李侗，老矣，嘗學於羅從彥(李侗之學，亦出自程門。)熹歸自同安，不遠數百里，徒步往從之。其為學，大抵窮理以致其知，反躬以踐其實，而以居敬為主。嘗謂「聖賢道統之傳，散在方策。聖經之旨不明，而道統之傳始晦。」於是竭其精力，以研窮聖賢之經傳。

所著書有：易本義、啓蒙、蓍卦考誤、詩集傳、大學中庸章句、或問、論語孟子集註、太極圖通書西銘解、楚辭集註辨證、韓文考異。所編次有：論孟集義、孟子指要、中庸輯略、孝經刊誤、小學書、通鑑綱目、宋名臣言行錄、家禮、近思錄、河南程氏遺書、伊洛淵源錄。皆行於世。熹沒，朝廷以其大學、語、孟、中庸訓說，立於學官。又有儀禮經傳通解，未脫稿，亦在學官。平生爲文，凡一百卷。生徒問答，凡八十卷，別錄十卷。』(註一)

朱熹集理學之大成

朱熹在理學中的地位最高，他是集理學之大成的人，以下把朱子之學，分作三項來說：

朱熹的學說

(一)居敬窮理　前面說過，朱熹和大慧宗杲很有關係，大慧的敎旨，就是先慧而後定。朱熹傳又說『其爲學，大抵窮理以致其知，反躬以踐其實，而以居敬爲主。』所謂窮理與居敬，就是慧與定的工夫。他闡發先慧後定的道理道：『所謂致知在格物者，言欲致吾之知，在卽物而窮其理也。蓋人心之靈，莫不有知，而天下之物，莫不有理。惟於理有未窮，故於知有未盡也。是以大學始敎，必使學者卽凡天下之物，莫不因其已知之理而益窮之，以求至乎其極；至於用力之久，而一旦豁然貫通焉：則衆物之表裏精粗無不到，而吾心之全體大用無不明。此謂物格，此謂知之至也。』依他這個說法，便是把格物解在窮理，而主張致知在格物。他這種格物，完全本着伊川『今日格一件，明日又格一件』的精神，和近代科學上的歸納法很相似。但是，窮理（即格物）只是屬於知的一面，至於行的一面，他却提出一個『居敬』，這種行知並提，也是本於伊川『涵養須用敬，進學則在致知』的精神。朱子說：『學者工夫，唯在居敬窮理二事。此二事互相發：能窮理則居敬工夫日益進，能居敬則窮理工夫日益密。譬如人之兩足，左足行則右足止，右足行則左足止。……其實只是一事。』不過因爲他主張先慧後定，所以他雖窮理與居敬並提，却依舊着重窮理，他說：『而今人只管說治心修身。若不見這個理，心是如何地治，身是如何地修。若如此說，資質好底，便養得成只是個無能底人；資質不好，便都執縛不住了；』又說：『萬事皆在窮理後。經不正，理不明，看如何地持守，也只是空。』而窮理之要，又在於讀書，所以他又說：『爲學之道，莫先於窮理；窮理之要，必在於讀書。欲窮天下之理，而不即經訓史冊以求之，則是正牆面而立爾。此窮理所以必在乎讀書也。』

（二）理氣　理氣之說，出於伊川，至朱子，而其說益密。他以爲理與氣是有區別的，所以他說：『天地之間，有理有氣。理也者，形而上之道也，生物之本也。氣也者，形而下之器也，生物之具也。是以人物之生，必稟此理，然後有性；必稟此氣，然後有形。』理與氣既有分別，則理與氣孰先孰後的問題就發生了，而他却認爲理先於氣，所以說：『未有天地之先，畢竟也只是此理。有此理，便有此天地。若無此理，便亦無天地。無人無物，都無該載了。有理便有氣流行，發育萬物。』理雖先於氣，然理與氣未嘗相離，所以說：『有是理便有是氣』，又說『理未嘗離乎氣』。他所謂理，就是周敦頤所謂太極，所以說：『太極只是天地萬物之理。在天地言，則天地中有太極。在萬物言，則萬物中各有太極。未有天地之先，畢竟是先有此理。動而生陽，亦只是理。靜而生陰，亦只是理』，又說『太極只是一個理字。』他所謂氣，就是指陰陽而言，所以說：『陰陽是氣，五行是質。有這質，所以做得物事出來。五行雖是質，他又有五行之氣，做這物事方得。然却是陰陽二氣，截做這五個；不是陰陽外別有五行。』天地之始，也只是由這陰陽之氣而來，所以說：『天地初開，只是陰陽之氣。這一個氣運行，磨來磨去，磨得急了，便拶許多渣滓。裏面無處出，便結成個地在中央。氣之清者，便爲天，爲日月，爲星辰；只在外常周環運動。地便只在中央不動，不是在下。』人物之始，也只是由這陰陽之氣而來，所以說：『晝夜運行而無止，便是陰陽之兩端。其四邊散出紛擾者，便是游氣；以生人物之萬殊如麵磨相似。其四邊只管層層散出，如天地之氣，運動無已，只管層層生出人物。其中有精有粗，如人物有偏有正。』萬物由太極而生，已如上述。現在再考究朱子所論太極與萬物的關係。他說：『人人有一太極，物物有一太極。合而言之，萬物體統一太極也。分而言之，一物各具一太極。』這就是說：物物同由此太極生，物物同分得此理，一即萬，萬即一，故萬物各具一太極。此正合於佛氏圓融無礙之旨，所以朱子又設譬以明此種道理，其言曰：『如一海水，或取得一杓，或取得一担，或取得一椀，都是這海水。』又：『本只是一太極而萬物各有稟受，又各自全具一太極爾。如月在天，只一而已；及散在江湖，則隨處而見，不可謂月分也。』

（三）性說　朱子言性，本於伊川橫渠，分天地之性與氣質之性。他說：『有天地之性，有氣質之性。天地之性，則太極本然之妙，萬殊之一本也。氣質之性，則二氣交運而生，一本而萬殊者也。』又說：『天地間只是一個道理。性便是理。人之所以有善有不善，只緣氣質之稟，各有清濁。』他這種說法，固屬本於伊川橫渠，但是和他的理氣說也是一貫的；並且他言性，要比伊川橫渠爲精到，如他所謂『論天地之性，則專指理言。論氣質之性，則以理與氣雜而言之。未有此氣，已有此性。氣有不存，而性卻常在。雖其方在氣中，然氣自是氣，性自是性，亦不相夾雜。至論其徧體於物，無處不在；則又不論氣之精粗，莫不有是理』：卽其言性獨到之處。性既說明，他進而說明性情心三者，他說：『性以理言，情乃發用處，心則管攝性情者也。』更進而用譬喻以明心性情欲，他說：『心，譬水也；性，水之理也；性則水之靜，情則水之動，欲則水之流而至於泛濫者也。』惟其如此，所以纔有天理人欲之說，纔主張剋去人欲之私，以彰天理之公。

總觀以上所述，便可知朱子雖多因襲而無發明，然他集諸說的大成，替理學樹立一個體系，却是他在理學界中所獨占的地位。

(註一)朱子在崇安時，把廳堂題爲紫陽書堂。又建草堂於建陽的雲谷，叫做晦庵。自號晦翁。晚年又卜築於建陽考亭。所以學者或稱他爲紫陽、晦庵、考亭。

陸九淵的略史

象山學——陸九淵

宋史、陸九淵傳：『陸九淵字子靜。……至行在，士爭從之遊。言論感發，聞而興起者甚衆。教人不用學規，有小過，言中其情，或至流汗。……還鄉，學者輻湊。每開講習，戶外屨滿，耆老扶杖觀聽。自號象山翁，學者稱象山先生。……或勸九淵著書。曰：「六經註我，我註六經。」又曰：「學苟知道，六經皆我註脚。」』

陸九淵的學說

朱陸異同

象山之學，和朱子不同。朱子的工夫，是先慧後定；象山之學，却是先定後慧。惟其如此，所以李石岑說朱子受了看話禪的影響，象山受了默照禪的影響。象山既不言理氣之別，又不講天理人欲的差異。論到心性情欲的關係，他差不多看作是一件東西。所以伊川說：『性卽理也』，他就說：『心卽理』；橫渠說：『天地之塞、吾其體，天地之帥、吾其性』，他就說：『宇宙卽是吾心，吾心卽是宇宙』。總而言之，他拿定這個『心』，認爲此心此理，乃是充滿宇宙的東西，『萬物之所以序，彝倫之所以立』，都是由於此心此理。所以說：『此理在宇宙間，未嘗隱遁。天地之所以爲天地者，順此理而無私焉耳。人與天地並立而爲三極，安得自私而不順此理哉？』此理此心，雖充塞宇宙間，却只有一理，所以說：『心、一理也，理、一理也。至當歸一，精義無二。此心此理，實不容有二。』又：『東海有聖人出焉，此心同也，此理同也；至西海、南海、北海有聖人出，亦莫不然。千百世之上有聖人出焉，此心同也，此理同也；至於千百世之下，有聖人出，此心此理，亦無不同也。』此心此理既無二致，所以做人就只以明理爲要，用不着外求，故曰：『此理本地所以與我，非由外鑠我。明得此理，即是主宰。眞能爲主，則外物不能移，邪說不能惑。』又：『汝耳自聰，目自明，事父自能孝，事兄自能弟，本無欠闕，不必他求，在乎自立而已。』這就是說：以一心爲主，而此心即在於我，非自外有所增加，凡格物致知，都是發明我心以內的事，所以說：『格物者，格此者也。伏羲仰象俯法，亦先於此盡力焉耳。不然，所謂格物，末而已矣。』這裏所謂此，都是指心而言，所以有人說象心之學是心學，是禪學。但是，象山依然是儒表佛裏，觀其言『心即理也』一語，即知其言心則佛，言理則儒。

由上所述，則知格物亦只是格心，因此，讀書著書，就不是象山敎人爲學之方了，所以他說：『學苟知道，六經皆我註脚』；又：『吾之學問與諸處異者，只是在我，全無杜撰，雖千言萬語，只是覺得他底在我，不曾添一些。近有譏吾者，云：「除了先生立乎其大者一句無伎倆」，吾聞之曰：「誠然」』；又：『自立自重，不可隨人脚跟，學人言語。』他這種方法，固然是以直指本心爲教，有類於禪宗，但他亦未嘗教人不讀書，(『束書不觀，游談無根』二句，卽其明證。)不過此心此理不明，讀書不得，所以他又說：『學者須是打疊田地淨潔。田地不淨潔，若讀書，則是假寇兵資盜糧。』

總上所述，可知象山之學，純以一心爲主，而朱、陸異同，也可從此窺見。要之：朱主先慧而後定，重學問思辨，卽物窮理；陸主先定而後慧，尙簡易直截，言心卽理；故一主經驗，一主直覺；一主歸納，一主演繹：便是他二人的不同之處。

陽明學——王守仁

王守仁略史

黃宗羲、明儒學案、王守仁傳：『王守仁字伯安，學者稱爲陽明先生。餘姚人也。……先生之學，始泛濫於詞章，繼而徧讀考亭之書，循序格物。顧物理吾心，終判爲二，無所得入，於是出入於佛、老者久之。及至居夷處困，動心忍性，因念聖人處此，更有何道。忽悟格物致知之旨，聖人之道，吾性自足，不假外求。其學凡三變而始得其門。自此之後，盡去枝葉，一意本原，以默坐澄心爲學的，有未發之中，始能有發而中節之和。道德言動，大率以收

陽明學成以後的三變

斂爲主，發散是不得已。(學成以後第一變)江右之後，專提致良知三字，默不假坐，心不待澄，不習不慮，出之自有天則。蓋良知卽是未發之中，此知之前，更無未發；良知卽是中節之和，此知之後，更無已發。此知自能收斂，不須更主於收斂；此知卽能發散，不須更期於發散。收斂者，感之體，靜而動也；發散者，寂之用，動而靜也。知之眞切篤實處，卽是行；行之明覺精察處，卽是知：無有二也。(學成以後第二變)居越以後，所操益熟，所得益化。時時知是知非，時時無是無非，開口卽得本心，更無假借湊泊。如赤日當空，而萬象畢照。(學成以後第三變)——是學成之後，有此三變也。』案陽明之學，出於象山，(註一)而其受禪宗的影響，更較象山爲甚；他如伊川、晦庵，亦與陽明以不小的影響。以下就其心卽理、知行合一、致良知三者分述之，並指摘其學之所自出。

(一)心卽理　心卽理之說，本出於象山，然陽明比象山更說得精到。他說：『身之主宰便是心；心之所發便是意；意之本體便是知；意之所在便是物。……所以某說無心外之理，無心外之物。』又說：『夫物理不外於吾心；外吾心而求物理，無物理矣；遺物理而求吾心，吾心又何物耶？心之體，性也，性卽理也。……

外心以求理，此知行之所以二也。求理於吾心，此聖門知行合一之義。』他這種『心卽理』『性卽理』，便是他講致良知講知行合一的根據。

(二)知行合一　陽明的知行合一，頗受伊川、晦庵的影響。伊川說：『知之深則行之必至。無有知之而不能行者，知而不能行，只是知得淺。飢而不食烏喙，人不踏水火，只是知，人爲不善，只是不知。』又：『未有知之而不能行者；謂知之而未能行，是知之未至也。』晦庵也說：『知行常相須。如目無足不行，足無目不見。』由此可知伊川、晦庵也曾說過知行不可分的話，不過陽明所說的知行合一，其根據全在『心卽理』一語上，所以和伊川、晦庵不同。(見上條所引『外心以求理，此知行之所以二也……』一段。)

陽明既本於心卽理去說知行合一，所以他說：『知之眞切篤實處，便是行。行之明覺精察處，便是知。若知時，其心不能眞切篤實，則其知便不能明覺精察。不是知之時，只要明覺精察，更不要眞切篤實也。行之時，其心不能明覺精察，則其行便不能眞切篤實。不是行之時，只要眞切篤實，更不要明覺精察也。』又：『如好好色。如惡惡臭。見好色屬知，好好色屬行。只見那好色時已自好了，不是見了後又立個心去好。聞惡臭屬知，惡惡臭屬行。只聞那惡臭時已自惡了，不是聞了後別立個心去惡。如鼻塞人雖見惡臭在前，鼻中不曾聞得，便亦不甚惡，亦只是不曾知臭。就如稱某人知孝，某人知弟，必是其人已曾行孝行弟，方可稱他知孝知弟，不成只是曉得說些孝弟的話，便可稱爲知孝弟。又如知痛，必自己痛了，方知痛；知寒必已自寒了；知饑必已自饑了。』又：『知是行的主意，行是知的工夫。知是行之始，行是知之成。若會得時，只說一個知，已自有行在。只說一個行，已自有知在。今人卻將知行分作兩件去做，以爲必先知之，然後能行；我如今只去講習討論，做知的工夫；待知得眞了，方去做行的工夫。故遂終身不行，亦遂終身不知。此不是小病痛，其來已非一日矣。某今說個知行合一，正是對病的藥。』——他這種知行合一的思想，後來流傳到日本，很衝動了日本的思想界。

(三)致良知(註二) 陽明年五十時，始以致良知三字敎人。他說：『某於良知之說，從百死千難中得來，非是容易見得到此；此本是學者究竟話頭。』——觀此，可以知致良知說之重要。他所謂致良知，與他的知行合一說是一貫的，所以他說：『知其爲善，致其知爲善之知，而必爲之，則知至矣。知其爲不善，致其知爲

朱王異同

不善之知，而必不爲之，則知至矣。知猶水也，決而行之，無有不就下者。決而行之者，致知之謂也。此吾所謂知行合一者也。』他所謂良知，是人人所固有的，所以他說：『良知之在人心，無閒於聖愚，天下古今之所同也。』又：『良知之在人心，亙萬古塞宇宙而無不同。』又：『良知良能，愚夫愚婦與聖人同。』但是，到底什麽是良知呢？陽明解釋良知最明白的處所，莫過於以下一段。他說：『不思善，不思惡，認本來面目。此佛氏爲未識本來面目者，設此方便。本來面目，卽吾聖門所謂良知。』——觀此可知良知實和佛氏之所謂覺性者相近。雖然，陽明所謂良知，實百行的標準，而非佛氏的談空說寂可比，所以他又說：『夫良知之於節目時變。猶規矩尺度之於方圓長短也。』。陽明這種儒表佛裏，正與象山相似。

總觀以上所述，便可以知道陽明學的大概。(註三)但陽明學旣與象山同一系統，則象山與晦庵異，陽明亦自有與晦庵不同之處。案晦庵以爲性卽理，而陽明以爲心卽理，卽是二氏立脚點的不同。立脚點不同，故由此立脚點出發的學說也隨之不同。要之：晦庵主心外求理，故盡心知性，重見聞，而歸於先知後行；陽明主心內求理，故明心見性，不重見聞，而歸於知行合一。雖然，存天理去人欲之說，則

陽明亦正同於晦庵。（註四）

（註一）自元以來，朱學盛而陸學微，陽明力倡陸學，至有『晦翁與象山爲學，若有不同，要皆不失爲聖人之徒。今晦庵之學，既已彰明於天下；而象山猶蒙無實之誣，莫有爲之一洗。』之語。

（註二）致知見於大學，而不言良知。良知見於孟子，而不言致知。陽明兼而取之，遂有致良知之說。

（註三）要深究陽明思想，最好看陽明門人錢德洪所編的傳習錄。

（註四）陽明說：『學者學聖人，不過是去人欲而存天理。』

＊　＊　＊　＊　＊

以上所述，不過列舉理學中幾個主要代表的思想；其實，在北宋時尚有楊時、謝良佐、游酢、呂大臨謂之程門四傑，四傑之外，如胡正峯、李延平張南軒，也都是程門後起之秀，而延平之學，更爲朱熹之學之所從出。他如朱熹門人，則有蔡西山、蔡九峯、黃勉齋、陳北溪；九淵門人，則有楊簡、舒璘、袁燮、沈燮謂之甬上四先生；至於魏了翁、眞西山二人，却是私淑朱學的。到了元代，傳朱學者則有趙復、許衡、劉因諸人，傳陸學者，則有陳范、趙偕諸人；而吳澄、鄭玉之流，則屬於朱、陸調和派。明初，吳與弼、薛瑄諸人，都恪守紫陽家法；至陳獻章（白沙）出，始啓靜養之端，自立門戶；及陽明嗣陸而倡心學，由是王學遍天下，而程、朱與陸王遂爲理學中的二大派。當時屬王學一派者，有王畿、王艮、鄒守謙、楊東明羅洪先諸人。王學到了末流，便不守禮教，放浪形骸，以爲『滿街皆是聖人』，『酒色財氣、不礙菩提路』。明末，劉宗周（念臺）以愼獨爲宗，認爲致知、格物、正心及修齊治平，都是愼獨，而王學之風一變。——以上所述，便是宋、元、明三代理學的大概。理學在中國學術思想史上，別開生面，要知道牠的詳細，可參看黃宗羲的『宋、元、明、學案』。

總之，所謂理學，不問是宋儒的言性卽理，或明儒的言心卽理，都無不是援釋入儒，或援儒入釋，表面上雖承接孔、孟的道統，實質上，所謂理學，却已另成一個體系，而決不是孔、孟的眞面目。我們研究理學，首先便應注意此點。至於旣援釋入儒或援儒入釋而又力排釋者，其原因固如鍾泰氏所云（見前），然而孔、孟重日用人倫，釋家主空寂，却是他們排佛的重要原因。

最後還有一點要陳述的，就是當朱、陸之學盛行的時候，有浙東永康永嘉學派；當王學遍天下的時候，便有高攀龍、顧憲成一派。永康學派的代表爲陳亮（同甫），永嘉學派的代表爲葉適（水心），要皆與呂祖謙之學相表裏，而以事功爲主。高、顧、排王學而倡氣節，議論國政，主持淸議。蓋永嘉、永康學派言事功，爲理學末流『剽正心誠意爲浮談而視治國平天下爲末務』之反動，南宋外患的頻仍，實爲促成此派的主因；顧、高論國政倡氣節，爲王學末流尙空談輕禮教的一反動，而當時朝政腐敗，又實爲促成此派的主因。

問題提要：

（一）試略述宋、明理學所含的成分！

（二）宋、明理學家既有得於老、佛，何以又闢老、佛？

（三）試略述周敦頤的學說！又其學說與老、佛有什麼關係？

（四）試略述程顥的學說！又其學說與禪宗有什麼關係？

（五）試略述程頤的學說！又其學說與程顥有何相異之處？

（六）程顥、程頤對於儒林有何貢獻？

（七）試略述張載的學說及其學說影響於程、朱之處！

（八）試略述朱熹的學說！

（九）試略述陸九淵的學說及朱、陸相異處！又其學說與禪宗有何關係？

（十）試略述王守仁的學說及其學說之所自出！

（十一）當朱、陸之學特盛時，有何其他學派？又其主旨如何？

（十二）當王學盛時，有何其他學派？又其主旨如何？

第七章 考據學(漢學)時代

清代考據學特盛的原因

清代學術，可以叫做考據學時代。但清初學派，眞能代表考據學的啓蒙運動者，却只有顧炎武、胡渭、閻若璩諸人；他如顏元一派，則重在躬行實踐，黃宗羲一派，則以史學爲根據，而推之於當時之務，王錫闡、梅文鼎一派，則專治天算，王夫之一派，則在於復興關學，而力排陽明學：都不能列爲考據學派。不過因爲顏元、黃宗羲、王夫之三人，在明末清初學術思想轉變的當兒，也和顧炎武一樣，佔有重要的地位，所以本章有一節專講這四位學者。而由黃宗羲一派所衍成的史學，以及王、梅的天算，則留到以後再講。至於嘉慶以後的今文學，則因其與光緒時的維新運動有關，所以也留到以後再講。『開場白』道過了，再來說清代考據學特盛的原因。

章炳麟檢書中的淸儒有云：『淸世理學之言，竭而無餘華；多忌，故詩歌文學楛；愚民，故經世先王之志衰；家有智慧，大湊於說經，亦以紓死，而其學近工眇踔善矣。』這寥寥數語，竟道破了清代考據學特盛的原因。現在總括起來，其特盛

王學的反動

的主因，要之不外以下三端：

第一，王學的反動：王學末流，專尚浮談，不務實學，故其反動爲實事求是；當時學者，且以亡國之罪，歸之王學。顧炎武說：『劉石亂華，本於清談之流禍，人人知之。孰知今日清談，有甚於前代者。昔之清談談老、莊，今之清談談孔、孟。未得其精而已遺其粗，未究其本而先辭其末。不習六藝之文，不考百王之典，不綜當代之務。舉夫子論學論政之大端，一切不問；而曰一貫，曰無言。以明心見性之空言，代修己治人之實學。股肱惰而萬事荒，爪牙亡而四國亂。昔王衍妙善玄言，自比子貢。及爲石勒所殺，將死，顧而言曰：吾曹雖不如古人；向若不祖尚浮虛，戮力以匡天下，猶可不至今日。今之君子，得不有愧乎其言。』又：『以一人而易天下，其流風至於百有餘年之久者，古有之矣：王夷甫之清談，王介甫之新說。其在於今，則王伯安之良知是也。孟子曰：「天下之生久矣，一治一亂，」撥亂世、反諸正，豈不在後賢乎？』（以上日知錄）又：『今之君子，聚賓客門人數十百人，……而一皆與之言心言性；舍多學而識以求一貫之方，置四海之困窮不言而講危微精一之說，……我弗敢知也。』（亭林文集、答友人論學術）他這樣力排王學提倡實學，便爲淸代學術界別開一條出路。雖然，力排王學，却還不曾傷及程、朱。所以炎武一方面說：『古今安得別有所謂理學者，經學卽理學也；自有舍經學以言理學者，而邪說以起；』（全祖望亭林先生神道表引）他方面却說：『由朱子之言，以達乎聖人下學之旨。（亭林文集下學指南序）他如黃宗羲則始終不非王學，不過糾正其末流的空疏罷了；王夫之雖黜王學，卻宗宋學，而好言名理；惟顏元一人，直攻程、朱，其言曰：『予昔尙有將就程、朱附之聖門支派之意；自入南遊，見人人禪子，家家虛文，直與孔門敵對，必破一分程、朱，始入一分孔、孟。乃定以爲孔、孟與程、朱判然兩途，不願作道統中鄉愿矣。』（李塨著顏習齋先生年譜卷下）至惠士奇、惠棟、戴震出，始專於訓詁之學。戴震以爲『由文字以通乎語言，由語言以通乎古聖賢之心志；譬之適堂壇之必循其階，而不可以躐等。』（東原集、古經解鈎沈序）於是又說：『故訓明則古經明，古經明則賢人聖人之理義明。歧故訓理義二之。是故訓非以明理義，而故訓胡爲？理義不存乎典章制度，勢必流入異學曲說而不自知。』（東原集、題惠定宇先生授經圖）——至是考據學（卽所謂漢學）的陣營始壁，而奪了宋明學的地位。

屬于政治者

第二，屬於政治者　明季朝政腐敗，宦官當權，當時有志之士，如顧憲成等，都結黨以議朝政，且與宦官敵對，卒之釀成黨禍。這一班有志之士，雖未得君行道，可是由他們所養成的尚氣節持正誼的風氣，却瀰漫於一般士子的頭腦中。鼎革時爲這種風氣所薰染而抱有家國之痛的學者，便有意來匡復明室；但累次的復明運動，都歸失敗，清室的江山已安如盤石，在這種情況之下，就只好幹些實事求是的學問，以備日後的應用。所以顧、黃、王、顏、這四位學者以及其他許多有志之士，都帶有學以致用的色彩；當時王學的空浮，自然擔不起這個重負，而要想謀社會的改革，樹立一個合理的社會，又自非尋根究底地去研究從來一切典章制度的得失不可；這樣一來，許多學者自然就幷力於考古之一途，而精神所注，便不知不覺地集中在傳世久遠的經書上面。研究從來一切典章制度的得失，既只有集中經書，便要把經書還牠一個本來面目；所以最初反對王學的空浮，繼而又攻擊程、朱的說經，而擡出去古不遠的漢儒以壓倒傳統已久的宋儒，——漢學的招牌，就由此樹立起來了。（後來的今文家，更進一步而復先秦之古，關於此點，留到以後再講。）不過因爲清廷累興文字之獄，法網日密，却使學者不能不由經世致用之學而日趨於狹

屬於經濟者

義的考據之學。

第三，屬於經濟者　自後三藩平定以後，康、雍、乾對於蒙古、準部、西藏等邊地雖累累用兵，但中國本部，卻久已平定無事。這個平靜的期間，有一百多年，生產的增加，已經超過明末清初之上，隨而國庫的儲蓄也日益增加。在這個期間，清廷開了幾次博學鴻詞科，來羅致一班逸民，藉以消滅反清的惡感。所以康熙時雖有呂留良、黃宗羲、顧炎武、魏禧諸人立志不就，但毛奇齡、尤侗、湯斌一班人却已紛紛入彀。雍正時編輯古今圖書集成時，也羅致很多的學者，乾隆時，除開博學鴻詞科外，又開四庫全書館，當時參與校勘的人，除總纂官紀昀外，還有朱筠、戴震、王念孫一班績學之士。在這種情況之下，反清的惡感，自然會漸次地消失下去，而原來經世致用的治學精神，就必然地一變而專於考據之學了。

清初四大學者

章炳麟說：『清世理學之言，竭而無餘華』；所以清初代表陸、王派的雖有李中孚、李紱，代表程、朱派的雖有陸世儀、陸隴其，調和陸、王與程、朱的雖有孫奇逢，但他們說來說去，都無非出自剿竊，在學術思想上，沒有重要的地位。眞能在思想界佔有地位的，便只有顧炎武、黃宗羲、王夫之、顏元四人。他四人的思想，都是王學的反動，不過其反動所走的方向各各不同：顧、王黜明存宋，而顧尊考證，王好名理；黃氏始終不非王學，而只是糾正王學末流的浮虛；惟有顏元一人，則不但攻擊陸、王，程、朱，而且鄙薄考據之學，在四人中特出。今分述四人思想的大概如下：

(一)顧炎武　顧炎武字寧人，又號亭林，江蘇、崑山人。國變時，他母親不食而卒，敎他不得事二姓。他與同志舉義兵不成以後，就刻厲爲學，漫遊南北、關塞險阻之處無不至。康熙時，詔徵鴻博之士，他預告諸門人在京爲之辭曰：『刀繩具在，勿速我死。』所著有左傳杜解補正、音學五書、日知錄、天下郡國利病書，文集、詩集等，而日知錄尤爲一生經意之作。顧氏之學，爲王學的反動，前已言之；所以顧氏治學的精神，亦從力排當時鶩高無實之病而來，而以致用爲鵠的，其言曰：『愚所謂聖人之道者如之何？曰：博學於文，行己有恥。自一身以至於天下國家，皆學之事也；自子臣弟友以至出入往來辭受取與之間，皆有恥之事也。恥之於人大矣！不恥惡衣惡食，而恥匹夫匹婦之不被其澤。故曰：萬物皆被於我矣，反身而誠。嗚呼！士而不先言恥，則爲無本之人。非好古而多聞，則爲空虛之學。以無本之人而講空虛之學，吾見其日從事於聖人而去之彌遠也。』（答友人論學書）又：『孔子删述六經，卽伊尹、太公救民水火之心，故曰：「載諸空言，不如見諸行事。」……愚不揣有見於此，凡文之不關於六經之指當世之務者，一切不爲。』（亭林文集、與人書二）雖然，顧氏高揭『經學卽理學』的旗幟，而能爲一代宗師者，却在於他的治學方法。他的治學方法，約有二端：（一）貴創：他說：『有明一代之人，其所著書，無非盜竊而已。』又論著書之難：『必古人所未及就，後世之所不可無，而後爲之。』（以上日知錄）其不蹈襲古人而貴創造，由此可見。（二）博證：四庫全書日知錄提要云：『炎武學有本原，博贍而能貫通，每一事必詳其始末，參以證佐，而後筆之於書，故引據浩繁，而牴牾者少。』又全祖望說：『凡先生之遊，載書自隨，所至阨塞，卽呼老兵退卒詢其曲折，或與平日所聞相合，卽發書而對勘之。』（亭林先生神道表）這就是他所用的治學方法，乾、嘉以還，固爲學者所共習；然其創始則不能不歸於炎武。總之：炎武高揭『經學卽理學』的旗幟，採用博證的方法，而以致用爲鵠的，實爲一代考據學的開祖。

（二）黃宗羲　黃宗羲字太冲，號梨洲，又號南雷，浙江、餘姚人。明亡，魯王立於紹興，他糾合里中子弟數百人走從魯王，號世忠營。又赴日本求援。事不成，而魯王亦殂。但他復明之志仍舊，東奔西走，和故將遺臣相要結，希望有所成就。天下平定，他知事不可爲，便返里一意從事著述。後清室屢徵，都力拒未就。所著有明儒學案，爲中國有學術史之始。又有易象數論、明史案、明夷待訪錄、律呂新義、南雷文定等。又與子百家輯宋元儒學案，未完編，後爲全祖望所完成。宗羲之學，出於劉宗周，不外陽明良知一派，然平生得力處，却在經史，所以他說：『明人講學，襲語錄之糟粕，不以六經爲根柢；』又：『讀書不多，無以證斯理之變化。多而不求諸心，則爲俗學。』清初諸儒，多講經世之務，卽學問所以致用，宗羲得力於史，故於明夷待訪錄中所作原君與原法，更能道破君主制度的罪惡，而能言人之所不敢言。原君說：『後之爲人君者不然。以爲天下利害之權，皆出於我。我以天下之利盡歸諸己，以天下之害盡歸於人，亦無不可。使天下之人，不敢自私，不敢自利，以我之大私爲天下之大公。……視天下爲莫大之產業，傳之子孫，受享無窮。……此無他，古者以天下爲主，君爲客。凡君之所畢世而經營者，爲天下也。今也以君爲主，天下爲客。凡天下之無地而得安寧者，爲君也。……然則爲天下之大害者，君而已矣。……今也天下之人怨惡其君，視之如寇讎，名之爲獨夫，固其所也。而小儒規規焉以君臣之義無所逃於天地之間，至桀、紂之暴，猶謂湯、武不當誅之；……豈天地之大，於兆人萬姓之中獨私其一人一姓乎？』原法說：『後之人主，既得天下，唯恐其祚命之不長也，子孫之不能保有也，思患於未然，以爲之法。然則其所謂法者，一家之法，而非天下之法也。……三代之法，藏天下於天下者也。……法愈疎而亂愈不作，所謂無法之法也。後世之法，藏天下於筐篋者也。利不欲其遺於下，福必欲其斂於上。……故其法不得不密。法愈密而天下之亂即生於法之中，所謂非法之法也。……論者謂有治人無治法，吾以爲有治法而後有治人。』宗羲此種思想，在今日看來固然淺薄，但在當時確係驚人之論；譚嗣同、梁啟超鼓倡民權共和之說，亦多受宗羲思想的影響。要之：宗羲於史獨具卓見，實爲一代史學之祖。

(三)王夫之　王夫之字而農，號薑齋，湖南、衡陽人。明亡，從瞿式耜於桂林；時桂王監國，授他爲行人。後式耜殉節桂林，桂王亦殂。他知事不可爲，遂退居不出，終身不薙髮易服。學者稱爲船山先生。所著甚多，而其學略見於噩夢、黃書、俟解、思問錄內外篇、讀通鑑論、宋論。噩夢、黃書，言黃帝爲吾族之祖，指陳民生利害甚切。俟解、思問錄，多爲理氣之談，釋、儒之辯。讀通鑑論、宋論，則辯夷夏之防，明民權之理。夫之黜明存宋，所以力攻王學，而倡關學。他說：『侮聖人之言，小人之大惡也，……姚江之學，橫拈聖言之近似者，摘一句一字以爲要妙，竄入其禪宗，尤爲無忌憚之至。』（俟解）——卽其攻王學之語。又說：『張子之學，上承孔、孟，如皎日麗天，無幽不燭。惜其門人未有殆庶者。其道之行，曾不逮邵康節之數學。是以不百年而異說興。』（張子正蒙注序）——卽其倡關學之語。他於天理人欲之辨，言之最當，所說『天理卽在人欲之中，無人欲則天理亦無從發現』，（正蒙注）實發前人所未發，後此戴震思想，多由此衍出。然以他僻處深山，又不與當時學者往來，故其學所傳不廣；惟其鄉後學譚嗣同，却深受他的影響，竟謂：『五百年來學者，眞通天人之故者，船山一人而已。』（譚嗣同，仁學卷上）

（四）顏元　顏元字易直，又字渾然，直隸、博野人。他先好陸、王之學，不久，又從事程、朱學，最後『始寤堯、舜之道在六府三事，周公敎士以三物，孔子以四敎，非主靜專誦讀流爲禪宗俗學者所可託。於是著存學、存性、存治、存人四編以立敎，名其居曰習齋。帥門弟子行孝弟，存忠信，日習禮、習樂、習射、習書、數，究兵農水火諸學，堂上琴、竿、弓、矢、籌、管森列。』（戴望顏氏學記、顏元傳）這樣看來，習齋之學，實以事物爲歸，不以空言立敎。惟其如此，所以習齋之學，能確守孔子舊章，而與後儒新說有別：『其一，謂古人學習六藝以成其德行，而六藝不外一禮，……禮必習行而後見，非專恃書冊誦讀也。孔子不得已而周流，大不得已而刪訂，著書立說，乃聖賢之大不得已，奈何以章句爲儒，舉聖人參贊化育經綸天地之實事一歸於章句，而徒以讀書纂注爲功乎？無極、太極、河洛、先後天之說，皆自道家，而以之當聖人之言性與天道，至謂與伏羲畫卦同功，宜其參雜二氏而不自知也。其二，謂氣質之性無惡，惡也者，蔽也，習也。纖微之惡，皆自玷其體；神聖之極，皆自踐其形也。孟子明言「爲不善非才之罪」，「非天之降才爾殊」，「乃若其情，則可以爲善」，又曰「形色天性也」；若曰氣質有惡，是於天之降才即罪才矣，是岐天人而使之二本矣。況曰性善，謂智愚之性同是善耳，亦未嘗謂全無差等。孔子曰：「性相近也，習相遠也」，性之相近，如眞金多寡輕重不同，而其爲金相若也；惟其有等差，故不曰同，惟其同一善，故曰「近」，其引蔽習染溺色溺貨以至無窮之罪惡，則皆以習而遠於善，即所謂「倍蓰無算不能盡其才者」也。先生此言，合孔、孟而一之；……其三，謂聖門弟子不可輕議，諸賢一月皆至於仁，一日皆至於仁，每學之而愧未能。……子路鼓瑟不合雅頌，而門人不敬，孔子即不謂然；孟子謂「游於聖人之門者難爲言」，舉七十子之服孔子，其辭不遺一人。後儒乃動詆宰我、樊遲、季路，冉求、子貢、子張、游、夏、諸子，而欲升周、程與顏、曾接席，是自視賢於孟子矣；蓋聖門弟子以競業爲本，唯在實學實習實用之天下，而後儒侈言性天，薄事功，故其視諸賢甚卑也。」(顏元傳)觀此，知顏元之學，不獨不認宋、明理學爲學，並不認漢學爲學；蓋其精神不在書本上的知識，而在實行。其弟子李塨、王源，都能實踐顏氏之敎；然因淸室法網日密，他的實行精神，又爲當局所猜忌，故其學不久中絕。

考據學的建立及其特盛

閻若璩

考據學的啓蒙運動者爲顧炎武，然同時還有閻若璩、胡渭、姚際恆三人，都是替考據學闢坦道的人。閻著古文尚書疏證，專辨東晉晚出的古文尚書及同時出現的孔安國尚書傳爲僞書。這種僞書，千餘年來，

胡渭　姚際恒　惠棟

學人都視爲神聖不可侵犯而無敢議其爲僞者，自閻氏力辨其爲僞，於是學界受此刺戟，對於一切經義經文頓起疑惑。胡著易圖明辨，辨宋邵雍所傳河圖洛書，非羲、文、周、孔所有，而與易義無關。他以易還諸羲、文、周、孔，以圖還諸陳摶、邵雍，明孔學自孔學，宋學自宋學；由是宋學(理學)所憑藉的河圖洛書，遂失其支配學人心理的勢力，而學人纔知道欲求孔子所謂眞理，除宋人所用方法外，還有別的途徑。姚著古今僞書考，疑古文尚書，疑周禮，疑詩序，甚至疑孝經與易傳十翼，其懷疑精神，異常熾烈。這三人的工作，雖雜而不純，但其爲後此考據學奠立一個極强固的基礎，却要歸功於他們。

清代考證之學，已由顧炎武等開其端緒，然能使這種學問成一體系者，當首推乾隆時的吳派惠棟與皖派戴震，而戴的精深，遠過於惠。

惠棟吳縣人，字定宇。承祖周惕、父士奇之後，世傳經學。棟所著有九經古義、易漢學、周易述、明堂大道錄、古文尚書考諸書。其弟子最著的，有余蕭客、江聲、沈彤諸人。蕭客弟子江藩，作國朝漢學師承記，把棟列爲漢學的正統。其實棟不如戴震，未足以完全代表一代的學術；不過漢學的陣營，從他纔建立起來罷了。棟治學以博聞强記爲入門，以遵古守家法爲究竟。其言曰：『漢人通經有家法，故有五經師，訓詁之學，皆師所口授，其後乃著竹帛，所以漢經師之說，立於學官，與經並行，……古字古言非經師不能辨，……是故古訓不可改也，經師不可廢也，……余家四世傳經，咸通古訓，……因述家學作九經古義。』（九經古義首述）這樣看來，足見他的治學，專以『古今』定『是非』，雖樹立漢學的陣營，而淸初諸儒懷疑的精神，却因之消失。所以梁啓超說：『惠派治學方法，吾得以八字蔽之，曰：「凡古必眞，凡漢皆好」，……平心論之，此派在淸代學術界，功罪參半。』（淸代學術概論）其批評可謂至當。

戴震

建立考據學的功臣，首推戴震。『戴先生震，字東原，安徽、徽州府、休寧縣人。生具異稟，十歲始能言。……授大學章句，至「右經一章」節，問塾師曰：「此何以知爲孔子之言而曾子述之？又何以知爲曾子之意而門人記？」師應之曰：「此朱文公所述。」卽問：「朱文公何時人？」曰：「宋朝人。」「孔子、曾子何時人？」曰「周朝人。」「周朝、宋朝相去幾何時矣？」曰：「二千年矣。」「然則朱文公何以知其然？」師無以應。』（劉光漢戴震傳）這一段故事，已足以說明戴氏治學的出發點，而戴氏之所以能成爲一代學派的建立者，亦卽在其治學方法。以下就其治學方法的特點分述之：

『年十五，晋讀羣經。每字必求其義。好漢許氏說文解字，盡得其節目。又取爾雅、方言及漢儒傳注箋存於今者參互考究，一字之義，必本六書，貫羣經，以爲定詁。』

『年十七，卽有志聞道。謂非求之六經、孔、孟不能得。非從事於字義制度名物，無由通其語言。……故其言曰：「經之至者，道也；所以明道者，其辭也；所以成辭者，字也。必由字以通其道，乃能得之。」是則先生之學，以小學爲入門。』

『然音韻之學，較訓詁之學尤精。嘗以「訓詁必出於聲音，當據聲音求訓詁」，成轉語二十章。』

『先生之學，先立科條，以審思明辨爲歸。凡治一學，著一書，必參互考驗，曲證旁通，博徵其材，約守其例。復能好學深思，實是求是，會通古說，不尙墨守。』

『先生有言：「學貴精不貴博。吾之學不務博也，故凡守一說之確者，當終身不易。」』

『又曰：「讀書當識其正面背面，好學當得條理；得其條理，則由合而分，由分而合，無不可爲。」』（以上戴震傳）

『學者當不以人蔽己，不以己自蔽；不爲一時之名，亦不期後世之名；有名之見，其弊二：非掊擊前人以自表暴，卽依傍昔賢以附驥尾。』（東原文集、答鄭用牧書）

『戴學分析條理，今密嚴瑮；上溯古義，而斷以己之律令。』（章炳麟清儒）

綜上所述，得知戴氏治經，以小學爲入門，有清一代小學的發達，實由於戴氏提倡之功。又得知戴氏治學方法，不外：(一)參互考驗，曲證旁通；(二)先立科條，以審思明辨爲歸；(三)實事求是，不主一家；(四)貴精不貴博；(五)不以人蔽己，不以己自蔽；(六)分析條理，識斷精審。這些方法，都爲後此考據學家所沿用，故戴氏有功於一代學術卽以此，而與惠氏相異亦以此。蓋惠氏淹博而不精，篤好古法而鮮審思明辨；富於引伸而寡於裁斷。(註一)

段玉裁
王念孫
王引之

俞樾
孫詒讓

戴氏著作，其最精的：屬於小學的有聲音考、聲類表、方言疏證、爾雅文字考；屬於曆算的有原象、曆問、續天文略、策算、古曆考、勾股割圜記；屬於水地的有校水經注、直隸河渠書、水地記。而孟子字義疏證，則爲他晚年最得意之作。但孟子字義疏證不屬考據學範圍以內，而欲藉此以樹立他的哲學。原來宋儒講學，以爲『天理與人欲不兩立，惟人欲淨盡，斯天理流行。』他本於王夫之的學說，力斥其非，其言曰：『古人所謂天理，不外絜民之求，遂民之欲，必求之人情而無憾，然後即安。理也者，即情欲之不爽失者也，故理即寓於欲中。蓋一人之欲，即千萬人所同欲也。自宋儒以意見爲理，舍是非而論順逆，然後以空理禍斯民。故人死於法，猶有憐之者；死於理，其誰憐之？』（戴震傳引孟子字義疏證）

戴門後學，名家輩出，而尤以金壇、段玉裁，高郵、王念孫及念孫子引之爲最著。段著有說文解字注、六書音韵表；念孫著有讀書雜志、廣雅疏證；引之著有經義述聞、經傳釋詞；都是遵守戴氏治學方法而成功的名著。道光間，繼戴氏之學者有俞樾，同治間，則有孫詒讓；俞著有羣經平議、諸子評議、古書疑義舉例，孫著有周禮正義、墨子閒詁。——是爲考據學的全盛期。清季今文學勢盛，而能宏大正

章炳麟

統派的考據學者，則有章炳麟。所著有文始、國故論衡，其精義多爲乾、嘉時人所未發；但章氏之學，已不限於考證學的範圍，而轉趨於排滿的言論。關於這點，以後再說。

清儒的業績

清代考據學的特盛，已如前述；而其一代學術的中堅，則在於諸經都各有新疏，觀阮元所輯的皇清經解以及王先謙的續編所收羅的著作家，多至百五十七家，其業績的偉大，卽可想見。然其業績，尚不止此，如小學、如音韻學，有清一代，也是作家蠭出。他如史學、地理學、金石學、歷算學，清儒亦多有發明。至於由校勘而糾正古書傳鈔譌刻的僞謬，羅輯舊書以免名著失佚，也是清儒的偉大工作。

(註一)梁啓超論戴、惠之別：『戴、段、二王之學，其所以特異於惠派者，惠派之治經也，如不通歐語之人讀歐書，視譯人爲神聖；漢儒則其譯人也，故信憑之不敢有所出入；戴派不然，對於譯人不輕信焉，必求原文之正確然後卽安。惠派所得，則斷章零句，援古正後而已；戴派每發明一義例，則通諸羣書而皆得其讀，……戴派之言訓詁名物，雖常博引漢人之說，然並不墨守之。』(清代學術概論)

問題提要：

（一）試略述清代考據學特盛的原因！

（二）試述顧炎武的治學方法！何以他爲一代考據學的開祖？

（三）試略述黃宗羲、王夫之、顏元三人的學說。

（四）顏元之學，何以不久中絕？

（五）閻若璩、胡渭、姚際恆三人對於清代考據學有何貢獻？

（六）試述戴震的治學方法及其與惠棟相異之處！

第八章　維新運動與新文化運動

今文學的興起

考據學潰裂的原因

清初學者的眞精神，就是『經世致用』四個字；後來却拋棄了『經世致用』的精神，一般學者都離開現實在故紙堆中專做考據學——漢學、樸學——的工作。清室要羅致學者，要減殺讀書人的反淸意識，也就盡力來提倡這種學風，——固然，淸室也提倡程、朱理學，但是，其目的都一樣是束縛士子的思想，——這樣一來，到了乾、嘉以後，所謂考據學便成了炙手可熱的學閥了。學術的本身，旣已成了學閥，自然就免不了門戶之見；而故紙堆中的考據工作，又是有限得很；在這種情況之下，所謂考據學就必然要潰裂起來而學者思想也必然要朝向新的方面活動起來。——這是就學術本身來說。

其次，請就當時的政治並經濟方面來說。淸室的黃金時代，要算康、雍、乾三朝；但到乾隆時代，却已呈現出漸就衰頹的傾向。因爲高宗是個好大喜功的人，那號稱『十全武功』的『東征西討』，早就把聖祖幾十年歲月所蓄積下來的金錢花光了；加以晚年耄荒，寵用和珅，更加把政治弄到腐敗不堪。到了嘉慶(仁宗年號)時代，雖然殺掉了亂政的和珅；可是清室的統治已經動搖，畢竟免不了接二連三的內亂——白蓮教之亂、海盜之亂及天理教之亂，道光(宣宗年號)以降，內亂外患，相迫而來：外患如鴉片之役、英法聯軍之役、中日之役，內亂如太平軍的革命運動、捻亂，都無不動搖了中國整個的政治局面與經濟組織。在這種局勢之下，離開現實的考據學，自然地喪失了牠的社會的存在根據，從而許多有志於經世之務的學者，也就自然地相應於這種局勢而朝着新的方向活動起來。

今文學的勃興

原來經學有今古文之爭，這在以前已經說過了。清代一般所謂考據學家，其治經都是宗古文家法，到了乾、嘉時代，便鬧到『家家許、鄭，人人賈、馬』的局面。他們愈加鬧到炙手可熱的時候，他們的工作就愈加離開現實，其結果，『學術專制』之局無法維持，而所謂今文家便在這個當兒和他們分立起來了。後來，清政陵夷衰微，外患內亂時時交迫，而海禁大開，所謂西學，又漸次輸入中土，於是今文家遂將當時所輸入的西學，以與清初的經世致用的精神相結合，和那在學術界素具權威的古文家對抗起來，結果，造成轟轟烈烈的維新運動。

今文學與維新運動

莊存與　劉逢祿　龔自珍　魏源　邵懿辰　康有爲　有爲思想的來源

清代今文學的啓蒙大師，便是武進莊存與。他著有春秋正辭，專求其所謂『微言大義』者，而不致力於訓詁名物之末；和戴、段一派所用的方法，完全不同。其後武進劉逢祿繼起，著春秋公羊經傳何氏釋例，專發明『張三世』『通三統』『絀周王魯』『受命改制』諸義。(註一)道光時，仁和、龔自珍通公羊春秋，說經宗莊、劉，爲今文學健將，往往引公羊義譏切時政，詆排專制，清末思想的解放，自珍很有功勞。(註二)自珍雖言經學，然與戴、段一派之爲經學而治經學者不同，蓋自珍處清政衰微的時候，很留心於經世之學。(註三)——以上所述，可以說是今文學的初期運動，其中心專在公羊。道光末，邵陽魏源著詩古微與書古微，纔攻擊毛傳、大小序、以及東晉晚出的古文尚書爲僞作。同時，邵懿辰又著禮經通論，謂古文逸禮三十九篇，出劉歆僞作。——這樣一來，所謂古文諸經傳，就漸次地都發生眞僞問題了。至康有爲出，乃全部推翻古文諸經傳，而集今文學的大成，同時，所謂維新運動，亦自有爲開其端；故以下詳述有爲之學，並闡明今文學與維新運動的關係。

一、有爲少年時的事路及其學術思想的來源：『有爲原名祖詒，字廣夏，又號長素，咸豐五年(一八五五年)生於廣東、南海縣。其先代爲粵名族，世以理學傳家。……祖父贊修……專以程、朱之學提倡後進，粵之士林，咸宗仰焉。……父達初早世，母勞氏，生子二人，長即有爲，次廣仁。有爲既早孤，幼受教於祖父，……七歲能屬文，有神童之目，……成童之時，便有志於聖賢之學，鄉里俗子笑之，戲號之曰「聖人爲」，蓋以其開口輒曰聖人聖人也。……年十八始遊朱九江之門授學焉。九江者，名次琦，字子襄，粵中大儒也。其學根於宋、明，而以經世致用爲主，研究中國史學、歷代政治沿革，最有心得，……從之遊凡六年而九江卒。其理學政學之基礎，皆得諸九江。九江卒後，乃屏居獨學於南海之西樵山者又四年，……既出西樵，乃遊京師。其時西學，初入中國，學者莫或過問，先生僻處鄉邑，亦未獲從事也。及道經香港、上海，見西人殖民政治之完整，屬地如此，本國之進步更可知，因思所以致此者，必有道德學問，以爲之本原，乃悉購江南製造局及西教會所譯各書盡讀之。彼時所譯者，皆初級普通學及工藝兵法醫學之書，否則耶蘇聖經論疏耳。於政治哲學，毫無所及。而先生……別有會悟，能舉一反三，因小以知大，自是於其學力中別開一境界。』(梁啓超著康有爲傳)『今文學運動之中心，曰南海、康有爲，然有爲蓋斯學之集成者，非其創作者也。有爲早年，酷好周禮，嘗貫穴之著政學通議，後見廖平所著書，乃盡棄其舊說。廖平者，王闓運弟子；闓運以治公羊聞於時，……平受其學，著四益館經學叢書十數種，頗知守今文家法，……有爲之思想，受其影響，不可誣也。』（梁啓超著清代學術概論一百二十六頁）

二、有爲的著作及其學術思想：『有爲最初所著書曰新學僞經考，僞經者，謂周禮、逸禮、左傳、及詩之毛傳，凡西漢末劉歆所力爭立博士者；新學者，謂新莽之學；時清儒誦法許、鄭者，自號曰漢學，有爲以爲此新代之學，非漢代之學，故更其名焉。新學僞經考之要點：（一）西漢經學，並無所謂古文者，凡古文皆劉歆僞作；（二）秦焚書，並未厄及六經，漢十四博士所傳，皆孔門足本，並無殘缺；（三）孔子時所用字，卽秦、漢間篆書，卽以「文」論，亦絕無今古之目；（四）劉歆欲彌縫其作僞之迹，故校中祕書時，於一切古書多所羼亂；（五）劉歆所以作僞經之故，因欲佐莽篡漢，先謀湮亂孔子之微言大義。諸所主張，是否悉當，且勿論，要之此說一出，而所生影響有二：第一，淸學正統派之立腳點，根本搖動；第二，一切古書，皆從新檢查估價；此實思想界之一大颶風也。……新學僞經考出甫一年，遭淸廷之忌，燬其版，傳習頗稀。……有爲第二部著述，曰孔子改制考。……有爲之治公羊也，不斷斷於其書法義例之小節，專求其微言大義，卽何休所謂非常異義可怪之論者，定春秋爲孔子改制創作之書；謂文字不過其符號，如電報之密碼，……非口授不能明。又不惟春秋而已；凡六經皆孔子所作；昔人言孔子刪述者誤也，孔子蓋自立一宗旨而憑之以進退古人去取古籍。孔子改制，恆託於古；堯、舜者，孔子所託也；其人有無不可知，卽有，亦至尋常，經典中堯、舜之盛德大業，皆孔子理想上所構成也。又不惟孔子而已；周、秦諸子罔不改制，罔不託古；老子之託黃帝，墨子之託大禹，許行之託神農，是也。近人祖述何休以治公羊者，若劉逢祿、龔自珍、陳立輩，皆言改制，而有爲之說，實與彼異；有爲所謂改制者，則一種政治革命社會改造的意味也。故喜言通三統；三統者，謂夏、商、周三代不同，當隨時因革也；喜言張三世；三世者，謂據亂世、升平世、太平世，愈改而愈進也；有爲政治上變法維新之主張，實本於此。……孔子改制考之內容，大略如此；其所及於思想界之影響，可得言焉：(一)教人讀古書，不當求諸章句訓詁名物制度之末，當求其義理：所謂義理者，又非言心言性，乃在古人創法立制之精意；於是漢學，宋學，皆所吐棄，爲學界別闢一新殖民地；(二)語孔子之所以爲大，在於建設新學派(創敎)，鼓舞人創作精神；(三)僞經考旣以諸經中一大部分爲劉歆所僞造，改制考復以眞經之全部分爲孔子託古之作，則數千年來共認爲神聖不可侵犯之經典，根本發生疑問，引起學者懷疑批評的態度；(四)雖極力推挹孔子，然旣謂孔子之創學派與諸子之創學派，同一動機，同一目的，同一手段；則已夷孔子於諸子之列；所謂別黑白定一尊的觀念，全然解放，導人以比較的研究。……右兩書皆有爲整理舊學之作，其自身所創作，則大同書也。……有爲以春秋三世之義說禮運，謂升平世爲小康，太平世爲大同。禮運之言曰：「大道之行也，天下爲公，選賢與能，講信修睦，故人不獨親其親，不獨子其子，使老有所歸，壯有所用，幼有所長，鰥寡孤獨廢疾者皆有所養，男有分，女有歸，貨惡其棄於地也，不必藏諸己，力惡其不出於身也，不必爲己，……是謂大同。」……有爲謂此爲孔子之理想的社會制度，謂春秋所謂太平世者卽此；乃衍其條理爲書，略如左：(一)無國家，全世界置一總政府，分若干區域；(二)總政府及區政府皆由民選；(三)無家族，男女同棲不得逾一年，屆期須易人；(四)婦女有身者入胎敎院，兒童出胎者入育嬰院；(五)兒童按年入蒙養院及各級學校；（六）成年後由政府指派分任農工等生產事業；（七）病則入養病院，老則入養老院；（八）胎教、育嬰、蒙養、養病、養老諸院，爲各區最高之設備，入者得最高之享樂；（九）成年男女，例須以若干年服役於此諸院，若今世之兵役然；（十）設公共宿舍公共食堂，有等差，各以其勞作所入自由享用；（十一）警惰爲最嚴之刑罰；（十二）學術上有新發明者，及在胎教等五院有特別勞績者，得殊獎；（十三）死則火葬，火葬場比鄰爲肥料工廠。大同書之條理略如是。全書數十萬言，於人生苦樂之根原善惡之標準，言之極詳辯，然後說明其立法之由。其最要關鍵，在毀滅家族。有爲謂佛法出家，求脫苦也，不如使其無家可出；謂私有財產爲爭亂之源，無家族則誰復樂有私產；若夫國家，則又隨家族而消滅者也。有爲懸此鵠爲人類進化之極軌，至其當由何道乃能致此，則未嘗言。……有爲雖著此書，然祕不以示人，亦從不以此義敎學者。謂今方爲據亂之世，只能言小康，不能言大同；言則陷天下於洪水猛獸。』（梁啓超著淸代學術概論）

總觀以上所述，知有爲之學，初出於九江，及受廖平的影響，始盡棄其舊說。又當他道經香港、上海時，見『西人殖民政治』之完整，因欲求所以『致此之

有爲思想與維新運動

故』，乃盡讀當時所譯西籍。結果：有爲便以今文學公羊所謂通三統張三世之義，衍爲專制立憲共和政治進化的理論，又糅雜着膚淺的西學，就形成爲維新運動的中堅思想了。

維新運動的實況

原來洪、楊之役，清室借外力平內難，就震怵於西人的船堅礮利，於是上海纔有製造局的設立，北京又設同文館，並派幼童學生留美。中、日一役，海軍全滅，老大帝國的聲威一落千丈，於是變法維新的主張，就在這個時候取得勢力了。有爲利用這個時機，就在士大夫階級裏面廣求同志，盡力宣傳他的變法維新的主義。他最有力的信徒，要算梁啓超。後來在北京大小官僚中，又得到徐志靖、楊深秀、楊銳、林旭、劉光第一班同志；在督撫中，要算陳寶箴最和他表同情。瀏陽、譚嗣同，却要算他同志中的前衞戰士。他同時又設立學會，開辦報館。他在兩廣講學的時候，設立了一個桂學會。後來北京文廷式等人，組織强學會，他便抓住這個强學會，推張之洞爲會長，更立分會於上海。北京强學會又附設强學書局，發行一種報紙叫做中外紀聞；上海强學會又發刊一種强學報。後來御史楊崇伊說强學會宗旨不正，隨卽被封了。於是梁啓超等又在上海發行時務報，大受當時人的歡迎，康、梁並稱，就始於此時。但自强學會被封以後，有爲的勢力略受挫頓；惟不久因爲德國强奪膠州灣的事件發生，全國人士，很爲震撼，有爲利用這個機會，又在北京倡立保國會。這時各省感受這種維新運動的空氣最厲害的，要算湖南；由譚嗣同等倡導，得巡撫陳寶箴的贊助，設立一個南學會，創辦一個時務學堂，又發行一種湘學報。由是維新變法的空氣瀰漫全國，有爲得徐致靖的疏薦，面見了德宗，痛陳變法之利。到了戊戌（光緒二十四年即一八九八年）四月，便命有爲以工部主事在總理各國事務衙門行走，同時，下詔定國是。七月又命內閣候補侍讀楊銳、刑部候補主事劉光第、內閣候補中書林旭、江蘇候補知府譚嗣同，均在軍機章京上行走。轟轟烈烈的維新運動，就這樣地大幹起來了。但是，當時舊派勢力很鞏固，德宗上面有一個西太后，下面又有一個軍機處的裕祿，京師以外還有一個兵權所寄的直隸總督榮祿，都是反對維新運動最有力的人。所以維新運動不到百日，便發生政變，結果：西太后垂簾聽政，德宗被禁錮在北海的瀛台，康、梁逃難日本，楊深秀、楊銳、林旭、劉光第、譚嗣同、康廣仁——即所謂六君子者便是——被殺。轟動一時的維新運動，從此告終，有爲的政治生命與學術上的貢獻，也隨而告終。

維新運動的影響

維新運動雖告失敗，然其影響於青年思想者至大。當改制考刊行時，朱一新寫信給有爲說：『自僞古文之說行，其毒中於人心，人心中有一六經不可盡信之意，好奇而寡識者，遂欲黜孔學而立今文。夫人心何厭之有？六經更二千年，忽以古文爲不足信，更歷千百年，又能必今文之可信耶？……竊恐詆訐古人不已，進而疑經；疑經不已，進而疑聖；至於疑聖，則其效可覩矣。』從朱氏這一段話看來，便知道有爲的思想，足以啓發學者的懷疑態度。學者既抱定懷疑態度，於是愈感覺中國舊有學識的貧乏，不足以滿足其知識饑餓，而相率留學日本與從事譯述事業的人，便漸次地多起來了。光緒二十七年二十八年之交，譯述事業特盛：定期出版的雜志不下數十種，日本每一新書出，譯者動輒數家，新思想的輸入，眞是如火如荼。但是，當時譯述；既無選擇，又不精當，專以量多爲貴，而不着重質的方面，而社會却以知識饑餓之故，反相率歡迎。

嚴復

惟當時獨有侯官、嚴復，先後從西籍直譯赫胥黎天演論、斯密亞當原富、穆勒約翰名學及羣己權界論，孟德斯鳩法意、斯賓塞爾羣學肄言等數種，都是名著，中國不由日本重譯而直接與西洋思想發生關係，實自復始。

(註一)何休公羊傳注自序：『其中多非常異義可怪之論，』即指張三世、通三統諸義而言。

(註二)梁啓超清代學術概論：『晚清思想之解放，自珍確與有功焉；光緒間所謂新學家者，大率人人皆經過崇拜龔氏之一時期；初讀定庵文集，若受電然，稍進乃厭其淺薄；然今文學派之開拓，實自龔氏。』

(註三)自珍著西域置行省議，又作蒙古圖志；又魏源亦著有元史及海國圖志，其留心邊事與經世之務可知。

維新運動的二大健將
——譚嗣同與梁啓超

維新運動的首領，固屬是康有爲，然促成此運動者，却要算譚嗣同與梁啓超二大健將。譚、梁的學術思想，均能影響於當時的學者，故略述之如次：

嗣同字復生，又號壯飛，湖南瀏陽人。他幼時好作駢體文，因是以窺今文學。又號王船山之學，喜談名理。自交梁啓超後，其學一變；自從金陵居士楊文會聞佛法後，其學又一變。他著作甚多，其學術宗旨，見於仁學一書。仁學的精神，在於打倒偶像，在於『衝決網羅』，故其自序說：『羸揣歷劫之下，度盡諸苦厄；或更語以今日此士之愚之弱之一貧之一切苦，將笑爲誑語而不復信，則何可不千一述之，爲流涕哀號，強聒不舍，以速其衝決網羅，留作劵劑耶？網羅重重，與虛空而無極。初當衝決利祿之網羅，次衝決俗學若攷據若詞章之網羅，次衝決全球羣學之網羅，次衝決君主之網羅，次衝決倫常之網羅，次衝決天之網羅，終將衝決佛法之網羅。然既能衝決，亦自無網羅；眞無網羅，乃可言衝決。』仁學之作，欲將科學哲學宗敎冶於一爐，故其界說二十五說：『凡爲仁學者，於佛書當通華嚴及心宗相宗之書，於西籍當通新約及算學格致社會學之書，於中國書當通易、春秋公羊傳、論語、禮記、孟子、莊子、墨子、史記及陶淵明、周茂叔、張橫渠、陸子靜、王陽明、王船山、黃梨洲之書。』仁學中所謂衝決網羅者，到處皆是，不勝枚舉，其衝決倫常名敎之言曰：『俗學陋行，動言名敎，敬若天命，而不敢渝，畏若國憲，而不敢議。嗟呼！以名爲敎，則其敎已爲實之賓，而決非實也。又况名者，由人創造，上以制其下，而不能不奉之，則數千年來三綱五倫之慘禍烈毒，由是酷焉矣。君以名桎臣，官以名軛民，父以名壓子，夫以名困妻，兄弟朋友，各挾一名以相抗拒，而仁尙有少存焉者得乎？然而仁之亂於名也，亦其勢自然也。中國積以威刑，箝制天下，則不得不廣立名，爲箝制之器。如曰仁，則共名也。君父以責臣子，臣子亦可反之君父，於箝制之術不便，故不能不有忠孝廉節一切分別等衰之名，乃得以責臣子曰：爾胡不忠！爾胡不孝！是當放逐也，是當誅戮也。忠孝既爲臣子之專名，則終必不能以此反之；雖或他有所據，意欲詰訴，而終不敵忠孝之名爲名教之所尙。』其衡決善惡之別曰：『世俗小儒，以天理爲善，以人欲爲惡。不知無人欲尙安得有天理，吾故悲夫世之妄生分別也。天理善也，人欲亦善也。王船山有言曰：「天理即在人欲之中，無人欲則天理亦無從發見」；適合乎佛說。佛即衆生，無明即眞如矣。且更即用徵之。用固有惡之名也。然名名也，非實也；用亦名也，非實也。名於何起，用於何始？人名名，而人名用，則皆人之爲也，猶名中之名也。何以言之？男女構精，名之曰淫。此淫名也、淫名，亦生民以來沿習既久，名之不改，故皆習謂淫爲惡耳。向使生民之初，即相習以淫爲朝聘宴饗之鉅典，行之於朝廟，行之於都市，行之於稠人廣衆，如中國之長揖拜跪，西國之抱腰接吻，沿習至今，亦孰知其惡者。乍名爲惡，即從而惡之矣。或謂男女之體，生於幽隱，人不恆見；然如世之行禮者，光明昭著，爲人易聞易覩；故易謂淫爲惡耳。是禮與淫，但有幽顯之辨，果無善惡之辨矣。是使生民之初，天不生其具於幽隱，而生於面額之上，舉目卽見，將以淫爲相見禮矣，又何由知爲惡哉？』嗣同亦宗今文學，他說：『以公羊傳三世之說衡之，孔最爲不幸。孔之時，君主之法度，旣已甚密而孔繁，所謂倫常禮義，一切束縛箝制之名，旣已浸漬於人人之心，而猝不可與革。旣已爲據亂之世，孔無如之何也。其於微言大義，僅得託諸隱晦之辭，而宛曲虛渺，以著其旨；其見於雅言，仍不能不牽率於君主之舊制，亦止據亂之世之法已耳。據亂之世，君統也。後之學者，不善求其指歸，則辨上下，陳高卑，懔天澤，考定名位，祇見其爲民賊獨夫之資焉矣。』又說：『孔雖當據亂之世，而黜古學，考今制，託詞寄義於昇平太平，未嘗不三致意焉。』惟其如此，所以嗣同又痛詆荀卿的冒孔子名，以敗孔之道，其言曰：『孔學衍爲兩大支：一爲曾子傳子思而至孟子，孟故暢宣民主之理，以竟孔子志；一由子夏傳田子方而至莊子，莊故痛詆君主，自堯、舜以上，莫或免焉。不幸此兩支皆絕不傳，荀乃乘間冒孔之名，以敗孔之道。曰法後王，尊君統，以傾孔學也。曰有治人，無治法，陰防後人之變其法也。又喜言禮樂政刑之屬，惟恐箝制束縛之具之不繁也。一傳而爲李斯，而其爲禍益暴著於世矣。……故嘗以爲二千年來之政，秦政也，皆大盜也；二千年來之學，荀學也，皆鄉愿也。惟大盜利用鄉愿，惟鄉愿工媚大盜。二者相交相資，而罔不託之於孔。執託者之大盜鄉愿而責所託之孔，又烏能知孔哉？』仁學下卷，多政治談，其言國家起原與民治主義，則曰：『生民之初，本無所謂君臣，則皆民也。民不能相治，亦不暇治，於是共舉一民以爲君。夫曰共舉之，則非君擇民，而民擇君也。……夫曰共舉之，則因有民而後有君，君末也，民本也。天下無有因末而累及本者，亦豈可因君而累及民哉？夫曰共舉之，則且必可共廢之。君也者，爲民辦事者也；臣也者，助辦民事者也。賦稅之取於民，所以爲辦民事之資也。如此而事猶不辦，事不辦而易其人，亦天下之通義也。』他既言民治主義，故當滿政衰微的時候，又倡排滿革命，其言曰：『天下爲君主囊橐中之私產，不始今日，固數千年以來矣。然而有知遼、金、元、滿之罪，浮於前此之君主者乎？其土則穢壤也，其人則羶種也，其心則禽心也，其俗則毳俗也。一旦逞其凶殘淫殺之威，以攫取中原之子女玉帛，……馬足蹴中原，中原墟矣。鋒刃擬華人，華人靡矣。乃猶以爲未饜，峻死灰復然之防，爲盜憎主人之計，錮其耳目，桎其手足，壓制其心思，絕其利源，窘其生計，塞蔽其智術，繁拜跪之儀，以挫其氣節，而士大夫之才窘矣。立著書之禁，以緘其口說，而文字之禍烈矣。且即挾此士所崇之孔敎，爲緣飾史傳，以愚其人，而爲藏身之固。悲夫！悲夫！王道聖敎典章文物之亡也，此而已矣。……台灣者，東海之孤島，於中原非有害也。鄭氏據之，亦足存前明之空號。乃無故貪其土地，據爲己有。據爲己有，猶之可也，乃旣竭其二百餘年之民力，一旦苟以自救，則舉而贈之於人，其視華人之身家，曾弄具之不若。噫！以若所爲，台灣固無傷耳。尚有十八省之華人，宛轉於刀碪之下，瑟縮於販賣之手，方命之曰：此食毛踐土之分然也。夫果誰食誰之毛，誰踐誰之土，久假不歸，烏知非有，人縱不言，己寧不愧於心乎？吾願華人，勿復夢夢謬引以爲同類也。』但是，他政治上的理想制度，却是大同主義與世界主義。所以他說：『以言乎大一統之義，天地間不當有國也。』又說：『以心挽刼者，不惟發願救本國，幷彼强盛之西國與夫含生之類，一切皆度之。』由上所述，可知嗣同思想駁雜已極，然其盡脫舊日傳統思想的束縛，努力於解放與獨造，却是有淸一代的惟一個思想家。

梁啓超又名卓如，廣東、新會人。他自述其學術思想的來源說：『啓超年十三，治戴、段、王之學。越三年，而康有爲以布衣上書被放歸，啓超遂執業爲弟子，請康開館講學，則所謂萬木草堂是也。草堂常課，除公羊傳外，則點讀資治通鑑、宋元學案、朱子語類等，又時時習古禮，啓超弗嗜也，則治周、秦諸子及佛典，亦涉獵清儒經濟書及譯本西籍，皆就有爲決疑。居一年，乃聞所謂大同書者，喜欲狂，銳意謀宣傳。又二年，啓超治僞經考，時復不慊於其師之武斷，後遂置不復道。啓超謂孔門之學，後衍爲孟子、荀卿兩派，荀傳小康，孟傳大同。於是專以絀荀申孟爲標幟，引孟子中誅責「民賊」「獨夫」「善戰服上刑」「授田制產」諸義，謂爲大同精意所寄，日倡道之。又好墨子，誦說其兼愛、非攻諸論。其講學最契之友，曰夏曾佑、譚嗣同。而啓超之學，受夏、譚影響亦至鉅。其後啓超等之運動，益帶政治的色彩，啓超創一旬刊雜志于上海，曰時務報，自著變法通議，批評秕政；亦時時發民權論，但微引其緒，未敢昌言。已而嗣同等設時務學堂于長沙，聘啓超主講習，所言皆當時一派之民權論，又多言清代故實，臚舉失政，盛倡革命；其論學術，則自荀卿以下漢、唐、宋、明、清學者，掊擊無完膚。戊戌政變，嗣同死焉，啓超亡命，學堂解散，蓋學術之爭，延爲政爭矣。』（清代學術概論）出這段話看來，可知啓超之學，在戊戌政變以前，雖時時不慊於其師之武斷，然其絀荀申孟諸大端，却依然一宗師說；因此，戊戌以前，他只可以算是有爲的走卒，而不曾獨樹一幟。戊戌失敗後，有爲的思想始終沒有變化，啓超亡命日本，習日文讀新書，思想言論，便漸次地脫離有爲的羈絆，終於和有爲分立起來了。當時他在日本所辦的報，前後共有三個名目：卽清議報、新民叢報、國風報。他那時已絕口不談僞經，也不甚談改制，可是有爲却大倡設孔教會定國教祀天配孔諸議，他因此就力駁有爲的主張，他說：『我國學界之光明，人物之偉大，莫盛於戰國，蓋思想自由之明效也。及秦始皇焚百家之語，而思想一窒；漢武帝表章六藝罷黜百家，而思想又一窒。自漢以來，號稱行孔教二千餘年於茲矣，而皆持所謂表章某某罷黜某某者爲一貫之精神。故正學異學有爭，今學古學有爭，言考據則爭師法，言性理則爭道統，各自以爲孔教，而排斥他人以爲非孔教。……寖假而孔子變爲董江都、何邵公矣，寖假而孔子變爲馬季長、鄭康成矣，寖假而孔子變爲韓退之、歐陽永叔矣，寖假而孔子變爲程伊川、朱晦庵矣，寖假而孔子變爲陸象山、王陽明矣，寖假而孔子變爲顧亭林、戴東原矣，皆由思想束縛於一點，不能自開生面，如羣猿得一果，跳擲以相攫，如羣嫗得一錢，詬罵以相奪，情狀抑何可憐，……此二千年來保教黨所生之結果也。』又說：『今之言保教者，取近世新學新理而緣附之，曰：某某孔子所已知也，某某孔子所曾言也，……然則非以此新學新理饜然有當於吾心而從之也，不過以其暗合於我孔子而從之耳。是所愛者，仍在孔子，非在眞理也；萬一徧索諸四書六經而終無可比附者，則將明知爲眞理而亦不敢從矣；萬一吾所比附者，有人剔之曰：孔子不如是；斯亦不敢不棄之矣；若是乎眞理之終不能餉遺我國民也。故吾所惡乎舞文賤儒，動以西學緣附中學者，以其名爲開新，實則保守，煽思想界之奴性而滋益之也。』（以上新民叢報）又說：『摭古書片詞單語以傅會今義，最易發生兩種流弊：一，倘所印證之義，其表裏適相脗合，善已；若稍有牽合附會，則最易導國民以不正確之觀念，而緣郢書燕說以滋弊。例如疇昔談立憲談共和者，偶見經典中某字某句與立憲共和等字義略相近，輒摭拾以沾沾自喜，謂此制爲我所固有；其實今世共和立憲制度之爲物，即泰西亦不過起於近百年，求諸彼古代之希臘、羅馬且不可得，遑論我國。而比附之言，傳播既廣；則能使多數人之眼光之思想，見局見縛於所比附之文句；以爲所謂立憲共和者不過如是，而不復追求其眞義之所存。……此等結習，最易爲國民研究實學之魔障。二，勸人行此制，告之曰：吾先哲所嘗行也；勸人治此學，告之曰：吾先哲所嘗治也；其勢較易入，固也。然頻以此相詔，則人於先哲未嘗行之制，輒疑其不可行；於先哲未嘗治之學，輒疑其不當治。無形之中，恆足以增其故見自滿之習，而障其擇善服從之明。……吾雅不願采擷隔牆桃李之繁葩，綴結於吾家杉松之老榦，而沾沾自鳴得意；吾誠愛桃李也，惟當思所以移植之，而何必使與杉松淆其名實者。』(國風報)他這幾段話原來是對保教一個問題而發的，但是，這幾段話，却道破了中國思想界的痼疾，尤其是對於當時拏西學來比附孔子思想的毛病，與以嚴重的攻擊。惟其如此，所以康、梁的思想，由是分道而馳。啓超旣反對拏西學來比附孔子的思想，所以從這時起，他便盡力於他所謂移植的工作，他所著的西哲學說一臠、外史鱗爪，便是這個時代的產物。但是，他當時所介紹的，却不免於模糊影響籠統之談，又不免於粗率淺薄，關於這個毛病，他自己也是承認的；不過自戊戌失敗以後至辛亥革命前這個時期，他在思想界與言論界，確實握着很大的權威，尤其是關於破壞舊思想一點，他很有力量。鼎革以後，他便投身政治活動，想藉北洋派的實力，來實現他的立憲政治；但是，每次的嘗試，都歸於失敗。歐戰以後，他從歐洲遊歷回來，目擊歐洲戰後的荒涼，由是他著了一部歐遊心影錄，大倡西洋物質文明破產東方精神文明復興之說。從此以後，他就成了一個尾巴主義者，只是跟着時代後面走，却不能做開路的先鋒了，而他整理國故的宏願，就從這個時候立起來了。他著清代學術概論時曾說道：『識者謂啓超若能永遠絕意政治，且裁斂其學問慾，專精於一二點，（註一）則於將來之思想界當更有所貢獻：否則亦適成爲清代思想史之結束人物而已。』現在他已物故，他的宏願並不曾實現，結果，他便成爲清代思想史之結束人物了。

（註一）啓超務博而不精專，他題其女令嫻藝蘅館日記有云『吾學病愛博，是用淺且蕪，尤病在無恆，有獲旋失諸，百凡可效我，此二無我如。』

新文化運動前的國內外局勢

辛亥革命後，代表封建勢力的北洋軍閥以其根深蒂固的雄厚實力，宰制了全國；而代表民主傾向的國民黨，却因二次革命的失敗，在國內已無立足的餘地；這樣一來，所謂中華民國，便只空懸着共和的假招牌，骨子裏依然是封建勢力在那裏作祟；由是而有洪憲的帝制運動，由是而有因參戰問題而惹起的復辟運動，由是而有因護法運動而惹起的南北戰爭，把整個的國

促成新文化運動的原因

家，弄成爲支離破碎的割據局面，所謂中央政府，已經是號令不能出都門一步。在這個期間，中國的思想界已經陷入於殭凍的狀態裏面，但是，國內的動亂，外強的侵略，却使中國思想界漸次地由殭凍的狀態裏面蘇醒過來而朝向着新的方面活動起來，而促成此種活動的主要素因，却不外以下二端：

第一，由於歐洲大戰，歐人不暇東顧，使中國的資本主義得着相當的發展。資本主義的發展，需要統一的國家，反對封建的割據，需要輕鬆的稅率，反對軍閥的橫徵暴斂；惟其如此，所以在五四運動反帝國主義反軍閥反賣國賊的鬥爭中，商人與資本家才起而罷市表同情於這個運動。

第二，由於蘇俄革命的成功，使國內思想界受一極大的刺戟。俄國的『沙』政府，要算世界上首屈一指的專制政府，然而却被布爾札維克黨推翻了。接着德國的企圖要做世界之王的威廉第二大帝，又被社會黨趕跑了。這種革命的狂潮，震盪全世界，中國思想界的殭凍狀態，自然也爲這個狂潮所衝破。

中國整個的經濟組織既有這樣的變動，而國外的革命狂潮又不時地震盪着這個垂死的中國，更加之以北政府的賣國行爲與軍閥的混戰，於是爆發爲偉大的五四運動，而所謂新文化運動纔向前奔放地進展起來。

新文化運動的前前後後

要講新文化運動，首先就要講五四運動以前的北京大學。北京大學的前身，是京師大學堂；所以北大的學風，多半承襲着京師大學堂的『官僚氣』。但自蔡元培長北大以來，學風爲之一變。他聘請教授，採取兼收並蓄主義，所以宗漢學的劉師培以及黃侃、沈尹默、錢玄同等固已爲他羅致了，就是宗今文學的崔適也被他羅致了，甚至連辜鴻銘這樣守舊的人，也做了北大的教授。那時文科的學長，就是陳獨秀；文科的邏輯教授，便是章行嚴；以後又聘請了年輕的胡適，做了哲學教授。蔡氏認爲北大是全國的最高學府，所以對於各派的學者，不拘新舊，都應羅致起來，既已認定北大爲最高學府，所以對於教授的言論思想，又充分地聽他們自由發表，並且聽學生自由研究。他又把文科的事情，給陳獨秀全權辦理。北大的學風，就漸次由官僚的習氣，變成全國研究學術的中心了。在這個時候，陳獨秀發行青年雜誌，——後來改爲新青年——除介紹些新思想以外，主要地就在於改良中國的文學。民國六年，胡適在新青年上，首先發表文學改良芻議一篇文章，接着陳獨秀又發表他的文學革命論。民國七年的新青年，便一律改用

四五以前的新文化運動

白話；同年四月，胡適又發表他的建設的文學革命論；是年冬季，陳獨秀又發行每週評論，這是重在批評時政的刊物，也用白話文。這種新文學運動的進行，和當時的思想有連帶關係：新文學反對因襲的文學，新思想也反對因襲的思想；新文學運動日趨於平民化，新思想也日趨於平民化：這在當時的新青年上便可以看出來。到了民國八年一月，北大的學生發行新潮雜誌，響應新青年的運動；同時同校保存國學的學生又發行國故雜誌，來和這個新文化運動對抗；新舊的衝突，就從此開始了。同年三月，北京公言報上便揭載着林紓和蔡元培兩方辯難的長信，林紓責備蔡氏，說他不應在大學裏提倡新文學新道德並容納這班有新主張的人充當教授；蔡氏很詳細地爲他們解釋誤會，這個辯論才算了結；但是，從此以後，新舊思想的衝突，便愈加劇烈起來了。這時新青年派的鬥士，其攻擊的目標，便是孔子和禮敎；而立論最精到的，要算吳虞。新青年高舉這個反孔子反禮敎的旗幟以後，許多年少的學子都起來附和，由是新舊思想的衝突普遍於全國。幾千年來支配人心的孔子和支配行動的禮敎，到現在竟被人攻擊，於是學子的懷疑精神，就隨而擴大起來了，差不多對於社會的一切現狀，都感覺着成爲問題；要在社會一切現狀都成爲問題的時候，纔能夠使新文化運動向前奔放起來；但是，我們不要忘記：這是因為經濟組織起了變動，纔會使社會上一切現狀成為問題的。

五四運動的重要

到了八年五月，巴黎和會失敗消息傳來，那空前未有的學生示威運動，——即所謂五四運動——便爆發起來了。接着商界罷市，工界罷工，來響應這個偉大的運動。這個運動，在表面上看來，固然是為着外交問題，牠的目的，固然在於打倒賣國賊曹汝霖、章宗祥、陸宗輿；但是，這個運動，決不是偶然的。上面所說過的經濟上的變動、政治的腐敗、軍閥的橫行，便是這個運動的根本原因。這是一個反帝國主義的含有民族主義的運動，惟其如此，所以這個運動的餘波，才會影響到以後的五卅運動上面去。這是一個反封建勢力的含有民主主義的解放運動，惟其如此，所以這個運動的餘波，才會影響到以後的一切解放運動上面去。但是，這個運動，卻又是一個啓蒙運動，牠的力量偏於破壞現狀一方面，而少有建設的工作，惟其如此，所以五四運動以後的各種新主義新思想同時並起，五花八門，美不勝收；而新文化運動就這樣地向前奔放起來了。以下就當時各派的思想及其蛻變的趨向分述之：

（一）新青年派　上面說過，新青年的主要工作，在於文學革命；五四以後，各地刊物，如雨後春筍一齊迸出，都用白話文；因此，關於文學革命一點，總算是成功了。其次，牠的工作，就是排孔與反禮教。這個工作的結果，五四以後，便影響到家庭問題、婚姻問題、貞操問題、孝的問題上面，使人們對於那從來視爲天經地義而神聖不可侵犯的禮教重新估定價値，而禮教的束縛便從此失却牠的力量了。五四以後，新青年上最顯明的主張，便是提倡德謨克拉西與賽恩斯，前者是反封建的武器，後者是反迷信的工具。不到幾時，新青年受了蘇俄革命的影響，便斷片地介紹了馬克司的學說；而李大釗竟在北大講授唯物史觀。後來思想分野，李大釗和陳獨秀一派，便信奉馬克司主義，而成爲中國××黨的指導人物；胡適一派，便信奉杜威的實用主義，提出『多研究些問題，少談些主義』的口號。九年陳獨秀所主持的嚮導周報，因此就成爲鼓吹××主義的言論機關；十一年胡適所主持的努力周報，因此就成爲鼓吹好人政府的言論機關。

（二）孫中山派　中山自廣東失敗以後，正遇着新文化運動高漲的時期，同時，蘇俄革命的成功，又與他以不少的刺戟，因此，他在這個時候，便決意暫時離開他的革命工作，而專從事於他的主義的建設與宣傳。八年八月發行的建設月刊，便是他的機關雜誌。他在這刊物上面，前後發表他的實業計劃（物質建設）與孫文學說（心理建設）；同時，他的同志汪精衛、胡漢民、朱執信，都在這刊物上發表很重要的著作，而胡漢民運用唯物史觀以研究倫理，在當時可算是鳳毛麟角的作品。同年，他的同志戴季陶又在上海發行星期評論，和北京的每週評論遙相呼應；國民黨機關報民國日報的覺悟，在這個時候，是邵力子主持；這兩個刊物上面，都時時登載着討論社會主義和介紹社會主義的文章。孫中山一派，在理論上經過這一次深入的並比較的研究以後，就定立了他以後的聯俄等政策；而他的主義，也是在這個時期以後，才普及於全國羣衆。

（三）無政府主義派　這派的首領，要推劉師復、吳敬恆、李石曾。師復早死；吳、李二人，在這個新文化運動中所倡導的，就是半工半讀的運動；因為他們信奉無政府主義，所以提倡各盡所能各取所需。八九年之交，他們設立一個留法勤工儉學會，國內學子前後留法半工半讀的，不下數百人。當時蘇俄革命已告成功，而德國又正在革命的高潮中，這些學子為那時的革命空氣所籠罩，竟有一部分變成了××

主義的信徒，這是非他二人始料所及的。敬恆又力倡物質科學，甚惡所謂東方式的精神文明，其行文又多雜以俚語趣話，故為當時學子所歡迎。他們雖信奉無政府主義，然又深知此種主義的實現距今尚遠，所以又都從事於國民黨的革命工作。

（四）少年中國學會派　少年中國學會是五四以後，國內及留日專門以上學校有志改造社會的學生所結合的團體，他們的刊物就叫做少年中國。在啓蒙運動時期，他們的共同目標，只是改造社會，但是對於改造社會所應取的手段，却不曾討論過。後來因為討論到手段問題，他們的思想便從此分野了：有的信奉××主義，如張國燾等：便加入了××黨；有的信奉國家主義，如曾琦等，便形成了日後的醒獅派；此外有從這個學會退出來的，又加入到十一年所組成的創造社。

（五）進步黨　進步黨人如梁啓超孫洪伊等，在政治上的嘗試失敗以後，逢着這個新文化運動勃興的時候，他們也跟着時代後而走，那時他們隊伍中最出力的，除孫洪伊外，要算張東蓀藍公武一班人，北京的晨報附鐫和上海時事新報的學燈以及解放與改造月刊，便是他們的言論機關。在當時他們也討論到社會主義的問題，可是沒有深入的研究。後來徐六幾等所提倡的基爾特社會主義，很和他們接近。他們

新文化運動的作用與業績

又組織了一個共學社，出了許多書籍。但是，他們始終不忘情於政治活動，所以沒有多大的成就與影響。

以上所述五派，不過就其影響較大者而言，此外如周作人所倡導的新村運動等等，則以其無甚關係，便用不著細述了。

最後，還要說說這次新文化運動所發生的作用與業績：

第一，出版物的發達：五四以後，全國各地的雜誌周刊，不下數百種，同時，叢書的編譯，到處皆是。在質的方面，雖不甚精到，但在量的方面，却空前未有。

第二，西洋學者的來華講演：五四以後，如杜威、羅素、葛利普、杜里舒、孟祿諸學者，均先後來華講演，尤以杜威的教育哲學，影響於當時思想界者甚大。

第三，思想與行動漸趨一致：在這個運動以前，思想自思想，行動自行動。經過這個運動以後，思想與行動，始漸趨一致。後此五卅運動以及三一八運動，都以學生為中堅，其原因即在此。

這樣看來，便知這次新文化運動，確實是中國文化史上一個劃時期的運動，自此以後，直到近兩年為止，在這個期間以內的一切文化運動，都無不是由這次運動推演出來的。

問題提要：

(一)考據學何以陷于潰裂？今文學何以會勃興起來？
(二)今文學初期運動中有何主要人物？又其運動之中心爲何？
(三)魏源、邵懿辰二人對于今文學有何貢獻？
(四)試述康有爲的思想！又其思想與維新運動有什麽關係？
(五)試述維新運動的實況及其影響！
(六)試略述譚嗣同的思想！
(七)試略述梁啓超的思想！又康、梁思想不同之點爲何？
(八)試略述促成新文化運動的主因！
(九)試述五四運動前後的新文化運動！
(十)新文化運動的作用與業績是些什麽？

第九章　文學與美術

文字的起原及其變遷

結繩記事

八卦

易繫辭：『古者包犧氏之王天下也，仰則觀象於天，俯則觀法於地；觀鳥獸之文，與地之宜；近取諸身，遠取諸物，於是始作八卦，以通神明之德，以類萬物之情。』（許慎說文解字序也引用這幾句話。）

尚書僞孔傳序：『古者伏羲氏之王天下也，始畫八卦，造書契，以代結繩之政，由是文籍生焉。』

許慎說文解字序：『黃帝之史倉頡，見鳥獸蹏迒之迹，知分理之可相別異也，初造書契。』

現在就這三段話，來考究中國文字的起原。大抵初民生活單簡，所以用結繩來記事；後來生活稍進於繁複，漸感覺結繩記事不足以應付這種生活，積若干年與若干人的經驗，纔發明八卦來代替結繩。八卦很和巴比倫的楔形文字相似，是從象徵生殖器的陰陽二爻所推衍而成的。所謂八卦，就是：（一）乾，其畫爲☰，其義爲天；（二）坤，其畫爲☷，其義爲地；（三）震，其畫爲☳，其義爲雷；（四）離，其畫爲☲，其義爲火；(五)艮，其畫爲☶，其義爲山；(六)坎，其畫爲☵，其義爲水；(七)巽，其畫爲☴，其義爲風；(八)兌，其畫爲☱，其義爲澤。「天」覆「地」載，「山」「澤」所以資牧畜，「水」「火」爲日用所必需，「風」「雷」則震驚於自然力的偉大，所以最初就把這八樣事物，各命一個名稱，而紀之以畫。後來因爲所知的事物日多，不能一一紀之以畫，於是又把這八卦作爲符號，去標識其他性德相似的事物，所以易繫辭說：『乾爲天，爲圜，爲君，爲父，爲玉，爲金，爲寒，爲冰，爲大赤，爲良馬，爲老馬，爲瘠馬，爲駁馬，爲木果。』但這還說不上書契，却只是些簡單的符號，尙書僞孔傳序因爲要說『伏犧、神農、黃帝之書，謂之三墳』這話，所以不得不說伏羲時就有了文字，其實由這簡單的符號，演進爲文字，尙要經過一個長的期間。在這個期間中，生活益加繁複，所知的事物更加增多，於是又感覺到符號不夠應付生活，積若干年與若干人的經驗，纔又發明獨體的文，所以說文解字序說：『蒼頡之初作書，蓋依類象形，故謂之文。』六書中的象形指事，都叫做文。進而又覺得文還不够應付，於是又發明合體的字，所以說文解字序接着又說：『其後形聲相益，即謂之字。』六書中的會意諧聲轉注，都叫做字；至於六書

以八卦爲符號

中的假借，便是文與字。大抵文字的起原，就是這樣的。不過有兩點要注意：第一，所有文字，决不是蒼頡一人所創造，因爲文字的創造，是隨着生活的演進而來的，生活上要求某個文字，纔有創造某個文字的需要；第二，當時所創造的，必定以象形爲最多，其次是指事，而且因爲各地生活上的需要不同，所以創造出來的文字，各各不同，我們觀商代文字的形體與書法不一致，便可想見。

周代文字大備

到了周代，文字始大備。說文解字序說：『周禮，八歲入小學，保氏教國子，先以六書：一曰指事，指事者，視而可識，察而見意，上下是也；二曰象形，象形者，畫成其物，隨體詰詘，日月是也；三曰形聲，形聲者，以事爲名，取譬相成，江河是也；四曰會意，會意者，比類合誼，以見指撝，武信是也；五曰轉注，轉注者，建類一首，同意相受，考老是也；六曰假借，假借者，本無其字，依聲託事，令長是也。』六書之體，至是始備。及宣王時，太史籀大篆十五篇，與古文或異，以教學童，蓋欲藉此以統一文字。但孔子書六經，左丘明述春秋傳，却都用古文，而不用大篆。

秦統一文字

『其後諸侯力政，不統於王，分爲七國，，文字異形，言語異聲。秦始皇帝初兼天下，丞相李斯，乃奏同之，罷其不與秦文合者。斯作倉頡篇，中車府令趙高作爰歷篇，太史令胡毋敬作博學篇（統謂之三蒼），皆取史籀大篆，或頗省改，所謂小篆者也。」（說文解字序）當時天下事繁，嫌篆書不便，於是始皇又命下杜人程邈作

秦書八體

隸書，以趨約易。自是秦書有八體：一曰大篆；二曰小篆；三曰刻符（刻於符上之書）；四曰蟲書（以書旛信）；五曰摹印；六曰署書（以題封檢）；七曰殳書（以題兵器）；八曰隸書。

新莽六書

漢、元帝時，史游又作急就篇，解散隸體，創作草書：各字相連的叫做草，不連的叫做章。新、莽頗改古文，時有六書：一曰古文，即孔子壁中書；二曰奇字，即古文的別體；三曰篆書，即小篆；四曰左書，即秦隸書；五曰繆書，即秦摹印；六曰鳥蟲書，即秦蟲書。東漢時，張芝又作一筆草書，各字相連，叫做今草。王次仲又作楷書，叫做眞書。於是字體大備。

說文解字

至於字書，則以許愼說文解字爲最詳；共分五百四十部，九千三百五十三字，自天地鬼神、以及山川草木、鳥獸蛇蟲、雜物奇怪、王制禮儀、世間人事，莫不備載。後人所以能解古人造字的根源，都是說文之功。

作書之具

最後說說作書之具。古人作書之具，有竹木兩種：木的叫做版，叫做牘，又叫做方。版長一尺，故又叫做尺牘。小的叫做札，又叫做牒。大的叫做槧，槧長三尺。方而有八角，有六面或八面可書寫的，叫做稜，又叫做觚。刻木以記事叫做契；將牠分做兩半，或叫做契，或叫做劵。竹的叫做簡，又叫做策。篆籀篇籍范箋符諸字，無不從竹，即古人通常以竹作書之證。此外又有用帛的，叫做縑素。簡、策、牘、版，都是散漫不相連繫的，再用韋(即柔皮)把牠們編連起來，故孔子讀易『韋編三絕』。

筆與墨

至漢，蔡倫始造紙；有紙之後，書總叫做卷。筆始於蒙恬，以柘木做管，以鹿毛做柱，羊毛做被；然秦以前早有作書之具：楚叫做聿，吳叫做不律，燕叫做弗，除秦筆外，其餘不可考。墨的由來不可考，漢人書中數見其名，惟始於何人，古書未載。然晉時所掘發的汲冢書，係以墨書字，則知用墨當在戰國以前。

印刷

又古代書籍，均係寫本，並無印刷。五代馮道刻五經，是爲中國有木版印刷之始；宋畢昇又作活字版(見沈括夢溪筆談)，印刷之術始大進。

文學的起原及其演進

一般研究文學起原的人，都以爲文學肇始於風謠。漢書藝文志：『哀樂之心感而歌詠之聲發。』朱子詩集傳序：『有欲則不能

文學肇始於風謠

無思，有思則不能無言，言所不能盡而發於咨嗟咏嘆之餘者必有自然之音響節奏而不能已。』這就是說：人生有欲則不能無情感，既有所感於中，就不能不謀有所以抒諸外；最初把情感抒諸外的東西，便是風謠。風謠合於自然的音響節奏，所以有韻之文又發生在無韻之文以前。

郭紹虞的說法

郭紹虞在小說月報中國文學研究上，有中國文學演進之趨勢一文，他說：

『一般研究文學史的人推論文學之緣起都以爲肇始於風謠。風謠實是最古的文學。其於後世文學不同者，即在於後世漸趨於分析的發展，而古初只成爲混合的表現。今人研究風謠所由構成的要素不外三事：

(1)語言—辭—韻文方面成爲敍事詩，散文方面成爲史傳，重在描寫，演進爲純文學中之小說。

(2)音樂—調—韻文方面成爲抒情詩，散文方面成爲哲理文，重在反省，演進爲純文學中之詩歌。

(3)動作—容—韻文方面成爲劇詩，散文方面成爲演講辭，重在表現，演進爲純文學中之戲曲。

在於原始時代，各種藝術往往合而爲一，所以風謠包含這三種要素，爲當然的事情。卽後世的文學猶且常與音樂舞容發生連帶的關係，而與音樂的關係則尤爲密切。這因語言與動作之間，以音樂爲其樞紐之故。——欲使其語言有節奏，不可不求音樂的輔助；欲使其音聲更有力量，不可不藉動作以表示。所以詩歌並言，歌舞亦並言。以音樂爲語言動作的樞紐，正和以歌爲詩與舞的樞紐一樣。』

『毛詩大傳論詩歌之起原，亦謂：「詩者，志之所之也。在心爲志，發言爲詩。情動於中而形於言，言之不足故嗟嘆之，嗟嘆之不足故永歌之，永歌之不足不知手之舞之足之蹈之也。」此節說明這三種藝術混合的關係更爲明晰。以文學爲主體而以音樂舞蹈爲其附庸；以詩歌爲最先發生的藝術，而其他都較爲後起：這些意思，都可以於言外得之。蓋昔人思慮單純，言辭簡質，雖有所感於中而不能細密地抒發於外，所以不得不借助於其他藝術。後來漸次進步，始漸與舞蹈脫離關係了；更進而後與音樂脫離關係了，迨到描寫的技巧更進的時候，卽由音樂蛻留的韻律，亦漸次可以破除了。至其依舊借助於舞蹈與音樂的地方亦更逐漸進步，而成爲更精密的體製。於是文學上的種種形式體裁與格律遂由以產生，而其源固導始於風謠。』

『風謠是原始的文學，由於風謠更進一步便成爲詩。詩亦是原始的文學，詩亦可以概括一切的創作文學。本來由於各體文學發生的程序而言，韻文常先於散文，所以由風謠更進一步的文學，實可以詩作爲代表。風謠與詩本來沒有什麼區別，不過由於內容而言，風謠是未成熟的文學作品，詩是較成熟的文學作品；再從表現的工具而言，風謠是以語言爲工具而詩則用文字爲工具而已。』

『前言風謠有三種要素，卽是語言、音樂和動作。及其進而爲詩，遂由語言的質素以演成史詩(卽敍事詩)，由音樂的質素以演成抒情詩，更由動作的質素以演成劇詩。舊時把詩經分成風、雅、頌三類，我們若從大體上觀察，則雅可以當史詩，風可以當抒情詩，而頌字訓容，恰可以當劇詩。』

郭氏這幾段話，是他全文的總綱，其大意就是：文學肇始於風謠，風謠是無文字時代的文學作品，包含語言、動作、音樂三種要素；風謠進一步便是詩，詩亦是原始的文學，換言之，卽詩是有文字時代的最初文學，牠也包含此三種要素，其後文體之所以各異，卽在於後世之趨於此種要素之分析的發展。他最後又說：『由是可知無論何種文體，實在都有三個共同的傾向，卽(1)自由化，(2)散文化，(3)語體化。中國文學演進的趨勢無論如何曲折紆回，却總是向着這三個目標以進行。』以下就他這個總綱，把中國文學中的小說、賦、詩、詞、曲、文等項目的演進，略述一番：

(1)小說　小說是由歷史傳記演進而來的，而歷史傳記又是從詩史演進而來的。中國有無詩史，——堯典雖爲詩史，但我們認爲這是後人的僞造，——不可徵實，但以文學演進的行程論，則中國古代似亦有詩史。章炳麟說：

『古者文學未興，口耳之傳，漸則忘失，綴以韻文，斯便吟詠而易記憶。意者倉、沮以前，亦直有詩史而已；下及勳華，簡篇已具，故帝典雖言多有韻，而文句參差，恣其修短，與詩殊流矣。其體廢於史官，其業存於矇瞽，由是二雅踵起，藉陳歌政，同波異瀾，斯各爲派別焉。』(檢論五附錄正名雜義)

由章氏之言，則知中國古代亦有詩史。後來因爲『簡篇已具』，有韻的詩史，便漸次變成歷史的傳記。用傳記的體裁，描寫荒唐詭異的事情，使成志怪小說。這種志怪小說，如山海經與穆天子傳，卽已開其端緒。降及兩漢、六朝，志怪小說，始大發達，而小說一語，纔始見於漢書藝文志：

『小說家者流，蓋出於稗官，街談巷議，道聽塗說者之所造也。』

漢書藝文志中，更列舉小說十五家，千三百八十篇。這些小說，都已不傳，惟其中虞初周說九百四十三篇，後世仰爲小說的鼻祖。漢書記虞初的事是：

『虞初河南人，武帝時以方士侍郎，號黃車使者。應劭曰：其說以周書爲本。師古曰：史記云：虞初、洛陽人，即張衡、西京賦：小說九百，本自虞初者也。』

觀此，虞初既是方士，則其書爲神仙怪誕之說，屬於志怪小說一類，便不用說了。時武帝信神仙，怪誕之說並起；東漢時代，方士之說更盛；魏、晉淸談，佛、道繼起；故這一時代的志怪小說很爲發達。而其取材，要以方士、佛、道諸家靈異、神怪之說爲主，他如兒女之私及朝野遺聞軼事以資談助者，亦爲小說材料，不過不及前者的重要而已。今就漢魏叢書中所收集的兩漢、六朝小說之主要者，如託於漢東方朔所撰的神異經、秦王嘉所撰的拾遺記、晉干寶所撰的搜神記、託於晉陶潛所撰的搜神後記、宋劉敬所撰的異苑、梁吳均所撰的續齊諧記、梁任昉所撰的述異記，便是志怪小說中之最有名者；如託於東方朔所撰的海內十洲記、託於漢班固所撰的漢武故事及漢武內傳，託於漢郭憲所撰的別國洞冥記，便是屬於方士神仙之說的志怪小說；如梁顏之推所撰的還冤志、宋劉義慶所撰的宣驗記、齊王琰所撰的冥祥記，便是言佛家因果報應之說的志怪小說。他如記兒女之私的，就有託於漢伶玄所撰的飛燕外傳及亡名氏的雜事祕辛：資談助的，就有託於漢邯鄲淳所撰的笑林及劉義慶的世說；記朝野遺聞軼事的，就有託於漢劉歆所撰的西京雜記。又如漢趙曄所撰的吳越春秋與漢袁康所撰的越絕書，在四庫全書提要中雖錄於史部載記類，但其中亦多小說的記載。總之，兩漢六朝是志怪小說最盛行的時代，而其託名爲漢人所撰的，大概都不可靠，或係魏、晉以後人所作。

唐代小說，較兩漢、六朝更爲發達，更爲進步。洪容齋說：『唐人小說，不可不熟，小小情事，悽惋欲絕，洵有神遇而不自知者，與詩律可稱一代之奇。』胡應麟說：『變異之談，盛於六朝，然多是傳錄舛訛，未必盡幻設語。至唐人乃作意好奇，假小說以寄其筆端。』是唐代小說，已轉變至一新時期，即傳奇小說時期。據日本鹽谷溫中國文學概論，則唐代傳奇小說，可以分作別傳、劍俠、豔情、神怪四類，今將唐人說薈（一名唐代叢書）所收集的小說依鹽谷溫的分類法略述如下：

(甲)別傳：如韓偓所撰的海山記、迷樓記、開河記三種，都是記錄隋煬帝的逸事的；如無名氏的李林甫外傳，便是描寫當時道教流行的作品；如陳鴻所撰的東城老父傳，便是記玄宗時代鬥雞盛行的事；如郭湜的高力士傳、曹鄴的梅妃傳、陳鴻的長恨歌傳以及樂史的太眞外傳四篇，可以說是明皇內傳，是記錄玄宗宮闈間祕事的好史料。(乙)劍俠：如張說所撰的虬髯客傳，楊巨源所撰的紅線傳，薛調所撰的劉無雙傳，段成式所撰的劍俠傳，都無不是些武俠男女的勇談。(丙)豔情：豔情類以佳人才子的風流韻事爲主，實唐代傳奇的精萃，如蔣防的霍小玉傳，白行簡的李娃傳、許堯佐的章臺柳傳、元稹的會眞記、張文成的遊仙窟，都屬此類，而尤以會眞記爲最重要，因爲後此趙德麟的商調鼓子詞、董解元的西廂搊彈詞、王關的西廂雜劇、明人的西廂傳奇，都是由會眞記轉來的末流，我們由此可以找出宋、金、元、明間劇曲發達的沿革，最爲淸楚。(丁)神怪：神怪類是關於神仙、道、釋怪談的小說，和神異經一樣，但唐人的手筆，却情節有趣，文章華麗，固不可同日而語。如李朝威的柳毅傳、鄭還古的杜子春傳、李公佐的南柯記、李泌的枕中記、皇甫枚的非烟傳、陳元祐的離魂記，都是神怪類小說中的最有名者。要之：唐代傳奇小說，大抵想像離奇，情緒豐富，文筆華麗，記敍委婉，皆非以前所及，實唐人的絕作。後此元、明間雜劇流行，每每取其事以被之管絃，也叫做傳奇。如會眞記便有元王實甫的西廂記(見前)，長恨歌傳便有清初洪昇的長生殿、虬髯客傳便有明凌初成的虬髯翁、張鳳翼張太和的紅拂記、南柯記便有明湯臨川四夢的南柯記。至宋以後，諢詞小說始代傳奇小說而起，然專人傳奇體的小說，亦間有作品，如宋洪邁的夷堅志、明瞿祐的剪燈新話、明李禎的同餘話、清蒲松齡的聊齋志異、清鈕琇的觚賸、清張潮的虞初新志、清余懷的板橋雜記以及清陳球的燕山外史均屬之。

諢詞小說起於宋代，鹽谷溫說：『小說起於漢代，從六朝經過唐漸漸發達，其文體爲穠艷綺縟之文語體，然而還不過是詞人文士的餘業。眞正的有國民文學之意味的小說，創於宋代。這叫做諢詞小說。諢爲戲言、笑語、滑稽談之意味，諢詞小說是以俗話體很有趣的寫成的小說。』觀此，便知道諢詞小說，就是由文言轉變爲語體的一種國民文學。而且唐代傳奇小說是短篇的多，宋以後的諢詞小說卻是章回體。宋代諢詞小說傳到今日的，只有宣和遺事一種，係南宋無名氏之作，徽宗、欽宗的二代記。至元代，諢詞小說始盛行，這第一是由於元以異族入主中國，仕路沮塞，所以許多文人便喜以游戲的筆墨，描寫社會的情狀，以抒發其平日的積鬱之氣；第二是由於元人向處荒寒瘠苦之鄉，一朝得志中原，醉心漢族文明，趨向娛樂方面，所以歡迎雜劇與小說，以取快樂；至於唐、宋以來佛家說法與理學家語錄的喜用語體，也是促成此種諢詞小說的原因。元代諢詞小說的代表作品，有水滸傳，相傳爲施耐庵所作；又有羅貫中的三國志演義；至今還很流行，成爲一般人的讀物。降及明代，又有吳承恩的西遊記以及相傳爲王世貞所作的金瓶梅，並水滸傳、三國志演義，稱爲小說四大奇書。他如平妖傳，今古奇觀、龍圖公案、兩漢演義以及東周列國志，都是明代小說中的最好者。清代諢詞小說，則以曹雪芹的紅樓夢爲一代代表作品；他如燕北閑人所作的兒女英雄傳以及三俠五義（後更名七俠五義），便是俠義小說的代表作品；吳敬梓的儒林外史，便是諷刺小說之祖，清末，更有李伯元的官場現形記及吳研人的二十年目覩之怪現狀；又如鏡花緣便是擁護女權的作品，花月痕便是才子佳人的韻語，品花寶鑑便是美少年的祕話。清末，林紓又譯西洋小說若干種，爲西洋文學迻譯的開始，但他喜用古文，所以弄到與原著者的意思相遠。新文化運動以後，新進作家蠶出，有如風起泉湧一般，創作與迻譯，都有很長足的進步。

（2）詩：詩與賦原出於詩經中之所謂風，至春秋戰國時纔分爲兩途。宋嚴羽滄浪詩話說：『風雅頌旣亡，一變而爲離騷，再變而爲西漢五言，三變而爲歌行雜體，四變而爲沈（佺期）宋（之問）律詩。』最初詩與音樂，是不能分離的，漢代以後，詩與樂分爲兩途：當時詩有五言、七言、四言、六言之分，五言始於古詩十九首（其中有九首爲枚乘所作）及李陵、蘇武之作，七言始於武帝時柏梁臺的唱和詩，四言始於漢楚王傅韋孟，六言始於漢司農谷永，（此外有三言始於晉、夏侯湛，九言始於曹魏、高貴鄉公。）然漢、魏、六朝的作品，仍以五言、七言兩體爲多，這些都是古詩；至於樂府，則始於漢高帝的三侯章及唐山夫人的房中樂，至武帝定郊祀之禮，立樂府，以李延年爲協律都尉，采司馬相如等所作詩賦，論其律呂使和於八音之調，而樂府之名始立；東漢以後，樂章亡絕，不可復知，由是所謂樂府之作，便不過是『依前曲作新聲』（註一）的事業而已，而樂府也就因此成爲詩中之一體。降及晉世，音韻學漸次發達，而梁沈約創四聲八病之說，嗣後諸家遵軌，己開律體之端。到了唐代，所謂近體詩始正式成立。近體詩是別於古體而言：所謂古體詩，就是漢、魏、六朝的詩，這種詩雖以五言七言爲多，但是每篇的句數並無一定，每句又沒有定聲；至於近體詩，却是取古體五言七言詩，調以聲律，加以排整，而通篇都爲五言或爲七言的一種詩，不過近體詩中，又有律詩絕句之分。詩的體製，至是大備，後此宋、元、明、清都不能出此範圍。惟自唐宋以後，受佛家說法與宋儒理學語錄的影響，而以俚語入詩之風大開，其結果遂形成今日之所謂新體詩，卽自由詩。詩之演進，大概如是；至於歷代作家，則有文學史的敍述，故不復贅。

（3）賦：上面說過，賦也是出於詩，所以班固兩都賦序也說：『賦者，古詩之流也。』賦之源固合於詩，但其末却不同於詩。從性質上說：詩——『在心爲志，發言爲詩』（詩大序）；賦——『賦者，鋪也；鋪采摛文，體物寫志也』（劉勰詮賦）。從作用上說：詩——『書曰「詩言志，歌永言」，故哀樂之心感，而歌詠之聲發。誦其言謂之詩，詠其聲謂之歌』（漢書藝文志）；賦——『不歌而誦謂之賦』（漢書藝文志）——詩與賦的分別，大概如此。最初的賦，叫作短賦，短賦可以說是無韻的小詩，因爲當時的詩都與音樂有關，而短賦却和音樂無關。左傳載士蔿爲夷吾築城不愼，被獻公所斥責，士蔿便退而賦曰：『狐裘尨茸，一國三公，吾誰適從！』這便是短賦的好例。由短賦而進爲騷賦。騷賦的開創者是屈原，牠是詩與賦間過渡的產品，所以劉勰說：『軒翥詩人之後，奮飛辭家之前』，又說：『賦也者，受命於詩人，拓宇於楚辭。』由騷賦再進而爲辭賦。賦的名稱之成立，實由於荀卿與宋玉；而屈原之賦全屬抒情，還有古詩的遺意。至荀卿之賦，却已和屈原不同。劉勰說：『荀況禮智，宋玉風釣，爰錫名號，與詩畫境。』揚雄說：『詩人之賦麗以則，辭人之賦麗以淫。』蓋騷賦爲詩人之賦，而辭賦則爲辭人之賦。後此司馬相如、枚乘、揚雄諸人，都是辭賦的大家，而他們所代表的漢賦，即是賦的正宗。由辭賦再進而爲駢賦。駢賦爲魏、晉、六朝時之賦，專用俳體，競尙奇巧，其氣勢局格，已比不上漢賦。由駢賦再進而爲律賦，就益加比不上漢賦而流入爲下品了。所謂律賦，始自唐世，以迄宋代，蓋從沈約四聲八病之說起，而唐詩有律詩，唐賦亦遂有律賦。律賦專以音律諧協對偶精切爲工，至於情韻氣勢，却置諸不顧的了。由律賦再進而爲文賦。文賦就是散文的有韻者。其體雖原於荀卿禮智諸賦，然實完成於宋人。原來自唐韓愈提倡古文力排駢文以來，至宋而散文始完全戰勝駢文；所以宋人別創一格，而以散文作賦。如歐陽修的秋聲及蘇軾的赤壁，便是文賦的好例。最近語體流行，所謂語體的散文詩，或許就是一種白話賦。

詞與曲

(4)詞與曲　王元美藝苑巵言：『三百篇亡而後有騷賦，騷賦難入樂而後有古樂府，古樂府不合俗而後以唐絕句爲樂府，絕句少宛轉而後有詞，詞不快北耳而後有北曲，北曲不諧南耳而後有南曲。』由他這段話看來，便知道詞與曲的來源了。原來唐人拏絕句度曲，至五代兩宋衍成長短句就創成爲詞，所以有人說，詞是詩之餘。詞要播入管弦，所以講究音律。但自金元入主中原，所用胡樂，詞不能按，就更成爲北曲。其後北曲不合於南樂，所以明初又創南曲。至於詞與曲的作家，則有文學史爲之講述，故不復贅。

文

(5)文　這裏所謂文，是指散文而言。以前說過，有韻之文發生在無韻之文之先。中國六經，詩固全爲韻語，而其餘各經以及周、秦間諸子所著書，其間皆時有韻。至秦、漢間，有韻之文與無韻之文，界畫始淸。秦世作家，如李斯輩，兩漢作家，如賈誼、鼂錯，都是很有名的，而司馬遷的史記，更爲唐代以後直至淸代古文諸家所宗法。後班固撰漢書，亦能繼遷之業。降及東漢，便每每以單行之句，運排偶之詞，文體遂和西漢不同。至建安七子出，駢儷之風始盛。晉初陸機的連珠五十，尤爲四六文的嚆矢。南北朝時，謝靈運、顏延年、鮑照、徐陵、庾信繼起，便專事綺辭縟句，置情理於不顧了。唐初王、楊、盧、駱四傑，雖其爲文，力事遒勁，然託體仍爲駢偶。後陳子昂出，始稍復兩漢的舊觀。迨韓愈、柳宗元出，總毅然以轉移文風爲己任，效法秦漢之文，力倡古文運動；宋世歐陽修、王安石、曾鞏、三蘇繼起，始完全戰勝駢文。自是以後，直至清代，雖間有駢文作家，然文章正宗，却不曾逸出唐、宋所謂古文以外。

（註一）晉書、樂志：『漢自東京大亂，絕無金石之樂，樂章亡絕，不可復知。及魏武平荊州，獲漢雅樂郎河南、杜夔能識舊法，以爲軍謀祭酒，使創定雅樂。』又引曹植、鼙舞詩序云：『故漢靈帝西園鼓吹有李堅者能鼙舞。遭世荒亂，堅播越關西，隨將軍段煨。先帝（曹操）聞其舊技，下書召堅。堅年踰七十，中間廢而不爲，又古曲甚多謬誤，異代之文未必相襲，故依前曲作新聲五篇。』

文學革命與國語運動

古文宣告死刑

原來中國國語是不統一的，所以做思想上與知識上之媒介的工具，便只靠文言。漢武帝時，丞相公孫弘奏道：『臣謹案詔書律令下者，明天人分際，通古今之誼，文章爾雅，訓辭深厚，恩施甚美。小吏淺聞，弗能究宣，無以明布諭下。』當時的小吏還看不懂『文章爾雅』的詔書律令，更何況百姓。這可見古文在那時就已成了一種死文字了。但是，只因二千多年來統治階級的提倡與科舉制度的擁護，所以牠還能苟延壽命到這樣的長久。不過，這種順於自然的語體文學，在社會上却依然佔有牠的潛勢力，最近五百年中語體小說的發達，便是一個明證。

梁啓超　王國維

淸季維新時代，梁啓超作文，已漸趨解放；而王國維主張文學以自然爲主以及認白話勝於文言，實已開文學革命的端緒。

胡適　陳獨秀

然正式高揭文學革命的旗幟者，則首推胡適與陳獨秀。胡適的文學改良芻議說：『文學者隨時代而變遷者也。一時代有一時代之文學，……唐人不當作商、周之詩，宋人不當作相如、子雲之賦，——卽令作之，亦必不工。逆天背時，違進化之跡，故不能工也。……以今世歷史進化的眼光觀之，則白話文學之爲中國文學之正宗，又爲將來文學必用之利器，可斷言也。』陳獨秀和之，作文學革命論，而建立三大主義，卽：『推倒雕琢

國語的文學

王照 勞乃宣

的阿諛的貴族文學，建設平易的抒情的國民文學，推倒陳腐的鋪張的古典文學，建設新鮮的立誠的寫實文學；推倒迂晦的艱澀的山林文學，建設明瞭的通俗的社會文學。』不久，胡適又作建設的文學革命論，而主張國語的文學。但是，當時一班主張文以載道的守舊人物，如林紓輩；却起來反對這種文學革命。不過，不久因爲繼五四運動而邁進的新文化運動之推進與提倡，這種文學革命就終於成功了，而建立爲國語的文學。

其次，請言國語運動。原來自明末歐人初來中國時，以華語華字難通，便利用羅馬字母去代替，已經伏下了改革的動機。淸季維新變法時代，官話書報初起，許多人就已經認定白話是普及教育的利器；當時王照的官話字母與勞乃宣的簡字字母，竟得了官廳的提倡而推行頗廣。民國元年，教育部爲要統正漢文的讀音，製定了注音字母三十九個。直到國語文學的呼聲大張之後，教育部始於七年十一月公布這種注音字母；不久，又設立國語統一籌備會，明年更通咨各省區『自本年秋季起，國民學校一二年級先改國文爲語體文』；旋又修正國民學校令，改國文爲國語。而新式標點符號與國音字典，都是在這一年頒行的；同時，還開辦有國語講習所。經過這一番運動，於是國語始成為學校的必修科目，而國語文學的進行也從此得到許多便利；等到近幾年來，國語竟在中學課程中也占着重要地位了。

藝術——書、畫、

所謂藝術，是包括書、畫、音樂、建築、雕刻、塑像、以及其他工藝而言，這些都屬於專門學問，所以本節只把藝術中與我們關係最切的書、畫、簡略地說說。

（1）畫　畫與書本出於一源，惟商代以前已不可考。周時已有壁畫，大抵都簡樸古拙。壁畫至漢大盛：文帝時繪誹謗木、敢諫鼓等於承明殿，武帝時繪天地、太一、諸鬼神於甘泉宮，宣帝時繪功臣像於麒麟閣，都是壁畫，而且含有勸戒的意思。文帝時，又有尚方畫工毛延壽等，是為後世畫院的嚆矢。至東漢、明帝，始特設畫官，命班固等述經史故事，使畫工描繪成圖，這就是漢、明畫官圖五十卷。又遣使月氏國，收集佛教雕刻畫像，仿造數本，置於清涼宮；又畫千乘萬騎遶塔三匝圖於白馬寺的壁上，即佛寺壁畫的濫觴，亦即印度畫入中國之始。至於當時以畫名者，則有劉褒、趙岐、蔡邕、張衡，而劉的雲漢圖，張的地形圖，尤為有名。三國時，以吳，曹不興最善畫。晉代名畫，首推協衞和師事協的張墨與荀勗。其後顧愷之出，更在協之上，他於人物、神獸、風景，無不擅長，爲中國言畫者之所祖。南北朝時，劉宋有陸探微，以愷之畫法，作連綿不絕的一筆畫，與愷之、張僧繇及唐代吳道子，並稱爲畫家四祖。劉宋又有宋炳，長於山水，以實地寫景爲主，開後世畫家的創格。蕭齊有謝赫，善畫人物，他所著畫品錄序文中所舉的六法（註一），爲後世論畫的典型。梁、張僧繇畫山水，參用印度畫染暈法，特創沒骨皴法，爲中、印畫法融合的成功者。隋代畫家，如展子虔以畫馬勝，孫尚子以鬼神鞍馬勝，鄭法士以游宴豪華勝，董伯仁以台閣車馬勝，楊契丹以衣冠簪組勝，都各有所長。唐初有閻立德、立本兄弟，均長於畫，而立本繪像，尤爲特出。開元、天寶間，吳道子、李思訓、王維出，遂於畫史上別開生面：吳道子長於畫佛；李思訓好作金碧山水，爲後世着色山水之所祖，又爲北派之祖；王維工詩畫，喜爲破墨山水，爲南派之祖（註二）。而周昉的水月觀音，更爲創作，與張僧繇、曹仲達、（南北朝高齊時人）吳道子並稱佛教畫上的四典型。晚唐、則張南本以佛教畫勝，荊浩以山水勝。五代時：山水有後梁的關同，人物有前蜀的禪月大師貫休及後蜀的石恪，花鳥有南唐的徐熙與蜀的黃筌；而後唐李夫人（郭崇韜的妻），就窗影而畫竹，稱墨竹之祖。北宋盛行寺觀宮殿壁畫，當時院人(註三)如董羽則專工龍水，黃居寀(黃筌之孫)則以花鳥勝，燕文貴與郭熙則長於山水，而熙所創影壁，更爲特出。其非院人而以畫爲專業的，則山水有范中正，花鳥有徐崇嗣、趙昌、易元吉等。他如以畫而寄其逸雅之氣韻者，則前有李成、董源、釋巨然，後有李公麟(龍眠山人)、米芾、蘇軾，而米、蘇兼工書，尤爲世所推重。又宋徽宗，也工山水花鳥。南宋畫院突興，名師輩出：李唐的畫，與李思訓不相上下，大斧劈皴，即他所創；李迪長花鳥竹石，又善小景山水；李安忠專繪花鳥；蘇漢臣工道、釋人物，畫嬰兒尤爲得意；馬興祖善花鳥雜畫；蕭照閻次平工山水；劉松年以畫纖巧流麗的青綠山水稱；梁楷工人物，創水墨減筆描法；馬遠長於山水，只畫一角半邊的山水，故有馬一角之稱，爲宋末水墨派院人的代表。元世，以從政之暇而作畫的：有趙孟頫的人物山水竹石；高克恭的雲山；李衎、柯九思的枯木竹石；任仁發的天馬；王蒙的山水。專門畫家，則有顏輝的人物；王淵的花鳥；孫君澤、丁野夫的山水。而在野文人，如錢選、曹知白、黃公望等亦長於繪畫。明代院畫盛行：太祖時，周位的山水；成祖時，蔣子成的水墨觀音與山水，郭純、上官伯達的山水；范暹、邊文進的花鳥；宣宗時，商喜的山水人物，李在的山水，林良的水墨花鳥（寫意派的元祖）；憲宗、孝宗時，吳偉的山水，呂文英的花鳥；武宗時，王諤的山水：都是佳構。院體衰落以後，自世宗至明末：士大夫文人的繪畫，就繼之而起：原來士大夫文人以畫名者，在明初有王冕、王紱；其後又有沈周、唐寅、文徵明、董其昌四大家；至世宗時，便有錢穀的山水，項元汴的松竹古木蘭梅；神宗時，便有鄒迪光、張瑞圖的山水，王思任的雲山；明末，便有陳繼儒的山水，黃道周、楊文驄的山水竹石；都是很有名的。至於花卉，則於前述院人之外，文人中尙有沈啓南、陸治、周之冕、陳淳四大家；人物畫除院人蔣子成外，後有阮福、丁雲鵬，而曾鯨的寫照，更爲出神，又神宗時，利瑪竇來中國，能畫耶蘇聖母像，曾波臣乃折衷其法，而作肖像，爲西洋畫風入中國之始；明末，又有崔子忠、陳洪綬也工人物，而以陳作爲最有名。淸初畫家，多爲文人士大夫：王時敏、王鑑、王翬、王原祈（四王）及惲恪吳歷六大家，爲一代畫家所宗；其次有蕭雲從、孫逸稱江左二家，程正葵、方亨咸、顧大申稱鼎足名家，弘仁、八大山人、石濤、石谿稱四大名僧，龔賢、樊圻、高岑、鄒喆、吳宏、葉欣、胡慥、謝蓀稱金陵八家：都是名手。而龔賢爲初學山水者作口訣畫法冊，殆爲習畫本的嚆矢，又其門人王槩增修李流芳所集的古來名家山水樹石的畫法成編，後爲李漁刻於芥子園畫傳，爲古今第一的習畫本。雍正、乾隆間的畫家，有高翔、高鳳翰、李世倬、張鵬翀、董邦達等，而高鳳翰以左手書，最縱逸而有味。此外有揚州八怪、（羅聘、李方膺、李鱓、金農、黃愼、鄭燮、汪士愼、高翔）浙西三妙、（黃易、奚岡、吳履）後四王（王廷元、王三錫、王廷周、王鳴韶），而金鱗更有名，鄭燮的墨竹，也能自成一家。其時院人有錢維城、張宗蒼、焦秉貞等，而院人意大利人郎世寧的西法畫馬，更爲佳構。他如沈銓的花鳥，則以其曾到日本賣畫，故其畫風被於日本。嘉慶、道光間的畫品稍下，其時董誥、王學浩、及朱本、朱鶴年等稱名手。咸豐、同治至光緒間，則初有張熊的山水、朱熊的花卉、任熊的人物，稱爲滬上三熊；其次錢杜、趙之謙，亦有名；人物畫則有費丹旭、及光緒時任頤。清末及民國，又有吳石仙、陸恢、吳昌碩、陳衡恪、蕭俊賢、金城、王震，亦均以畫名。惟西洋畫風已披靡一時，以後我國畫界，或從此另闢一境界。

（2）書　上面說過：秦、程邈作隸書，不過當時隸書，只用於文牘，而紀功勒石，却都用小篆。到了漢代，便通用隸書。後漢又由隸書變爲楷書與草書。劉德昇又作行書。而蔡邕創飛白，衞顗則善古文。三國、魏、鍾繇，備具各種書法，爲後世言楷書者所祖。晉、王羲之師法鍾繇，總百家之精，兼諸體之妙，其書稱爲古今第一，其子獻之也工書，稱爲二王。南北朝時，南朝宗鍾、王，北朝宗衞顗，書法遂分爲二派。隋統一中國，始兼二派之長，自成一格，龍藏寺碑卽此時的代表作品。而羲之九世孫僧智永，刻羲之蘭亭序於石，則爲法帖之始。唐代選舉中有書法過麗一條，所以名家輩出，而太宗、武宗、武氏、玄宗都好王書，故其時大家如虞世南、褚遂良、歐陽詢、李邕，都無不宗王。又張旭以草書得名，稱爲草聖；李陽冰則以篆書得名，與秦、李斯稱爲二李。他如顏眞卿雖宗王，而能集諸體的大成；柳公權之書，則出自眞卿，惟能自創新意，另成一格。宋代大家，當推蔡襄、黃庭堅、蘇軾、米芾四人。蔡的楷書，出自眞卿，其眞行草，都屬妙品，而其草書尤有名，稱爲飛草。庭堅宗王而自成一家，尤長楷書，亦工行草。米書效法獻之，而別樹一幟；蘇書自稱彷彿褚，薛、顏、柳、之筆。四家之書，均變化淋漓，而與唐代歐、虞、褚異其趣。元世書家有趙孟頫與鮮于樞，均以小楷著名。明代書家，當以文徵明、董其昌爲名手，而其昌尤能自成一格。淸世厲鶚、惲恪、劉墉、鄭燮、翁方綱、梁同書、錢大昕、阮元、伊秉綬、左宗棠、何紹基、曾國藩諸人之書，均見重於世。

（註一）六法即：氣運生動，骨法用筆，應物象形，隨類賦彩，經營位置，傳摹移寫。

（註二）芥舟學畫編記南北二派傳統如下：南派：王維、董源、釋巨然、米芾，倪瓚、黃公望、王蒙、董其昌；北派：李思訓、李昭道、郭遠、馬遠、夏珪、劉松年、趙伯駒、李唐、戴進、周臣。

（註三）宋設翰林圖書院，內有畫院書院等，故出自畫院的畫家，稱爲院人。

問題提要：

（一）試略述文學的起原！

（二）試略述文學的演進！

（三）文學始於什麼？

（四）試略述詩、賦、小說、詞、曲、的演進！

（五）試略述散文的演進！

（六）試略述各時代書畫的代表作家！

第十章 科學

天文曆數的發明

傳說時代的天文曆數

渾天儀的濫觴

陰曆之祖

周代的天文曆數

天文曆數

天文曆數的發明，大概在農業已經發明之後，因爲播植收穫，都是隨着節候寒暑爲定準的。但根據我國的傳說，在黃帝時代，就業已發明了天文曆數之學。相傳黃帝使羲和占日，常宜占月，臾區占星氣，伶倫造律呂，隸首作算數，大撓作甲子。容城綜此六術而作曆。（史記、曆書索隱）於是以甲子紀日，（甲乙丙丁戊己庚辛壬癸叫做天幹，子丑寅卯辰巳午未申酉戌亥叫做地支，）合支幹以明日，積餘分以置閏。後漢書、郡國志更謂黃帝推分星次，以定律度。堯時，以璿爲璣，以玉爲衡，以象天體的轉運，——這就是後世所稱爲渾天儀的濫觴。又窺日月五星的運行，以三百有六旬有六日爲一歲，以閏月定四時，（尙書、堯典）——後世稱爲陰曆之祖。夏、商、周三代，都因其制；惟月正之建，各有不同：夏以寅爲人正，故建寅爲正月；（卽現在大陰曆的正月，）商以丑爲地正，故建丑爲正月；（適當夏的十二月，）周以子爲天正，故建子爲正月。（適當夏的十一月。）周代又有馮相、保章二氏，以掌天文。分天體爲二十八宿；又將列國的領

占星術

土，分配於天體，叫做分野；謂屬於分野的分星，如有變異之時，則此分野之國，必有災難；——這就是占星術的發明。當時如周之史佚、萇弘，魯之梓愼，晉之卜偃，鄭之裨竈，宋之子韋，齊之甘德，楚之唐昧，趙之尹皋，魏之石申，都掌著天文，以星占名世。

漢晉的天文曆數　**渾天儀**　**候風地動儀**

到了漢代，天文學更有進步。堯時的璿璣玉衡，據說是渾天儀的權輿，後遭秦而滅。漢、宣帝時，耿壽昌始鑄銅而爲之象，衡長八尺，孔徑一寸，璣徑八尺，圓周二丈五尺，旋轉而望之，以觀日月星辰之所在，即璿璣玉衡的遺法，漢代叫做渾天儀。安帝時，張衡又作候風地動儀以配之。至於歷法，則武帝時有太初曆，依夏正以正月爲歲首。

歲差法

原來太陽與各行星相纏的宿度，每歲有不及之分，其差很微，而在以前都不知道，至晉、虞喜，始發明此理，因立歲差法，爲曆代所宗。

隋唐的天文曆數

隋時，劉焯造七曜新曆，頗能糾正當時之失。唐代、李淳風又造銅渾天儀，作麟德曆及諸算經；其後僧一行又作開元大衍曆與算經。玄宗時，更有九執曆，出於西域，爲瞿曇悉達所譯，與現今歐西之法相同。

元代的天文曆數

元代、郭守敬出，始集古代曆法的大成。郭氏所創造者有五：(一)太陽盈朒；(二)黃道赤道差；(三)黃道內外度；(四)白道交周；(五)月行遲疾。這五項推測，都比古代為周密，與天亦合，為前此所未有。

明清之交的天文曆數

明初用大統曆，為劉基所進。其後，太祖以西域人推測天象至精，詔譯其書，置回回司天監，改用回回曆。萬曆時，利瑪竇來中國，著乾坤體義、經天該、等書，李之藻從之學，於是西法始萌芽。後徐光啓又依西法推算日食甚驗，而大統曆與回回曆均不合，於是開局於北京、首善書院，用西人鄧玉函、熊三拔、龍華民等從事修改，製造儀器。時熊三拔著有簡平儀說，陽瑪諾著有天問略；後又用湯若望、羅雅谷等譯崇禎曆書百餘卷，即以新曆代舊曆，然未及實行而明亡。清、世祖入關，又用湯若望掌欽天監，頒行西法的時憲曆書。

新舊曆法之爭

聖祖時，舊欽天監職員楊光先等排斥西教，一時西法遂廢。後聖祖命欽天監副吳明烜與南懷仁各測日影使之對照，吳測驗有誤，而南懷仁的測驗準確，因此用南懷仁掌欽天監，頒行新法時憲曆。又命徐日昇修復以前為李自成所破壞的測天儀，南懷仁更著新製靈台儀象志，編康熙永年曆；聖祖又著有曆象考成，並其所著數理精蘊、律呂正義二書，合稱律曆淵源。其後南懷仁死，白進、張誠等，又共備曆政的顧問。

周髀算經與九章算數

數學本與天文曆法有深切的關係，故曆數並稱，象數並稱。相傳黃帝命隸首作算數，雖不可信，然數的觀念與日常生活有關，故其發明亦最早。至周，關於數學始有專書，周髀算經與九章算數，即假托周公所著的數學書。

唐代算學

唐時，李淳風與僧一行，均以明曆而兼明算著名；且唐代選舉，有明算一科，國子監中又設算學一科，當時算學的發達，可想而知。

元代數學

元代中西交通頻繁，西學漸次輸入中土，當時如郭守敬，即以西法治曆兼治算學；而李治專治算學，著有測海圓鏡一書。

明代數學

明末，西教士前後來華，其所譯著：如利瑪竇的幾何原本、勾股義，艾儒略的幾何紀要，羅雅谷的比例規解，均甚有名。而李之藻、徐光啓，多從西教士學，亦長於算學。

清代數學

清代聖祖，精於算學，著有數理精蘊；然爲一代開山之祖者，當推梅文鼎與王錫闡；同時大師如黃宗羲、江永，亦倡導數學，故清儒治經者亦多明算數。當時如文鼎的勿菴曆算全書，江永的愼修數學，李銳的李氏遺書，董祐誠的董方立遺書，焦循的里堂學算記，張作楠的翠微山房數學，劉衡的六九軒算書，徐有壬的務民義齋算學，鄒伯奇的鄒徵君遺書，丁取忠的白芙堂算學叢書，李善蘭的古昔齋算學，均係一代有名之作。又曾國藩設江南製造局於上海，頗譯西洋科學書，其算學名著，即出於李善蘭與華衡芳之手。維新運動以後，西洋數學書籍譯本，就更加增多了。

醫學

傳說時代的醫學

相傳伏羲『嘗草治砭，以治民疾』；神農『味草木之滋，察其寒溫平熱之性，辨其君臣佐使之義，……遂作方書，以療民疾』。（路史依據孔叢子帝王世紀所引）又相傳黃帝咨於岐伯而作內經，復命俞跗、岐伯、雷公察明堂，究息脈，巫彭、桐君處方餌。不過此種傳說，未可相信；即令有之，其術亦很簡陋；且以當時迷信盛行，亦必以巫覡兼醫師。

周代的醫學

到了周代，醫學始略有可考。據周禮：醫師掌醫之政令，而食醫、疾醫、瘍醫、獸醫，復各分職治事。春秋時，名醫有扁鵲，相傳難經一書，即他所作。然自西周至戰國，民間以醫師治病者甚少，大半多用巫覡以治疾病：醫學的不發達，由此可見。

東漢的醫學

東漢時，張機（仲景）服官長沙，感其家人多因傷寒致死，乃著傷寒諸病論及金匱玉函經等書，實爲中國醫家之祖。三國時，有華陀，能解剖開刀，稱爲醫中的神者。

隋唐的醫學

南北朝以後，中國醫學，始受有印度的影響。至隋、唐時代，遂有孫思邈的千

金元的醫學

金方，王燾的外臺祕要，甄權的脈經、針方、及明堂人形圖，爲時人所宗。金、元之際，有李杲(明之)精醫學，著內外傷辨論及脾胃論。元代朱震亨，著格致餘論、局方發揮及金匱鈎玄諸書；——醫學至是，始大發達。同時，猶太人以泰西醫方輸入中土，實爲中國有西醫之始。明初，名醫輩出，如呂復、王履、戴思恭，均於醫有所發明，而李時珍所著的本草綱目三十九卷，實爲中國藥用植物學的名著。然自海通以後，西醫漸次輸入中國，於是始有人用西洋科學的方法，以謀中醫的改革。

史學與地理學

傳說時代的史學

相傳黃帝以倉頡爲左史，沮誦爲右史，是史官設立之始；然年代久遠，已不可考。尚書眞僞，姑置不論；然其中如堯典則爲起居注，皋陶謨、益稷則爲朝廷瑣記，禹貢則爲地志，甘誓則爲諭旨或宣言書之類：都不足以言正史；只有商書、盤庚、微子，以人名篇，有類後世的本紀列傳。

春秋時的史學

春秋時，列國之史：如晉有乘，鄭有書，宋有志，魯有春秋，楚有檮杌，都是史名。當時良史，有齊之南史，晉之董狐；而孔子修春秋，爲編年體之祖；左丘明作國語、左傳，則爲紀事體。

秋史

史記

然體例完備的，却應推司馬遷的史記；故司馬遷實中國史學之祖。(註一)

漢書 後班固倣史記而作漢書，(註二)爲我國斷代史之祖。晉、陳壽的三國志與南北朝、宋、范曄的後漢書，都是斷代爲史，與史記、漢書合稱爲四史。他如：南北朝、梁、沈約的宋書與蕭子顯的南齊書，北齊、魏收的魏書；唐、房喬等的晉書，姚思廉的梁書與陳書，李百藥的北齊書，令狐德棻等的周書，李延壽的南史與北史，魏徵等的隋書；石晉、劉昫等的舊唐書；宋、歐陽修等的新唐書，薛居正等的舊五代史以及歐陽修的新五代史：都是斷代史。至宋，始將舊唐書與舊五代史除外，自史記以至新五代史統稱之爲十七史，定爲正史。明世，又加元、脫脫的宋史、遼史、金史及明、宋濂的元史，稱爲二十一史；淸世，於二十一史中，又加淸、張廷玉的明史，便稱爲二十二史；再加入舊唐書與舊五代史，便稱爲二十四史。

二十四史

三通 言典章制度文物的沿革者，在唐有杜佑的通典，爲中國文化史之祖。至宋，有馬端臨的文獻通考與鄭樵的通志，與通典合稱爲三通。而宋、王應麟的玉海，亦屬於此類。

九通 淸世，更有續通典、續文獻通考、續通志與皇朝通典、皇朝文獻通考、皇朝通志，與三通合稱爲九通。

史通 評史之書，在唐有劉知幾的史通，是書融會古今，洞悉利病，自史記至隋書，

文史通義

旁及雜史，一一取其體例，而批評之，實爲後世史評諸書之祖。淸世，章學誠作文史通義，議一家著述，注重史意，爲千古史學開其榛蕪，其價値可比史通。

資治通鑑

編年體的史書，首推春秋、至宋世司馬光奉勅與劉攽、劉恕、范祖禹等撰資治通鑑，（起自周、威烈王二十三年，迄後周、世宗顯德六年，其間凡千三百六十二年，）爲編年體首出的史書。南宋、朱熹本之，作資治通鑑綱目；劉恕又作通鑑外紀，錄庖犧氏以後至周威烈王二十二年之事，以與資治通鑑相銜接；金履祥更作通鑑前編，與通鑑外紀同，以接資治通鑑之前；朱熹又作續資治通鑑長編，錄自宋太祖至欽宗之事，以接資治通鑑之後。至於明代，更有陳桱的通鑑續編，專述宋代史事；胡粹中的元史續編，以補元史的闕略；商輅等的續資治通鑑綱目，述自宋太祖至元順帝之事；薛應旂的宋元通鑑，專述宋、元兩代事；更至淸代，則有徐乾學等的資治通鑑續編與畢沅的續資治通鑑。至於綜貫以上諸書而鈔錄出來的：則有明、袁黃的歷史綱鑑補與淸、周之炯、周之燦的綱鑑易知錄，而淸、高宗所勅撰的歷代通鑑輯覽，更爲完備。

九種紀事本末

紀事本末體，始於宋、袁樞的通鑑紀事本末。袁樞依司馬光資治通鑑之文，以一事爲一單位，各各詳其本末，成書四十二卷。明、陳邦瞻仿其體例，又撰宋史紀事本末與元史紀事本末；至於淸世，則更有高士奇的左傳紀事本末，李萍的遼史紀事本末與金史紀事本末，張鑑的西夏紀事本末，谷應泰的明史紀事本末，合通鑑紀事本末與三藩紀事本末，合稱爲九種紀事本末。此外如淸、馬驌的繹史，亦屬紀事本末體；是書錄開闢至秦末之事，博引古籍，在史料上，實爲有價值的著作。

明儒學案

學史的著作，始於黃宗羲的明儒學案；其宋元學案，則其子百家與全祖望先後續成之。(註二)

淸代的史學

淸代以考據學爲最發達，故此時代的史學，亦帶有考據學的色彩。趙翼的廿二史箚記，王鳴盛的十七史商榷，錢大昕的二十一史考異，洪頤煊的諸史考異，諸書目的，都在於考證史蹟，訂僞正謬。其專考證一史者：則有惠棟的後漢書補注，梁玉繩的史記志疑、漢書人表考，錢大昕的漢書辨疑、後漢書辨疑，梁章鉅的三國志旁證，周壽昌的漢書注補校、後漢書注補正，杭世駿的三國志補注。惟其末流，專重考據，則與史學無關。金石學在淸代亦彪然成爲一科學，而補助於史學不少。

金石學

顧炎武著金石文字記，實此學的濫觴。後此名家輩出：如武億、洪頤煊、嚴可均、陳介祺諸人的著作，都無不考證精徹。晚近羅振玉輩，更爲斯學鉅子。

禹貢　水經

地理學以禹貢爲最古，然其書或係後人僞作，未可深信。水經一書，爲地理中重要著作，至北魏、酈道元，始作水經注。淸世戴震有校水經注，而水經遂爲一時研究的中心：故孔廣森有水經釋地，全祖望有新校水經注，趙一淸有水經注釋，張匡學有水經注釋地，至楊守敬作水經注疏，遂集斯學的大成。他如二十四史中的地理志與三通中言州郡，邊防各卷以及地理略，亦屬地理學的專著。

東晉至唐的地理學

東晉以後，佛敎徒西行求法，其著作也有關於地理學者：如東晉、法顯的歷遊天竺記傳，（今存，有英、德、法三種譯本。）寶雲的遊履外國傳，姚秦時智猛的遊行外國傳，劉宋時法勇的歷國傳記與道普的遊履異域記，元魏時宋雲的家記，（以上五書均佚。）唐代、玄奘的大唐西域記，（今存，有英、法譯本。）義淨的南海寄歸內法傳（今存，有英譯本與大唐西行求法高僧傳，（今存，有法譯本。）無行的中天附書，繼業的西域行程，（以上二書均佚。）惠超的往五天竺國傳，（久佚，今復出）都是頂好的地理著作。在此一時代，受佛敎徒影響而撰著地理書籍者，則有道安的西域志，程士章的西域道里記，彥琮的大隋西國傳與西域玄志，裴矩的隋西域圖，王玄策的中天竺行記，韋弘機的西域記，許敬宗等的唐西域圖志等，惜其書均已不存。元、明東西交通漸次頻繁，當時因交通的影響，使地理學的範圍更爲擴大，而馬可孛羅遊記一書，實爲介紹中國與西方人會面的第一部著作。清世，顧炎武與劉獻廷均酷嗜地理學，所著書皆未成，而顧祖禹的讀史方輿紀要，有組織，有制斷，以地爲經，以史爲緯，實爲當時絕學。上面說過，清世以考據學爲最盛，故此一時代的地理學，亦帶有考據學的色彩：如洪頤煊的漢志水道疏證與陳澧的漢書地理志水道圖說，便是以水道治漢地理的著作；如閻若璩的四書釋地，徐善的春秋地名考略，江永的春秋地名考實，焦循的毛詩地理釋，程恩澤的國策地名考，便是考證先秦地理的著作。其考證各史地理者，則以吳卓信的漢書地理志補注與楊守敬的隋書地理志考證，爲最精博。其考證禹貢者，則有胡渭的禹貢錐指。其通考歷代者，則有陳芳績的歷代地理沿革表與李兆洛的歷代地理志韵編今釋，皆便檢閱；而楊守敬的歷代疆域志與歷代地理沿革圖，更爲綜核。乾隆以後，邊徼多故，故嘉、道間學者，漸留意新疆、青海、西藏、蒙古諸地理，如徐松的西域水道記、漢書西域傳補注及新疆識略，如張穆的蒙古游牧記，如何秋濤的朔方備乘，如龔自珍的蒙古圖志，均稱佳構。至於外國地理，則有徐繼畬的瀛環志略與魏源的海國圖志；近三十年來，西學漸次發達，而外國地理亦隨之有長足的進步。

（註一）梁啓超說：『史記千古之絕作也，不徒爲我國開歷史之先聲而已。其寄意深遠，其託義皆有獨見，而不徇於流俗。本紀之託始堯、舜（五帝）也，世家之託始泰伯也，列傳之託始伯夷也，皆貴其讓國讓天下，以誅夫民賊之視國土爲一姓產業者也。陳涉而列諸世家也，項羽而列諸本紀也，尊革命之首功，不以成敗論人也。孔子而列諸世家也，仲尼弟子而爲列傳也，尊教統也。孟、荀列傳而包含餘子也，著兩大師以明羣學末流之離合也。老子、韓非同傳，明道、法二家之關係也。游俠有傳，刺客有傳，厲尚武之精神也。龜策有傳，日者有傳，破宗教之迷信也。貨殖有傳，明生計學之切於人道也。故太史公誠漢代獨一無二之大儒矣。』（見國學藴酌中國古代思潮）

（註二）鄭樵評班固道：『自春秋之後，惟史記擅制作之規模；不幸班固非其人，遂失會通之旨，司馬氏之門戶，自此衰矣。……史記一書，功在十表，猶衣裳之有冠冕，木水之有本源；班固不通旁行邪上，以古今人物，强立差等；且謂漢紹堯運，自當繼堯，非遷作史記廁於秦、項：此則無稽之談也。由其斷漢爲書，是致周、秦不相因，古今成間隔。……且善學司馬遷者，莫如班彪。彪續遷書，自孝武至於後漢，欲令後人之續己，如己之續遷，既無衍文，又無絕緒，世世相承，如出一手：善乎其繼志也！司馬談有其書，而司馬遷能成其父志；班彪有其業，而班固不能讀父之書。固爲彪之子，既不能保其身，又不能傳其業，又不能教其子，爲人如此，安在乎言爲天下法？范曄、陳壽之徒繼踵，率皆輕薄無行，以速罪辜，安在乎筆削而爲信史也？孔子曰：殷因於夏禮，所損益可知也；周因於殷禮，所損益可知也：此言相因也。自班固以斷代爲史，無復相因之義。雖仲尼之聖，亦莫知其損益；會通之道，自此失矣。』（見通志總序）

（註三）梁啓超：『大抵清代經學之祖推炎武，其史學之祖當推宗羲；所著明儒學案，中國之有學術史，自此始也；……清代史學極盛於浙，鄞縣、萬斯同最稱首出，斯同則宗羲弟子也；唐以後之史，皆官家設局分修：斯同最非之，謂「官修之史，倉猝成於衆人，猶招市人與謀室中之事；」以獨力成明史稿；論者謂遷、固以後一人而已。其後斯同同縣有全祖望，亦私淑宗羲，言文獻學者宗焉。會稽有章學誠，著文史通義，學識在劉知幾、鄭樵上。……章炳麟少受學於俞樾，治小學極謹嚴；然固浙東人也，受全祖望、章學誠影響頗深，大究心明、清間掌故，排滿之信念日烈。」（見清代學術概論三十頁三十二頁及一百五十七頁。）

問題提要：

（一）天文曆數的發明，與農業有什麼關係？

（二）陰曆始於何時？占星術始於何時？

（三）元、清之交的曆法有何變動？

（四）試略述司馬遷的史記之優點？

（五）班固的漢書，何以不及史記？

本國文化史大綱

一九三一年八月初版
一九三二年六月再版

實價一元六角

編者　楊東蓴
發行人　李志雲
排印者　蔚文印刷局

總發行所　北新書局
上海四馬路
電報掛號二二八〇號

分發行所　北新書局
北平　成都　雲南　南京
廣州　開封　重慶　汕頭